NE능률 영어교과서

대한민국 고등학생 **10**명 중 **4.7**명이 보는 교과서

영어 고등 교과서 점유율 1위

[7차, 2007 개정, 2009 개정, 2015 개정]

능률보카

그동안 판매된
능률VOCA 1,100만 부

대한민국 박스오피스
**천만명을 넘은 영화
단 28개**

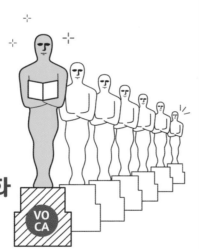

리딩튜터

그동안 판매된
리딩튜터 1,900만 부
차곡차곡 쌓으면 19만 미터

**에베레스트
21배 높이**

190,000m

에베레스트 8,848m

그래머존

그동안 판매된 450만 부의 그래머존을 바닥에 쭉 ~ 깔면

1000km 서울 - 부산 왕복가능

서울

부산

수능만만

영어듣기 20회

지은이	NE능률 영어교육연구소
선임연구원	신유승
연구원	이지영 권영주 박예지
원고작성	Danielle Josset Greg Bartz
영문교열	Patrick Ferraro August Niederhaus MyAn Le
디자인	민유화 김연주
내지 일러스트	윤병철
맥편집	김미진

NE능률이
미래를
창조합니다.

건강한 배움의 고객가치를 제공하겠다는 꿈을 실현하기 위해
40년이 넘는 시간 동안 열심히 달려왔습니다.

앞으로도 끊임없는 연구와 노력을 통해
당연한 것을 멈추지 않고

고객, 기업, 직원 모두가 함께 성장하는 NE능률이 되겠습니다.

구성과 특징 ☁

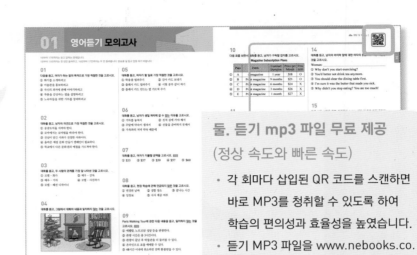

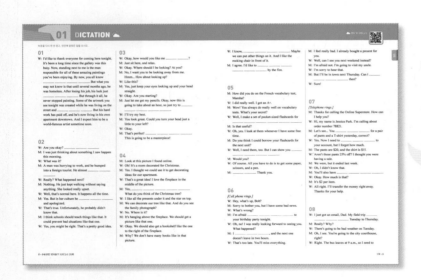

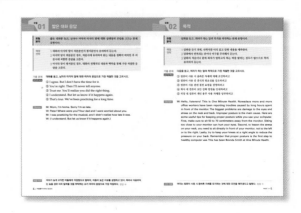

☁ 목차

영어듣기 모의고사

—

01회 -20회

01 영어듣기 모의고사

1번부터 17번까지는 듣고 답하는 문제입니다.
1번부터 15번까지는 한 번만 들려주고, 16번부터 17번까지는 두 번 들려줍니다. 방송을 잘 듣고 답을 하기 바랍니다.

01

다음을 듣고, 여자가 하는 말의 목적으로 가장 적절한 것을 고르시오.
① 화가를 소개하려고
② 미술관을 홍보하려고
③ 자신의 과거에 관해 이야기하려고
④ 작품을 감상하는 법을 설명하려고
⑤ 노숙자들을 위한 기부를 장려하려고

02

대화를 듣고, 남자의 의견으로 가장 적절한 것을 고르시오.
① 공중도덕을 지켜야 한다.
② 로마에서는 로마법을 따라야 한다.
③ 진심이 담긴 사과가 진정한 사과이다.
④ 올바른 예절 문화 만들기 캠페인이 필요하다.
⑤ 학교에서 다른 문화권의 예절을 가르쳐야 한다.

03

대화를 듣고, 두 사람의 관계를 가장 잘 나타낸 것을 고르시오.
① 모델 – 화가   ② 배우 – 감독
③ 배우 – 기자   ④ 모델 – 사진작가
⑤ 모델 – 패션 디자이너

04

대화를 듣고, 그림에서 대화의 내용과 일치하지 <u>않는</u> 것을 고르시오.

05

대화를 듣고, 여자가 할 일로 가장 적절한 것을 고르시오.
① 학용품 빌려주기   ② 감사 카드 보내기
③ 플래시 카드 빌려주기   ④ 시험 공부 같이 하기
⑤ 플래시 카드 만드는 법 가르쳐 주기

06

대화를 듣고, 남자가 생일 파티에 갈 수 없는 이유를 고르시오.
① 기차를 놓쳐서   ② 친척 집에 가야 해서
③ 주말에 약속이 생겨서   ④ 선물을 준비하지 못해서
⑤ 가족과의 저녁 약속 때문에

07

대화를 듣고, 여자가 지불할 금액을 고르시오. 3점
① $35   ② $37   ③ $39   ④ $57   ⑤ $60

08

대화를 듣고, 현장 학습에 관해 언급되지 <u>않은</u> 것을 고르시오.
① 변경된 날짜   ② 집합 장소   ③ 끝나는 시간
④ 입장료   ⑤ 식사 제공 여부

09

Paris Walking Tour에 관한 다음 내용을 듣고, 일치하지 <u>않는</u> 것을 고르시오. 3점
① 에펠탑, 노트르담 성당 등을 관광한다.
② 관광 시간은 총 3시간이다.
③ 관광이 끝난 후 박물관을 더 둘러볼 수 있다.
④ 온라인으로 표를 예매할 수 있다.
⑤ 48시간 이내에 취소하면 전액 환불받을 수 있다.

10

다음 표를 보면서 대화를 듣고, 남자가 구독할 잡지를 고르시오.

Magazine Subscription Plans

	Plan	Form	Contract Duration	Price per Month	Free Gift
①	A	e-magazine	1 year	$18	O
②	B	Print magazine	9 months	$21	O
③	C	Print magazine	6 months	$24	X
④	D	Print magazine	3 months	$26	X
⑤	E	Print magazine	1 month	$27	X

11

대화를 듣고, 여자의 마지막 말에 대한 남자의 응답으로 가장 적절한 것을 고르시오.

① We can go together if you'd like.
② Yes, but I've already finished it.
③ I have to buy some pencils for class.
④ Yes, but I don't like to read books for fun.
⑤ Right. It is on Main Street beside the park.

12

대화를 듣고, 남자의 마지막 말에 대한 여자의 응답으로 가장 적절한 것을 고르시오.

① Tell me all about your trip!
② Well, I don't like to travel either.
③ I will return from Africa next week.
④ Great! I can give you some information.
⑤ There are many volunteers in my country.

13

대화를 듣고, 여자의 마지막 말에 대한 남자의 응답으로 가장 적절한 것을 고르시오.

Man: _____

① I guess I forgot to set my alarm.
② It's because I lost my cell phone last night.
③ Yes, I suppose that would make more sense.
④ I don't need directions to the subway station.
⑤ Okay, I'll make a reservation for Tuesday night.

14

대화를 듣고, 남자의 마지막 말에 대한 여자의 응답으로 가장 적절한 것을 고르시오.

Woman: _____

① Why don't you start exercising?
② You'd better not drink tea anymore.
③ You should clear the dining table first.
④ I'm sure it was the butter that made you sick.
⑤ Why didn't you stop eating? You ate too much!

15

다음 상황 설명을 듣고, 면접관이 Ashley에게 할 말로 가장 적절한 것을 고르시오. 3점

Interviewer: _____

① We don't hire students for our internship program.
② Great. You can come in on Monday for your first day.
③ We wouldn't need you to start for another two months.
④ I hope you understand that this is a part-time position.
⑤ Sorry, but we're looking for someone more qualified.

[16~17] 다음을 듣고, 물음에 답하시오.

16

여자가 하는 말의 주제로 가장 적절한 것은?

① the history of cosmetics
② ways to make face powder
③ the health problems of lead
④ modern kinds of cosmetics
⑤ cosmetics worn by Egyptians

17

언급된 재료가 <u>아닌</u> 것은?

① oils   ② salt   ③ mulberries
④ lead   ⑤ flour

녹음을 다시 한 번 듣고, 빈칸에 알맞은 말을 쓰시오.

01

W: I'd like to thank everyone for coming here tonight. It's been a long time since the gallery was this busy. Now, standing next to me is the man responsible for all of these amazing paintings you've been enjoying. By now, you all know _____ _____ _____ _____. But what you may not know is that until several months ago, he was homeless. After losing his job, his luck just _____ _____ _____. But through it all, he never stopped painting. Some of the artwork you see tonight was created while he was living on the street and _____ _____ _____. But his hard work has paid off, and he's now living in his own apartment downtown. And I expect him to be a world-famous artist sometime soon.

02

W: Are you okay? _____ _____ _____.
M: I was just thinking about something I saw happen this morning.
W: What was it?
M: A man was hurrying to work, and he bumped into a foreign tourist. He almost _____ _____ _____.
W: Really? What happened next?
M: Nothing. He just kept walking without saying anything. She looked really upset.
W: Well, that's normal here. It happens all the time.
M: Yes. But in her culture he _____ _____ _____ and apologized.
W: That's true. Unfortunately, he probably didn't know that.
M: I think schools should teach things like that. It could prevent bad situations like that one.
W: Yes, you might be right. That's a pretty good idea.

03

W: Okay, how would you like me _____ _____?
M: Just sit here, and relax.
W: Okay. Where should I be looking? At you?
M: No, I want you to be looking away from me. Hmm... How about looking up?
W: Like this?
M: Yes, just keep your eyes looking up and your head straight.
W: Okay. Are you starting?
M: Just let me get my pencils. Okay, now this is going to take about an hour, so just try to _____ _____ _____ _____ _____.
W: I'll try my best.
M: You look great. Could you turn your head just a little to your left?
W: Okay.
M: That's perfect! _____ _____ _____ _____. This is going to be a masterpiece!

04

M: Look at this picture I found online.
W: Oh! It's a room decorated for Christmas.
M: Yes. I thought we could use it to get decorating ideas for our apartment.
W: That's a great idea! I love the fireplace in the middle of the picture.
M: Yes, _____ _____ _____ _____ _____. What do you think of the Christmas tree?
W: I like all the presents under it and the star on top.
M: We can decorate our tree like that. And do you see the family photograph?
W: No. Where is it?
M: It's hanging above the fireplace. We should get a picture like that one.
W: Okay. We should also get a bookshelf like the one to the right of the fireplace.
M: Why? We don't have many books like in that picture.

W: I know, _____ _____ _____ _____. Maybe we can put other things on it. And I like the rocking chair in front of it.

M: I agree. I'd like to _____ _____ _____ _____ _____ _____ by the fire.

05

M: How did you do on the French vocabulary test, Marsha?

W: I did really well. I got an A+.

M: Wow! You always do really well on vocabulary tests. What's your secret?

W: Well, I make a set of pocket-sized flashcards for _____ _____ _____ _____ _____ _____.

M: Is that useful?

W: Oh, yes. I look at them whenever I have some free time.

M: Do you think I could borrow your flashcards for the next unit?

W: Well, I need them, too. But I can show you _____ _____ _____ _____ _____.

M: Would you?

W: Of course. All you have to do is to get some paper, scissors, and a pen.

M: _____ _____. Thank you.

06

[Cell phone rings.]

W: Hey, what's up, Bob?

M: Sorry to bother you, but I have some bad news.

W: What's wrong?

M: I'm afraid _____ _____ _____ _____ to your birthday party tonight.

W: Oh, no! I was really looking forward to seeing you. What happened?

M: I _____ _____ _____, the next one leaves in two hours.

W: That's too late. You'll miss everything.

M: I feel really bad. I already bought a present for you.

W: Well, can I see you next weekend instead?

M: I'm afraid not. I'm going to visit my uncle.

W: I'm sorry to hear that.

M: But I'll be in town next Thursday. Can I _____ _____ _____ _____ then?

W: Sure!

07

[Telephone rings.]

M: Thanks for calling the Online Superstore. How can I help you?

W: Hi, my name is Jessica Park. I'm calling about order number 78821.

M: Let's see... You _____ _____ _____ for a pair of pants and a T-shirt yesterday, correct?

W: Yes. Now I need to _____ _____ _____ to your account, but I forgot how much.

M: The pants are $20, and the shirt is $15.

W: Aren't those pants 25% off? I thought you were having a sale.

M: We were, but it ended last week.

W: Oh, I didn't know that.

M: You'll also have _____ _____ _____ _____.

W: Okay. How much is that?

M: It's $2 per item.

W: All right. I'll transfer the money right away. Thanks for your help.

08

W: I just got an email, Dad. My field trip _____ _____ _____ _____ Tuesday to Thursday.

M: Really? Why?

W: There's going to be bad weather on Tuesday.

M: Oh, I see. You're going to the city courthouse, right?

W: Right. The bus leaves at 9 a.m., so I need to

_____ _____ _____ _____ the school by 8:30.

M: Okay. I can give you a ride. When will you be back?

W: Our tour of the courthouse will end before 3 p.m., so I expect to be back by 4 p.m.

M: Will you be _____ _____ _____ _____?

W: No. My teacher said that students who have after school activities should attend them as usual.

M: So you'll be going to volleyball practice?

W: Yes. Oh, I'll need something for lunch. They're providing snacks and drinks, but not lunch.

M: All right. I'll make you something the night before.

09

M: If you go on our Paris Walking Tour, you will experience all that this great city has to offer. We will take you to all of _____ _____ _____ _____, including the Eiffel Tower, the Louvre Museum, and Notre Dame Cathedral. Plus, as you walk down the beautiful streets of Paris, our guides will show you many other things and tell you about their history. The tour is a three-hour _____ _____, which ends in the Louvre Museum. After the tour, you can stay and explore the museum for as long as you'd like. The cost is $50 per person, and you may book tickets online. _____ _____ _____ _____ at least 48 hours in advance. We hope you enjoy your time in Paris!

10

M: Hello. _____ _____ _____ _____ subscribing to your magazine.

W: Thank you for your interest. Would you like to receive it in e-format? It's cheaper than the print version.

M: I would rather get a hard copy. I don't like _____ _____ _____ _____.

W: I understand. Well, we have several subscription plans to choose from.

M: I'd like to start with a one-month subscription, just to try it out.

W: Okay, but that's relatively expensive. The longer the subscription, _____ _____ _____ _____ per month.

M: Oh, I see. Well, what other options do you have for under a year?

W: You can subscribe for three, six, or nine months. The prices per month are all different.

M: Well, I don't want to spend more than $25 a month.

W: In that case, you should subscribe for at least six months. The nine-month subscription comes with a free gift.

M: No thanks. I don't need the gift. I'd prefer to go with the shorter option.

11

W: Where are you going, Alex?

M: I'm going to the bookstore downtown. I want to buy a new novel.

W: Really? Didn't you just _____ _____ _____ _____ last week?

M: (Yes, but I've already finished it.)

12

M: Hi, Hyorin. I heard you were in Africa last year. Is that true?

W: Oh, hi, Taemin! Long time no see, and yes, that's true.

M: It sounds like a once-in-a-lifetime experience. I'm considering _____ _____ _____ there.

W: (Great! I can give you some information.)

13

[Cell phone rings.]

M: Hello?

W: Hi, Andy. This is Esther. What are you doing?

M: Nothing. I'm just watching television.

W: Why don't we meet downtown for a cup of coffee?

M: Sure. When do you want to meet?

W: Well, I'm ready now. _____ _____ _____ by the subway station in half an hour?

M: Half an hour? That's too soon.

W: Okay. Well, how long do you think you need to get ready?

M: I'm not sure. I still need to _____ _____ _____ _____. It could take a while.

W: How about meeting in one hour, then? Is that okay?

M: Maybe. If I hurry up, I might be able to get there a little earlier.

W: Hmm... Why don't you just call me _____ _____ _____?

M: (Yes, I suppose that would make more sense.)

14

W: Marvin, are you okay? You don't look so good.

M: Oh... I feel sick.

W: That's too bad. What's the matter?

M: I don't know. I'm _____ _____ _____. My stomach feels awful.

W: What have you eaten today? Maybe it's something you ate.

M: I don't think so. I wasn't hungry today, so I haven't eaten much — just some toast with butter and tea for breakfast.

W: Hmm... I don't think toast with butter and tea can make you sick.

M: I don't think so either, but then why do I feel sick?

W: Oh, wait, did you _____ _____ _____ _____ on the butter?

M: No, I didn't. It was on the table, so I assumed _____ _____ _____.

W: (I'm sure it was the butter that made you sick.)

15

M: Ashley graduated from university a few months ago. She majored in marketing and is now _____

_____ _____ _____ to start her career. She was recently called in for an interview at a top advertising company. The human resources manager is now interviewing her for _____ _____ _____ _____. Ashley says that she is very excited to be considered for a position at this top company. The manager asks about her qualifications, and she says that she has a bachelor's degree in marketing and has done a summer internship in advertising. He's impressed by her experience and enthusiasm. He then asks if she is available to work 40 hours a week, _____ _____ _____ _____ _____. She says that she is, and that she can start right away. In this situation, what would the interviewer most likely say to Ashley?

Interviewer: (Great. You can come in on Monday for your first day.)

16~17

W: You might think that cosmetics are a recent invention. However, they have actually been around for thousands of years. As far back as 10,000 B.C., the Egyptians _____ _____ _____. These oils helped the ancient Egyptians to keep their skin soft and clean. They also protected it from the harmful effects of the strong wind and sunlight. In 3,000 B.C., people in Greece crushed mulberries and used them to _____ _____ _____ _____ _____. It was an early form of rouge! Two thousand years later, the Greeks made face powder with lead. Unfortunately, they didn't know about the dangerous health problems associated with this toxic material. In 100 A.D., people in Rome _____ _____ _____ _____ _____. They used it to hide and treat their pimples. What kinds of cosmetics do modern people use nowadays? Talk with a partner for a few minutes. Then we'll discuss your ideas.

1번부터 17번까지는 듣고 답하는 문제입니다.
1번부터 15번까지는 한 번만 들려주고, 16번부터 17번까지는 두 번 들려줍니다. 방송을 잘 듣고 답을 하기 바랍니다.

01

다음을 듣고, 남자가 하는 말의 목적으로 가장 적절한 것을 고르시오.
① 병원 내부 구조를 소개하려고
② 변경된 진료 시간을 공지하려고
③ 응급실 이용 방법을 설명하려고
④ 환자 면회 시간 종료를 알리려고
⑤ 환자 면회의 중요성을 강조하려고

02

대화를 듣고, 여자의 의견으로 가장 적절한 것을 고르시오.
① 평소에 눈과 손을 잘 관리해야 한다.
② 컴퓨터 때문에 건강 문제가 발생한다.
③ 일상의 좋은 습관이 건강한 신체를 만든다.
④ 청소년들의 컴퓨터 사용 시간을 제한해야 한다.
⑤ 건강 문제 해결을 위해 인터넷의 정보를 활용하면 좋다.

03

대화를 듣고, 두 사람의 관계를 가장 잘 나타낸 것을 고르시오.
① 고객 - 의상 디자이너   ② 입주자 - 건물 관리인
③ 고객 - 이삿짐센터 직원   ④ 상점 주인 - 부동산 중개인
⑤ 광고업체 직원 - 의상 디자이너

04

대화를 듣고, 그림에서 대화의 내용과 일치하지 <u>않는</u> 것을 고르시오.

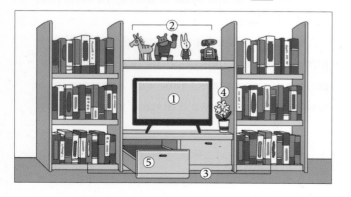

05

대화를 듣고, 남자가 여자에게 부탁한 일로 가장 적절한 것을 고르시오.
① 짐 싸는 것 돕기   ② 호텔 객실 예약하기
③ 일찍 퇴근하기   ④ 신문 배달 취소하기
⑤ 비행기 예약 확인하기

06

대화를 듣고, 여자가 여행을 갈 수 <u>없는</u> 이유를 고르시오.
① 몸이 좋지 않아서   ② 일정이 변경되어서
③ 다른 약속이 생겨서   ④ 시험공부를 해야 해서
⑤ 아르바이트를 해야 해서

07

대화를 듣고, 남자가 받을 거스름돈이 얼마인지 고르시오. 3점
① $5   ② $10   ③ $15   ④ $20   ⑤ $25

08

대화를 듣고, pineberry에 관해 언급되지 <u>않은</u> 것을 고르시오.
① 원산지   ② 맛   ③ 가격
④ 색깔   ⑤ 크기

09

Iguazu Fall에 관한 다음 내용을 듣고, 일치하지 <u>않는</u> 것을 고르시오. 3점
① 수백 개의 폭포로 구성되어 있다.
② 두 나라의 국경에 접해 있다.
③ 가장 장관을 이루는 곳은 U자 모양의 절벽이다.
④ 늘 안개로 덮여 있다.
⑤ 암벽 등반은 금지되어 있다.

10

다음 표를 보면서 대화를 듣고, 여자가 구입할 거위 털 재킷을 고르시오.

Outdoor World Goose Down Jacket

	Jacket	Price	Fill Power	Color	Hood
①	A	$200	750	Red	Yes
②	B	$200	700	Blue	Yes
③	C	$240	800	Brown	No
④	D	$250	750	Red	Yes
⑤	E	$275	800	Blue	No

11

대화를 듣고, 남자의 마지막 말에 대한 여자의 응답으로 가장 적절한 것을 고르시오.

① The exhibit is from 9 to 5.
② I can't tell if you are being serious.
③ I am going to take it to a mechanic.
④ There are many famous sculptures.
⑤ The bottom of the sculpture is cracked.

12

대화를 듣고, 여자의 마지막 말에 대한 남자의 응답으로 가장 적절한 것을 고르시오.

① Why do you need my keys?
② No, the play always starts late.
③ Yes, I have looked everywhere.
④ Yes, they are on top of the piano.
⑤ If the traffic is bad, we can take the subway.

13

대화를 듣고, 남자의 마지막 말에 대한 여자의 응답으로 가장 적절한 것을 고르시오.

Woman: _____

① I hope you had a nice trip.
② I really enjoyed Vietnamese food.
③ I'm planning to travel by motorcycle.
④ I will take care of sick people in Africa.
⑤ The scenery was amazing, but it was so hot.

14

대화를 듣고, 여자의 마지막 말에 대한 남자의 응답으로 가장 적절한 것을 고르시오.

Man: _____

① I can help you find your way.
② That sounds like an excellent idea.
③ Yes, I want to move as soon as I can.
④ Yes, it's quiet and the people are really nice.
⑤ I didn't know you disliked this town so much.

15

다음 상황 설명을 듣고, Sandra가 Richard에게 할 말로 가장 적절한 것을 고르시오.

Sandra: _____

① I'd love to go out for dinner.
② Mom wants you to visit her soon.
③ It's too bad you aren't feeling well.
④ What took you so long? I hate waiting.
⑤ Thanks for taking care of me. You're the best.

[16~17] 다음을 듣고, 물음에 답하시오.

16

남자가 하는 말의 주제로 가장 적절한 것은? 3점

① what is archaeology
② an early human ancestor
③ why the Beatles' music is special
④ how to make a valuable discoveries
⑤ the difference between humans and apes

17

Lucy에 관해 언급된 내용이 아닌 것은?

① height   ② weight   ③ intelligence
④ skull size   ⑤ scientific value

녹음을 다시 한 번 듣고, 빈칸에 알맞은 말을 쓰시오.

01

M: Attention, all visitors to the hospital! It is now 8 in the evening and _____ _____ are ending. We ask that all visitors please leave the building. To stay longer you _____ _____ _____ _____ from a doctor, unless you are visiting a patient in the emergency room. However, only two family members may visit patients in the emergency room. This is for _____ _____ _____ _____ of our patients. If you have any questions, please come to the information desk on the second floor. Thank you for your attention.

02

M: Oh, I have a headache.
W: My wrists hurt. And it's no wonder. I'm surprised we don't have more problems.
M: What do you mean?
W: Think about it. We _____ _____ _____ _____ at computers.
M: So you think our problems are because of computers?
W: Sure. They put _____ _____ _____ _____ on our eyes and hands. That can cause a lot of problems.
M: I don't know. There are so many people with those problems.
W: Exactly. That's because so many people are using computers these days.
M: I'd never really thought about that before.
W: We should think a little more about the effects of _____ _____ _____.

03

[Telephone rings.]
M: Nelson Peterson speaking.
W: Hello, Mr. Peterson. I got your number from your ad in the paper.

M: I see. Do you need me to do some work for you?
W: Yes. I plan to _____ _____ _____. I'm opening up a small clothes boutique downtown next week.
M: Okay. So you need to _____ _____ _____ to the new boutique?
W: That's right. My old store is at 2014 Brown Avenue.
M: How soon do you need this to be done?
W: As soon as possible. Are you free tomorrow afternoon?
M: Yes, I am. I can bring my truck to your store around 2 p.m.
W: That's great. And you'll _____ _____ _____ all of my stuff?
M: Sure. It'll cost approximately $400, depending on how much stuff you have.
W: Great. I'll see you tomorrow, then.

04

M: Honey, _____ _____ _____ what I did. I finished putting everything on the new shelves.
W: Wow! The room looks great!
M: I'm glad you think so. What do you think of having the TV in the middle?
W: It looks good there. Oh, you put four small toys _____ _____ _____ _____!
M: Yeah, they look nice there. And I put books on both sides of the TV.
W: That's great. Now we can easily reach them. Oh, where did you get those two tiny plants in front of the TV?
M: I bought them at a flower shop yesterday.
W: They're cute. Oh, one of the drawers under the TV is open. I'll close it.
M: Okay. But let me put the remote controls in there first.
W: Sure. Anyway, thank you for _____ _____ _____ _____.
M: No problem. I enjoyed it.

05

W: Did you take care of everything for our trip tomorrow?

M: I think so.

W: Did you cancel the newspaper delivery, and fix the back door _____ _____ _____ _____?

M: Yes, and I also called the hotel in Brunei. Our room is waiting.

W: Great! We were lucky to reserve the ocean view room.

M: Yes. By the way, please remember to call the airline while I'm at work.

W: Of course. We have to _____ _____ _____.

M: Thanks. I'll come home early today to help pack.

W: Oh, good. I'm so busy that I really _____ _____ _____.

M: No problem.

W: Wow, I never knew that going on vacation was so much work!

M: Me neither!

06

W: Hey, Andy. How's it going?

M: Good! It's been a busy week. But I'm looking forward to our trip this weekend.

W: Actually, I _____ _____ _____ _____ about that.

M: Okay. What's the matter?

W: I'm afraid I can't go away this weekend.

M: Oh, no. Why not?

W: I just found out that I have a math exam next Monday.

M: Oh, I see. Are you sure you can't go?

W: I'm afraid I can't. I'm going to have to study all weekend.

M: Well, maybe we can _____ _____ _____ _____.

W: Really? That would be great. I'm really _____ _____ _____ _____.

M: I understand.

07

W: Hi, are you looking for some furniture? Maybe I can be of some assistance.

M: Yes, I'm looking for a couch that can _____ _____ _____ _____.

W: Well, you've come to the right place. We're having a sale on futons.

M: That's great news. I have a _____ _____.

W: Well, how about this futon? It regularly sells for $440, but we are offering it at a large discount.

M: How much is the discount?

W: It's 50% _____ _____ _____ _____.

M: Does that include the delivery fee?

W: No, that's extra. It's $15.

M: Okay, please deliver it to my house. And how much is the futon cover?

W: The cover is a great deal — only $10.

M: Okay, here's $250 in cash. I'll take the blue futon cover, too.

08

W: What are you eating, Adam? They look like white strawberries.

M: Actually, they're called pineberries. They come from South America.

W: They really have a strong smell. Do they _____ _____ _____ _____?

M: No, they taste like pineapple. My mother grew these in her garden.

W: Really? How interesting!

M: Yes. When they started to grow, they were green. But _____ _____ _____, they turned white.

W: They're smaller than regular strawberries, aren't they?

M: Yes. They're usually only about 15 to 23 millimeters wide.

W: I'm surprised I've never seen them before.

M: Well, they were brought to Europe in the 1700s. But they weren't popular for a long time.

W: Are they getting more attention today?

M: They are! Many chefs are starting to use pineberries. They _____ _____ _____ _____ to desserts.

09

W: The Iguazu Falls are actually _____ _____ _____ 275 separate waterfalls located along 2.7 km of the Iguazu River in South America. They _____ _____ _____ _____ _____ of Argentina and Brazil. The most impressive part of the falls is an area known as "Devil's Throat." It is a U-shaped cliff, 150 meters wide and 700 meters long, where the water pours down from three sides. Due to the force of the falling water, the entire area is continually _____ _____ _____. These days, many tourists visit Iguazu Falls to enjoy rock climbing and water sports.

10

M: Hello, welcome to Outdoor World. Can I help you with anything?

W: Yes, I'm looking for a warm goose down jacket.

M: Okay. We have lots _____ _____ _____. What is your price range?

W: I don't want to spend more than $250.

M: All right. If you're looking for the best value, then how about this brown one? It's _____ _____ _____ _____ _____.

W: It looks nice. How much goose down does it have? I want a fill power of at least 700.

M: It has a fill power of 800, so it is very warm.

W: Good! But it doesn't have a hood. I want _____ _____ _____ _____.

M: Then how about this red one? It has a fill power of 750 and a hood.

W: Hmm... I don't really like the color.

M: Okay. Then this is the jacket for you!

W: That looks perfect. I'll buy that one. Thanks for your help!

11

M: What's going on, Abbie? Something happened, didn't it?

W: Oh, Alex... One of the sculptures in _____ _____ _____ _____ was damaged.

M: Oh, no! How serious is it?

W: (The bottom of the sculpture is cracked.)

12

W: Are you ready? The play starts in an hour, and there's going to be a lot of traffic.

M: I'm ready. Let's go.

W: But where did I _____ _____ _____? Have you seen them?

M: (Yes, they are on top of the piano.)

13

M: You've done _____ _____ _____ _____, haven't you?

W: That's right. I've been to more than 20 different countries.

M: Wow! Can you tell me about some of the places you've been to?

W: Well, France has really great cheese and wine. And there are some nice beaches _____ _____ _____ _____ of France.

M: I've heard that before. Have you been to any countries in Asia?

W: Yes, Vietnam. The culture is fascinating, but it's really _____ _____ _____.

M: I want to go to Vietnam, too. Oh, have you visited any African countries?

W: Sure. As a matter of fact, I just came back from South Africa last week.

M: That sounds really interesting. How was that?

W: (The scenery was amazing, but it was so hot.)

14

M: That looks like a heavy load. Let me help you with that.

W: Oh, thank you.

M: No problem. _____ _____ _____ in town? It looks like you're just moving in.

W: No. I've lived in this neighborhood for about a year.

M: Oh, really? I don't remember ever seeing you around here before.

W: That's because I've just _____ _____ _____ _____ _____. I was away for about five months.

M: No wonder this is our first time meeting each other.

W: When did you move here?

M: Last month. I'm still unpacking my things and organizing my apartment.

W: It's a great neighborhood. I _____ _____ _____ when I was away.

M: (Yes, it's quiet and the people are really nice.)

15

W: Sandra has been sick for a few days with a cold. She _____ _____ but doesn't feel well enough to go to the drugstore. Her brother Richard comes to visit her. Sandra asks him if he would _____ _____ _____ _____ to get the medicine. He asks her what type she wants and then goes to get it for her. On his way back to Sandra's, he stops at their mother's house to _____ _____ _____ _____ she made for Sandra. Even though their mother's house is a long way from his sister's, he doesn't mind. When Richard gets back, he gives her the medicine and some soup. In this situation, what would Sandra most likely say to Richard?

Sandra: (Thanks for taking care of me. You're the best.)

16~17

M: At this point in the museum tour, I would like to introduce you to Lucy. Right now, she may look like _____ _____ _____ a set of bones. However, if you look at the illustration on the wall, you'll see what scientists think she looked like when she was alive. Scientists believe she was _____ _____ _____ _____ _____, having lived 3.2 million years ago. She was found in Ethiopia in 1974 by a team of archaeologists. They're actually the ones who gave her her name. While they were digging up her bones, the song *Lucy in the Sky with Diamonds* by the Beatles was playing on their radio. Later, they realized how special she was. She stood a little over 100 centimeters tall and weighed about 28 kg. But most importantly, despite the fact that her skull was small like an ape's, she apparently _____ _____ _____ _____ _____ like a human being. For this reason, she's considered an extremely valuable discovery for scientists.

1번부터 17번까지는 듣고 답하는 문제입니다.
1번부터 15번까지는 한 번만 들려주고, 16번부터 17번까지는 두 번 들려줍니다. 방송을 잘 듣고 답을 하기 바랍니다.

01

다음을 듣고, 여자가 하는 말의 목적으로 가장 적절한 것을 고르시오.
① 잔디밭 출입을 금지하려고
② 공원 이용 시간 준수를 요청하려고
③ 공원 시설물 점검 시행을 알리려고
④ 인라인스케이트 보호대 착용을 권장하려고
⑤ 산책로와 자전거 도로 이용에 대해 안내하려고

02

대화를 듣고, 남자의 의견으로 가장 적절한 것을 고르시오.
① 손톱 관리를 청결하게 해야 한다.
② 복통은 주로 상한 음식 때문에 생긴다.
③ 손톱을 깨무는 버릇은 건강에 좋지 않다.
④ 손톱을 물어뜯는 모습은 미관상 좋지 않다.
⑤ 안 좋은 습관은 이른 시일 내에 고쳐야 한다.

03

대화를 듣고, 두 사람의 관계를 가장 잘 나타낸 것을 고르시오.
① 의사 - 간호사   ② 코치 - 운동선수
③ 환자 - 의사   ④ 학생 - 교수
⑤ 손님 - 헬스 트레이너

04

대화를 듣고, 그림에서 대화의 내용과 일치하지 않는 것을 고르시오.

05

대화를 듣고, 남자가 할 일로 가장 적절한 것을 고르시오.
① 팔찌 사 주기   ② 책 빌려주기
③ 팔찌 빌려주기   ④ 과제 하는 것 도와주기
⑤ 팔찌 만드는 방법 가르쳐 주기

06

대화를 듣고, 두 사람이 경기를 볼 수 없는 이유를 고르시오.
① 표를 분실해서   ② 표가 매진되어서
③ 경기가 취소되어서   ④ 표를 갖고 오지 않아서
⑤ 경기장에 늦게 도착해서

07

대화를 듣고, 여자가 지불할 금액을 고르시오. 3점
① $500   ② $540   ③ $600
④ $810   ⑤ $900

08

대화를 듣고, 자동차 대여에 관해 언급되지 않은 것을 고르시오.
① 대여 기간   ② 대여 차량의 종류
③ 대여 비용   ④ 자동차 보험 비용
⑤ 유아용 카시트 필요 여부

09

미국 대통령 순방에 관한 다음 내용을 듣고, 일치하지 않는 것을 고르시오. 3점
① 대통령 당선 후 첫 일본 방문이다.
② 오늘 저녁에 만찬이 예정되어 있다.
③ 일본 총리와 공동 기자 회견을 할 것이다.
④ 도쿄는 이번 아시아 순방의 첫 방문 도시이다.
⑤ 일본에서 도쿄 외에 다른 도시를 방문할 예정이다.

10

다음 표를 보면서 대화를 듣고, 남자가 구입할 TV를 고르시오.

Summer Sale on All Televisions

	Brand	Regular Price	Sale Price	Size	Model Year
①	HVC	$1,300	$900	32 inch	2015
②	New Tech	$3,000	$2,000	50 inch	2017
③	Barium	$4,000	$2,500	45 inch	2017
④	GT	$2,500	$1,100	45 inch	2015
⑤	Telestar	$1,500	$1,100	35 inch	2016

11

대화를 듣고, 여자의 마지막 말에 대한 남자의 응답으로 가장 적절한 것을 고르시오.

① It is a lot like playing the piano.
② It is easier to play than the violin.
③ I have a guitar lesson this evening.
④ I always practice after school in my garage.
⑤ I didn't take any lessons. I just taught myself.

12

대화를 듣고, 남자의 마지막 말에 대한 여자의 응답으로 가장 적절한 것을 고르시오.

① I have always been a hard worker.
② I think I will work overtime tonight.
③ I'm afraid I'll get bored without a job.
④ Because I am very tired in the afternoons.
⑤ I worked for the same company for many years.

13

대화를 듣고, 여자의 마지막 말에 대한 남자의 응답으로 가장 적절한 것을 고르시오.

Man: _____

① Yes. I studied abroad a few years ago.
② No, you will be able to make friends there.
③ Sure. Going abroad can be a good experience.
④ Yes, you can learn a lot about American culture.
⑤ Of course not. A lot of people would be nervous at first.

14

대화를 듣고, 남자의 마지막 말에 대한 여자의 응답으로 가장 적절한 것을 고르시오.

Woman: _____

① I like this kind of cabinet the most.
② When are you going to start painting?
③ Okay, then let's choose a different color.
④ Let's go to the store and buy some paint.
⑤ Maybe this softer color would look better on you.

15

다음 상황 설명을 듣고, Rachel의 부모님이 Rachel에게 할 말로 가장 적절한 것을 고르시오. 3점

Rachel's parents: _____

① We're very proud of you.
② We're nervous about your recital.
③ You didn't meet our expectations.
④ We're glad you decided to quit singing.
⑤ Why didn't you tell us you had started singing?

[16~17] 다음을 듣고, 물음에 답하시오.

16

여자가 하는 말의 주제로 가장 적절한 것은?

① the origins of fair trade
② the benefits of fair trade
③ problems caused by child labor
④ how fair trade helps consumers
⑤ how fair trade products are priced

17

언급된 상품이 <u>아닌</u> 것은?

① coffee   ② cotton   ③ wine
④ sugar   ⑤ honey

녹음을 다시 한 번 듣고, 빈칸에 알맞은 말을 쓰시오.

01

W: Welcome to Highfield Park. It's Saturday, so we're expecting a lot of people in the park today. _____ _____ _____ have a picnic, play games or take a walk on the path. To make sure you enjoy your day and stay safe here, we'd like to tell you about the two kinds of paths. One kind is for walking and the other is _____ _____ _____. Skateboards and inline skates are also permitted on the bicycle path. Please _____ _____ _____ _____ and stay on the proper paths. Thank you.

02

M: _____ _____ your nails. It's disgusting!

W: Oh, come on. It's not that bad.

M: It isn't good for you. I really don't want you to do it.

W: Why not? There's nothing wrong with it.

M: Didn't you tell me that you _____ _____ _____ the other day? This is why.

W: Because I was biting my nails?

M: Yes. Germs on your nails can cause stomach problems. If you swallow one, it can go into your stomach and damage it.

W: Really? I've never heard that.

M: That's why I keep saying that you should _____ _____ _____. It can cause serious problems.

W: I see. Thanks for telling me.

03

M: Am I going to be okay?

W: I expect you to _____ _____ _____ _____. Your back is going to be fine.

M: Oh, that's great to hear. What a relief!

W: But you're going to have to _____ _____ _____ very carefully.

M: I understand. What do I have to do?

W: First, while you're here, I don't want you to get out of bed.

M: All right. What else?

W: After we send you home, I don't want you to pick up anything heavy for six weeks. Take it easy when you exercise, too.

M: But six weeks is a long time.

W: It was _____ _____ _____. If you don't follow my advice, you'll risk injuring your back again.

M: Okay, I promise to follow it.

04

M: So, is this my son's art classroom?

W: Yes, it is. Do you see that bowl of fruit on the table _____ _____ _____ _____ _____?

M: The one surrounded by canvases? Yes.

W: Your son was painting that earlier today.

M: That's great. What are those lockers in the corner for?

W: That's where the kids keep their art supplies. Look at the three paintings next to the lockers.

M: They're very good. Did students paint them?

W: Yes. Your son _____ _____ _____ on the top.

M: Wow! What about the statue in the corner next to the window? Did a student make that?

W: No. Actually, I bought that from a local art gallery.

M: I see. Well, shall we start our meeting now?

W: Yes. But one of the windows is open. I should close it _____ _____ _____ _____ _____.

M: Oh, don't worry. I'll do it for you.

05

W: What's that on your wrist, Eric?

M: This? It's just a little bracelet.

W: It's really cute. I love all the different colors. Where did you buy it?

M: To tell you the truth, I didn't buy it anywhere. I
_____ _____ _____.

W: You're kidding me! How did you do that?

M: It's not that difficult. All you need to do is buy
some colorful string and _____ _____ _____.

W: Do you think you could teach me how to do it?

M: I wish I could, but I have a paper that's due
tomorrow.

W: Oh, never mind. I don't want to disturb you.

M: Well, I can _____ _____ _____ _____ that
explains how to make bracelets. It's very easy to
follow.

W: That would be great. I really appreciate it.

06

M: I'm very excited about the game.

W: Me too. We can finally see our favorite baseball
player, Peter Jackson.

M: That's right. I _____ _____ _____ last night.

W: I was very glad that the rain stopped early this
morning. I was worried that the game _____
_____ _____.

M: So was I. Let's go and get our seats. The game will
start in 10 minutes.

W: Okay, good idea. Uh-oh...

M: What's the matter?

W: I don't think we can see the game today.

M: Why not?

W: I can't find the tickets. I think I _____ _____
_____ _____ _____! I'm sorry!

M: Oh, no. I can't believe it!

07

[Telephone rings.]

M: Thank you for calling the Beachside Hotel. May I
help you?

W: Yes. I'm thinking about taking my family to
Guam. I'd like to _____ _____ _____
_____ _____ _____.

M: Well, the price depends on the type of room. How
many people are in your family?

W: There are two adults and two children.

M: Then a suite or an ocean view room would be best.
A suite costs $200 per night and an ocean view
room _____ _____ _____ _____. How
many nights will you be staying?

W: Three nights, and we have a budget.

M: What is your budget?

W: We can only spend $800.

M: Okay. Then a suite _____ _____ _____.

W: I see. We plan on staying from July 3 to July 6.
Are there any suites available?

M: Yes, we have one left. If you reserve it now, I'll
give you a 10% summer discount.

W: Great. I'd like to reserve that room.

08

W: Best Car Rental. How may I help you?

M: Hi, I'd like to reserve a four-door car for next
week.

W: Certainly. When will you need it?

M: Well, my family and I are _____ _____
_____ _____. We'll leave Friday morning and
come back Sunday evening.

W: I see. On that day, we have a small environmentally-
friendly car, a family car and a luxury car
available.

M: I'll take the family car.

W: Good choice. It is $80 a day, so the total will be
$240.

M: I see. Can I pay for that _____ _____ _____
_____ when I arrive?

W: Of course. Do you need any other items, such as a
child's car seat?

M: No, I don't.

W: Okay. Can I have your name? Then your
reservation _____ _____ _____.

M: It's Rob Fuller. Thank you.

09

[News music]

M: Our top story this evening: The president of the United States arrived in Tokyo today. Although he has been to Tokyo _____ _____ in the past, this is his first visit to Japan since being elected president in September. He is scheduled to have dinner with the Japanese prime minister and other top officials later this evening. Tomorrow, the two heads of government will _____ _____ _____ _____ and hold a joint press conference. The Japanese capital is the president's first stop on a seven-day tour of Asia. He will stay there for two days, and it's the only Japanese city he'll have time to visit during his trip. Please stay tuned for more news after this _____ _____.

[News music]

10

M: Look at this ad, Zoey. I think it's time I bought a new TV.

W: It looks like they're having a good sale. You should get that big one!

M: It's a good size, but New Tech is _____ _____ _____ _____.

W: That's true. Then how about that one? It's only $900. That's _____ _____.

M: Yes, but it's smaller than I want.

W: How big do you want the screen to be?

M: It should be 42 inches or larger.

W: All right. Well, how about this one here?

M: Wow, that's a really good sale price. But it's not the latest model.

W: That's true, but it's on sale for less than half of the regular price.

M: That's _____ _____ _____. I'm going to get it.

11

W: How long have you been playing the guitar?

M: _____ _____ _____. But I don't play often.

W: Wow, you learned really fast. Where did you take lessons?

M: (I didn't take any lessons. I just taught myself.)

12

M: _____ _____ your retirement.

W: Thank you. It will be nice to rest, but I'm a little worried.

M: Why? There is nothing to worry about.

W: (I'm afraid I'll get bored without a job.)

13

W: I'm really worried about something my mom told me.

M: What did she say?

W: She said she's sending me to the States for two years.

M: Oh, really?

W: Yeah. She wants me to study abroad and _____ _____ _____ _____.

M: Well, that sounds great. Why aren't you excited about going abroad?

W: I'm afraid of living in another country. Everything will be different.

M: That's certainly true. But I also think it could be _____ _____ _____.

W: Everyone says that. Still, I'm pretty scared.

M: Well, to be honest, I would _____ _____ _____ going abroad, too.

W: You would? So I'm not the only one?

M: (Of course not. A lot of people would be nervous at first.)

14

M: Have you decided _____ _____ _____ _____ the kitchen wall?

W: Well, you know I like yellow.

M: I know, but the kitchen cabinets are pink. Pink and yellow _____ _____ _____ _____.

W: Then why don't we paint the kitchen cabinets too?

M: I didn't think of that. Is it possible?

W: Sure, my sister painted hers. Her cabinets used to be a boring shade of brown, so she had them painted purple. They look great now!

M: Okay. If the walls will be yellow, what color should we paint the cabinets?

W: Hmm, let me see. What color _____ _____ _____? How about orange?

M: Yellow walls and orange cabinets? I think that's too bright.

W: (Okay, then let's choose a different color.)

15

M: Rachel wanted to be a famous singer. She had always wanted to _____ _____ _____ to make her dream come true, but her parents never allowed it because they thought singing was a silly dream. Rachel continued to ask for singing lessons until she was 12 years old, when her parents finally agreed to pay for them. She took lessons for a year before her parents attended one of _____ _____ _____. After hearing Rachel sing, they realized _____ _____ _____ she had. In this situation, what would her parents most likely say to Rachel?

Rachel's parents: (We're very proud of you.)

16~17

W: Hello, everyone. I'm Faith Stewart from the Fair Trade Initiative. What do you know about fair trade products? You're _____ _____ _____ _____ fair trade coffee. But have you ever heard of fair trade cotton, wine, or honey? Nowadays, there are many different kinds of fair trade products. I'm here today to tell why we should buy these products. First, the people who _____ _____ _____ fair trade products are always paid fairly. They earn enough money to have good lives. Second, the workers are treated well. They _____ _____ _____ _____ work long hours in terrible conditions. Finally, they are protected from big companies, even in poor countries. Big companies often exploit their workers and take all the money. Fair trade products always have a special label on their packaging. So, they _____ _____ _____ _____ _____ _____. Have any of you tried any fair trade products lately? Which fair trade products have you tried?

1번부터 17번까지는 듣고 답하는 문제입니다.
1번부터 15번까지는 한 번만 들려주고, 16번부터 17번까지는 두 번 들려줍니다. 방송을 잘 듣고 답을 하기 바랍니다.

01

다음을 듣고, 남자가 하는 말의 목적으로 가장 적절한 것을 고르시오.
① 초콜릿 만드는 과정을 설명하려고
② 자사의 초콜릿을 구매하도록 홍보하려고
③ 가난한 농부들을 위한 기부를 장려하려고
④ 밸런타인데이를 즐기는 방법을 소개하려고
⑤ 새로 문을 연 매장에 온 방문객들을 환영하려고

02

대화를 듣고, 여자의 의견으로 가장 적절한 것을 고르시오.
① 경제학은 성공의 열쇠이다.
② 계획적인 소비습관이 필요하다.
③ 어릴 때부터 경제 교육을 받아야 한다.
④ 여행 시 무분별한 쇼핑을 자제해야 한다.
⑤ 부모들은 자녀의 경제관념에 주의를 기울여야 한다.

03

대화를 듣고, 두 사람의 관계를 가장 잘 나타낸 것을 고르시오.
① 조수 - 예술가
② 여행객 - 여행 가이드
③ 손님 - 가구 판매원
④ 미술상 - 미술품 수집가
⑤ 박물관장 - 박물관 직원

04

대화를 듣고, 그림에서 대화의 내용과 일치하지 않는 것을 고르시오.

05

대화를 듣고, 남자가 할 일로 가장 적절한 것을 고르시오.
① 책 버리기
② 침대를 서재로 옮기기
③ 청소 도구 가져오기
④ 책장 구입하기
⑤ 더 넓은 아파트 찾아보기

06

대화를 듣고, 과학 박람회가 취소된 이유를 고르시오.
① 전시관이 침수되어서
② 학생들의 참여가 저조해서
③ 준비가 제대로 되지 않아서
④ 다른 학교 행사가 예정되어서
⑤ 준비 기금이 충분히 마련되지 않아서

07

대화를 듣고, 여자가 지불할 금액을 고르시오.
① $17   ② $22   ③ $27   ④ $29   ⑤ $30

08

대화를 듣고, 학교 예술제에 관해 언급되지 않은 것을 고르시오.
① 시작 시간   ② 개최 장소   ③ 입장권 가격
④ 행사 프로그램   ⑤ 입장권 구입처

09

Art for Teens에 관한 다음 내용을 듣고, 일치하지 않는 것을 고르시오. 3점
① 4월에 시작된다.
② 예술가와의 만남이 포함된다.
③ 시 정부로부터 후원을 받는다.
④ 사전 등록을 해야 한다.
⑤ 인기 있는 연례 프로그램이다.

10

다음 표를 보면서 대화를 듣고, 남자가 예약할 연회장을 고르시오.

	Hall	Seating Capacity	Stage	Refreshments	Video Screen
①	A	500	No	Provided	Available
②	B	400	Yes	Not provided	Not available
③	C	400	Yes	Not provided	Available
④	D	350	No	Provided	Not available
⑤	E	300	Yes	Provided	Available

11

대화를 듣고, 남자의 마지막 말에 대한 여자의 응답으로 가장 적절한 것을 고르시오.

① Our sofa is very old.
② The sofa is big and blue.
③ I like round, soft pillows.
④ I will need someone to deliver it.
⑤ I would prefer something that looks classic.

12

대화를 듣고, 여자의 마지막 말에 대한 남자의 응답으로 가장 적절한 것을 고르시오.

① I'm actually not very hungry.
② I tried calling you several times.
③ I was looking everywhere for you.
④ I thought we were meeting tomorrow.
⑤ I had it turned off because I was taking a test.

13

대화를 듣고, 여자의 마지막 말에 대한 남자의 응답으로 가장 적절한 것을 고르시오.

Man: _____

① Good idea. You need to read more often.
② He wrote many great books about music.
③ Yes, I thought the book was excellent, too.
④ I thought you said you didn't like his music.
⑤ Why don't I just lend you one of my CDs instead?

14

대화를 듣고, 남자의 마지막 말에 대한 여자의 응답으로 가장 적절한 것을 고르시오.

Woman: _____

① I think I'll just call a repair shop to fix it.
② Yes, but I need to hand this essay in right now.
③ In that case, could you recommend a good site?
④ Thanks, but I don't need any more ink cartridges.
⑤ I'm on a tight budget, so I'll just buy it at the store.

15

다음 상황 설명을 듣고, Shawn이 판매원에게 할 말로 가장 적절한 것을 고르시오.

Shawn: _____

① There's a problem with my bill.
② That's okay. I'll just have to wait.
③ Can you please speak more slowly?
④ Can I order two more of those, please?
⑤ I'll cancel my order and buy a ladder somewhere else.

[16~17] 다음을 듣고, 물음에 답하시오.

16

여자가 하는 말의 주제로 가장 적절한 것은? 3점

① hygiene habits in the past
② the diseases found in water
③ common causes of illnesses
④ the origins of the toothbrush
⑤ changes in homes over time

17

언급된 물건이 <u>아닌</u> 것은?

① bathtub ② soap ③ perfume
④ toothbrush ⑤ mouthwash

녹음을 다시 한 번 듣고, 빈칸에 알맞은 말을 쓰시오.

01

M: We all know that Valentine's Day is coming up, and many of us are wondering _____ _____ _____ _____ we love. I'd like to recommend one of the Valentine's Day gift sets we're selling at Chocolate from the Heart. Our chocolate is the most delicious you will ever taste, and it is organic. Not only that, but it is also made from 100% fair trade cocoa. When we buy fair trade cocoa, the farmers _____ _____ _____ _____ _____. They make enough money to support their families, so that their children can go to school. Your purchase also _____ _____ _____ and schools in the farmers' communities. And the chocolate tastes great! So be sure to visit our new store and try some free samples!

02

W: Did you hear that Jason went to Europe with his friends?

M: No, I'm sure they had a lot of fun, though.

W: Probably, but you will be shocked to hear _____ _____ _____ _____ _____ there.

M: He wasted too much money on his trip?

W: Yes, he spent $3,000 in two weeks. I wonder if he'll be able to pay for all his books next semester.

M: Really? He doesn't have _____ _____ _____.

W: That's what I'm worried about. I was taught economics in elementary school, and it really helped me.

M: That was never common, though.

W: Maybe not, but children would certainly _____ _____ _____.

03

M: What about these? We just received them yesterday.

W: I like the largest one, but I'm not sure about the others.

M: How about this green one?

W: It's nice! How much are you _____ _____ _____?

M: I can sell you that one for about $5,000. It's a little cheaper than the others.

W: Cheaper? That sounds very expensive to me.

M: Well, these paintings are Carlos Felix's latest work. And this style of art is getting _____ _____ _____ _____.

W: Yes, I've heard that. I just saw some of his work at the Modern Art Museum. The show was really crowded.

M: Right. $5,000 is really a low price to pay to own something by _____ _____ _____ _____.

04

W: [Yawning] I'm so sleepy!

M: You must be. I heard you went camping with your family yesterday. What did you do at the campsite?

W: My father set up a tent for us as soon as we arrived at the campsite.

M: Then what did your mother do?

W: She prepared our food. She _____ _____ _____ on the fire. It was delicious.

M: How about your brother? Did he help the family also?

W: Yes, he _____ _____ for the campfire.

M: Oh, then you and your sister helped with dinner?

W: Well, she cleaned up the table for us. But I _____ _____ _____ _____ under a tree.

M: Really? Why didn't you do anything?

W: I was tired. Camping can be really hard work!

05

W: Our study is just too small. We need another bookshelf for all these books.

M: You're right, but there's no way we can _____ _____ _____ in here.

W: Hey, I've got an idea. Let's make this our bedroom instead.

M: And turn our bedroom into a study? Well, it is a lot bigger.

W: I think it's _____ _____ _____. Let's do it.

M: Sure, why not? I guess we need to start by moving the furniture.

W: No, I want to clean up first. Bring me the mop and a vacuum cleaner, please.

M: All right. Let me know when you're ready to start moving stuff.

W: I will. There's no way I could move our bed on my own.

M: Nope. This is going to _____ _____ _____.

06

M: Hey, Karen. Did you hear the science fair has been cancelled?

W: What? Are you serious?

M: Yeah, the school is going to _____ _____ for next semester.

W: I can't believe this! I've been working so hard.

M: I know. Everyone is really disappointed.

W: Why did they decide to cancel it? Because of _____ _____ _____ _____?

M: No. Because a water pipe broke over the weekend. It flooded the exhibition room.

W: Really? That's awful!

M: Yeah, they are going to have to do _____ _____ _____ _____.

W: Well, at least now I will have more time to work on my project.

M: That's a good way to look at it. Anyway, I have to go.

W: Thanks for telling me, Brett.

07

M: Hello, ma'am. Did you find everything you were looking for?

W: Yes. I'll take these two CDs. I believe _____ _____ _____ for $10 each.

M: That's right. Hmm... Mozart. You must be a classical music fan.

W: Yes. And Mozart is my favorite composer.

M: Have you seen our Mozart calendars? Each month _____ _____ _____ _____ of him.

W: Wow, that's great! How much are they?

M: They're $12. And we also have Mozart coffee mugs for $7 each.

W: Hmm. I already have a Mozart mug, but I really want one of those calendars.

M: All right. Should I _____ _____ _____ _____ _____?

W: Well, unfortunately I only have $30. I'll take it, but I'll put one of these CDs back.

M: That's fine, ma'am.

08

W: Are you coming to the school's art festival, Bill?

M: Maybe. It's this Sunday, isn't it?

W: No, actually it's on Saturday, in the school gym.

M: Oh. Well, I have soccer practice at 11 a.m., but I'll come after that.

W: Great! You know, if you buy a ticket now, you can _____ _____ _____.

M: Really? How much are they?

W: They're $5 on the day of the festival, but only $3 if you buy one early.

M: Cool. So, there will be lots of interesting student art _____ _____ _____?

W: Yes, but that's not all. There will also be a musical performance and a charity bazaar.

M: Sounds great. Where can I buy a ticket?

W: You can get one at _____ _____.

M: Okay. Thanks for the information!

09

W: The City Museum is proud to present Art for Teens starting this April. Participants will meet once a week in the museum's main conference room to discuss art, _____ _____ _____ and work on their own projects. As this program is sponsored by the city government, there is no fee. Participants just need to be between the ages of 13 and 19 and possess a student ID card. _____ _____ _____ is necessary, as there is a maximum enrollment of 60 students per week. If the demand is great enough, we will consider adding a second class each week. _____ _____ _____ is to make this an annual museum program. You can sign up on the museum's website or do it in person at the museum.

10

[Telephone rings.]

W: Madison Hotel, how can I help you?

M: Hi. I need to _____ _____ of your halls for a company event next Friday.

W: Certainly, sir. Can I ask how many people will be attending?

M: It's our company's 20th anniversary, so all 350 of our employees will be there.

W: All right. Now, some of our halls have a stage. Will you be needing one?

M: Oh, yes. I'd like to be onstage when _____ _____ _____.

W: All right. Would you like to have refreshments provided by the hotel?

M: No, that's not necessary. But I will be showing a video clip as part of my presentation.

W: Okay. So you need a hall with a video screen in it?

M: Yes, please. Do you have _____ _____ _____ _____?

W: Yes, we do. If you give me your credit card information, I'll reserve it for you.

M: Great.

11

M: May I help you, ma'am?

W: Yes. I need a pillow for my new sofa.

M: All right. Do you want something that _____ _____ _____ _____?

W: (I would prefer something that looks classic.)

12

W: Thomas! There you are. Where have you been?

M: Hi, Holly. I was in class. I just got here and was about to order lunch.

W: Why didn't you _____ _____ _____?

M: (I had it turned off because I was taking a test.)

13

M: So Esther, what did you think?

W: Oh my gosh. I'm stunned. That concert was _____ _____.

M: I can't believe you'd never been to a classical music concert before.

W: Well, you know how much time I spend reading. I've just never had time for music.

M: Books are fine, but everyone needs a variety of experiences in their life.

W: I guess you're right. I never knew music could be so beautiful.

M: Yes. It can express _____ _____ _____ _____ without any words.

W: What did you say the composer's name was?

M: Richard Wagner. He was one of the most famous composers of the 19th century.

W: I see. I really like his work. Could you _____ _____ _____ _____ _____?

M: (Why don't I just lend you one of my CDs instead?)

14

W: Tony, can you give me a hand with something?

M: Sure, Patty. What's going on?

W: It's my new printer. I need to _____ _____ _____ _____, but the printer won't work.

M: Let me take a look at it. *[Pause]* Well, do you see this red light flashing here?

W: Yes. I think it means a piece of paper is stuck, but I didn't see any.

M: Actually, that light means the ink cartridge is empty. You _____ _____ _____ _____.

W: Oh! I'll run to the office supply store, then. I need to submit this by the day after tomorrow.

M: Actually, office supply stores are overpriced. Ordering cartridges online is much cheaper.

W: I see. But won't it _____ _____ _____ for the cartridge to arrive?

M: No. If you order one now, you can get it by tomorrow afternoon.

W: (In that case, could you recommend a good site?)

15

M: Shawn is a busy painter working on a big project. He has to finish painting an entire apartment building before Friday. He is worried about this deadline, and he really wants to _____ _____ _____ _____. In order to finish the job, Shawn needs some extra cans of white paint, several new brushes and a five-meter ladder; therefore, he _____ _____ _____ with a paint supply company. He received his order this morning, but the ladder was not included. Feeling frustrated, he calls the company and asks what had happened to his ladder. The salesperson apologizes for failing to call to inform him that _____ _____ _____ _____ _____. He explains that it will not be available for two weeks. In this situation, what would Shawn most likely say to the salesperson?

Shawn: (I'll cancel my order and buy a ladder somewhere else.)

16~17

W: This next exhibit is a reproduction of a typical peasant's house in medieval Europe. One thing you might notice is that there is no bathtub. This is because people _____ _____ _____ in those days. There was a common misconception that you could catch dangerous diseases from bathing too much. To avoid this, most peasants would only wash their hands. They were _____ _____ _____ _____ _____ their entire face. Rich people, on the other hand, had slightly better bathing habits. They would take baths occasionally, but only a few times a year. In order to avoid smelling bad, they would wear a lot of perfume. You might be surprised to learn, however, that people in those days actually _____ _____ _____ _____ _____ their teeth. Although they didn't have toothbrushes, they did use mouthwash. Now, if there aren't any questions, let's move on to the next exhibit.

1번부터 17번까지는 듣고 답하는 문제입니다.
1번부터 15번까지는 한 번만 들려주고, 16번부터 17번까지는 두 번 들려줍니다. 방송을 잘 듣고 답을 하기 바랍니다.

01

다음을 듣고, 여자가 하는 말의 목적으로 가장 적절한 것을 고르시오.
① 직원을 모집하려고
② 가게를 홍보하려고
③ 신상품을 소개하려고
④ 의상 제작 과정을 설명하려고
⑤ 할인 행사 내용을 공지하려고

02

대화를 듣고, 남자의 의견으로 가장 적절한 것을 고르시오.
① 비싼 여행지는 그만큼의 볼거리가 있다.
② 모든 스트레스는 사람을 강하게 만든다.
③ 여행을 많이 하는 사람은 적응력이 뛰어나다.
④ 많은 다양한 문화를 체험하는 것은 유익하다.
⑤ 유럽은 다양한 문화적 체험을 하기에 적격이다.

03

대화를 듣고, 두 사람의 관계를 가장 잘 나타낸 것을 고르시오.
① 경찰 - 관광객   ② 경찰 - 택시 운전사
③ 승객 - 택시 운전사   ④ 승객 - 버스 운전사
⑤ 관광객 - 관광 가이드

04

대화를 듣고, 그림에서 대화의 내용과 일치하지 않는 것을 고르시오.

05

대화를 듣고, 여자가 할 일로 가장 적절한 것을 고르시오.
① 식당 예약하기   ② 양복 찾아오기
③ 보고서 출력하기   ④ 저녁 식사 준비하기
⑤ 옷 갈아입기

06

대화를 듣고, 남자가 예술제에 갈 수 없는 이유를 고르시오.
① 표를 분실해서   ② 표가 매진되어서
③ 가족 여행 때문에   ④ 할머니 생신 때문에
⑤ 거리가 너무 멀어서

07

대화를 듣고, 여자가 지불할 금액을 고르시오.
① $8   ② $12   ③ $16   ④ $20   ⑤ $32

08

대화를 듣고, 아르바이트에 관해 언급되지 않은 것을 고르시오.
① 하는 일   ② 자격 조건   ③ 근무 시간
④ 급여   ⑤ 지원 방법

09

Riverside Hotel에 관한 다음 내용을 듣고, 일치하지 않는 것을 고르시오.
① 투숙객은 지하 주차장을 무료로 이용할 수 있다.
② 공항에서 호텔까지 픽업 서비스를 제공한다.
③ 조식은 숙박료에 포함되어 있다.
④ 부대 시설을 무료로 이용할 수 있다.
⑤ 시내 관광 가이드를 무료로 예약할 수 있다.

10

다음 표를 보면서 대화를 듣고, 두 사람이 볼 영화를 고르시오.

Max Theater Movie Schedule

	Movie	Start Time	End Time	Theater
①	*My Lady*	3:35 p.m.	5:15 p.m.	Premium
②	*Good Friends*	4:20 p.m.	7:20 p.m.	Premium
③	*Perhaps Love*	5:15 p.m.	7:05 p.m.	Premium
④	*Chicken Little*	3:10 p.m.	5:40 p.m.	Standard
⑤	*Two Sisters*	4:45 p.m.	7:15 p.m.	Standard

11

대화를 듣고, 여자의 마지막 말에 대한 남자의 응답으로 가장 적절한 것을 고르시오.

① I put it in this bag.
② You can have mine too.
③ You know, I lost my passport.
④ This is a brand new passport photo.
⑤ We should arrive in time at the airport.

12

대화를 듣고, 남자의 마지막 말에 대한 여자의 응답으로 가장 적절한 것을 고르시오.

① Sure, here is my business card.
② I don't have any business cards.
③ I should have created an interesting design.
④ I like the ones with your name in the center.
⑤ First, you need to design your business card.

13

대화를 듣고, 남자의 마지막 말에 대한 여자의 응답으로 가장 적절한 것을 고르시오.

Woman: _____

① I'd never been so excited!
② Nothing scares me more than sharks!
③ Not really. I've always been a good swimmer.
④ You're right. Rio de Janeiro is a fantastic place.
⑤ It sure was! Since then, I've been afraid to go swimming.

14

대화를 듣고, 여자의 마지막 말에 대한 남자의 응답으로 가장 적절한 것을 고르시오.

Man: _____

① In that case, lead the way.
② Let's take a taxi to the other gallery.
③ Let's ask the gallery owner where it is.
④ I don't think this gallery sells paintings.
⑤ Sounds great. Why don't we come again later?

15

다음 상황 설명을 듣고, Gloria가 미용사에게 할 말로 가장 적절한 것을 고르시오.

Gloria: _____

① This is not what I asked for.
② I told you to straighten my hair.
③ Wow, that looks really different. Thanks a lot.
④ I'd prefer it if you could take a few more inches off.
⑤ It doesn't look any different from how it looked before.

[16~17] 다음을 듣고, 물음에 답하시오.

16

남자가 하는 말의 주제로 가장 적절한 것은?

① how weather affects farming
② the development of farms in cities
③ some positive aspects of indoor farms
④ why ancient farming methods are the best
⑤ some negative points about organic farming

17

농장에서 기를 수 있는 것으로 언급되지 <u>않은</u> 것은?

① 블루베리   ② 벼   ③ 오리
④ 꽃   ⑤ 물고기

녹음을 다시 한 번 듣고, 빈칸에 알맞은 말을 쓰시오.

01

W: Do you like the look of handmade suits? Of course you do! But can you afford one? Of course you can! At Grace Tailors, we _____ _____ _____ with long-lasting fabrics that can be yours for less than you'd expect. We don't produce many suits quickly but always do our best to produce _____ _____ _____ _____ _____. And we customize the product according to the customer's needs. So we guarantee our handmade clothing will _____ _____ _____. Are you tall? Big? No problem. Our clothes will always be the right size. So come to Grace Tailors, where the fit and the price are just right.

02

M: I just had the greatest experience of my life.

W: What are you talking about?

M: Haven't you heard? I just _____ _____ _____ _____.

W: Didn't you go to Brazil last year?

M: Yes, traveling abroad is _____ _____ _____ _____ _____.

W: I like traveling, but I don't do it that often. It's so expensive.

M: It is, but I learn a lot from it. Every culture teaches me something different.

W: Don't you ever feel stressed when things are so different, though?

M: Of course, but I believe that kind of stress can _____ _____ _____.

03

W: Excuse me. Why are you turning here?

M: You want to go to the bus station, don't you?

W: Yes, that's right. Shouldn't you be going straight and then _____ _____ _____?

M: Oh, no. Not at this time of day. The traffic would be terrible.

W: Oh, I didn't think of that.

M: If we _____ _____ _____ _____ _____ City Hall, traffic will be much lighter.

W: I see. Well, I guess I'll trust your judgment.

M: Don't worry, we'll get there much quicker my way. I do this every day.

W: All right. How long do you think it will take? My bus leaves in 45 minutes.

M: Well, unless there are unexpected problems, _____ _____ _____ _____ in half an hour.

W: Great. That would give me time to buy a snack for the trip.

04

M: Hi, Monica. What are you doing?

W: Oh, hi, Richard. I'm getting the room ready for Henry's farewell party.

M: It looks great! I really like the pictures _____ _____ _____!

W: Thanks. I chose a few pictures of Henry. I'm glad you like them.

M: By the way, I've never seen this round table before. Did you buy it?

W: No, I borrowed it from Jane. I thought it _____ _____ _____ for the party than the square one.

M: It's perfect! Hey, where did you put the present for Henry?

W: It's under the table.

M: Oh, _____ _____ _____. And there's a camera on the table. Are you going to take some pictures?

W: Yes. I want to take some when you give Henry the present.

M: Good idea! And the flowers on the table are really pretty.

W: Yeah. I hope Henry enjoys the party.

05

[Cell phone rings.]

M: Hello?

W: Hi, honey. It's me. Are you still at work?

M: Yes, darling. I've been really busy.

W: That's okay. Do you still want to _____ _____ _____ _____ tonight?

M: Yes, but I haven't had a chance to call the restaurant yet.

W: Would you like me to make a reservation?

M: No, I'll do it. But can you _____ _____ _____ from the dry cleaner's?

W: Sure, no problem.

M: Thanks. I just have to print out a report, and then I'll be done.

W: Great. Can you make the reservation for 7:30?

M: Sure. That should _____ _____ _____ _____ to come home and change my clothes.

W: Okay. I'll see you soon.

06

W: Hey, Tom! How are you today?

M: I'm good, Lisa. How about you?

W: I'm great. Listen, _____ _____ _____ _____ you wanted to go to the Seoul Art Fair with me this weekend.

M: Oh, is that the one on Saturday?

W: Yeah, it's being held on Saturday and Sunday.

M: I thought _____ _____ _____ _____.

W: They are, but I bought mine early. I have an extra one for you.

M: I really want to go, but I'm afraid I can't. My grandmother's birthday is on Saturday.

W: Oh, really? Well, how about going on Sunday?

M: Unfortunately, she _____ _____ _____. So my family is going to visit her for the weekend.

W: Oh, I see.

M: Thanks anyway, Lisa.

07

W: I'd like to send this to Arizona.

M: Put it on the scale, please. *[Pause]* It weighs 4 pounds. Will that be _____ _____ _____ _____?

W: How much does regular mail cost?

M: It's $2 per pound. The express mail service costs $5 per pound.

W: Is express mail your fastest service?

M: No. We also have an overnight service that costs $8 per pound.

W: Wow. That's expensive.

M: Yes, but it's faster, and we _____ _____ _____ _____.

W: That's great, but I can't afford it. I'll just go with the express service.

M: Certainly. You can insure your package for an extra $5.

W: No thanks. That's not necessary.

M: Okay. Please _____ _____ _____ _____, and I'll take care of the rest.

08

W: Hi. Can I help you?

M: Yes. I saw your ad for a part-time worker. Can you tell me about the job?

W: Certainly. We need someone to _____ _____ _____ _____.

M: I see. Well, I worked in a restaurant last year.

W: Good. We need _____ _____ _____. Also, you must be at least 16.

M: I'm 18. But I'm only available on weekends.

W: That's fine. We need someone to work Saturdays and Sundays.

M: Okay. May I ask how much it pays?

W: You'd be earning $9 an hour to start. After three months, you'd _____ _____ _____ _____.

M: It sounds perfect. How do I apply?

W: Just fill out this form. You can give it back to me

when you're done.

M: All right. Thank you, ma'am.

09

M: Are you looking for an affordable place to spend the weekend? Then come to the Riverside Hotel! For just $150, you can spend two nights in a beautiful room downtown. Underground parking is free for guests, and if you're flying, we'll send a van to _____ _____ _____ at the airport. Breakfast at our world-class restaurant is included in the room price. Also, hotel guests receive a 50% discount at the 24-hour _____ _____ _____ _____. And if you want to see the sights of the city, you can take a tour with one of our professional guides _____ _____ _____ _____. So call us and make a reservation today.

10

W: We're going to the movies this Saturday, right? I _____ _____ the movie schedule for the Max Theater website. Which movie do you want to see?

M: Hmm... How about *Good Friends*?

W: Sure. Oh, wait! Look at what time it ends!

M: Oh, I didn't notice. Let's choose something that's shorter than three hours.

W: Good idea. What about *Two Sisters* at 4:45? I heard it's great.

M: It starts too late. We wouldn't _____ _____ _____ the theater until after 7 p.m.

W: I don't think 7 p.m. is too late.

M: Well, we're going to have dinner after the movie. I don't like eating later than 6 p.m.

W: In that case, *Chicken Little* would be better for us. It starts at 3:10.

M: That sounds good, but I'd rather watch a movie in one of the premium theaters.

W: Yes, _____ _____ _____ _____! So it looks like there's one perfect movie for us.

M: I agree. I'll reserve two tickets online right now.

11

W: All right. I think we're ready to go.

M: I think so, too. I hope we're not forgetting anything.

W: Let's see. I've _____ _____ _____. Where is yours?

M: (I put it in this bag.)

12

M: Laura, can you _____ _____ _____ my computer for a minute?

W: Sure, Anthony. What is it?

M: I'm designing a new business card, and I'd like your opinion.

W: (I like the ones with your name in the center.)

13

W: Neil, did I ever tell you about the time I nearly drowned?

M: No. When was that?

W: A few summers ago. I was on vacation in Rio de Janeiro with a friend of mine. We went to the beach, and I _____ _____ _____ _____.

M: So then what happened?

W: I was tired and couldn't swim back. I was sure I _____ _____ _____ _____.

M: What did you do?

W: I tried yelling to my friend, but she couldn't hear me.

M: Then how did you finally get back to shore?

W: Well, a lifeguard finally noticed that I was in trouble. He swam out and _____ _____.

M: That must have been really scary.

W: (It sure was! Since then, I've been afraid to go swimming.)

14

M: This gallery is excellent. The paintings are _____ _____.

W: I thought you might like it here.

M: Do you come here often?

W: I come here most Sundays. I _____ _____ _____ _____.

M: I know what you mean. Looking at beautiful art always puts me in a good mood. Which is your favorite painting?

W: I like that one of the boy fishing and laughing.

M: I like that one, too. He looks so innocent, peaceful and content.

W: I think you might like some of that artist's other works as well.

M: Do they have any of his other paintings here?

W: Sure. There are _____ _____ _____ _____.

M: (In that case, lead the way.)

15

W: Gloria has a job interview tomorrow. So she is at the hairdresser's. She tells the hairdresser that she doesn't want anything fancy; she just wants to _____ _____ _____ _____. She nods off to sleep while her hair is being done. When the hairdresser is finished, Gloria _____ _____ _____ _____. The hairdresser has cut about four inches off of her hair, and she has done it in a way that has left it shorter in the front than it is in the back. The hairdresser didn't do _____ _____ _____ _____. Gloria is not happy. The hairdresser smiles and asks what she thinks. In this situation, what would Gloria most likely say to the hairdresser?

Gloria: (This is not what I asked for.)

16~17

M: There is a special kind of farm that doesn't need soil. Not only that, but it doesn't need sunlight, either. You can even harvest blueberries and rice there _____ _____ _____ _____! Can you guess what kind of farm this is? It's an indoor farm. Indoor farms grow plants using water and artificial light. They can grow vegetables, grains, and even beautiful flowers. And there's something even more surprising that you can find there: fish! The water from the fish tank flows through the farm and provides the plants with minerals. _____ _____, the plants purify the water for the fish. Another great feature of indoor farms is that plants can be grown without using any pesticides or artificial fertilizers. Plus, indoor farms are not affected by the weather. That means they can produce food _____ _____ _____. Of course, they don't need as much land as traditional farms, and they can be built in many types of buildings, such as abandoned factories and warehouses.

1번부터 17번까지는 듣고 답하는 문제입니다.
1번부터 15번까지는 한 번만 들려주고, 16번부터 17번까지는 두 번 들려줍니다. 방송을 잘 듣고 답을 하기 바랍니다.

01

다음을 듣고, 남자가 하는 말의 주제로 가장 적절한 것을 고르시오.
① 비만의 원인
② 건강 유지 비결
③ 심장병 치료 방법
④ 체중을 줄이는 방법
⑤ 비만이 건강에 미치는 영향

02

대화를 듣고, 여자의 의견으로 가장 적절한 것을 고르시오.
① 놀이기구의 안전 기준을 준수해야 한다.
② 어린아이는 부모와 함께 탑승해야 한다.
③ 놀이기구의 안전 점검이 강화되어야 한다.
④ 놀이기구 탑승 기준으로 키는 중요하지 않다.
⑤ 위험한 놀이기구의 경우 탑승자 연령을 높여야 한다.

03

대화를 듣고, 두 사람의 관계를 가장 잘 나타낸 것을 고르시오.
① 부모 - 교사
② 모델 - 디자이너
③ 손님 - 손님
④ 손님 - 점원
⑤ 점원 - 매장 관리자

04

대화를 듣고, 그림에서 대화의 내용과 일치하지 않는 것을 고르시오.

05

대화를 듣고, 남자가 여자에게 부탁한 일로 가장 적절한 것을 고르시오.
① 경기장에 데려다주기
② 야구 경기 보러 같이 가기
③ 도서관까지 차로 태워다 주기
④ 시험 공부하는 것 도와주기
⑤ 친구 집에서 중계방송 시청하기

06

대화를 듣고, 여자가 약속 시간에 늦는 이유를 고르시오.
① 교통 체증 때문에
② 식당을 못 찾아서
③ 택시를 잡지 못해서
④ 약속 시간을 착각해서
⑤ 지갑을 찾으러 가야 해서

07

대화를 듣고, 남자가 지불할 금액을 고르시오. 3점
① $250
② $270
③ $300
④ $350
⑤ $450

08

대화를 듣고, N Seoul Tower에 관해 언급되지 않은 것을 고르시오.
① 위치
② 주말 폐장 시간
③ 이름의 유래
④ 개조한 이유
⑤ 첫 개관 시기

09

과학 과제에 관한 다음 내용을 듣고, 일치하지 않는 것을 고르시오.
① 과제 제출 기한은 이달 말까지이다.
② 각 조의 인원은 네 명이다.
③ 환경 오염의 세 가지 유형에 관한 것이다.
④ 중간 보고서 제출은 선택 사항이다.
⑤ 과제 발표는 15분 동안 자유로운 형식으로 한다.

10

다음 표를 보면서 대화를 듣고, 남자가 등록할 프로그램을 고르시오.

Kids Programs List

	Program	Age Range	Days	Time
①	Swimming	3 to 4	Mon. / Wed.	1 p.m.
②	Dancing	4 to 5	Tue. / Thu.	3 p.m.
③	Music	4 to 5	Mon. / Tue.	4 p.m.
④	Cooking	5 to 6	Sat. / Sun.	10 a.m.
⑤	Drawing	5 to 6	Wed. / Fri.	2 p.m.

11

대화를 듣고, 남자의 마지막 말에 대한 여자의 응답으로 가장 적절한 것을 고르시오.

① Okay, I'll lend it to you.
② Right, it is on sale for $5.
③ They are my favorite band these days.
④ I don't think I can lend you the money.
⑤ I haven't listened to it since I bought it.

12

대화를 듣고, 여자의 마지막 말에 대한 남자의 응답으로 가장 적절한 것을 고르시오.

① Wow, that's a long friendship.
② I will see you when you get back!
③ It would be sad if you were leaving, too.
④ What elementary school does she go to?
⑤ I hope you enjoy your vacation together.

13

대화를 듣고, 남자의 마지막 말에 대한 여자의 응답으로 가장 적절한 것을 고르시오.

Woman: _____

① You won't regret it, I promise.
② It was a truly impressive movie.
③ Anyway, let's hurry to the cinema.
④ I'm not familiar with the inside of the mall.
⑤ I know some good restaurants around your place.

14

대화를 듣고, 여자의 마지막 말에 대한 남자의 응답으로 가장 적절한 것을 고르시오.

Man: _____

① Yes, we can ask him to study with us.
② No thanks. I think I'm ready for the test.
③ All right. We can visit him in the hospital.
④ No, I don't think he has any time to help us.
⑤ Okay. Let's invite him to the movies tonight.

15

다음 상황 설명을 듣고, Melissa가 그녀의 어머니에게 할 말로 가장 적절한 것을 고르시오.

Melissa: _____

① Okay, that suits me just fine.
② I should check my shopping list.
③ You have a remarkable sense of fashion.
④ What are some current trends in fashion?
⑤ Thanks, but I'd like to go shopping alone.

[16~17] 다음을 듣고, 물음에 답하시오.

16

남자가 하는 말의 목적으로 가장 적절한 것은?

① 인상주의와 사실주의를 비교하려고
② 인상주의 화풍의 특성을 설명하려고
③ 대표적인 미술 표현 기법을 설명하려고
④ 유명한 인상주의 화가들을 소개하려고
⑤ 인상주의 미술이 유행한 이유를 설명하려고

17

인상주의 표현 기법으로 언급된 것이 아닌 것은? 3점

① tiny brush strokes
② contrasting colors
③ blended edges
④ blurred images
⑤ solid lines

녹음을 다시 한 번 듣고, 빈칸에 알맞은 말을 쓰시오.

01

M: Being overweight can _____ _____ _____ _____. Recently, a team of doctors wrote a report on the effects of being overweight. One important effect is on the heart. If you're fat, your heart has to beat faster. This may _____ _____ _____ _____ _____. Extra fat can also change the amount of sugar in your blood. This can cause serious diseases such as diabetes. _____ _____ _____ and cancer are other possible results of being overweight.

02

W: I'm sorry, but I cannot allow your brother to ride this rollercoaster.
M: What? Why not?
W: I'm afraid _____ _____ _____ _____. All riders must be at least 145 centimeters tall.
M: Oh, I'm sure it won't be a problem. He's 143 centimeters tall, and he's very brave.
W: It doesn't matter how brave he is. The ride _____ _____ _____ people who are at least 145 centimeters tall.
M: Well, I'll be riding, too. I know I can protect him.
W: I'm sorry, but I really must insist. We wouldn't want him _____ _____ _____.
M: Okay, I'm sorry. We'll try a different ride.
W: Thank you. You can come back when he's tall enough!

03

M: Excuse me, ma'am. Do you work here?
W: Me? No, I don't.
M: Oh, I'm sorry. I just can't seem to find a salesclerk.
W: They're probably all _____ _____ _____. It's especially busy today. What do you need help with?

M: I'm here shopping for my daughter, but I can't find the children's coats.
W: Oh, I'm here to buy a winter coat for my daughter as well. They're having a really good _____ _____ _____.
M: That's what I heard, but I can't find them.
W: You need to _____ _____ to the children's active wear section.
M: Oh, I hadn't looked upstairs yet. Thanks for the help.
W: My pleasure.

04

M: This is a nice photograph. Where was it taken?
W: I took it at the city aquarium. I went there with my friend last month.
M: Are you in the picture?
W: Yes, we're _____ _____ _____ _____, standing in front of the tank and waving.
M: Oh, I see them. Is that a scuba diver inside the tank?
W: Yes. He was an aquarium employee _____ _____ _____ _____.
M: And who is the woman standing in front of the tank with a microphone?
W: She was our tour guide. She explained what kind of fish and animals were in the tanks.
M: Look at those three dolphins swimming behind her! They're amazing.
W: They are. And do you see the sea turtle next to them?
M: Oh yeah! It looks like it's _____ _____ _____ _____ on the other side of the glass.
W: I thought the same thing!
M: I should visit that aquarium someday. It looks very interesting.

05

M: Ann, do you plan on watching TV tonight?

W: Yes. There's a big soccer game on at 7 o'clock.

M: Oh, okay. *[Sighs]* I planned on studying biology tonight for tomorrow's test.

W: I see. Well, I'll _____ _____ _____ _____ so it won't be too distracting.

M: But tomorrow's test is really important. I failed my last test, and if I fail again this time, I might get an F in the class.

W: So you want me to miss the match? No way! You know _____ _____ _____ _____ _____ _____.

M: I know... *[Pause]* Listen, I bet your friend Emma will be watching it at her house.

W: Hmm... You're right. She probably will.

M: Why don't you go over there and _____ _____?

W: Sure. That would be fun!

M: I'm glad you think so. It's easier to study when I'm alone.

W: All right. I'll do that, then.

06

[Telephone rings.]

M: Hello?

W: Hi, Dan. It's Nicole!

M: Hey! Are you _____ _____ _____ _____ the restaurant?

W: Yes, but I'm not going to make it for our 6:30 reservation.

M: Oh, what's wrong?

W: I left my purse in a taxi. I have to go and meet the driver to _____ _____ _____.

M: Oh, no! Well, at least you are getting it back!

W: Yeah, I was really worried when I lost it.

M: How long do you think it will take before you can meet me?

W: I'm probably going to be an hour late. Sorry.

M: That's all right. I'll see if I can _____ _____ _____ _____ _____ _____ 7:30.

W: Thanks, Dan. See you soon!

07

W: Good morning, Western Hotel. How can I help you?

M: Can I _____ _____ _____, please?

W: Yes, sir. May I have your name and the date of your arrival?

M: My name is Harry Wells, and I'll be arriving on Tuesday, the fourth.

W: Okay, Mr. Wells. Would you like a single room or a double?

M: How much is a double room?

W: It's $150 a night, including breakfast.

M: And a single room?

W: $100 a night, including breakfast.

M: Then a single room, please. But I'd rather _____ _____ _____ at the hotel.

W: Then we can offer the room without breakfast for just $90.

M: Perfect.

W: How many nights would you like to stay?

M: I'll stay _____ _____ _____.

08

M: Where do you want to go when you come to Seoul?

W: How about N Seoul Tower? It's high on top of a Mountain _____ _____ _____ _____ Seoul.

M: Oh, that sounds great!

W: Will we have time after I arrive on Friday?

M: Of course. The tower _____ _____ _____ on weekends.

W: Perfect. I can't wait to see the view.

M: And we can also have dinner there and even visit a museum, if you want.

W: Great. By the way, do you know where the tower got its name?
M: Actually, I do. The tower _____ _____ in 2005, so they added the letter N to show that it's new.
W: Wow, that's interesting. Then when did the tower first open?
M: Hmm... I guess it was in 1980.
W: I see. Anyway, I'm excited about my trip.

09

W: Today, I'd like to assign you a science project that will be due at the end of the month. I'm going to divide you into _____ _____ _____. Each group will choose one of the three types of environmental pollution, which are water, air and land pollution. The first step will be to do research, _____ _____ a progress report which includes a summary of the information you gather. The second step will be to prepare a 15-minute presentation. The type of presentation is _____ _____ _____. You can give a speech, make a poster or even use a projector. But please don't just copy the information you find online. All the work must be done by the students in your group.

10

W: Hello. How can I help you?
M: I'd like to enroll my daughter in one of the community center's programs.
W: All right. We have several classes, including swimming, dancing, music, cooking, and drawing. Each class is held _____ _____ _____.
M: I see. My daughter took a music class last month, but any other class would be fine.
W: Okay. How old is your daughter?
M: She just turned five three weeks ago.
W: Does she like dancing? We have a fun dancing class on Tuesdays and Thursdays.
M: She loves to dance, but she doesn't _____ _____ _____ on Tuesdays.

W: Then how about our morning class?
M: She doesn't wake up early in the morning, so it would be difficult to come. I'd prefer something in the afternoon.
W: Well, _____ _____ _____ we have one class that fits your needs.
M: Great. I'd like to register her for that class. What do I need to do?
W: Just fill out this form, please.

11

M: Have you listened to this album?
W: Yes, I have it at home. It's really great.
M: Hmm... Maybe I could listen to yours before I buy it. It's _____ _____ _____.
W: (Okay, I'll lend it to you.)

12

W: My best friend, Carol, is leaving tomorrow. I'm really sad.
M: Oh, I'm sorry to hear that. How long have you known her?
W: I met her in elementary school, so _____ _____ _____ for about 20 years.
M: (Wow, that's a long friendship.)

13

W: Hey, Samuel! Have you been to the new downtown mall?
M: No, and I have no intention of going. I really don't like shopping. I _____ _____ _____.
W: That's the wrong attitude. It's much more than a place to shop.
M: Is that so? Well, I have heard that it's a very

_____ _____.

W: Yes, it's very modern, with lots of concrete, metal and colored glass.
M: Really? Sounds pretty interesting.

W: It is. And while there are lots of shops, there are many other things to do there.

M: Are there? What kinds of things?

W: Well, there's a multiplex cinema with ten screens, a bowling alley and a lot of restaurants.

M: Wow! All in one place? Maybe I should _____ _____ _____ with my girlfriend tomorrow.

W: (You won't regret it, I promise.)

14

W: Have you spoken with Fred lately? I'm a bit worried.

M: Worried about Fred? Why?

W: He seems really depressed these days. And he's _____ _____ _____ nearly every day.

M: Hmm. I haven't talked to him all week. Maybe he has some sort of problem.

W: Actually, I heard that his mom has been in the hospital recently, so that may be why.

M: Oh, I didn't know that. What's wrong with his mom?

W: I'm not sure exactly, but he seems to be _____ _____ _____ her.

M: I hope it isn't anything serious.

W: Me too. Anyway, we have a big English test next week.

M: That's right. Fred really needs to _____ _____ _____ _____.

W: Why don't we see if we can help him?

M: (Yes, we can ask him to study with us.)

15

W: Melissa recently graduated from college. She has just been hired to work for a trading company. It's her _____ _____ _____. She realizes she doesn't have any work clothes, so she decides that she needs to buy a couple of suits. When her mother hears Melissa will _____ _____ for suits, she offers to go along to help her. But Melissa doesn't want to go with her, because she has never liked her mother's _____ _____ _____. In this situation, what would Melissa most likely say to her mother?

Melissa: (Thanks, but I'd like to go shopping alone.)

16~17

M: Welcome to the Modern Art Museum. I'm Tom Williams, the museum's curator and your tour guide for today. _____ _____ _____ _____ _____ the artists Monet, Degas, and Renoir? You probably know that they were impressionist painters. But what is impressionist art? Before we begin our tour, I'd like to help you understand what makes impressionism special. To begin with, impressionist paintings have tiny brush strokes. The impressionist artists _____ _____ _____ _____ _____. They used tiny brush strokes to give just a general sense of their subjects. Impressionist paintings also have contrasting colors. Because of these colors, impressionist paintings _____ _____ _____. Furthermore, the edges of the images in impressionist paintings blend together. It is hard to see where one image ends and another begins. Finally, impressionist paintings _____ _____ _____. The images don't have solid lines or specific details. Now you know more about impressionism. Let's go see some beautiful impressionist paintings in the museum.

1번부터 17번까지는 듣고 답하는 문제입니다.
1번부터 15번까지는 한 번만 들려주고, 16번부터 17번까지는 두 번 들려줍니다. 방송을 잘 듣고 답을 하기 바랍니다.

01

다음을 듣고, 여자가 하는 말의 목적으로 가장 적절한 것을 고르시오.
① 팬클럽 창단을 축하하려고
② 송년 모임 취소를 알리려고
③ 송년 모임 장소를 제안하려고
④ 팬클럽 회장 선출을 공지하려고
⑤ 팬클럽 예산의 사용처를 밝히려고

02

대화를 듣고, 남자의 의견으로 가장 적절한 것을 고르시오.
① 미국에서는 팁을 지불해야 한다.
② 여행할 때는 일정을 미리 계획해야 한다.
③ 일찍 출발해야 교통 체증을 피할 수 있다.
④ 택시를 타서 도시를 구경하는 것은 편리하다.
⑤ 대중교통을 이용하면 저렴하게 관광을 할 수 있다.

03

대화를 듣고, 두 사람의 관계를 가장 잘 나타낸 것을 고르시오.
① 기자 - 배우   ② 독자 - 작가   ③ 배우 - 감독
④ 기자 - 감독   ⑤ 팬 - 배우

04

대화를 듣고, 그림에서 대화의 내용과 일치하지 않는 것을 고르시오.

05

대화를 듣고, 남자가 할 일로 가장 적절한 것을 고르시오.
① 팝콘 사다 주기   ② 자리 바꿔 주기
③ 영화관에 데려가기   ④ 앞 좌석으로 예약하기
⑤ 영화 내용 미리 알려주기

06

대화를 듣고, 여자가 Miami에서 공부하기로 한 이유를 고르시오.
① 친구들이 있어서   ② 날씨가 따뜻해서
③ 바다를 좋아해서   ④ 가본 적이 있어서
⑤ 가족들과 같이 있고 싶어서

07

대화를 듣고, 남자가 지불할 금액을 고르시오.
① $53   ② $54   ③ $55   ④ $56   ⑤ $57

08

대화를 듣고, Tablet PC에 관해 언급되지 않은 것을 고르시오. 3점
① 구매 시기   ② 메모리 용량   ③ 스크린 크기
④ 판매 가격   ⑤ 카메라 장착 여부

09

학교 캠프 여행에 관한 다음 내용을 듣고, 일치하지 않는 것을 고르시오.
① 오전 8시에 출발할 예정이다.
② 텐트와 침낭은 제공된다.
③ 자외선 차단제를 준비해야 한다.
④ 학생들은 8명씩 그룹으로 편성될 것이다.
⑤ 그룹당 한 명의 인솔 교사가 동행한다.

10

다음 표를 보면서 대화를 듣고, 남자가 구입할 실내 식물을 고르시오.

	Plant	Size (inches)	Watering	Price	Free Delivery
①	A	13-16	Daily	$15	O
②	B	18-20	1-2/month	$30	X
③	C	18-20	1-2/month	$35	O
④	D	28-34	3-4/month	$50	O
⑤	E	28-34	Daily	$40	X

11

대화를 듣고, 여자의 마지막 말에 대한 남자의 응답으로 가장 적절한 것을 고르시오.

① I will graduate next spring.
② My school is near the library.
③ I can't seem to make any friends.
④ I am taking math and science classes.
⑤ I thought that I would have graduated already.

12

대화를 듣고, 남자의 마지막 말에 대한 여자의 응답으로 가장 적절한 것을 고르시오.

① We had better try another store.
② I'm thinking about a long oval table.
③ I think we can't find something nice here.
④ I want to have it delivered on Wednesday.
⑤ I'm considering a small table for the bedroom.

13

대화를 듣고, 여자의 마지막 말에 대한 남자의 응답으로 가장 적절한 것을 고르시오. 3점

Man: _____

① Great. We have all of the ingredients.
② So you'd like me to pick her up instead?
③ Sure, what kind of cake will you make me?
④ I don't know what to give her as a birthday present.
⑤ Okay. I'll go to the market and pick them up for you.

14

대화를 듣고, 남자의 마지막 말에 대한 여자의 응답으로 가장 적절한 것을 고르시오. 3점

Woman: _____

① Right. You always take me by surprise.
② Let's meet one hour before the game starts.
③ You go first. I'll leave after finishing this up.
④ Okay, that sounds like a fair solution for both of us.
⑤ Don't worry about that. Take good care of yourself.

15

다음 상황 설명을 듣고, Jimmy가 점원에게 할 말로 가장 적절한 것을 고르시오.

Jimmy: _____

① I'd like a refund, please.
② This is my favorite color.
③ Please deliver it to my office.
④ Can you show me another one, please?
⑤ I'm looking for a Western-style leather coat.

[16~17] 다음을 듣고, 물음에 답하시오.

16

여자가 하는 말의 주제로 가장 적절한 것은?

① how to write a book about trends
② advice about buying a new house
③ tips for taking care of houseplants
④ hobbies that will make you relaxed
⑤ ways to create a cozy hygge home

17

언급된 물건이 아닌 것은?

① lamps   ② houseplants   ③ furniture
④ candles   ⑤ sweaters

녹음을 다시 한 번 듣고, 빈칸에 알맞은 말을 쓰시오.

01

W: Good evening. I'm Monica Johns, president of the ACE fan club. At our last meeting, we discussed having a big year-end holiday party for all the members of our club. I've received many suggestions for ＿＿＿ ＿＿＿ ＿＿＿, and as the club president, I'd like to add my own ideas. I don't think we should spend a lot of money ＿＿＿ ＿＿＿ ＿＿＿ ＿＿＿ or a room in a restaurant. Instead, we can just have the party right here in our meeting room. It's not fancy, but we can decorate it and bring homemade food. By doing this, we'll have ＿＿＿ ＿＿＿ ＿＿＿ ＿＿＿ ＿＿＿ to spend on other things.

02

W: I can't believe we're finally in New York City!

M: There are so many things I want to see: the Empire State Building, Central Park...

W: And I want to see Times Square! But what should we do first?

M: Let's ＿＿＿ ＿＿＿ the Tourist Information Center and get a subway map.

W: The subway? We can't see anything if we travel underground. Let's just take taxis.

M: They're much more expensive here than back home. Plus, we'd have to ＿＿＿ ＿＿＿ ＿＿＿.

W: I guess you're right.

M: We can pick up a bus schedule too. That way, we can see the sites and ＿＿＿ ＿＿＿ ＿＿＿.

W: Great idea. Let's get started. And don't forget your camera!

03

M: Thanks for speaking with me, Ms. Dawes. I have a few questions about your new movie.

W: Okay, but please ＿＿＿ ＿＿＿ ＿＿＿. I have a busy schedule today.

M: Sure. How did you like working with a world-famous director?

W: It was a wonderful experience. I'm grateful I had the opportunity to ＿＿＿ ＿＿＿ ＿＿＿.

M: The director cast you in a leading role. Were you surprised?

W: Yes. This was my first leading role. It was a real challenge!

M: What was the most difficult part of the movie to film?

W: The scene where I had to dive into the water. It was very cold that day!

M: I see. Finally, is there anything you'd like to say to your fans?

W: Yes. Come see this movie! I think you'll really like it!

M: All right. Thank you again ＿＿＿ ＿＿＿ ＿＿＿ out of your busy schedule!

04

W: Thanks for coming with me to this toy store. ＿＿＿ ＿＿＿ ＿＿＿ ＿＿＿ what to buy for my nephew.

M: How old is he now?

W: He just turned six. He's starting school this fall.

M: Do you see those toy cars on the bottom on the left? One of ＿＿＿ ＿＿＿ ＿＿＿ ＿＿＿.

W: No. He already has too many toy cars.

M: Okay. How about the toy train on the shelf above them?

W: My sister would hate that. A toy train on the floor would ＿＿＿ ＿＿＿ ＿＿＿ ＿＿＿ ＿＿＿.

M: That's too bad. I think I would enjoy playing with a toy train.

W: I'd like to play with that stuffed giraffe next to the teddy bear.

M: I like it too. Maybe you should buy that for him.

W: No, it's too tall. I'll get one of those coloring books on the shelves next to the teddy bear.

M: All right. Hey, why don't we buy those two cat masks hanging on the wall for ourselves?

W: Don't be silly. Let's just pay for this book and leave.

05

W: Wow, there are so many people here.

M: Yes, the theater is _____ _____. This must be a really popular movie.

W: I guess so. Would you like some popcorn or soda?

M: No, thanks. I don't usually eat anything at the theater.

W: Okay. Just tell me if you want something. *[Pause]* Oh, no!

M: What's wrong?

W: The man who just sat in front of me is so tall. I _____ _____ _____ the screen.

M: That's not good. Well, the woman in front of me is short. Would you _____ _____ _____?

W: Do you mind?

M: Not at all. I'm tall enough to see over that guy.

W: Great. Thanks a lot.

M: No problem.

06

M: Hi, Hyejin! I heard that you are going abroad _____ _____.

W: Yes, that's right! I'm very excited.

M: Where did you decide to go?

W: Well, it was a really _____ _____.

M: Did you consider Europe?

W: Yes, I did. But I chose another place.

M: So where are you going?

W: I was torn between Toronto, Canada, and Miami, Florida. But I finally decided on Miami.

M: Why? Do you have friends or family in Miami?

W: No. I just didn't want to live in a city that is too cold.

M: I see. So you will live by the beach?

W: Yes! I'm really _____ _____ _____ _____ _____.

07

W: May I help you, sir?

M: Yes, please. I'm shopping for my mother's birthday present.

W: Do you have anything in mind?

M: How about this blouse? Do you have this _____ _____ _____?

W: Of course. And I think this scarf goes very well with that blouse.

M: Let me see. How much are they?

W: It's $40 for the blouse and $20 for the scarf.

M: And you're not offering any discounts?

W: If you have our store card, you can _____ _____ _____ _____.

M: Good, I have one. I'll take them. And could you wrap them up?

W: Sure, that costs $3 more, but I _____ _____ _____.

M: Thank you. Here's my credit card.

08

M: I'm selling my old tablet PC. Do you know _____ _____ _____ _____?

W: Well, my sister might want it. Can you tell me about it?

M: It's a pretty good computer. I bought it six months ago, and it was expensive then.

W: Then it must have a _____ _____ _____ _____.

M: Yes, it has 64 GB, and it also has a slot for a memory card.

W: And it has an LED screen?

M: Of course. It's a seven inch screen, and it doesn't have any scratches.

W: That's great. I think she might be interested in it.

M: Great. Can you _____ _____ _____ _____ _____?

W: Sure. Oh, she also wants something with a built-in camera, and she'll also want a sturdy case.

M: Don't worry. I have all of them.

W: Great. I'll let her know.

09

M: This is an announcement for all students participating in next week's school camping trip. _____ _____ _____ _____ _____ in front of the school on Saturday morning at exactly 8 a.m., so don't be late! Food and tents will be provided, but students are expected to bring _____ _____ _____ _____. We also recommend that you bring a flashlight, sunscreen and a swimsuit. Before leaving, students will be divided into _____ _____ _____. Each group will be led by one of the teachers accompanying us on the trip. Students are expected to stay together with their groups and obey their group leaders at all times. That is all. I'll see you all on Saturday.

10

W: Can I help you pick out a houseplant, sir?

M: Yes, please. I'm looking for a plant to put in my kitchen.

W: All right. What size plant are you looking for?

M: I like tall plants. I want one that will grow to more than 16 inches.

W: Okay. This is one of our most popular plants. However, _____ _____ _____ _____.

M: Daily? No, I don't want that one. I'm too busy to water a plant every day.

W: I understand. And how much were you planning to spend?

M: No more than $40.

W: I see. Then one of these two plants would be best for you.

M: They're both nice. _____ _____ _____ _____ _____.

W: Actually, the more expensive one comes with free delivery. So you'd actually save money.

M: Oh, really? Then I'll take that one instead and _____ _____ _____!

11

W: How's everything going at your new school?

M: Well, actually... not so good. It's so _____ _____ _____ _____ _____.

W: Really? In what way?

M: (I can't seem to make any friends.)

12

M: Wow, this must be _____ _____ _____ _____ in the world, Mom!

W: I'm not sure about that, honey, but it definitely has lots of tables.

M: What kind of table do you want to put in our dining room?

W: (I'm thinking about a long oval table.)

13

M: _____ _____ _____! What on earth are you doing?

W: I'm making a special birthday cake, Dad.

M: Whose birthday is it today?

W: Do you know my friend Bella?

M: Oh, is she the girl who visited our home the other day? Yes, I know her. Is today her birthday?

W: Yes. Her parents are on a business trip to Japan. So there is no one to make her a cake.

M: Wow, you are _____ _____. Sorry I got angry with you.

W: That's all right, Dad.

M: Is there anything I can do to help?

W: Yes, please. I've _____ _____ _____ _____

and I only have 13 candles for the cake. So I need one more candle.

M: (Okay. I'll go to the market and pick them up for you.)

14

W: I'm bored. Let's go shopping.

M: Not right now. There's a big soccer game on TV today. It's about to start.

W: Another soccer game? It seems like that's all you do on the weekends these days.

M: Sorry, but watching soccer _____ _____ _____. You know my job has been stressful lately.

W: I know. But I'm tired of spending all my time at home.

M: Well, I have an idea that will let us both do _____ _____ _____.

W: All right, I'm listening.

M: After the game, we'll go shopping and then _____ _____ _____ _____.

W: Hmm... What time do you think the game will finish?

M: It should be done by 3 p.m. There'll be lots of time to shop, and then we'll go to a nice restaurant.

W: (Okay, that sounds like a fair solution for both of us.)

15

M: Jimmy's mother celebrated her 50th birthday yesterday. Jimmy bought her a new purple coat as a birthday gift. She really liked the style but not the color. So he decided to _____ _____ _____ for a color she likes better. He went to the store again and asked the clerk if there were _____ _____ _____ in the same style. There were many other colors in the same style, but they didn't have her favorite color, bright red. He hesitated for a moment and decided to _____ _____ _____ _____. In this situation, what would Jimmy most likely say to the clerk?

Jimmy: (I'd like a refund, please.)

16~17

W: Good afternoon, ladies and gentlemen. I'm Jessie Miller, the author of *Happy Hygge Homes*. Are you trying to _____ _____ _____ _____ _____? Do you want to incorporate the secrets of the Danish trend "hygge" into your life? If so, then I have some great ideas for you. First, bring some houseplants into your home. They will make your rooms feel calmer and friendlier. Next, buy some comfortable furniture. Don't just worry about how it looks. Always _____ _____ _____ how it feels. Then, put some candles around your house. They will add a soft, comforting glow. Finally, consider taking up a hobby like knitting. Knitting will _____ _____ _____ and make you feel relaxed. Plus, you will end up with warm, fuzzy sweaters and scarves! Do any of you have questions about following the hygge lifestyle? _____ _____ _____ _____ _____ talk to you more about this life-changing trend during the break.

1번부터 17번까지는 듣고 답하는 문제입니다.
1번부터 15번까지는 한 번만 들려주고, 16번부터 17번까지는 두 번 들려줍니다. 방송을 잘 듣고 답을 하기 바랍니다.

01
다음을 듣고, 남자가 하는 말의 목적으로 가장 적절한 것을 고르시오.
① 영화제 개막 행사를 홍보하려고
② 국제 영화제 참여를 독려하려고
③ 행사 동안 질서 준수를 요청하려고
④ 영화제 후원금 마련 행사를 안내하려고
⑤ 행사 기간에 대중교통 이용을 권장하려고

02
대화를 듣고, 두 사람이 하는 말의 주제로 가장 적절한 것을 고르시오.
① 꾸준한 저축의 중요성　　② 은행 계좌 개설 방법
③ 예산 세우기의 필요성　　④ 무분별한 소비의 원인
⑤ 용돈을 낭비하지 않는 방법

03
대화를 듣고, 두 사람의 관계를 가장 잘 나타낸 것을 고르시오.
① 손님 - 종업원　　　　② 승객 - 승무원
③ 여행 가이드 - 호텔 직원　　④ 승객 - 버스 운전사
⑤ 관광객 - 여행 가이드

04
대화를 듣고, 그림에서 대화의 내용과 일치하지 않는 것을 고르시오.

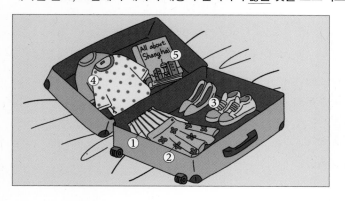

05
대화를 듣고, 여자가 남자에게 부탁한 일로 가장 적절한 것을 고르시오.
① to take care of the kids
② to drive her to her office
③ to help her write a report
④ to go to a friend's home together
⑤ to watch the basketball game together

06
대화를 듣고, 여자가 정장을 환불하려는 이유를 고르시오.
① 가격이 너무 비싸서
② 치수가 맞지 않아서
③ 정장에 구멍이 있어서
④ 다른 곳에서 할인 행사를 해서
⑤ 남자가 마음에 들어 하지 않아서

07
대화를 듣고, 남자가 지불할 금액을 고르시오.
① $90　　② $100　　③ $115　　④ $135　　⑤ $150

08
대화를 듣고, 발표에 관해 언급되지 않은 것을 고르시오. 3점
① 발표 날짜　　② 발표 주제　　③ 참고 서적 수
④ 발표 시간　　⑤ 프로젝트 인원수

09
Turbo 3000에 관한 다음 내용을 듣고, 일치하지 않는 것을 고르시오.
① 가격이 합리적이다.　　② 연비 효율이 높다.
③ 친환경적이다.　　　　④ 7가지 색상이 있다.
⑤ 즉시 구입이 가능하다.

10

다음 표를 보면서 대화를 듣고, 여자가 선택할 여행 상품을 고르시오.

Blue Ocean Cruise Line

	Package	Fare per Person	Nights	Destinations	Room Type
①	A	$1,400	10	Jamaica, Haiti, Cuba	Balcony
②	B	$1,200	7	Jamaica, Bermuda, Haiti	No balcony
③	C	$1,000	7	Jamaica, Cuba	No balcony
④	D	$2,000	14	Bahamas, Cuba	Balcony
⑤	E	$700	5	Bermuda, Bahamas	Balcony

11

대화를 듣고, 남자의 마지막 말에 대한 여자의 응답으로 가장 적절한 것을 고르시오.

① I have a lot to do today.
② You finished everything on your list.
③ I will be back from vacation next week.
④ It's important to make an organized list.
⑤ I'd always wanted to visit the Alps. So I did.

12

대화를 듣고, 여자의 마지막 말에 대한 남자의 응답으로 가장 적절한 것을 고르시오.

① Here, try on a larger size.
② No. Why don't we go together?
③ Yes. It was a very special occasion.
④ I need a tuxedo made by tomorrow.
⑤ Yes. I'm going to attend my friend's wedding.

13

대화를 듣고, 남자의 마지막 말에 대한 여자의 응답으로 가장 적절한 것을 고르시오.

Woman: _____

① You won't be disappointed.
② If you want, I can give you a ride.
③ Great. I'm so glad you got two tickets.
④ I know you like science fiction movies.
⑤ Sorry, it doesn't look like my kind of movie.

14

대화를 듣고, 여자의 마지막 말에 대한 남자의 응답으로 가장 적절한 것을 고르시오. 3점

Man: _____

① I'll try not to be so messy from now on.
② That's okay, but please don't do it again.
③ Next time, don't just leave it on the floor.
④ If you don't hurry, we're going to be late.
⑤ Don't worry. I can always buy a new sweater.

15

다음 상황 설명을 듣고, Emma가 Roberto에게 할 말로 가장 적절한 것을 고르시오.

Emma: _____

① You really need to start paying me for tutoring you.
② Ask your friends if they would like to learn English.
③ If you don't work harder, you're going to lose your job.
④ I think we'd better find a quieter place for our lessons.
⑤ Why don't you ever introduce me to any of your friends?

[16~17] 다음을 듣고, 물음에 답하시오.

16

남자가 하는 말의 주제로 가장 적절한 것은?

① the discovery of dodo birds
② wilds animals on Indian islands
③ a natural predator of dodo birds
④ why the Dutch hunted dodo birds
⑤ the reason why dodo birds are extinct

17

도도새에 관해 언급되지 않은 것은? 3점

① 멸종 시기 　　② 서식지 　　③ 행동 특성
④ 주식 　　　　⑤ 멸종 이유

녹음을 다시 한 번 듣고, 빈칸에 알맞은 말을 쓰시오.

01

M: As you know, the International Film Festival will be held in our city next week from March 10 to March 14. During the festival, there will be a number of special events, including the screening of new movies and _____ _____ _____ _____ at the end. As in previous years, many foreign actors and directors will be coming here. Since most of the events and press interviews will be held in the central square, _____ _____ around the square is expected during the festival. Therefore, you are kindly requested to please _____ _____ _____ instead of your own car during that time. Thank you for your cooperation.

02

M: My little brother just asked me to borrow some money again.

W: He asked you the same thing last week. Doesn't he _____ _____ _____?

M: He does, but he spends it quickly on silly things like candy and comic books.

W: You should give him some tips on how to manage his money better.

M: Good idea. I could suggest that he put his change into a piggy bank.

W: Yes. Or he could even _____ _____ _____ _____.

M: That's true. My parents would be glad to help him do that. What else?

W: Planning a budget would be a good idea. It could _____ _____ _____ _____ _____.

M: Right. All those things would help.

W: You should talk to him as soon as you get a chance.

03

M: Excuse me, but how much longer will the flight be?

W: We are about an hour and 30 minutes outside of Seoul.

M: This has been _____ _____ _____ _____. I really admire you and your staff.

W: Well, thank you. But we are used to it. And have you enjoyed it so far?

M: Yes, it hasn't been as bad as I expected. Actually, it's been rather comfortable. And _____ _____ _____ _____ was excellent.

W: I'm pleased. Is there anything else I can get you right now?

M: I'd like to take a nap. Do you have _____ _____ _____ _____ _____?

W: Of course, I'll get them for you right away. Anything else?

M: No, that's all. I don't want to trouble you.

04

[Telephone rings.]

M: Hello?

W: Hi, Steven, it's me. Did you pack my suitcase for my trip?

M: Yes, I did. I can't believe you have to go to Shanghai tonight.

W: I know, me either. Did you pack the skirts I asked you to?

M: Yes, I packed your striped skirt and _____ _____ _____ _____ _____.

W: Did you also pack the shoes I mentioned?

M: Yes, I packed your gym shoes and your high heels.

W: Great. And what about the shirts I mentioned?

M: I put them in the suitcase too. There are _____ _____ _____ with collars.

W: That's wonderful. Can you do one more thing for me? Can you also _____ _____ _____?

M: Sure, no problem, honey.

05

W: I don't know if I can finish _____ _____ _____ _____ _____ .

M: When is it due?

W: It's due first thing Monday morning. So I should go to the office today.

M: Do you need a ride?

W: No, thanks. But can you _____ _____ _____ _____ for me?

M: Well, I was supposed to go to Justin's place to watch the basketball game.

W: Just ask Justin to come over and watch it at our place.

M: But it's not just Justin. All the guys are going to be there.

W: Then they can all come. I think you can _____ _____ _____ _____ while you watch the game with your friends.

M: Okay, I'll call the guys right now.

W: Thank you.

06

W: Hey! How do you like my new suit?

M: Wow! It looks great! It must have been very expensive.

W: I'm glad you like it! It was 50% off.

M: Wait. Where did you buy this suit?

W: I bought it at Hilton Suits. Why? What's wrong?

M: There is _____ _____ _____ right here on the shoulder. See it?

W: Oh, no. You're right. I can't believe I didn't see that when I bought the suit.

M: I think you'd better take it back and exchange it or _____ _____ _____ .

W: Yes. I can get a refund for it because I still have the receipt.

M: So what will you wear to the wedding next weekend?

W: I guess I will have to find something else. Can you go with me to get a refund for it and buy another suit?

M: Okay. I have _____ _____ _____ _____ .

07

M: Excuse me. I'd like to _____ _____ .

W: Of course. May I ask your name?

M: I'm Mr. Rice. I was staying in room 102.

W: Let's see. *[Pause]* It's $50 a night, and you stayed here for two nights. Correct?

M: Actually, I was here for three nights.

W: Oh, my mistake. And were you satisfied with everything?

M: Well, I was _____ _____ _____ .

W: I'm sorry. What was the problem?

M: I'm afraid the staff didn't do a very good job of cleaning my room.

W: I'm sorry about that. I'll speak to them and make sure this doesn't happen again. Please let me give you a 10% discount _____ _____ _____ .

M: Okay. I appreciate that.

08

M: What are you _____ _____ ?

W: I'm working on my presentation for English class. I want to finish it by Friday.

M: That's kind of early, isn't it?

W: Yes, but I like to get things done early.

M: That's good. Then you can rest later. So what do you have to do?

W: Well, we have to research an author and _____ _____ _____ in class.

M: Wow, so who did you choose?

W: Charles Dickens. We had to use two books as references, and my dad has a lot of books about Dickens.

M: That sounds _____ _____ .

W: It's not too bad. It's just a six- or seven-minute

presentation, and it's a group project. Two of my friends and I are doing it together.

M: Oh, that's better. Good luck!

W: Thanks!

09

W: Eastern Motors is proud to introduce its newest automobile, the Turbo 3000. The Turbo is one of _____ _____ _____ _____ ever made, with an average price of less than $5,000. It is also very economical. The Turbo can travel _____ _____ _____ _____ most cars on a liter of gasoline. The Turbo also meets the strict international environmental standards for automobile emissions. This means it causes _____ _____ _____. It is available in two styles: a two-door sedan and a four-door sedan. There are also seven different colors to choose from. It will be available for purchase starting in January of next year.

10

M: What's that? Are you thinking of going on a cruise?

W: This isn't for me. It's for my parents. It's their 30th wedding anniversary next month.

M: You're going to buy them tickets for a cruise? That's a big gift!

W: Yes, it is. My sister and I _____ _____ _____ $3,000 for it.

M: So you can afford any of these trips, except that one.

W: That's right. But I want to get one that's at least _____ _____ _____.

M: I see. *[Pause]* That looks like a good one. And it stops in Bermuda.

W: My parents have already been there. They're more interested in Jamaica.

M: Then how about this one? It's for seven days and _____ _____ _____ _____ _____.

W: But it doesn't have a balcony. It could be stuffy to stay in a room without a balcony for several days.

M: That makes sense. It looks like you have only one choice.

W: Yes, and I think my parents would enjoy this cruise. So that's the package I'll get.

11

M: Barbara, how was your vacation?

W: It was great. I finally _____ _____ visit my dream destination.

M: Really? Tell me about it.

W: (I'd always wanted to visit the Alps. So I did.)

12

W: Hi, Benjamin. Where are you going?

M: Hi, Lauren. I _____ _____ _____ _____ for a tuxedo.

W: A tuxedo? Are you going somewhere special?

M: (Yes. I'm going to attend my friend's wedding.)

13

W: Have you seen that _____ _____ _____ _____ from outer space?

M: No. I don't like that kind of movie.

W: Really? Why is that?

M: Well, they just seem so _____ _____ _____.

W: This movie actually won four Academy Awards.

M: Is that right? Well, it must be a pretty good movie then.

W: Yes. My friend Matthew saw it last week and said it was great.

M: Really? That kind of film usually isn't good.

W: I heard that it is _____ _____ _____ _____, but it is sad, romantic and very moving.

M: That sounds interesting. I'll have to watch it later.

W: (You won't be disappointed.)

14

W: Are you almost _____ _____ _____ _____, dear?

M: Almost, Mom. But I can't seem to find my favorite sweater.

W: It's in the top drawer of your dresser. I put it there this morning.

M: I wish you wouldn't move my stuff. No wonder I can't find anything.

W: You should _____ _____ _____ instead of complaining that I clean up after you.

M: I clean my room regularly.

W: But you left that sweater lying on the floor when you got changed after school the other day.

M: Ah... I'm sorry. I didn't realize that.

W: Well, it's okay, but I really hope it _____ _____ _____.

M: (I'll try not to be so messy from now on.)

15

W: Emma has been tutoring Roberto in English for the past two months. They needed a place to meet, so Roberto suggested a nearby coffee shop that he liked to visit. At first, it was _____ _____ _____. It was quiet and there weren't many people, so they could easily practice speaking and listening. But a few weeks ago, a couple of Roberto's friends started working part-time at the coffee shop. They often _____ _____ _____ _____ during Roberto's lessons and chat with him. Emma is worried that he is becoming distracted and _____ _____ _____ the lessons well. In this situation, what would Emma most likely say to Roberto?

Emma: (I think we'd better find a quieter place for our lessons.)

16~17

M: The strange animal in this picture may look like something from a fantasy movie, but it's a real bird. This is a painting of a dodo, the subject of tonight's episode of *Amazing Animals*. Unfortunately, dodos _____ _____ _____. No photos of these birds exist because the last dodo died sometime around 1681. When they lived, dodos were only found on a small island in the Indian Ocean, where they didn't have any predators. For this reason, they failed to _____ _____ _____ _____. They were slow and awkward when they walked, and they couldn't even fly for short distances. All of this, unfortunately, made them easy prey when Dutch ships landed on the island. The hungry sailors eagerly hunted the dodos for food. Even worse, they brought dogs, pigs, and cats to the island. These animals also saw the dodos as _____ _____ _____ _____. In the end, it was a classic environmental disaster. However, there's a lot we can learn from this situation.

1번부터 17번까지는 듣고 답하는 문제입니다.
1번부터 15번까지는 한 번만 들려주고, 16번부터 17번까지는 두 번 들려줍니다. 방송을 잘 듣고 답을 하기 바랍니다.

01

다음을 듣고, 여자가 하는 말의 목적으로 가장 적절한 것을 고르시오.
① 논문 제출 기한 연장을 알리려고
② 국제 관계의 중요성을 강조하려고
③ 작문 경연 대회 참가를 권장하려고
④ 작문 경연 대회 우승자를 발표하려고
⑤ 작문 경연 대회의 규정 변경을 공지하려고

02

대화를 듣고, 남자의 의견으로 가장 적절한 것을 고르시오.
① 개성에 맞는 패션이 중요하다.
② 최신 패션 유행을 주시해야 한다.
③ 시대에 따라 유행하는 색이 다르다.
④ 할인을 이용한 구매는 현명한 소비 방법이다.
⑤ 다른 사람들의 옷차림을 신경 쓸 필요는 없다.

03

대화를 듣고, 두 사람의 관계를 가장 잘 나타낸 것을 고르시오.
① 기자 - 배우
② 승객 - 버스 기사
③ 여행객 - 식당 종업원
④ 영화 관객 - 극장 직원
⑤ 축제 참가자 - 진행 요원

04

대화를 듣고, 그림에서 대화의 내용과 일치하지 않는 것을 고르시오.

05

대화를 듣고, 여자가 할 일로 가장 적절한 것을 고르시오.
① 만화책 사기
② 친구 만나기
③ 진료 예약하기
④ 조카와 놀아주기
⑤ 조카에게 전화하기

06

대화를 듣고, 남자가 가게를 방문한 이유를 고르시오.
① 제품을 교환하려고
② 제품을 수리하려고
③ 제품을 구입하려고
④ 제품을 환불받으려고
⑤ 수리된 제품을 찾으려고

07

대화를 듣고, 여자가 지불할 금액을 고르시오. 3점
① $990
② $1,000
③ $1,200
④ $1,300
⑤ $1,500

08

대화를 듣고, Jake에 관해 언급되지 않은 것을 고르시오.
① 전학 온 이유
② 장래희망
③ 가족 구성원
④ 성격
⑤ 관심 분야

09

Elmville Drive-in Theater에 관한 다음 내용을 듣고, 일치하지 않는 것을 고르시오. 3점
① 지난주에 문을 열었다.
② 두 개의 대형 야외 화면이 있다.
③ 휴일을 포함하여 연중 문을 연다.
④ 14세 미만 어린이의 입장료는 어른의 반값이다.
⑤ 군인에게는 특별 할인이 적용된다.

10

다음 표를 보면서 대화를 듣고, 두 사람이 수강할 수업을 고르시오.

Fall Semester Class Time Table

	Class	Time	Capacity	Assignment	Final
①	A	2:00 p.m.	20	Individual	Online
②	B	2:30 p.m.	50	Group	Offline
③	C	3:30 p.m.	50	Individual	Offline
④	D	3:30 p.m.	50	Group	Online
⑤	E	5:00 p.m.	20	Individual	Offline

11

대화를 듣고, 여자의 마지막 말에 대한 남자의 응답으로 가장 적절한
것을 고르시오.

① It is my mother's recipe.

② Really? I made it myself.

③ There are plenty of leftovers.

④ I baked it for one hour in the oven.

⑤ My sister helped me prepare the ingredients.

12

대화를 듣고, 남자의 마지막 말에 대한 여자의 응답으로 가장 적절한
것을 고르시오.

① I handed it in last Friday.

② Sorry, I don't want to take that class.

③ I lent my book to Tom for the weekend.

④ Why don't we ask our teacher for some help?

⑤ Oh, yes. I have a few ideas to discuss with you.

13

대화를 듣고, 여자의 마지막 말에 대한 남자의 응답으로 가장 적절한
것을 고르시오.

Man: _____

① Yeah, I wish I could get along with him.

② You are right. I should tell him not to lie.

③ Yeah, I should ask him to clean up more.

④ I'm looking for a new house to move into.

⑤ Yeah, I don't really want to get a roommate.

14

대화를 듣고, 남자의 마지막 말에 대한 여자의 응답으로 가장 적절한
것을 고르시오.

Woman: _____

① I guess I'll just have to wait.

② I want to buy a new car made in Japan.

③ I think you'd better postpone the order.

④ Great! Thanks for repairing my car so quickly.

④ I found that there were many defects in the parts.

15

다음 상황 설명을 듣고, Ben의 아버지가 Ben에게 할 말로 가장 적
절한 것을 고르시오.

Ben's father: _____

① Good luck with the concert.

② Keep trying and don't give up.

③ I already know you got the solo.

④ I'm very disappointed in you for being lazy.

⑤ Don't worry. The concert's been canceled.

[16~17] 다음을 듣고, 물음에 답하시오.

16

여자가 하는 말의 주제로 가장 적절한 것은?

① ways to appreciate photographs

② photographers who are successful

③ the elements of great photographs

④ photographs that tell powerful stories

⑤ how to express emotions in photographs

17

사진에 관해 언급된 요소가 <u>아닌</u> 것은?

① light   ② color   ③ moment

④ distance   ⑤ composition

녹음을 다시 한 번 듣고, 빈칸에 알맞은 말을 쓰시오.

01

W: Excuse me, please. This is the director of the essay competition. I'd like to make an important announcement for everyone who is _____ _____ _____ the school's annual essay contest. As you know, this year's theme is the importance of international relations. Previously, I announced that your essays must be between 1,500 and 2,000 words long. But because the topic is so complicated, we've decided to _____ _____ _____ this year, with a maximum length of 3,000 words. I hope this is helpful. Remember, _____ _____ _____ is March 5, and we'll be announcing the contest winners at the end of March. I wish you all the best of luck.

02

M: What do you think of my new shirt?

W: Hmm... Where did you buy it?

M: At Outland's Department Store. It was 50% off!

W: I'm not surprised. That shirt is really _____ _____ _____.

M: What do you mean? I think it looks good on me.

W: It does. But that color was popular last year. This summer people are wearing brighter colors.

M: Well, I don't _____ _____ _____ fashion when I buy clothes. I think people are too concerned about it these days.

W: But if you want to look good, you have to _____ _____ _____ the latest trends.

M: I disagree. For me, it's enough to wear clothes that show my individuality.

03

W: Excuse me, sir. May I ask you a question?

M: Yes, but could you take a step back, please? I need the area around me to be clear.

W: All right. Sorry, I didn't mean to _____ _____ _____.

M: That's okay. So what did you want to know?

W: Well, I'm here for the film festival. I was _____ _____ _____ _____ near the theater.

M: Which theater? There are quite a few involved in the festival.

W: Oh, let me check my brochure. [Pause] It's the Westside Theater.

M: Oh, I'm sorry. That's in _____ _____ _____.

W: You're kidding. What should I do?

M: Don't worry. Just get off at the next stop, cross the street and catch the number 9.

W: The number 9? Okay. Thanks a lot!

04

W: This is my bedroom. I just got all new furniture.

M: Wow, it looks really nice.

W: Can you guess _____ _____ _____ _____ _____?

M: Is it that round carpet?

W: No. Guess again.

M: Is it _____ _____ _____ on the wall? It seems expensive. Or the four-shelf bookcase in the corner?

W: No, actually I don't really like either of them that much. Guess again.

M: Is it the striped blanket on the bed? It looks very soft.

W: Well... I like the blanket, but it's not my favorite.

M: Then it _____ _____ _____ _____ under the window. Its flower pattern is very pretty.

W: Yes, you're right! I really love sitting in it.

05

M: Sasha? Is that you?

W: Oh, hi, Matt. Long time no see.

M: Yes, it's been months. What are you doing on this

side of town?

W: Well, I've been visiting my nephew in the hospital. He just _____ _____ _____.

M: Oh, that's too bad. I hope it's not too serious.

W: He'll be okay, but he has to stay in the hospital for a couple of weeks.

M: That's a long time. He's going to get very bored.

W: I know. So I want to _____ _____ _____ _____. He can't just watch TV all day.

M: Why don't you stop by the bookstore and get him something to read?

W: Well, he's only seven. I wouldn't know what to get him.

M: They _____ _____ _____ too, you know. Children that age like any kind of comic book.

W: That's a great idea. Wow, I'm really glad I ran into you, Matt.

M: Me too. Let's try to stay in touch.

06

W: Hello, sir. How can I help you?

M: Hi. I bought this laptop from you two weeks ago. But it's broken again!

W: Again?

M: Yes. This is the third time that I have had to bring it in for repairs.

W: What is the problem?

M: It's the same as last time. Whenever I _____ _____ _____ _____ _____, nothing happens.

W: Hmm... I see. I can have our technician look into it. It will be fixed by Monday.

M: No. You don't understand. I don't want to _____ _____ _____ again.

W: Then what would you like us to do for you?

M: I want you to _____ _____ _____ _____. I don't want this computer anymore.

W: All right. Please wait here while I process your request.

07

M: How can I help you?

W: I want to fly to Florida this weekend with my husband and two kids. How much would it cost?

M: Tickets _____ _____ _____ $300.

W: Then, I'd like to buy four tickets at the lowest price. How long is the flight?

M: It takes two hours. Do you have _____ _____ _____ _____ _____?

W: Yes, my husband and I each have two suitcases. And my children each have one.

M: I'm sorry, but we only offer one free piece of baggage per person.

W: Oh! Well, we need to bring all of our luggage. Is it possible?

M: Yes. You'll just have to _____ _____ _____ baggage charge for the other two.

W: I see. How much is it?

M: It's $50 per bag.

W: That's fine. I'll pay for everything by credit card.

08

M: Who is that boy you were just talking to?

W: His name is Jake. He's a new student in my class.

M: Oh, really? Where's he from?

W: Australia. His family just _____ _____ _____ _____ last week.

M: I see. Did they move here because of his father's job?

W: Yes. He has a big family. He told me he has four sisters and two brothers.

M: Wow! Does he seem nice?

W: Oh, yes. He's very friendly, and he has _____ _____ _____ _____ _____.

M: I'd like to meet him sometime soon.

W: Well, he's really interested in soccer. Why don't you invite him to play with you and your friends?

M: That's a good idea. You can _____ tomorrow during lunch.

09

M: If you may have thought that drive-in theaters were a thing of the past, you should check out Elmville Drive-in Theater. It _____ _____ _____ _____. It features two giant outdoor screens and enough parking for more than 100 vehicles. There is also a deluxe snack center, _____ _____ _____ _____ _____ from popcorn and cola to pizza and fried chicken. It's open year-round, including holidays, with movies beginning 20 minutes after sunset. You can check our website for exact starting times daily. Admission is $8 for adults and just $5 for children under 14. _____ _____ are available for senior citizens and members of the military.

10

M: Hey, Jeanie. Are you taking Intro to Physics or Advanced Geology next semester?

W: Actually, I can't decide. How about you?

M: I can't decide either. Why don't we choose one together? Anything after 2:30 is fine with me.

W: Okay. Do you prefer a small class or a large class?

M: I prefer a larger one. But I don't want a class _____ _____ _____.

W: Why not?

M: I think it's more interesting to work in a group.

W: That's fine with me. Let's see... Some of the classes have their final test online.

M: I don't care about that. Offline and online tests are both fine with me.

W: I'd rather take a class with an online final. It's _____ _____.

M: All right. In that case, there's one class that _____ _____ _____ _____ _____.

W: Perfect. Let's register for it right now.

11

W: I really _____ _____ at your housewarming party, Adam.

M: I'm glad you did. How did you like the food?

W: It was delicious. I especially loved the salad.

M: (Really? I made it myself.)

12

M: Are you going to be busy tonight?

W: Well, I have _____ _____. Why?

M: I was wondering if we should start our project for history class.

W: (Oh, yes. I have a few ideas to discuss with you.)

13

W: Hi, Aaron. Did you get a new roommate yet?

M: Yeah, I _____ _____ _____ _____.

W: Great. When is he moving in?

M: He already did. He's been living with me for two weeks now.

W: Oh, really? What's he like?

M: Well, I don't know him very well yet, but he seems nice.

W: That's great! Do the two of you _____ _____?

M: Yes. He's funny, and he likes to play loud music like I do.

W: Wow, you were lucky to find such a good roommate.

M: Yeah, except he is _____ _____ _____. I find his stuff everywhere.

W: That's too bad. You should tell him.

M: (Yeah, I should ask him to clean up more.)

14

M: I'm sorry, but we will need to keep your car here until the end of the week.

W: What? I thought it was just _____ _____ _____ _____ _____.

M: Yes, but we have to order some new parts for it.

W: How long will that take?

M: Well, it will take a few days for them to arrive.

W: Is there no way you can get them sooner? It's _____ _____.

M: I'm afraid not. The factory that makes the parts is in Japan.

W: But I bought my car here, not in Japan!

M: I understand, but that's _____ _____ _____ _____ _____ _____ them from.

W: (I guess I'll just have to wait.)

15

M: Ben loved to play the piano. For years his father helped him practice, day and night, and his playing _____ _____. Sometimes, he stayed up so late playing the piano that he didn't even change his clothes before going to bed. His father was very proud of him. One day, however, Ben didn't get to _____ _____ _____ in his school concert, and he became discouraged. The teacher consoled him by saying he would have another chance. But Ben was _____ _____ _____ and didn't know what to do. In this situation, what would his father most likely say to Ben?

Ben's father: (Keep trying and don't give up.)

16~17

W: Hello, class. Last time we talked about some famous photographers. How did they become so successful? Today, we'll try to answer that question. Let's look at _____ _____ _____ _____ _____. First, light is a key factor. Light helps the photographer highlight certain parts of a photograph. It also helps the viewer see what is most important. Color is another factor. The color in a photograph helps express emotions. It influences how the viewer feels about the image. Also, the photographer must capture _____ _____ _____. This way, the photograph can tell a story. The photographer also has to be the correct distance from the subject. If the photographer is too far or too close, the picture will lose its power. Now then, let's look at some great photographs that include the key factors _____ _____ _____ _____.

1번부터 17번까지는 듣고 답하는 문제입니다.
1번부터 15번까지는 한 번만 들려주고, 16번부터 17번까지는 두 번 들려줍니다. 방송을 잘 듣고 답을 하기 바랍니다.

01
다음을 듣고, 여자가 하는 말의 목적으로 가장 적절한 것을 고르시오.
① 직원들의 노고에 감사하려고
② 회사의 새 규정을 소개하려고
③ 직원들의 학회 참여를 장려하려고
④ 발표 양식을 작성하는 법을 설명하려고
⑤ 직원들이 정시에 퇴근하는 것을 권장하려고

02
대화를 듣고, 남자의 의견으로 가장 적절한 것을 고르시오.
① 장보기는 미리 해야 한다.
② 균형 잡힌 식단을 짜는 것이 중요하다.
③ 물건을 직접 보고 사는 것이 안전하다.
④ 기억력이 좋은 사람들은 시간 낭비가 적다.
⑤ 쇼핑 전에 쇼핑 목록을 작성하는 것이 좋다.

03
대화를 듣고, 두 사람의 관계를 가장 잘 나타낸 것을 고르시오.
① 독자 - 편집장   ② 기자 - 작가
③ 독자 - 작가   ④ 학생 - 교수
⑤ 광고주 - 홍보 담당자

04
대화를 듣고, 그림에서 대화의 내용과 일치하지 않는 것을 고르시오.

05
대화를 듣고, 남자가 여자에게 부탁한 일로 가장 적절한 것을 고르시오.
① to return the books
② to lend him her notes
③ to change her work hours
④ to study together for a test
⑤ to find research material for him

06
대화를 듣고, 남자의 옷이 더러워진 이유를 고르시오.
① 차를 정비하느라고   ② 진흙에 넘어져서
③ 접촉 사고가 나서   ④ 버스가 물을 튀겨서
⑤ 청소를 하느라고

07
대화를 듣고, 여자가 지불할 금액을 고르시오.
① $45   ② $58   ③ $65   ④ $68   ⑤ $78

08
대화를 듣고, 이사할 집에 관해 언급되지 않은 것을 고르시오.
① 집의 위치   ② 이사하는 이유   ③ 침실 크기
④ 화장실 개수   ⑤ 마당 크기

09
Glass Beach에 관한 다음 내용을 듣고, 일치하지 않는 것을 고르시오. 3점
① 캘리포니아 주에 있다.
② 18년 동안 쓰레기장처럼 사용되었다.
③ 쓰레기를 재활용하여 건설되었다.
④ 다른 장소에 새로운 쓰레기 폐기장이 만들어졌다.
⑤ 주 정부가 나서서 유리 외의 쓰레기를 치웠다.

10

다음 표를 보면서 대화를 듣고, 두 사람이 방문할 아파트를 고르시오.

	Apartment	Rent	Bedroom	Bathroom	Balcony
①	A	$1,100	Two	Two	Yes
②	B	$750	One	One	Yes
③	C	$900	Two	One	Yes
④	D	$700	One	One	Yes
⑤	E	$880	Two	One	No

11

대화를 듣고, 남자의 마지막 말에 대한 여자의 응답으로 가장 적절한 것을 고르시오.

① I was late again this morning.
② You should ask him for a raise.
③ It is down the hall on the right.
④ I will go on vacation next week.
⑤ I finally finished the big project.

12

대화를 듣고, 여자의 마지막 말에 대한 남자의 응답으로 가장 적절한 것을 고르시오.

① Do you have any special rates?
② I would like to travel for two weeks.
③ I would like to apply for a tourist visa.
④ Somewhere warm and not too expensive.
⑤ Of course. I will be traveling with my sister.

13

대화를 듣고, 여자의 마지막 말에 대한 남자의 응답으로 가장 적절한 것을 고르시오. 3점

Man: _____

① No, not at all. These things happen.
② That's okay. We can study tomorrow.
③ It's fine, as long as you keep your promise.
④ No, I'm just sorry you have to leave the country.
⑤ Don't worry. You can take the exam another day.

14

대화를 듣고, 남자의 마지막 말에 대한 여자의 응답으로 가장 적절한 것을 고르시오.

Woman: _____

① We have all kinds of books here.
② You have to pay a fine because they're late.
③ That's a huge amount of books that you have.
④ I can't lend books to anybody without a card.
⑤ No, I'm sorry, but I don't have the authority to break the rules.

15

다음 상황 설명을 듣고, Susan이 Sean에게 할 말로 가장 적절한 것을 고르시오. 3점

Susan: _____

① I'm not sure whether to invite you or not.
② I hope your grandmother will understand.
③ Well, then, why don't we all celebrate together?
④ Don't worry about it. Let's all go out for dinner, together.
⑤ Sure. Let's have dinner next week. Have fun with your family.

[16~17] 다음을 듣고, 물음에 답하시오.

16

여자가 하는 말의 목적으로 가장 적절한 것은?
① 유명인사들 간의 공통점을 설명하려고
② 저명한 음악가의 자선활동에 관해 이야기하려고
③ 사람들에게 치명적인 질병에 주의할 것을 경고하려고
④ 사람들에게 인도주의적인 일을 하는 것을 장려하려고
⑤ 젊은 음악가들의 경력에 도움이 될 만한 인물을 소개하려고

17

Pavarotti가 한 일로 언급되지 않은 것은?
① 자선 캠페인 참여   ② 지뢰 제거 기관 돕기
③ UN과 협력하기   ④ 음악 활동하기
⑤ 방송 진행하기

녹음을 다시 한 번 듣고, 빈칸에 알맞은 말을 쓰시오.

01

W: Excuse me, everybody. Can I have your attention for one minute, please? Next Friday afternoon, a conference on "new communication technology and how it can be used in the workplace" _____ _____ _____ at the downtown convention center. The company hopes that employees with an interest in this field will attend. There will be many important speakers at the conference who will be _____ _____ _____ on communication technology. If you're _____ _____ _____, please fill out the form and ask your supervisor for permission to leave work early on that day. This is a great learning opportunity, so please consider it.

02

M: Did you _____ _____ _____ _____ today?
W: Yes, don't worry. I got the ice cream you like so much.
M: Thank you! Did you get some more dressing, too?
W: Oh, no! I forgot! I guess we can't have salad tonight.
M: Didn't you put it on the shopping list?
W: Well, no. I usually don't _____ _____ _____.
M: I never go shopping without one. I'd never remember everything.
W: I have a pretty good memory, and besides, I like walking around and looking at everything.
M: I'm sure that _____ _____, but a list might have helped you this time.
W: Yes, I guess you're right.

03

W: What is the _____ _____ _____ _____ _____?
M: I think it's being honest about my feelings.

W: Can you explain that, please?
M: Sure. I don't write to _____ _____ _____. I just write to share my thoughts and ideas.
W: I see. Well, your writing is certainly very powerful and has moved many people. Can you comment on that, please?
M: I think my books have touched many people because they share my feelings.
W: All the books _____ _____ became bestsellers. How do you feel about that?
M: Well, I'm just honored and very thankful.
W: Are you currently writing a new book?
M: No, I think I'll rest for a while.

04

W: Wow, this museum is amazing. Look at this model of a traditional market!
M: Yes, it's really interesting. Look! Each person is doing something different.
W: Yes, that old man is carrying firewood _____ _____ _____.
M: That woman selling vegetables is holding a baby in her arm.
W: And there is a man _____ _____ _____. I think he will sell it.
M: A boy behind him is leaning against that wall _____ _____ _____ _____.
W: Look at that man smoking a pipe! There are three baskets of fish in front of him.
M: Yum! I love fish. Talking about food is making me hungry.
W: Well, don't worry. We can have lunch soon.
M: I want some delicious traditional Korean food!

05

W: Were you looking for me?
M: Yes. I _____ _____ _____ _____ _____ _____, and we have a test on them tomorrow.

W: Don't worry. I can give you my notes so you can study for the test.

M: I _____ _____. It's just that I don't understand anything.

W: Well, I have to work tonight, so I don't think I can study with you.

M: If you're working tonight, when are you going to study?

W: I thought I'd go to the library after work. I get off at 9.

M: Great. Can I _____ _____ _____?

W: If you don't mind the time.

M: I don't mind at all. Thanks.

06

M: Honey, are you home? I'm back.

W: Allen, is that you? Why did you come back?

M: Look at my clothes!

W: Oh, you're all wet and _____ _____ _____! What happened? Did you fall down?

M: On my way to work, a bus drove by and splashed me. I have to change clothes.

W: What a careless driver! You need to _____ _____ _____ _____, too. Hurry up, or you'll be late for work.

M: Okay. Can you _____ _____ _____ _____ back to my office? The bus will be too slow.

W: Sorry, I have an important meeting this morning. I can't be late. You'd better take a taxi.

M: Okay. What an unlucky day!

07

M: Welcome to Joe's Wholesale, where almost everything is _____ _____.

W: Wow, is everything really 50% off?

M: Not everything, but most items are 50% off.

W: Okay. I'd like to look at those tennis shoes.

M: Good choice. They're $30, and you can _____

_____ _____ that price.

W: Hmm. That's not bad. How about that tennis racket?

M: It's $100. You get a 50% discount on that.

W: _____ _____ _____. I'll take them both — the tennis shoes and the tennis racket.

M: All right. Will that be cash or credit?

W: I'll pay in cash.

08

W: My family _____ _____ _____ into a new house next month.

M: Really? Does that mean you'll be changing schools?

W: No. It's just down the road from our current house.

M: Oh. Then why are you moving?

W: Our old house was too small. The new house _____ _____ _____.

M: That's great. Does it have more than one bathroom?

W: Yes, there's one upstairs and one downstairs.

M: Wow. So it's a two-story house?

W: Yes. The only bad point is that the yard is quite small.

M: That's too bad. Where will you and your sisters play?

W: Well, there's a small park right across the street. We can just go there.

M: I see. Well, it sounds very nice. You'll have to _____ _____ _____ _____.

09

M: For a truly memorable experience, go to Glass Beach in the USA. In 1949, people started _____ _____ _____ into the ocean near Fort Bragg, California. For 18 years, they threw in cars, appliances and everything else. Of course, this included lots of glass. In 1967, authorities realized that _____ _____ _____ _____ _____ was a really bad idea, so they built a new dump for people to put their garbage in. However, the ocean took the trash and made something beautiful. It _____ _____ _____ _____ of the broken glass and washed the glass onto the beach. Years later, the state of California removed the appliances and old car parts from the beach. This has left a unique beach sparkling with colorful glass.

10

M: Good afternoon, Ms. Naughton. Come in and have a seat. Are you ready to choose an apartment?

W: Yes, I need something downtown. What do you have to offer?

M: These are the five nicest buildings downtown. Can I ask _____ _____ _____?

W: I'm currently paying $800 per month. But I can afford up to $200 more than that.

M: All right. And how many bedrooms and bathrooms do you require?

W: Well, it must _____ _____ _____. As for bathrooms, one is enough.

M: I see. And is there anything else it would need to have?

W: My current apartment doesn't _____ _____ _____. I'd really like one in my new place.

M: All right. In that case, here's a photo of the apartment I recommend.

W: It looks perfect. Can we go see it?

M: Certainly. I can take you there right now.

11

M: Myan? What's wrong? You seem to be _____ _____ _____ _____.

W: Oh, I was just in the manager's office.

M: Uh-oh. Did you do something wrong?

W: (I was late again this morning.)

12

[Telephone rings.]

W: Good morning, Swift Travel Agency. May I help you?

M: Yes, I have _____ _____ _____ next month, and I'd like to go somewhere for a vacation.

W: What kind of place do you have in mind?

M: (Somewhere warm and not too expensive.)

13

M: Hi, Janet.

W: Oh, Peter! I was just _____ _____ _____ up to see you.

M: Oh, really? Is there something I can help you with?

W: Not exactly. Do you remember the other day when I promised to help you study for the TOEFL exam?

M: Yes, I remember. You said you'd help me tomorrow afternoon.

W: That's right. However, I'm afraid I can't _____ _____ _____.

M: Oh? That's too bad. Why not?

W: Well, I forgot I have to go to the Immigration Office to _____ _____ _____ _____. Otherwise, I can't stay in the country.

M: I understand. That sounds pretty important.

W: Yes, it is. But I don't make a habit of breaking my promises to others. I hope you're not upset with me.

M: (No, not at all. These things happen.)

14

M: Excuse me, I'd like to _____ _____ _____.

W: Of course. May I have your card, please?

M: My card?

W: Yes. You can't check out books without _____ _____ _____. You do have one, don't you?

M: Uh, no. I'm afraid I don't. I just moved here recently. How can I get a card?

W: It's easy. Just fill out this form and show me your driver's license or school ID.

M: All right. *[Pause]* Here you are.

W: *[Pause]* And here's your new card and your books. Remember, you have to return them within seven days.

M: Oh, I really need these books for around ten days for my big exam. Couldn't you ＿＿＿ ＿＿＿ ＿＿＿ just this one time?

W: (No, I'm sorry, but I don't have the authority to break the rules.)

15

M: Sean ＿＿＿ ＿＿＿ ＿＿＿. Today is his best friend Susan's birthday. He promised Susan he'd go to her birthday party two weeks ago, but it is also his grandmother's birthday. Moreover, his grandmother is 70 this year. So it's going to be ＿＿＿ ＿＿＿ ＿＿＿ ＿＿＿. The parties are at the same time. Sean wishes he could go to both, but since he can't, he has decided that he will go to his grandmother's party. He feels bad because Susan came to his birthday party last month. He explains the situation to her, adding that he would like to take her out for dinner to ＿＿＿ ＿＿＿ ＿＿＿ ＿＿＿ ＿＿＿. In this situation, what would Susan most likely say to Sean?

Susan: (Sure. Let's have dinner next week. Have fun with your family.)

16~17

W: Tonight on *Classic Music* we'll be rebroadcasting parts of some of the best concerts from the last 25 years. We'll start with a performance by one of the most popular tenors in recent history, Luciano Pavarotti. Everyone remembers him for his wonderful singing, but ＿＿＿ ＿＿＿ ＿＿＿ ＿＿＿ ＿＿＿ is that he was much more than just a singer. Pavarotti was also involved with many charitable campaigns. In fact, every year he would ＿＿＿ ＿＿＿ ＿＿＿ ＿＿＿ to raise money to help people in need. He also teamed up with Princess Diana in an effort to help organizations trying to remove dangerous landmines from countries all around the world. What's more, Pavarotti also ＿＿＿ ＿＿＿ ＿＿＿ the UN and was even named their "Messenger of Peace." Yet he still found time to make music. He didn't stop singing until cancer forced him to in 2006. Sadly, he died the next year. But tonight, let's enjoy his beautiful voice.

1번부터 17번까지는 듣고 답하는 문제입니다.
1번부터 15번까지는 한 번만 들려주고, 16번부터 17번까지는 두 번 들려줍니다. 방송을 잘 듣고 답을 하기 바랍니다.

01

다음을 듣고, 여자가 하는 말의 목적으로 가장 적절한 것을 고르시오.
① 수업에 결석한 것을 사과하려고
② 동료 교사의 호의에 감사하려고
③ 실망스러운 학생들의 행동을 꾸중하려고
④ 학생들의 훌륭한 행동을 칭찬하려고
⑤ 학생들에게 예의 바르게 행동할 것을 당부하려고

02

대화를 듣고, 남자의 의견으로 가장 적절한 것을 고르시오.
① 광고는 인터넷 공간을 더 흥미롭게 한다.
② 소셜 미디어를 통한 마케팅은 효과적이다.
③ 인터넷에 노출되는 광고의 양을 제한해야 한다.
④ 소셜 미디어를 통한 마케팅은 사생활을 침해한다.
⑤ 더 많은 기업이 여러 매체를 통한 광고를 해야 한다.

03

대화를 듣고, 두 사람의 관계를 가장 잘 나타낸 것을 고르시오.
① 집배원 – 고객　　　　② 고객 – 식당 종업원
③ 집주인 – 세입자　　　④ 수리공 – 사무실 직원
⑤ 구독자 – 신문사 직원

04

대화를 듣고, 그림에서 대화의 내용과 일치하지 <u>않는</u> 것을 고르시오.

05

대화를 듣고, 남자가 할 일로 가장 적절한 것을 고르시오.
① 새 컴퓨터 구입하기
② 기타 치는 법 가르쳐 주기
③ 여자를 학원에 데리고 가기
④ 여자에게 오래된 컴퓨터 주기
⑤ 컴퓨터를 인터넷에 연결해 주기

06

대화를 듣고, 여자가 남자에게 사과한 이유를 고르시오.
① 책을 잃어버려서　　　　② 책을 대출하지 못해서
③ 과제를 다 하지 못해서　　④ 스터디 모임을 취소해서
⑤ 빌린 책에 커피를 쏟아서

07

대화를 듣고, 여자가 지불할 금액을 고르시오. 3점
① $600　　　　② $800　　　　③ $1,200
④ $1,800　　　⑤ $2,000

08

대화를 듣고, 중국어 강좌에 관해 언급되지 <u>않은</u> 것을 고르시오.
① 강좌 수준　　② 학생 수　　③ 준비물
④ 강사 출신지　　⑤ 등록 방법

09

Water Funland에 관한 다음 내용을 듣고, 일치하지 <u>않는</u> 것을 고르시오.
① 아시아에서 가장 큰 규모의 워터파크이다.
② 이용할 수 있는 호텔이 세 개 있다.
③ 7세 미만의 아동은 무료로 입장할 수 있다.
④ 이틀짜리 이용권을 사면 할인받을 수 있다.
⑤ 특별 패키지 상품은 온라인에서 구매할 수 있다.

10

다음 표를 보면서 대화를 듣고, 남자가 구입할 냉장고를 고르시오.

Refrigerators for Sale

	Model	Number of Doors	Energy Efficiency	Warranty	Price
①	A	One	★★★	1 year	$700
②	B	One	★★★★	1 year	$820
③	C	Two	★★★	2 years	$1,500
④	D	Two	★★★★★	1 year	$1,800
⑤	E	Two	★★★★	2 years	$2,100

11

대화를 듣고, 여자의 마지막 말에 대한 남자의 응답으로 가장 적절한 것을 고르시오.

① No one has ever seen it.
② It's a black, rectangular bag.
③ I got off at Gangnam Station.
④ We looked everywhere for it.
⑤ It went missing around 2 p.m.

12

대화를 듣고, 남자의 마지막 말에 대한 여자의 응답으로 가장 적절한 것을 고르시오.

① I don't know how to fly kites.
② Let's meet near my apartment!
③ Why don't we watch it together?
④ Great. Let's sign up for it together.
⑤ It won't be very windy this weekend.

13

대화를 듣고, 여자의 마지막 말에 대한 남자의 응답으로 가장 적절한 것을 고르시오.

Man: _____

① Go ahead. I'll stay here.
② I couldn't agree with you more.
③ Why don't we take tomorrow off?
④ I think we'll be able to finish today.
⑤ You're right. That's not a good idea.

14

대화를 듣고, 남자의 마지막 말에 대한 여자의 응답으로 가장 적절한 것을 고르시오. 3점

Woman: _____

① Good! I hope you have a nice trip.
② I hope they find your luggage soon.
③ Why don't you use air miles for a discount?
④ The hotel manager said they couldn't find your luggage.
⑤ You should've been more careful with your passport.

15

다음 상황 설명을 듣고, 사서가 Donald에게 할 말로 가장 적절한 것을 고르시오.

Librarian: _____

① You have to buy these books.
② Sorry, but we're already closed.
③ How many books do you read in a week?
④ You can't borrow this book until you return the others.
⑤ You should look up the book you want on the computer.

[16~17] 다음을 듣고, 물음에 답하시오.

16

여자가 하는 말의 주제로 가장 적절한 것은? 3점

① how to preserve endangered cat species
② problems caused by some cats at the zoo
③ differences between three species of big cats
④ the changing habitats of leopards and jaguars
⑤ what makes cheetahs the world's fastest land animals

17

재규어의 서식지로 언급된 곳은?

① Africa   ② parts of Asia
③ Australia   ④ Europe
⑤ American rainforests

녹음을 다시 한 번 듣고, 빈칸에 알맞은 말을 쓰시오.

01

W: Excuse me, class. Can I _____ _____ _____, please? As you know, last week I was absent from class due to a medical emergency in my family. Everything is fine now, and I'm glad to be teaching you regularly once again. This morning, I spoke with Mr. Murphy, the substitute teacher who _____ _____ while I was gone. He told me that he was almost disappointed that I was back. He said that he has been teaching for 25 years and has never met a class of students as _____ _____ _____ as you. Thank you for being such good representatives of our school.

02

W: I hate all these ads on social networking sites.

M: Well, companies have to get people to buy their products somehow.

W: Yes, but I don't think they should _____ _____ _____ _____ on social media.

M: Actually, that's probably the best place they could advertise.

W: Why is that?

M: Companies can _____ _____ _____ more wisely so that only certain people see them.

W: True, but they collect our personal information to do it. Then we _____ _____ _____.

M: I'm willing to lose a little bit of privacy to see better ads. I don't have to see all those ads I'm not interested in.

W: Hmm. I suppose I can see your point.

03

M: Hi, how can I help you?

W: I have a complaint. There's something wrong with your delivery service.

M: I'm sorry to hear that. Could you start by giving me your name?

W: Yes, it's Mary Banks. I recently moved. And now I don't _____ _____ _____ at all.

M: Oh, I see. Did you fill out a change of address form?

W: Yes, several weeks ago.

M: Let me check. *[Pause]* It looks like we made a mistake. You should _____ _____ the paper again tomorrow.

W: Well, I hope so. It's been more than a week.

M: I guarantee it. And as an apology, I'll add one month of _____ _____ to your account.

W: Thank you. That would be nice. I really appreciate your help.

04

M: Welcome back, Marie. How was your camping trip?

W: It was great, but we didn't really go camping. I stayed at my uncle's cabin.

M: Oh, really? I've never done anything like that. _____ _____ _____ _____?

W: The cabin was small but had all the necessities. There was a bed in one corner.

M: That's good. How did you prepare your meals?

W: Well, the cabin didn't have a sink, but it had a microwave and a refrigerator next to the bed.

M: Then I guess you could just have simple meals. Was there any place to eat the food?

W: Yes, of course. There was a round table with two chairs _____ _____ _____ _____ the cabin.

M: Wow. It sounds really nice.

W: Yes. I could even watch the evening news. There was a TV next to the round table.

M: But _____ _____ _____ _____ lately. Wasn't it cold there?

W: There was also a stove in the right corner, so I kept warm.

05

W: Are you busy this afternoon?

M: Not really. But I _____ _____ _____ _____ this evening.

W: What time is your lesson?

M: It's at 6:30 at the music institute near our school. Why do you ask?

W: Well, I ordered a new computer last week, and it was delivered today.

M: Oh, really? Is it faster than your old computer?

W: I don't know yet. I haven't been able to get online. I've _____ _____ _____ _____ _____ to the internet.

M: Ah, I see. Do you want me to help you with that?

W: If you don't mind, that would be great. I'm really confused.

M: I'd be glad to help. I'm really _____ _____ _____, you know.

W: I know. Can you come by around 4 o'clock?

M: Sure. I'll see you then.

06

[Telephone rings.]

W: Hi, Jake? It's Alice.

M: Hey, Alice! How's it going?

W: Not very good. Jake, I'm sorry, but I'm afraid I have some bad news.

M: Uh-oh. Are you cancelling our study group meeting again?

W: No. Do you remember that you _____ _____ _____ _____ _____ last week?

M: Of course I remember. Wait. Did you lose it?

W: No, that's not it. I _____ _____ on your book. It was stained terribly.

M: Oh, no! You should have been more careful.

W: Yes, I should have. I knocked over a coffee mug by mistake.

M: Do you think it will be difficult to read it?

W: Yes. If you'd like, I'll _____ _____ _____

_____ before the next study group meeting.

M: Okay.

07

M: Good afternoon, ma'am, and welcome to Adventure Travel Services.

W: Thank you. I'd like to _____ _____ _____ to South America.

M: We have a basic South American tour package of three countries in two weeks.

W: How much is it?

M: It's $1,200, including round-trip airfare to Chile, Peru, and Ecuador.

W: _____ _____ _____, but what about hotel accommodations?

M: The basic package does not include hotels. But we have a two-week package with hotels and meals for an extra $800.

W: I'd rather not have to eat in the hotel every day.

M: In which case we can offer you the two-week _____ _____ _____ _____ for just $600 more than the basic package.

W: Perfect. I'll take the hotel package without meals.

08

W: Hi, Mike. Someone told me you're taking a Chinese class.

M: That's right. _____ _____ _____ _____ at the local community center.

W: I'm thinking about learning Chinese, too. Is it a beginner's class?

M: It's a mix of beginners and intermediate speakers. There are only seven students in the class.

W: I see. How often does it meet?

M: _____ _____ _____. Each class lasts for about an hour and a half.

W: Is the teacher a native speaker?

M: Yes. He lives here now, but he grew up in Beijing.

W: It sounds really good. How do I sign up?
M: Just go down to the community center. You can
_____ _____ _____ _____ from Monday to
Friday.
W: All right. Thanks, Mike.
M: No problem. I hope to see you in class!

09

M: Are you looking for something new to do this
summer? Then you should come to Korea's newest
amusement park! Opened last month, Water
Funland is now _____ _____ _____ _____
in all of Asia. Featuring three hotels, more than 20
restaurants and hundreds of rides, it has something
for every member of your family. You can ride
on our giant water slides or just relax in our hot
tub spas. There's even _____ _____ _____
_____ _____ under seven. Tickets start at
$50, with special discounts for two- or three-
day passes. And if you really want to save some
money, visit our website for some super packages,
combining meals, accommodations and park
tickets _____ _____ _____ _____!

10

W: Hello, sir. Can I help you with something?
M: Yes. I need a new refrigerator for my apartment.
I'm trying to choose one.
W: I see. Well, this one is currently _____ _____
_____ _____.
M: It's nice, but it only has one door. I'd prefer one
with two.
W: All right. We have several models in that style.
Can I ask your price range?
M: I can spend up to $2,000. *[Pause]* What are these
stickers with stars on them?
W: Those indicate energy efficiency. The more stars
a model has, the less energy it consumes. That
means you can _____ _____ _____ on your
electric bill.

M: Oh, I see. That's really important to me. I'll take
this one.
W: Okay, but some models come with a two-year
warranty. That one only has a one-year warranty.
M: That's fine. I want _____ _____ _____
_____.

11

W: May I help you?
M: Yes. I lost my bag two hours ago, and I think I left
it on the subway.
W: _____ _____ _____ _____, and I'll see if it
has been returned to our office.
M: (It's a black, rectangular bag.)

12

M: Did you hear there's going to be a kite-flying
tournament next weekend?
W: Yes. I am going to enter it. How about you?
M: I'm going to _____ _____ _____.
W: (Great. Let's sign up for it together.)

13

W: How many orders are left, Martin? We've been
packing them all day.
M: We still have to do about 20 more.
W: Why don't we take a coffee break? _____
_____.
M: Yeah, me too. What time is it now?
W: Let me see... It's almost 5:30.
M: Well, I'm really _____ _____ _____ this stuff
and would like to go home soon.
W: Do you think we can? Or should we stay and work
overtime until we finish?
M: We're just too tired. If we stay late, we might start
making mistakes.
W: That's true. Maybe we can just finish packing
them tomorrow.

M: Why not? These orders are not urgent. We could do it first thing tomorrow morning.

W: All right, then. I think we should _____ _____ _____ _____ and go home.

M: (I couldn't agree with you more.)

14

W: Excuse me. Are you Mr. Lee from Korea?

M: Yes, I am. You must be Ms. Carlton.

W: Yes. It wasn't difficult to find you thanks to _____ _____ _____ _____ me.

M: It's good to hear that.

W: Anyway, it's nice to meet you. And welcome to New York.

M: Thank you. And _____ _____ _____ _____ at the airport.

W: My pleasure. How was your trip?

M: Good. But the airline lost some of my luggage.

W: Oh, what happened?

M: I had two suitcases, but _____ _____ _____. They said they will send it to my hotel as soon as they find it.

W: (I hope they find your luggage soon.)

15

M: Donald likes to read _____ _____ _____ genres, so he borrows books from the library almost every week. The only problem is that Donald often _____ _____ _____ the books to the library because he has a bad memory. One Friday afternoon, Donald wants to borrow a book on the history of airplanes. When he takes the book to the library counter to _____ _____ _____, the librarian notices that Donald has borrowed many books and hasn't yet returned them. In this situation, what would the librarian most likely say to Donald?

Librarian: (You can't borrow this book until you return the others.)

16~17

W: Welcome to the National Zoo. My name is Abigail, and I will be your guide for the day. We'll start by visiting the big cat area. Our zoo has three kinds of big cats — leopards, jaguars and cheetahs. You will see each kind today, but many people _____ _____ _____ _____. So I'd like to begin by explaining how to tell these three species apart. First of all, leopards and jaguars are easily confused because their spotted coats appear very similar _____ _____ _____. However, their spots and body sizes actually differ quite significantly. Leopards have smaller spots, and they aren't as big as jaguars. Also, leopards live in Africa and parts of Asia, while jaguars live in American rainforests. The third species, the cheetah, _____ _____ _____ _____ its solid, round, evenly-distributed spots. In addition, cheetahs have thin bodies with a large chest and narrow waist. Also, their heads are small in proportion to their bodies. Their unique body shape is what allows them to be the world's fastest land animals.

12 영어듣기 모의고사

1번부터 17번까지는 듣고 답하는 문제입니다.
1번부터 15번까지는 한 번만 들려주고, 16번부터 17번까지는 두 번 들려줍니다. 방송을 잘 듣고 답을 하기 바랍니다.

01

다음을 듣고, 남자가 하는 말의 목적으로 가장 적절한 것을 고르시오.
① 체육관 이용 시간을 안내하려고
② 운동 시설의 깨끗한 사용을 부탁하려고
③ 5세 미만 어린이의 입장을 금지하려고
④ 어린이 안전 교육의 중요성을 강조하려고
⑤ 어린이는 보호자와 항상 동반할 것을 당부하려고

02

대화를 듣고, 두 사람이 하는 말의 주제로 가장 적절한 것을 고르시오.
① 소음 공해로 인한 문제
② 만병의 원인인 스트레스
③ 환경 오염의 종류와 발생 원인
④ 대기 오염이 인체에 미치는 영향
⑤ 환경 오염으로 인한 동물의 개체 수 감소

03

대화를 듣고, 두 사람의 관계를 가장 잘 나타낸 것을 고르시오.
① 아들 - 엄마   ② 학생 - 교사
③ 교사 - 교장   ④ 직원 - 관리자
⑤ 면접자 - 면접관

04

대화를 듣고, 그림에서 대화의 내용과 일치하지 <u>않는</u> 것을 고르시오.

05

대화를 듣고, 여자가 남자에게 부탁한 일로 가장 적절한 것을 고르시오.
① to pack up her books
② to give her some boxes
③ to check her homework
④ to play a game with her
⑤ to carry a box to the kitchen

06

대화를 듣고, 남자가 슬픈 이유를 고르시오.
① 시험에 낙제해서   ② 축구를 할 수 없어서
③ 재시험을 봐야 해서   ④ 방과 후에 공부해야 해서
⑤ 엄마가 남자에게 실망해서

07

대화를 듣고, 남자가 지불할 금액을 고르시오. 3점
① $270   ② $300   ③ $330
④ $380   ⑤ $420

08

대화를 듣고, 수업에 관해 언급되지 <u>않은</u> 것을 고르시오.
① 강의 요일   ② 강의 장소   ③ 강의 교재
④ 담당 교수   ⑤ 강의 신청 방법

09

Mauna Kea 천문 관측소에 관한 다음 내용을 듣고, 일치하지 <u>않는</u> 것을 고르시오.
① 세계에서 가장 큰 관측소이다.
② 13개의 망원경을 보유하고 있다.
③ 11개국에서 온 천문학자들이 연구하고 있다.
④ 관측소 주변에는 일 년 내내 구름이 거의 없다.
⑤ 주말에는 관광을 허용하지 않는다.

10

다음 표를 보면서 대화를 듣고, 여자가 탈 기차를 고르시오.

Downtown Commuter Train Weekday Schedule

	Train	Depart	Arrive	Type	Fare
①	A	7:15 a.m.	7:50 a.m.	Express	$2
②	B	7:45 a.m.	8:35 a.m.	Local	$1.5
③	C	8:15 a.m.	8:50 a.m.	Express	$2
④	D	8:45 a.m.	9:20 a.m.	Express	$2
⑤	E	9:15 a.m.	10:05 a.m.	Local	$1.5

11

대화를 듣고, 남자의 마지막 말에 대한 여자의 응답으로 가장 적절한 것을 고르시오.

① My favorite painter inspired me.
② I have never tried painting before.
③ But this store doesn't sell notebooks.
④ No. I'll just buy one of these beginner sets.
⑤ The stationery store doesn't sell lots of supplies.

12

대화를 듣고, 여자의 마지막 말에 대한 남자의 응답으로 가장 적절한 것을 고르시오.

① It is a lot like playing the piano.
② We should try practicing together.
③ I never learned how to play the violin.
④ I wish I could, but I'm just a beginner.
⑤ You will need to be able to sing well first.

13

대화를 듣고, 남자의 마지막 말에 대한 여자의 응답으로 가장 적절한 것을 고르시오.

Woman: _____

① No, I called the newspaper and complained.
② I guess it must be stressful being a journalist.
③ Try harder, and you might be more successful.
④ You don't need to read all kinds of newspapers.
⑤ You just need to look on the bright side of things.

14

대화를 듣고, 여자의 마지막 말에 대한 남자의 응답으로 가장 적절한 것을 고르시오. 3점

Man: _____

① I need some tutoring in that subject.
② I hope we can finish our project on time.
③ I'll tell the other members of our club about it.
④ Studying in Australia will be really interesting.
⑤ Well, I think it'd be better to get our teacher's permission first.

15

다음 상황 설명을 듣고, 선생님이 학생에게 할 말로 가장 적절한 것을 고르시오.

Teacher: _____

① How are your exam preparations going?
② Are there any questions about the exams?
③ Cheating during the exam will not be tolerated.
④ You are doing better than I expected. Keep it up.
⑤ Don't think that passing the exam guarantees you success.

[16~17] 다음을 듣고, 물음에 답하시오.

16

남자가 하는 말의 주제로 가장 적절한 것은?

① sources of stress and anxiety
② plants that live well in homes
③ the impact of plants on humans
④ the best methods for growing plants
⑤ the best places to put plants in an office

17

식물이 제공하는 것으로 언급되지 <u>않은</u> 것은? 3점

① food   ② shelter
③ quick recovery   ④ freshness
⑤ chemicals

녹음을 다시 한 번 듣고, 빈칸에 알맞은 말을 쓰시오.

01

M: Good morning, everybody. Thank you for coming to Newbody's Gym. This is the manager of Newbody's Gym. We'd like to remind you that no children ＿＿＿＿ ＿＿＿＿ ＿＿＿＿ ＿＿＿＿ ＿＿＿＿ are permitted to enter the gym. For your safety, and that of your children and other customers, we ask you to please observe this very important rule at all times. We do, however, have a daycare center located at the gym entrance. It ＿＿＿＿ ＿＿＿＿ ＿＿＿＿ to all our members. We hope you will ＿＿＿＿ ＿＿＿＿ ＿＿＿＿ this free service.

02

W: I'm ＿＿＿＿ ＿＿＿＿ ＿＿＿＿ on pollution for my science class.

M: That's a great topic! What kind of pollution? Air pollution? Water pollution?

W: Neither. I'm actually writing about noise pollution.

M: Oh. Do you mean loud noises caused by machines like cars and airplanes?

W: Yes. Most people consider it to be ＿＿＿＿ ＿＿＿＿ ＿＿＿＿ an annoyance, but it's worse than that.

M: In what way?

W: Well, people who live in noisy areas have higher blood pressure and more heart problems.

M: Really? I suppose all that noise causes a lot of stress.

W: Yes, and not just for people. It confuses animals and sometimes ＿＿＿＿ ＿＿＿＿ ＿＿＿＿ ＿＿＿＿.

M: Hmm... Will you be suggesting some solutions in your report?

W: Yes. I'll let you read it when I'm finished.

03

M: May I come in, Ms. Jones?

W: Sure, have a seat.

M: Thanks. I've decided to ＿＿＿＿ ＿＿＿＿ Boston College.

W: Yes, I heard. I think you'll be very happy there.

M: Thanks. Is that where you went? I think I heard you say that in class.

W: That's right. I graduated in 1992.

M: Do you think you can write me ＿＿＿＿ ＿＿＿＿ ＿＿＿＿ ＿＿＿＿?

W: Sure, Jim. I'd be happy to.

M: The application material ＿＿＿＿ ＿＿＿＿ March 15.

W: Okay. Send me an email explaining exactly what you need.

M: Thanks so much, Ms. Jones. This college is my first choice, so I hope I get in.

W: Good luck, Jim.

04

W: Let's go in this café. We can ＿＿＿＿ ＿＿＿＿ ＿＿＿＿ and talk about our project.

M: Sure. Where should we sit?

W: There's an empty seat next to that man working on his laptop.

M: No, it looks like ＿＿＿＿ ＿＿＿＿ ＿＿＿＿ ＿＿＿＿ it. Do you see those three paintings on the wall?

W: Yes, I do. They're quite nice.

M: Let's sit at the empty table under the one on the right.

W: All right. I hope it doesn't take too long to get coffee. There are only two people working here.

M: Two? I only see a man making coffee at the espresso machine.

W: Yes, and there's a woman standing behind the cash register.

M: Oh, I didn't see her! Anyway, the coffee smells good. ＿＿＿＿ ＿＿＿＿ ＿＿＿＿ ＿＿＿＿?

W: Yes, please. I'll have an iced latte, please.

M: Okay. Have a seat, and I'll go order at the counter.

05

M: Erica, what are you doing?

W: I'm just playing a game, Dad. Don't worry, I finished my homework.

M: Yes, but we're moving tomorrow. You need to decide which books to bring.

W: Oh, yeah... Well, can't I _____ _____ _____?

M: No, you have too many. Stop playing that game and get to work.

W: Okay, Dad. Let's see... I don't know _____ _____ _____.

M: Just put them into two piles—one to keep and one to give away.

W: Good idea. Can you bring me a couple of empty boxes _____ _____ _____ _____?

M: Sure. I've got some in the kitchen.

W: Thanks. I don't think this will take too long.

M: Good. You can go back to your game when you've finished.

W: Thanks, Dad.

06

W: Hey, Abe. What's wrong? You look like _____ _____ _____.

M: Hi, Isabel. I just got my math test back.

W: Oh, no. I guess you didn't do so well?

M: Actually, I failed. How about you?

W: I got an A. Abe, you should have studied with us on Saturday!

M: You're right. But I wanted to play soccer with my friends.

W: You can play soccer anytime. You can't _____ _____ _____.

M: I feel so stupid. My mom is going to be very disappointed.

W: Well, there is another test in two weeks. You _____ _____ _____ _____ on that one.

M: Do you think it would be okay if I studied after school with you?

W: No problem. Just meet us in the library at 5 p.m.

M: Thanks, Isabel!

07

M: Hello, Ms. Hill. I'm going to Washington, D.C. next week, and I'd like you to make a hotel reservation for me.

W: Yes, of course, Mr. Williams. What kind of hotel are you looking for?

M: Something _____ _____ _____ _____ _____, around $50 to $70 per night.

W: I see. And do you want a downtown location?

M: Actually, I'd like something near Georgetown University.

W: Then how about the Diplomat Hotel? They say it's very nice, and it's _____ _____ _____ of the university.

M: And how much does it cost?

W: A single room is _____ _____ _____.

M: Are there any discounts?

W: Hmm... You'll get 10% off if you pay by credit card.

M: Okay, I'll do that. I'd like to stay there from the 20th to the 25th of March.

W: All right. I'll make the reservation for you.

08

M: Hi. I have some questions about a class. It's called the History of Children in Europe.

W: Ah. That class is _____ _____ _____.

M: Yes. Can you tell me when it will be held?

W: It will be held on Tuesdays and Thursdays from 1:30 to 3:00 next semester.

M: Okay. It will be in the education building, right?

W: Yes. The history department is hoping to _____ _____ _____ as well.

M: I see.

W: And have you taken A Cultural History of Europe?

It's required for this class.

M: Oh, yes. I took that last semester with Dr. Lopez.

W: Then you already know what to expect. Dr. Lopez is teaching this class too.

M: Great. I'd like to sign up for the class.

W: Sure. You just need to _____ _____ _____ _____, and you'll be ready.

09

W: The Mauna Kea Astronomical Observatories atop Mauna Kea Mountain on the island of Hawaii are the world's largest astronomical observatories. They _____ _____ _____, including the largest infrared telescopes in the world. These telescopes are operated by astronomers from 11 different countries. There are two important reasons why the observatories are located on Mauna Kea. First of all, the climate there is very dry, which means that _____ _____ _____ _____ all year round. Also, there are few city lights in the area. Therefore, the skies are dark and clear, which allows the telescopes to view even distant galaxies. Visitors are welcomed at the observatories _____ _____ _____ between 1 and 5 p.m., with a special stargazing program held each night from 6 to 10.

10

W: Hello. I'm looking for a train ticket into the city tomorrow.

M: Well, you've come to the right place.

W: Great. How often do the trains run?

M: One leaves _____ _____ _____. Here's a schedule for you.

W: Oh, thank you. *[Pause]* So the first train leaves at 7:15 a.m.?

M: That's correct.

W: But it's too early. I can't arrive at the station before 7:30.

M: Okay. What time do you want to arrive in the city?

W: I just need to be there any time before 10 a.m.

M: Okay. There're three trains that arrive before 10.

W: Hmm... *[Pause]* I think the local train is _____ _____ _____.

M: Yes. That's why it's cheaper than the express train.

W: Then I'd prefer an express train.

M: Okay. There're two express trains that arrive before 10.

W: I prefer the one _____ _____ _____.

11

M: Why did you want to stop at this stationery store?

W: I need a new hobby, so I've _____ _____ _____ _____.

M: Oh, I see. I guess you need to buy a lot of supplies.

W: (No. I'll just buy one of these beginner sets.)

12

W: Hey, Justin. You can play the violin, can't you?

M: Yes, I can. Why?

W: I _____ _____ _____ _____. Do you think you could teach me?

M: (I wish I could, but I'm just a beginner.)

13

W: Good morning, Larry. I brought you a coffee.

M: Oh. Thanks, Sylvia.

W: So... Is there anything interesting in today's newspaper?

M: Not really. Just lots of wars, _____ _____ _____.

W: Really? I guess there really are a lot of problems in the world today.

M: It's not just in other countries. Every day there's a new terrible crime right here in our own city.

W: I suppose that's true. But I don't think it's really that bad.

M: But look at these headlines, Sylvia. They're all bad news.

W: That's because newspapers _____ _____ _____ _____. There are good things, too.

M: Do you really think so? Like what?

W: Lots of things. But nobody writes an article when someone helps his or her neighbor.

M: I don't know. It seems to me that everything just _____ _____ _____.

W: (You just need to look on the bright side of things.)

14

W: Hi, Nathan. What did you think of our world history class today?

M: The part about Australia was really interesting.

W: I agree. I especially liked the part about native Australians.

M: Right. It made me want to learn more about Australia.

W: Maybe we could _____ _____ _____ in our free time.

M: I've got an idea. Let's ask our teacher if we can do a special project.

W: For extra credit? Do you think he'll agree?

M: Probably. He always _____ _____ _____ _____ more on our own.

W: It would be fun. And we could use some help with our grades.

M: So what do you think?

W: Let's do it. How about _____ _____ right after school today?

M: (Well, I think it'd be better to get our teacher's permission first.)

15

W: A mathematics teacher is _____ _____ _____ in his classroom. The students are very quiet, concentrating on the exam questions as the teacher watches from the front of the class. The teacher notices one of the students _____ _____

_____ and looks at his hand. As the teacher watches carefully, the student repeats the gesture. The teacher approaches the student and asks to see what is in his hand. The student opens his hand and _____ _____ _____ _____ _____ _____ with exam answers written on it. In this situation, what would the teacher most likely say to the student?

Teacher: (Cheating during the exam will not be tolerated.)

16~17

M: Good morning, everyone. I'm Dr. Lewis from the Redwood Health Clinic. You already know that plants can help us in a lot of ways. For example, they _____ _____ _____ _____ _____ _____. But are you aware that plants can also improve our mental and physical health? First, plants can speed recovery time. Many studies show that plants are effective in helping people _____ _____ _____ from illnesses. Plants also can prevent headaches because they help eliminate stuffy air. Homes with many indoor plants can even help reduce high blood pressure. Also plants can _____ _____ _____ _____ and alive by controlling our hormones. Cortisol, which gives us energy, is released after gardening. Lastly, plants can help clean the air. They remove harmful chemicals from _____ _____ _____ _____ _____. This helps us concentrate and focus better. Now, we're going to see some pictures of plants that can be used indoors.

1번부터 17번까지는 듣고 답하는 문제입니다.

1번부터 15번까지는 한 번만 들려주고, 16번부터 17번까지는 두 번 들려줍니다. 방송을 잘 듣고 답을 하기 바랍니다.

01

다음을 듣고, 여자가 하는 말의 목적으로 가장 적절한 것을 고르시오.

① 봄 소풍 계획을 알리려고

② 학교 규칙 변경을 공지하려고

③ 경기가 취소된 이유를 설명하려고

④ 쓰레기를 버리지 말라고 당부하려고

⑤ 운동장을 청소할 자원봉사자를 모집하려고

02

대화를 듣고, 남자의 의견으로 가장 적절한 것을 고르시오.

① 부모님 말씀을 잘 따라야 한다.

② 학생들은 스스로 학습 계획을 짜야 한다.

③ 계획은 세우는 것보다 실천하는 것이 더 중요하다.

④ 부모는 자녀에게 좋은 학습 습관을 가르쳐야 한다.

⑤ 좋은 성적을 얻으려면 체계적인 학습 계획이 필요하다.

03

대화를 듣고, 두 사람의 관계를 가장 잘 나타낸 것을 고르시오.

① 의사 – 환자   ② 의사 – 간호사

③ 경찰 – 개 주인   ④ 수의사 – 개 주인

⑤ 이웃 주민 – 개 주인

04

대화를 듣고, 그림에서 대화의 내용과 일치하지 <u>않는</u> 것을 고르시오.

05

대화를 듣고, 여자가 할 일로 가장 적절한 것을 고르시오.

① 파스타 만들기   ② 식당 추천하기

③ 전화번호 적어 주기   ④ 블로그 주소 알려 주기

⑤ 블로그에 요리법 올리기

06

대화를 듣고, 남자가 아침 식사를 준비한 이유를 고르시오.

① 아내의 생일을 축하하려고

② 아내의 첫 출근을 기념하려고

③ 아내의 구직 면접을 응원하려고

④ 아내의 방송 출연을 축하하려고

⑤ 아내의 중요한 계약 성사를 기념하려고

07

대화를 듣고, 여자가 지불할 금액을 고르시오. 3점

① $300   ② $350   ③ $600

④ $750   ⑤ $1,000

08

대화를 듣고, 카메라에 관해 언급되지 <u>않은</u> 것을 고르시오. 3점

① 화소   ② 배터리 수명

③ 화면 크기   ④ 가격

⑤ 부속 액세서리

09

Pumpkin Festival에 관한 다음 내용을 듣고, 일치하지 <u>않는</u> 것을 고르시오.

① 올해에는 중앙 광장에서 개최된다.

② 불꽃놀이가 있을 예정이다.

③ 10월 15일 토요일에 개최된다.

④ 12세 미만 아동의 입장료는 5달러이다.

⑤ 마을 회관에서 표를 미리 구매할 수 있다.

10

다음 표를 보면서 대화를 듣고, 두 사람이 참가할 행사를 고르시오.

Taste of Seoul Festival

	Event	Time	Food Samples	Certificate	Admission Fee
①	Opening ceremony	9:00-10:00	X	X	Free
②	Korean food forum	10:00-12:00	X	O	Free
③	Cooking contest	12:00-15:00	O	O	₩5,000
④	Cooking class	15:00-17:00	O	O	₩10,000
⑤	Tasting event	17:00-19:00	O	O	₩30,000

11

대화를 듣고, 여자의 마지막 말에 대한 남자의 응답으로 가장 적절한 것을 고르시오.

① It was very important for me to do well.
② I'm happy to have some more free time.
③ It was actually more difficult than I expected.
④ It only took a few days to prepare for the test.
⑤ Studying has always come very natural to me.

12

대화를 듣고, 남자의 마지막 말에 대한 여자의 응답으로 가장 적절한 것을 고르시오.

① Yes, I have an eye for fashion.
② No, it is located near the park.
③ Yes, I opened up my own shop.
④ No, there aren't any new shops downtown.
⑤ Yes, I want to see what styles will be popular this winter.

13

대화를 듣고, 남자의 마지막 말에 대한 여자의 응답으로 가장 적절한 것을 고르시오.

Woman: _____

① Yes, we'll call you as soon as we locate it.
② Yes, but please be more careful next time.
③ No, I think someone already checked it out.
④ No, there should be another copy on the shelf.
⑤ Sorry, but you'll have to wait until it's returned.

14

대화를 듣고, 여자의 마지막 말에 대한 남자의 응답으로 가장 적절한 것을 고르시오.

Man: _____

① Are you sure? It might be too expensive.
② Do you? It's my personal favorite as well.
③ Perfect. I'll hang it in my gallery next week.
④ Thank you. It took me a long time to finish it.
⑤ Really? Maybe I should add it to my collection.

15

다음 상황 설명을 듣고, Eric이 안내소 직원에게 할 말로 가장 적절한 것을 고르시오.

Eric: _____

① Could you recommend a good guesthouse?
② What is the fastest way to get to the airport?
③ Where can I catch a bus that goes downtown?
④ Do you have a subway map that I can borrow?
⑤ Where can I exchange dollars for Korean won?

[16~17] 다음을 듣고, 물음에 답하시오.

16

여자가 하는 말의 목적으로 가장 적절한 것은? 3점

① to find part-time jobs for young scientists
② to give details on an environmental conference
③ to introduce an experiment done by researchers
④ to recruit interns for an environmental organization
⑤ to talk about the difficulties of having an internship

17

언급된 업무가 <u>아닌</u> 것은?

① 연구원들 업무 도와주기   ② 회의 자료 준비하기
③ 웹사이트에 기사 올리기   ④ 주어진 주제로 발표하기
⑤ 연구 보고서 제출하기

녹음을 다시 한 번 듣고, 빈칸에 알맞은 말을 쓰시오.

01

W: Attention, students. Now that it's spring, I know that many of you have been _____ _____ _____ _____ on the sports field. You're more than welcome to take advantage of the nice weather and get some fresh air, but we've been noticing a problem. Some students are _____ _____ _____ and other trash behind when they return to the school building. Not only does this make our schoolyard look terrible, it also has the potential of injuring an athlete during after-school practice. So please don't leave any trash behind and _____ _____ _____ _____. On your way back to class, you can put your trash in the garbage cans. Thanks for your cooperation.

02

W: I can't believe my mom did this!

M: Did what?

W: She gave me a study plan with _____ _____ _____ on it.

M: You mean it tells you what to study and when?

W: Not only that. It also says when to go to the library and to class, and exactly _____ _____ _____ _____ at what time.

M: Wow. That is detailed.

W: Well, I won't do it. I'll make my own study plan.

M: I'm not sure that's a good idea, either. She is your mother, and you should listen to her.

W: You mean, you think I should follow the schedule exactly?

M: Well, I think you should try. It's usually best to _____ _____ _____.

03

W: Hello, Mr. Smith. What seems to be the problem?

M: Well, I think Bob _____ _____ _____.

W: I see. How did this happen?

M: He was running down some stairs too quickly and fell. When he got back up, he was limping.

W: Let me take a look... Oh yes, he must be in a lot of pain. He growled when I tried to touch him.

M: So what happens now?

W: It seems that his leg is probably broken. I'll start by _____ _____ _____ of his leg to see what bones are broken.

M: Should I keep him still on the table while you do that?

W: Yes. And you may also _____ _____ _____ _____ while I do the procedure, to keep him calm.

M: Okay, I'll do that. I hope it's not a serious injury.

04

[Telephone rings.]

M: Hello?

W: Hi, Jeff. This is Wendy calling about the illustration for my book.

M: Hi, Wendy. _____ _____ _____ _____.

W: That's good. I just want to make sure it's correct. In the illustration, the man riding in front is looking back, right?

M: That's right. And he is wearing boots with pointed toes.

W: Good. Is he dragging a cow with a rope, like I requested?

M: Yes, he is. And the horse following behind is _____ _____ _____ _____ _____, so you can't see its legs.

W: Great! How about the man following behind? Is he holding a gun?

M: Actually, I changed that part. In my illustration he's holding a rope. Is that okay?

W: Oh, that sounds like a good idea.

M: Is there anything else you'd like me to add to the illustration?

W: No, it sounds like you've done a great job. When

can you send it to me?

M: I can _____ _____ _____ _____ _____ .

05

M: What smells so good in here?

W: I just _____ _____ _____ _____ . Would you like to try some?

M: Yes, please. *[Pause]* Oh, this is delicious. I didn't know you could cook.

W: Oh, I love cooking. I even have my own blog where I _____ _____ _____ .

M: Really? Does it get a lot of visitors?

W: It does! Sometimes as many as 1,000 people visit it in one day.

M: Well, I can see why your blog is so popular. Your pasta is better than what they serve in most restaurants.

W: Thanks for saying that!

M: I'd love to learn how to make this. Can you show me how?

W: Actually, I just posted the recipe last week. Would you like to _____ _____ _____ _____?

M: Oh, that would be great. Let me write it down.

06

M: Good morning! I have a surprise for you!

W: A surprise? What kind of surprise?

M: Just look on the table. I made breakfast for you.

W: Wow! You made pancakes, my favorite!

M: That's right. With real maple syrup, too!

W: _____ _____ _____? Today isn't my birthday. It's next month.

M: No, it's not your birthday. But I know today is a _____ _____ _____ _____ .

W: Oh, you mean my job interview!

M: Yes. You should eat a good breakfast. I know you will _____ _____ .

W: Oh, thank you so much! I've been so nervous

about the interview.

M: Don't worry. I'm sure you'll get the job.

W: Thanks! You are so thoughtful!

07

M: Hello, ma'am. Can I help you find something today?

W: Yes. I'm looking for a desk and a bed for my son's room.

M: I see. How old is your son?

W: He's 15. I want to _____ _____ _____ for his birthday.

M: How nice of you! How about these items over here? They're on sale for 25% off.

W: Wow. They're very nice. How much do they cost?

M: Before the discount, the bed is $600 and the desk is $400.

W: Oh, that's out of _____ _____ _____ , even with the sale.

M: Well, these models are also nice. The bed is $200 and the desk is $150.

W: That sounds better. Are these two on sale as well?

M: Well, _____ _____ _____ _____ but you'll have to pay full price for the desk.

W: All right, I'll take them.

08

M: I'm thinking of buying a new digital camera.

W: Don't you already have one?

M: Yes, but _____ _____ . Look at this new model. It has 16 megapixels.

W: That's a lot. Does it have a zoom lens?

M: Yes, of course. It also has a really long battery life. You can take 500 pictures before it _____ _____ _____ _____ .

W: It sounds too good to be true. How much is it?

M: It's $400, but I can get a discount if I buy it online.

W: That's not bad. My camera cost $300, and it's not

nearly as good as that one.

M: Yes, it's a great deal.

W: Does it _____ _____ any accessories?

M: Yes. That price includes a carrying case and two eight-gigabyte memory cards.

W: In that case, I think you should get it!

09

M: October is just around the corner, which means it's almost time for Oaktown's annual Pumpkin Festival. In the past, the festival has been held at McKay's Farm, but this year _____ _____ _____ _____ in the central plaza downtown. As always, there will be live bands and plenty of delicious food like pumpkin pie, pumpkin ice cream and roasted pumpkin seeds. There will also be _____ _____ _____ to end the evening. The festival will take place on Saturday, October 15 and will run from 2 o'clock in the afternoon until 10 p.m. Children under 12 can enjoy the festival for free, and everyone else can get in for the low price of $5. _____ _____ _____ at the entrance on the day of the festival, or they can be bought in advance at the town hall.

10

W: Are you going to the Taste of Seoul festival tomorrow, Martin?

M: Taste of Seoul? What's that?

W: It's a Korean food festival that will be held right here in our city.

M: How interesting! When does it start?

W: The opening ceremony is at 9. Unfortunately, I _____ _____ _____ _____.

M: Yeah, me too. What kind of events are there?

W: Take a look at this schedule. There's a free forum about Korean food at 10.

M: Hmm... I'm not interested. There aren't any food samples. How about the cooking contest?

W: You know _____ _____ _____. But there is a

cooking class and a tasting event, too.

M: So, which ones are you going to participate in?

W: Well, I only have time to participate in one. And I prefer an event that _____ _____ _____.

M: Me too! Then there are two events we can participate in. Which one do you prefer?

W: I prefer the cheaper one. Let's go to it together!

11

W: Hi, Allen. Are you still _____ _____ _____ _____ _____?

M: No, it's finally over. I took it last Monday.

W: Did you? Wow, you studied for nearly a year. So how was it?

M: (It was actually more difficult than I expected.)

12

M: Oh, hi, Christy. What are you doing here?

W: Hi, Ron. I'm working for a clothing shop these days.

M: That's great! So are you here to _____ _____ _____ _____ _____?

W: (Yes, I want to see what styles will be popular this winter.)

13

W: Hello. Can I help you with something?

M: Yes. I'm trying to find a copy of *Lord of the Flies*, but there are none on the shelves.

W: I see. Most likely, they've all _____ _____ _____.

M: Well, I just looked on the computer and it says there's one copy left.

W: Hold on, let me check. *[Pause]* You're right, there should be one on the shelf.

M: Yes, but I looked all over and it's not there.

W: It must have been _____ _____ _____ _____ _____. I'll send one of my assistants to look for it.

M: How long do you think it will take?

W: Well, this is a big library. It could _____ _____ _____ _____.

M: Would it be possible for me to reserve it in the meantime?

W: Sure. Just write your name and your phone number here, and show me your library card.

M: Sure. Here it is. Is that all?

W: (Yes, we'll call you as soon as we locate it.)

14

M: Oh, hi, Cathy. Come on in.

W: Thanks, Paul. Wow, you have a beautiful apartment.

M: I didn't realize you haven't been here before.

W: Yes, this is the first time I've visited your home. Thanks for inviting me over.

M: It's my pleasure. I really enjoy having visitors.

W: Look at _____ _____ _____ _____. I guess you're really an art lover.

M: That's right. I've been collecting paintings for years.

W: What an interesting hobby! It's like living in an art gallery.

M: Exactly. Those three over there are _____ _____ _____ to my collection.

W: Let me take a look... Were they all done by the same artist?

M: Yes, but over a period of several years.

W: The one in the middle is _____ _____. I think I like that one best.

M: (Do you? It's my personal favorite as well.)

15

M: Eric has just arrived in Korea for a two-week vacation. He has never been there before. After getting off the plane, he picks up his bags and is _____ _____ _____ _____ Seoul. He plans on staying at a guesthouse downtown. According to his travel guide, it is too expensive to take a taxi from the airport to go downtown. After checking a subway map, he decides that _____ _____ _____ is the best option. He walks around the airport for a few minutes, but isn't sure _____ _____ _____ _____ _____. Just then, he spots an information desk with a sign in English. He walks over and is greeted by an employee there. In this situation, what would Eric most likely say to the information desk employee?

Eric: (Where can I catch a bus that goes downtown?)

16~17

W: Thank you for your interest in the Woodville Institute. We are a research organization focusing on environmental issues. Approximately 50 scientists are employed at the institute, and they spend their time writing articles and giving presentations all around the world. Each summer, we accept 10 university students as summer interns. The internship period _____ _____ _____ _____, from June 17 to August 19. It is unpaid, but participating students will gain valuable experience. Their duties will include assisting researchers, preparing material for meetings, and posting articles to the institute's website. Also, at the end of the internship, each intern will _____ _____ _____ on an assigned topic. Current sophomores and juniors with a grade point average of 3.0 or higher and an interest in protecting the environment are invited to apply. However, they must live in the Chicago area and be under the age of 24. Students _____ _____ _____ _____ as summer interns for the institute may not apply again. For more information, please visit the Woodville Institute's website or call us at (312) 923-3341.

14 영어듣기 모의고사

1번부터 17번까지는 듣고 답하는 문제입니다.
1번부터 15번까지는 한 번만 들려주고, 16번부터 17번까지는 두 번 들려줍니다. 방송을 잘 듣고 답을 하기 바랍니다.

01

다음을 듣고, 남자가 하는 말의 목적으로 가장 적절한 것을 고르시오.
① 대중교통 이용을 장려하려고
② 행사 취소에 대해 사과하려고
③ 새 아파트 단지를 홍보하려고
④ 신설된 버스 정류장을 안내하려고
⑤ 버스가 지연되는 이유를 설명하려고

02

대화를 듣고, 두 사람이 하는 말의 주제로 가장 적절한 것을 고르시오.
① 수면 장애의 원인
② 수면과 건강의 상관관계
③ 수면의 질을 높이는 방법
④ TV가 청소년에게 미치는 영향
⑤ 청소년에게 충분한 수면이 중요한 이유

03

대화를 듣고, 두 사람의 관계를 가장 잘 나타낸 것을 고르시오.
① 세입자 - 집주인   ② 투숙객 - 호텔 지배인
③ 집주인 - 보일러 수리공   ④ 청소부 - 아파트 관리인
⑤ 손님 - 중고 가구점 주인

04

대화를 듣고, 그림에서 대화의 내용과 일치하지 않는 것을 고르시오.

05

대화를 듣고, 여자가 남자에게 부탁한 일로 가장 적절한 것을 고르시오.
① 차 태워주기   ② 못질하기
③ 타이어 구매하기   ④ 정비소에 연락하기
⑤ 타이어 교체 도와주기

06

대화를 듣고, 남자가 주치의를 바꾼 이유를 고르시오.
① 주치의가 휴가 중이어서
② 주치의가 병원을 그만두어서
③ 주치의의 진료 예약이 다 차서
④ 주치의가 동료 의사를 추천해서
⑤ 새로 온 의사가 진료 경험이 많아서

07

대화를 듣고, 여자가 받을 거스름돈이 얼마인지 고르시오. 3점
① $0.5   ② $1.0   ③ $1.5   ④ $2.0   ⑤ $2.5

08

대화를 듣고, East Coast Mountain Climbers Club에 관해 언급되지 않은 것을 고르시오. 3점
① 설립자   ② 회원 수   ③ 활동 내용
④ 회비   ⑤ 문의처

09

Morris dancing에 관한 다음 내용을 듣고, 일치하지 않는 것을 고르시오.
① 영국의 전통춤이다.
② 명칭은 무어인과 관련 있다.
③ 손에 방울을 들고 춘다.
④ 6명 혹은 8명의 무용수가 함께 춘다.
⑤ 보통 전통 음악 연주가 동반된다.

10

다음 표를 보면서 대화를 듣고, 두 사람이 주문할 텐트를 고르시오.

Red Rock Outdoor Tents

	Tent	Included Items	Capacity (person)	Price	Packed Weight
①	A	1 camping chair	4	$40	4.5 kg
②	B	1 camping chair	3	$50	5.5 kg
③	C	1 sleeping bag	3	$60	6.2 kg
④	D	2 sleeping bags	4	$80	8.8 kg
⑤	E	2 sleeping bags	5	$100	11.2 kg

11

대화를 듣고, 남자의 마지막 말에 대한 여자의 응답으로 가장 적절한 것을 고르시오.

① No, they are not good for sports.
② I need a new dress for the banquet.
③ Yes, we should buy matching shoes.
④ But I prefer to wear comfortable shoes.
⑤ Yes, but it's summer, so I should buy sandals.

12

대화를 듣고, 여자의 마지막 말에 대한 남자의 응답으로 가장 적절한 것을 고르시오.

① I am running late for work.
② I can't. I have a lot of work.
③ Why don't we go to the park and relax?
④ I have already finished my assignments.
⑤ We should work together to finish quickly.

13

대화를 듣고, 여자의 마지막 말에 대한 남자의 응답으로 가장 적절한 것을 고르시오. 3점

Man: _____

① I want to move to a quiet place.
② Wow, you're so lucky. I envy you.
③ I don't think we will arrive there on time.
④ It will be faster to go by subway than by bus.
⑤ I can walk here. It takes me about 15 minutes.

14

대화를 듣고, 남자의 마지막 말에 대한 여자의 응답으로 가장 적절한 것을 고르시오.

Woman: _____

① I don't like taking vitamins.
② Sleep is essential for good health.
③ It's true. They'll give you more energy.
④ But why do you need so many vitamins?
⑤ You shouldn't trust what the internet says.

15

다음 상황 설명을 듣고, Jane이 식당 지배인에게 할 말로 가장 적절한 것을 고르시오.

Jane: _____

① Yes, we went to a new Italian restaurant.
② When can we get the dishes we ordered?
③ Thank you for your offer, but we are full now.
④ Both the food and the service were disappointing.
⑤ I didn't order the chicken salad. Please take it away.

[16~17] 다음을 듣고, 물음에 답하시오.

16

남자가 하는 말의 주제로 가장 적절한 것은?

① nutritional benefits of insects
② how to breed insects for drugs
③ ways to get venom from insects
④ insects helpful to medical science
⑤ insects that are endangered species

17

언급된 곤충이 <u>아닌</u> 것은?

① maggots   ② bees   ③ ants
④ grasshoppers   ⑤ beetles

녹음을 다시 한 번 듣고, 빈칸에 알맞은 말을 쓰시오.

01

M: This announcement is _____ _____ _____ _____ of the number 43 bus. A new apartment complex has recently been built on Main Street, between Third and Sixth Streets. In the past, this area was mostly businesses. But this new construction is expected to bring a large number of residents to the street. In response to this, the city will be _____ _____ _____ _____ _____ starting next month. These stops will be serviced by the number 43 bus. There will, however, be no other changes to the current route. As always, we appreciate your patience and understanding. For more information and _____ _____ _____, please visit the City Bus website. Thank you for listening and have a wonderful day.

02

M: Alice, can you _____ _____ _____ _____? It might wake your brother up.

W: Is he still asleep? It's nearly 11 o'clock.

M: Yes, but it's Sunday, and he's a teenager now. They need more sleep.

W: I don't know, Dad. I think he's just lazy.

M: That's not true. Your brother studies hard. And if he doesn't _____ _____ _____, it can cause problems.

W: Do you mean he'll be in a bad mood all day?

M: Worse than that. A lack of sleep makes it hard to concentrate, so it could affect his schoolwork.

W: Hmm... I guess getting enough sleep is more important than I thought.

M: Yes. And he'll also be more _____ _____ _____ _____ if he sleeps too little.

W: All right, Dad. I'll make sure I don't disturb him.

03

[Telephone rings.]

W: Hello?

M: May I speak to Michelle Clark, please?

W: This is Michelle.

M: Hi, this is Mr. Santana from your apartment building. I received your message asking me to call you back.

W: Oh, Mr. Santana. Yes, I've called you several times. It's about the boiler. It's broken again, and my apartment _____ _____ the whole night.

M: I thought it was working properly after it was repaired.

W: It did work for the first few days, but it broke down again. I think you _____ _____ _____ _____ with a new one.

M: Sorry about that. It must be too old to fix.

W: I think so, too. I would appreciate it if you could install a new one as soon as possible. It's really cold in my apartment.

M: All right. I'll _____ _____ _____ _____ right now.

04

W: The subway is _____ _____ _____ today.

M: Well, there are usually many people on the subway at this time.

W: I think I know that person over there. We've met before.

M: Really, which one? Do you mean _____ _____ _____ _____ _____ _____?

W: No, not him. The other person.

M: Do you mean the old lady knitting something?

W: No, the woman with a briefcase. The one next to the little girl holding a polka-dotted balloon.

M: Oh, I see her. Where did you meet her?

W: My mother went to school with that woman's mother. They are friends.

M: Oh. [Pause] I think I _____ _____ _____

_____ using the smartphone.

W: So do I! I think he was our classmate in middle school.

05

M: What's wrong? Do you need any help?

W: Yes. I think I _____ _____ _____ _____.

M: Really? Oh yes. The rear one is flat. It looks like there's a nail in it.

W: Oh no. I need to be in Denver in an hour.

M: Well, it shouldn't _____ _____ _____ _____ _____. Do you have a spare tire?

W: Yes, I do. Unfortunately, I don't have any tools for changing a tire.

M: That's okay. I have all the necessary tools in my car.

W: That's great. But I've never changed a tire before. Could you help me?

M: Sure. _____ _____ _____ a few times. If we work together, we can do it quickly.

W: Oh, thank you so much. I'm very lucky to have met you.

06

W: Hillman Dental, how can I help you?

M: Hi, my name is Thomas Welsh. Is Dr. Freeman in?

W: No. _____ _____ _____ _____ all week.

M: Oh, no. My tooth is killing me. I couldn't sleep last night.

W: If it is an emergency, you could _____ _____ _____ _____ _____ Dr. Young.

M: Dr. Young? Is he new to your office?

W: Yes. He is available this afternoon at 1 p.m.

M: I would prefer to see Dr. Freeman, but I can't possibly wait one week.

W: Why don't you give Dr. Young a try? He has been with us for four months. His patients are very pleased with him.

M: I guess that's _____ _____ _____. I am in so much pain. Thank you very much.

07

W: I see you're _____ _____ _____.

M: Yes, we are trying to get rid of our son's childhood toys and books.

W: Wonderful! I'm looking for some children's books.

M: They're right over here.

W: How much are you selling the _Harry Potter_ books for?

M: Each one costs $2.

W: Okay. I'll take all three.

M: How about these comic books? They're really funny.

W: My son is _____ _____ _____ _____. What's the price?

M: I'll _____ _____ _____ for 50 cents each. How many do you want?

W: I'll take five. Here's $10.

M: Thanks. Here is your change.

08

M: Hi! Welcome to the East Coast Mountain Climbers Club!

W: Thanks! I was wondering if you could tell me more about your club.

M: Sure. It was founded 15 years ago, and _____ _____ _____ more than 200 members.

W: Wow, that's a lot. What kind of activities do you do together?

M: Well, our main activity is a monthly mountain climbing trip.

W: Yes, I heard about that from a friend. It sounds fun.

M: It is. But we also protect the mountains by putting up signs that _____ _____ _____ _____.

W: That's great. How much does it cost to become a member?

M: There's _____ _____ _____ _____ of $250. That includes 12 trips and a free sweatshirt.

W: That's a bit expensive. I need to think about it some more.

M: I understand. If you want more information you can visit our website or call 800-922-011.

W: Thanks! You've been very helpful.

09

W: Morris dancing is an English tradition _____ _____ _____ at least the late 15th century. It is a style of folk dancing that _____ _____ _____ objects such as swords, sticks and handkerchiefs. It is believed that its name comes from the word "Moorish." It refers to a sword dance that was performed in celebration when the Moorish people were driven out of Spain in 1492. Morris dancing is generally performed at festivals by groups of either six or eight dancers wearing colorful costumes and _____ _____ _____ _____. It is usually accompanied by traditional music played on a fiddle or an accordion. These days, it is enjoyed by people around the world.

10

M: We need a new tent for our camping trip next month.

W: Why don't we buy one online?

M: Well, that would be cheaper. *[Clicking sound]* This website looks like it offers some good deals.

W: Let me see. Oh, _____ _____ _____ _____ a camping chair.

M: We already have four camping chairs. We don't need another one.

W: You're right. Then let's choose this one. It comes with a sleeping bag.

M: Actually, a three-person tent would be a bit small.

W: If you think so, let's _____ _____ _____

_____.

M: If we buy one of these, we can get two sleeping bags.

W: That sounds great. Hmm... I would prefer the four-person tent.

M: But if we pay $20 more, we can get the bigger one.

W: That one is too heavy. It weighs over 10 kg. I don't think we need _____ _____ _____ _____.

M: You're right. Let's order the smaller one.

11

M: Look, Jessica! Your favorite shoe store is _____ _____ _____!

W: Oh, let's go in and look around.

M: You've been thinking about buying a pair of sneakers, haven't you?

W: (Yes, but it's summer, so I should buy sandals.)

12

W: Our department finished work early today. We're free to go.

M: That's nice. I wish I _____ _____ _____ _____.

W: Just finish up and go.

M: (I can't. I have a lot of work.)

13

M: Sorry! I'm late again!

W: Well, only by 5 minutes. I guess you live pretty _____ _____ _____ _____, don't you?

M: That's right. I live an hour away from here.

W: How do you usually get here?

M: Well, I usually take the subway, but sometimes I catch the bus.

W: How do you like _____ _____ _____? Isn't it inconvenient?

M: Yeah, it's inconvenient. It's always crowded. I wish I had enough money to buy a car.

W: Keep saving money and you'll be able to.

M: Yeah. You live quite close to the office, don't you?

W: Yes, _____ _____ _____ _____. It only takes me about 10 minutes.

M: (Wow, you're so lucky. I envy you.)

14

M: I _____ _____ _____ _____ these days. I get sick a lot.

W: I think that's because you don't take care of yourself.

M: You're right. I think I should _____ _____ _____.

W: Yes. It's really bad for you.

M: Is there anything else I should do?

W: I think you should eat less junk food.

M: I know. But I love junk food. I usually have instant noodles or a hamburger for lunch.

W: I know. I also think you don't get enough sleep.

M: You're right again. I always stay up late playing computer games.

W: And maybe you could try _____ _____ _____.

M: That's a good idea. I read on the internet that vitamins are good for your health.

W: (It's true. They'll give you more energy.)

15

W: Jane and her husband went out for dinner last night. They decided to try an Italian restaurant that had recently opened in their neighborhood. When they went inside, _____ _____ _____ _____ how nice the interior of the restaurant looked. But it took more than 30 minutes for the server to take their order. When their food finally arrived, Jane was given the wrong dish. The server _____ _____ _____ and replaced it, but he never apologized. Although the food looked very good, it tasted awful. The pasta was cold and the steak was tough. _____ _____ _____ _____ the

meal, the restaurant manager came over to their table and asked if they had enjoyed their dinner. In this situation, what would Jane most likely say to the manager?

Jane: (Both the food and the service were disappointing.)

16~17

M: Welcome to the Lakeview Nature Center. I'm Isaac Williams, your tour guide for today. What do you think about insects? I'm here to tell you that they aren't all creepy and annoying. In fact, some of them can serve important medical purposes. Let's start with fly maggots. Did you know that they can _____ _____ _____? They eat the dead skin around a wound, causing it to stay clean and heal faster. Bees are another good example. The venom in their stings can reduce pain and swelling. _____ _____ _____ _____ _____ the venom of some ants. It can be used to treat people with severe pain and inflammation. Finally, some beetles can be used to make a special cream. It is used to treat a wide range of skin problems. Now, don't you _____ _____ _____? If you follow me, we can take a closer look at some of these amazing creatures.

1번부터 17번까지는 듣고 답하는 문제입니다.
1번부터 15번까지는 한 번만 들려주고, 16번부터 17번까지는 두 번 들려줍니다. 방송을 잘 듣고 답을 하기 바랍니다.

01

다음을 듣고, 여자가 하는 말의 목적으로 가장 적절한 것을 고르시오.
① 공연 취소를 공지하려고
② 전기 공급 재개를 알리려고
③ 추후 공연 일정을 안내하려고
④ 전기 공급 중단을 미리 공지하려고
⑤ 전기 감전 사고의 위험성을 경고하려고

02

대화를 듣고, 남자의 의견으로 가장 적절한 것을 고르시오.
① 다양한 장르의 독서를 해야 한다.
② 전자책이 종이책보다 더 편리하다.
③ 종이책은 환경에 좋지 않은 영향을 미친다.
④ 독서는 지식을 쌓는 데 가장 좋은 방법이다.
⑤ 전자책의 불법 다운로드 문제가 심각하다.

03

대화를 듣고, 두 사람의 관계를 가장 잘 나타낸 것을 고르시오.
① 작가 – 배우   ② 감독 – 배우
③ 기자 – 가수   ④ 가수 – 매니저
⑤ 감독 – 매니저

04

대화를 듣고, 그림에서 대화의 내용과 일치하지 않는 것을 고르시오.

05

대화를 듣고, 여자가 할 일로 가장 적절한 것을 고르시오.
① 남자의 병원비 지불하기
② 남자를 병원에 데려가기
③ 남자를 역까지 부축하기
④ 남자의 택시비 지불하기
⑤ 남자가 버스 타는 것 도와주기

06

대화를 듣고, 남자가 여자에게 전화한 이유를 고르시오.
① 마중 나오라고 부탁하려고
② 바로 집으로 오라고 말하려고
③ 피아노 레슨 날짜를 변경하려고
④ 피아노 학원에 갔는지 확인하려고
⑤ 케이크를 주문할 것을 부탁하려고

07

대화를 듣고, 여자가 받을 거스름돈이 얼마인지 고르시오. 3점
① $7   ② $8   ③ $9   ④ $11   ⑤ $14

08

대화를 듣고, essay에 관해 언급되지 않은 것을 고르시오.
① 작성 분량   ② 제출 마감일   ③ 작성 주제
④ 자료 조사 방법   ⑤ 제출 방법

09

St. Patrick's Day Parade에 관한 다음 내용을 듣고, 일치하지 않는 것을 고르시오.
① 동쪽 해안가에서 행해진다.
② 지역 내의 한 초등학교에서 시작한다.
③ 지역 고교의 악단들이 퍼레이드에 참여한다.
④ 지역의 유명 인사들이 함께 한다.
⑤ 축하 행사를 한 후에 퍼레이드가 시작된다.

10

다음 표를 보면서 대화를 듣고, 두 사람이 예약할 숙소를 고르시오.

	Resort	Beach	Pool	Restaurant	Cost per Night
①	Seaview Resort	No	Yes	No	$125
②	Grace Land	No	Yes	Yes	$130
③	Sunset Resort	No	Yes	Yes	$150
④	Paradise Hills	No	No	Yes	$175
⑤	Sunshine Cove	Yes	Yes	Yes	$220

11

대화를 듣고, 여자의 마지막 말에 대한 남자의 응답으로 가장 적절한 것을 고르시오.

① I have never been to Greece before.
② Actually I'm going there next month.
③ I love to travel whenever I have time.
④ I can't imagine a place more beautiful.
⑤ I've been taking pictures for several years.

12

대화를 듣고, 남자의 마지막 말에 대한 여자의 응답으로 가장 적절한 것을 고르시오.

① It comes on at 7 every night.
② There are lots of celebrities on TV.
③ They usually talk about current events.
④ Everyone in my family loves to watch that show.
⑤ A famous celebrity, but I don't remember his name.

13

대화를 듣고, 남자의 마지막 말에 대한 여자의 응답으로 가장 적절한 것을 고르시오.

Woman: _____

① I'm afraid I really don't enjoy dancing.
② Great! Let's go sign up for it tomorrow.
③ I'll explain to her exactly what happened.
④ Yes, but only if you take some lessons first.
⑤ Maybe I can help you with your homework.

14

대화를 듣고, 여자의 마지막 말에 대한 남자의 응답으로 가장 적절한 것을 고르시오. 3점

Man: _____

① No, I can't find my cell phone.
② I'm not allowed to call my friends.
③ Yes, they said the bill was too high.
④ Yes, I have to go buy a new cell phone.
⑤ Yes, but they said I have to wait a month.

15

다음 상황 설명을 듣고, 당신이 John에게 할 말로 가장 적절한 것을 고르시오. 3점

You: _____

① I think you'll feel better soon.
② It's a shame that you can't join us.
③ It's good to forget about your problems.
④ Why don't you try a different medicine?
⑤ It's not a good idea to put off solving a problem.

[16~17] 다음을 듣고, 물음에 답하시오.

16

남자가 하는 말의 주제로 가장 적절한 것은?

① how electronic devices affect sleep
② some ways to help you sleep better
③ the effects of sleep disorders on teenagers
④ health problems caused by a lack of sleep
⑤ the relationship between sleep and brain function

17

수면을 방해하는 것으로 언급되지 않은 것은?

① stress   ② caffeine
③ irregular schedule   ④ alcohol
⑤ bedding

녹음을 다시 한 번 듣고, 빈칸에 알맞은 말을 쓰시오.

01

W: Ladies and gentlemen, this is the principal speaking. The school has lost all electrical power. Our maintenance staff has contacted the electric company. We have learned that a truck has hit an electric pole nearby. The entire area has _____ _____, and the power will not be back on for at least several hours. Therefore, tonight's school play _____ _____ _____. Please leave the building and wait in the parking lot for your school bus. The school will contact you _____ _____ _____ we have decided on a new date for the play.

02

M: Are you almost finished?

W: Yes. I'm going to buy these two books. Aren't you getting anything?

M: No. I don't like books.

W: That's not good. Reading is a great way to _____ _____ _____.

M: I didn't say I don't read. I just don't buy regular books. I buy e-books instead.

W: I see. Personally, I prefer to hold a real book in my hands.

M: I understand. I'm just concerned about causing more trees to be cut down. Losing forests is _____ _____ _____.

W: I see your point. Maybe I'll try downloading some e-books.

M: That would be great. _____ _____ _____ _____.

03

M: Oh, Lindsey. There you are. Welcome to the studio.

W: Thank you, Mr. Dallas. I'm really honored to _____ _____ _____ _____.

M: And I am honored to have you as my star.

W: To be honest, I cried when I first read the script. It's such a sad story.

M: Yes, I agree. I've always wanted to direct this kind of story.

W: Really? But when people think of you, they think of action movies.

M: I know. But sometimes change is a good thing.

W: I see. So, when does _____ _____ _____?

M: It'll begin as soon as the costumes are ready. Do you have any other questions?

W: _____ _____ _____ _____. I guess I'll just go to my dressing room.

M: Okay. I'll have someone come get you when we're ready to start.

04

W: I'm so happy! I think our model flower garden is almost finished.

M: Yes, it looks really good. I think we will have the best one in our class.

W: It was a good idea to put _____ _____ _____ _____.

M: I agree. My favorite part is the tiny cute pond. It's smaller than the wheelbarrow.

W: I think the best part is the little path we made in the center of the garden.

M: The butterflies _____ _____ _____ _____ are also a nice detail.

W: Do you think it's okay that we have only one rabbit? I'd like to _____ _____ _____.

M: I think it's fine as it is.

W: Yes, I guess you're right. It looks great.

M: I feel so proud now!

05

W: I'm terribly sorry!

M: Oh, it's all right. It was my fault, too.

W: Please, let me _____ _____ _____.

M: Ow! Oh, my ankle really hurts!

W: I think you'd better go to the hospital.

M: That's okay. It hurts to walk on it, but it's just a ten-minute walk home. Thanks for your concern, though.

W: At least let me _____ _____ _____ _____ to take you home.

M: That's all right. I think I can make it home.

W: Oh, please _____ _____ _____. I feel awful about this.

M: Okay, I will. You're very kind.

06

[Cell phone rings.]

W: Hi, Dad!

M: Hi, dear. Where are you right now?

W: I just left school. I'm on my way to my piano academy.

M: Actually, you need to _____ _____.

W: Why? Is everything all right?

M: Yes. But we are going to dinner for your brother's birthday. Remember?

W: Oh, right. Well, I should stop by the piano academy and tell my teacher.

M: No, I've already called him and _____ _____ _____.

W: Great. Should I pick up anything on the way home?

M: I ordered a cake from the bakery on the corner. Can you _____ _____ _____ _____ _____?

W: Sure, Dad! I should be home soon!

M: Okay, see you soon. Hurry!

07

W: Oh, these are beautiful mugs.

M: Yes, that's a new item. They come in four different colors.

W: I like the plain white ones. How much are they?

M: They _____ _____ _____ _____ _____, and it's $7 a set.

W: Hmm. My husband and I have four children. Do you sell half sets as well?

M: No, I'm afraid we don't. But we do _____ _____ _____. It's $2 per mug.

W: Hmm. And there's no discount for buying more?

M: I'm afraid not. This mug set is so popular that we are not _____ _____ _____.

W: Okay. I'll take one set of mugs and two more mugs individually. Here's $20.

M: Thank you. And here's your change.

08

M: Hi, Holly. I noticed you weren't in history class today.

W: No, I wasn't. I wasn't feeling well. Did we get any homework?

M: Yes. We need to write an 800-word essay. It's _____ _____.

W: All right. What's the topic?

M: It can be anything related to one of the ancient Asian cultures discussed in our textbook.

W: I see. Are we supposed to write it alone or in groups?

M: Alone. And it has to _____ _____ _____ _____ in the conclusion.

W: Okay. I guess I should start doing some research.

M: Yes. The teacher said it will _____ _____ 10% of our final grade.

W: Really? Wow, thanks for letting me know.

M: No problem. Oh, and the teacher said we can either hand it in or send it by email.

W: All right.

09

M: Next week, the town will be holding its 27th annual St. Patrick's Day Parade. One of the largest parades on the East Coast, the event _____ _____ _____ _____ each year. It begins at 10 a.m. and lasts for nearly two hours. The parade starts from Johnson Elementary School on Elm Street and continues north through town until it reaches Lakeside Park. More than 100 organizations will be taking part in the parade, including _____ _____ _____ from local high schools. There will also be giant balloons, local celebrities and much, much more. _____ _____ _____, there will be concerts and delicious food at Lakeside Park, and the celebration will continue until the sun goes down.

10

W: We need to choose a place to stay on the island.
M: Here's the brochure from the travel agency. We have five choices.
W: Let's see... The travel agent said she recommended this one.
M: Yes. She said it was right on the beach. But look at the price!
W: That's _____ _____ _____. I think we should find a place that is less than $200 per night.
M: I agree. Besides, a beach isn't all that important to us.
W: Exactly. As long as _____ _____ _____, I'm happy.
M: Great. That narrows it down a bit.
W: Yes. But look at this place. It doesn't have its own restaurant.
M: That would be inconvenient. So, let's choose between these two.
W: Okay. If we _____ _____ _____ _____, we'll have more money to spend shopping.
M: Sounds good to me. Then this one is perfect. I'll go online and make a reservation.

11

W: That's a nice picture on your computer. Did you take it?
M: No, I downloaded it from a travel site. That's Santorini, a Greek island.
W: It's really beautiful. Do you look at it and _____ _____ _____ _____?
M: (Actually, I'm going there next month.)

12

M: Good morning, Emma.
W: Hi, Alan. Did you watch the talk show on Channel 7 last night?
M: No, I missed it. Who _____ _____ _____ _____?
W: (A famous celebrity, but I don't remember his name.)

13

W: You _____ _____, Peter. What's on your mind?
M: Hi, Caroline. I've been thinking about something a classmate said to me.
W: Really? Was it something bad?
M: No. She said she likes guys _____ _____ _____. So now I'm thinking of taking lessons.
W: Oh, I see. Well, that sounds like a lot of fun. I like dancing.
M: I've always wanted to learn, but I was too shy.
W: Oh, I've been interested in learning dancing, too. Why don't we _____ _____ _____ _____?
M: That sounds good! How many lessons do you want to take per week?
W: I think two times a week would be good. How about you?
M: That sounds good to me, too.
W: (Great! Let's go sign up for it tomorrow.)

14

W: How did your weekend go?

M: Terrible. I don't really want to talk about it.

W: Come on. Maybe you'll feel better if you tell someone.

M: Okay, but do you promise not to tell anyone else?

W: I swear I won't tell a soul. What happened?

M: I got into a really _____ _____ with my parents.

W: What was it about?

M: _____ _____ _____ _____ for last month came to ₩100,000.

W: Oh, my gosh. They must have been pretty angry.

M: They were. So they _____ _____ my cell phone.

W: Oh, no! Are they going to give it back to you?

M: (Yes, but they said I have to wait a month.)

15

W: Last year when you _____ _____ _____, your friend Mike advised you to go to the dentist. But you didn't want to go because of a painful experience you'd had there before. As a result, your tooth hurt a lot more. From that experience, you understood that it is not a good idea to _____ _____ until tomorrow what you can do today. Pain just gets worse when you _____ _____ _____. Now your younger brother John is in the same situation, but he doesn't want to go to the dentist for the same reason you didn't want to. In this situation, what would you most likely say to John?

You: (It's not a good idea to put off solving a problem.)

16~17

M: Without enough sleep, your brain can't function well. So sleep is very important for both work and study. Unfortunately, many people find it difficult to sleep well these days. There are many possible reasons for this. Poor sleep can be caused by stress or drinking too much caffeine. It can also be caused by having an irregular schedule or drinking alcohol before bedtime. But _____ _____ _____ the cause is, it can have a bad effect on both your body and your mind. So here are some tips on how to improve your sleeping habits. First, turn off all the electronic devices in your room, as their sounds and lights can _____ _____ _____ _____ _____. Also, choose a time to go to bed, and try to stick with it. The more regular your schedule, the quicker you'll be able to fall asleep. Not drinking caffeine and alcohol will also help you sleep well. Finally, find the sleeping position that is most comfortable for you. Lying on your side or back is generally preferable to lying on your stomach. If none of these help, you should probably _____ _____ _____ _____.

1번부터 17번까지는 듣고 답하는 문제입니다.
1번부터 15번까지는 한 번만 들려주고, 16번부터 17번까지는 두 번 들려줍니다. 방송을 잘 듣고 답을 하기 바랍니다.

01

다음을 듣고, 남자가 하는 말의 목적으로 가장 적절한 것을 고르시오.
① 암스테르담의 자전거 산업을 소개하려고
② 암스테르담에 자전거가 많은 이유를 설명하려고
③ 암스테르담에서 운전하는 것의 불편함을 항의하려고
④ 암스테르담에서 자전거를 탈 때 유의점을 알려주려고
⑤ 암스테르담의 자전거 절도 증가의 심각성을 강조하려고

02

대화를 듣고, 여자의 의견으로 가장 적절한 것을 고르시오.
① 인터넷은 정보의 바다이다.
② 인터넷 정보를 과신해서는 안 된다.
③ 수면 부족은 건강 이상을 초래한다.
④ 조류 독감의 증상은 감기와 비슷하다.
⑤ 조류 독감 발병 시 바로 병원에 가야 한다.

03

대화를 듣고, 두 사람의 관계를 가장 잘 나타낸 것을 고르시오.
① 선수 - 감독
② 직원 - 상사
③ 학생 - 교사
④ 배우 - 매니저
⑤ 동료 - 동료

04

대화를 듣고, 그림에서 대화의 내용과 일치하지 <u>않는</u> 것을 고르시오.

05

대화를 듣고, 남자가 할 일로 가장 적절한 것을 고르시오.
① 숙제 도와주기
② 교수님과 면담하기
③ 수업 교재 빌려주기
④ 한국어책 추천해 주기
⑤ 한국어 수업 신청하기

06

대화를 듣고, 여자가 화가 난 이유를 고르시오.
① 남자가 약속을 잊어버려서
② 남자가 전화를 받지 않아서
③ 남자가 갑자기 약속을 취소해서
④ 남자가 저녁 약속에 나오지 않아서
⑤ 남자가 경기에 여자를 초대하지 않아서

07

대화를 듣고, 남자가 지불할 금액을 고르시오. 3점
① $63　② $65　③ $70　④ $72　⑤ $80

08

대화를 듣고, 웹사이트에 관해 언급되지 <u>않은</u> 것을 고르시오.
① 개설자
② 가입비
③ 개설 시기
④ 회원 수
⑤ 주소

09

여행 일정에 관한 다음 내용을 듣고, 일치하지 <u>않는</u> 것을 고르시오.
① 아침 식사는 현지식으로 제공된다.
② 호텔 로비에서 전통 음악 공연이 열린다.
③ 보트 관광이나 시내 관광 중 하나를 택할 수 있다.
④ 저녁에 미술 공예품 전시가 있다.
⑤ 마지막 일정은 댄스 경연대회이다.

10

다음 표를 보면서 대화를 듣고, 여자가 선택할 프로그램을 고르시오.

	Plan	Cost per Month	Length (Months)	Features	Free Parking
①	Basic	$30	24	exercise equipment	No
②	Standard	$40	6	exercise equipment	No
③	Silver	$45	6	exercise equipment, swimming pool	No
④	Gold	$50	12	exercise equipment, swimming pool	Yes
⑤	Platinum	$60	24	exercise equipment, swimming pool	Yes

11

대화를 듣고, 남자의 마지막 말에 대한 여자의 응답으로 가장 적절한 것을 고르시오.

① I think it's a bit expensive.
② We bought it one year ago.
③ It is making a weird noise.
④ I don't know. That's your job.
⑤ I want a replacement, not a repair.

12

대화를 듣고, 여자의 마지막 말에 대한 남자의 응답으로 가장 적절한 것을 고르시오.

① Yes, I won first prize.
② Design also makes me happy.
③ I didn't know there was a contest.
④ I have studied design for many years.
⑤ I will submit my entry this afternoon.

13

대화를 듣고, 남자의 마지막 말에 대한 여자의 응답으로 가장 적절한 것을 고르시오.

Woman: _____

① You should've given your parents a gift.
② You must have had a great time with her.
③ You have no other choice but to forgive her.
④ You'd better call her and apologize right away.
⑤ I didn't know that. Let me introduce you to her.

14

대화를 듣고, 여자의 마지막 말에 대한 남자의 응답으로 가장 적절한 것을 고르시오. 3점

Man: _____

① Yes. I have time today.
② Sure. This apartment would be better.
③ Okay. Let's sign the contract right now.
④ It sounds great, but the rent is too high.
⑤ Yes. How much is the rent of this apartment?

15

다음 상황 설명을 듣고, Jacob의 어머니가 Jacob에게 할 말로 가장 적절한 것을 고르시오.

Jacob's mother: _____

① Don't spend too much money.
② Don't come home too late tonight.
③ Here, take some money for supper.
④ Don't forget to email me right away.
⑤ I hope you have fun with your friends.

[16~17] 다음을 듣고, 물음에 답하시오.

16

남자가 하는 말의 목적으로 가장 적절한 것은?

① to explain why the museum was established
② to advertise a newly opened museum in town
③ to introduce a variety of exhibits in the museum
④ to show the most effective way to explore the museum
⑤ to inform visitors about the rules that must be followed in the museum

17

언급된 전시물이 아닌 것은? 3점

① 태양계 행성의 모형
② 열대 우림의 동식물
③ 공룡 화석
④ 미국 혁명에 관한 영상
⑤ 미국 대통령들의 초상화

녹음을 다시 한 번 듣고, 빈칸에 알맞은 말을 쓰시오.

01

M: If you are planning on visiting Amsterdam, you might not want to tour the city by car. In fact, driving a car in Amsterdam is inconvenient because automobiles aren't even allowed on many streets. However, the city _____ _____ _____ bike paths and bike racks, so it is easy and convenient to get around by bicycle. But there are a few things you should remember in order to ride safely. First, stay on the path as you ride, and don't stop in the middle of the path. Doing so is dangerous for both you and other cyclists who _____ _____ _____ _____. Second, you should use lights on your bicycle after dark. It's not only for your safety; it's also required by law. Last, always lock your bicycle up _____ _____ _____ _____. Nothing ruins a vacation like a stolen bicycle!

02

M: I'm going to the hospital. I think I have bird flu!
W: Bird flu? _____ _____ _____ _____ _____?
M: I read an article about bird flu online. The symptoms are a cough, headaches, tiredness and a sore throat.
W: Yes, that's right.
M: I have a cough, a headache and a sore throat, and I'm very tired.
W: You're tired because you _____ _____ _____.
M: Yes, but the article says you should see your doctor right away.
W: Actually, I don't think the article gave you enough information.
M: What do you mean?
W: If you have bird flu, you'll also have a fever and stomach problems. You probably _____ _____ _____. The internet isn't always right.

03

W: I heard you were looking for me.
M: Oh, yeah. Come in and have a seat, Joanna.
W: Thank you, Mr. Brown.
M: Hmm... I'm just going over everyone's performance and _____ _____ _____ above everyone else.
W: Really? I'm really happy to hear that.
M: You _____ _____ _____ _____ in sales. And I heard you are a true team player.
W: Thanks to everyone's help.
M: And I'm impressed by your skills and determination to succeed.
W: That's very kind of you to say, but I think I need to learn more to achieve my career goals.
M: You're quite modest. So I've _____ _____ _____ _____ to the next level.
W: Oh, thank you very much. I'll do my best.

04

W: This is a really nice park. _____ _____ _____ _____ _____.
M: Really? My house is just a few minutes away, so I often take walks here.
W: I like that fountain. The water is shooting high into the air.
M: Yes. On hot days, people often sit around it to cool off.
W: Oh, there are two girls doing that right now.
M: I think people love this fountain.
W: Yeah. There's also a couple sitting on that bench to the right of the fountain.
M: I see them. And do you hear that bird singing?
W: Yes. There it is! It's sitting in a nest at the top of that tree.
M: Why don't we sit on that _____ _____ _____ _____ _____ and enjoy its song?
W: All right. Oh, look what's near the bench!
M: Three baby rabbits! How cute!

W: We can watch them play. What a wonderful park!

M: It really is. _____ _____ _____ _____
_____ today.

05

M: Excuse me. We haven't talked before, but I'm in your English literature class.

W: Yes. Your name is Min-hee, isn't it? I'm Morgan.

M: Nice to meet you, Morgan. I was wondering if you could help me.

W: Sure. Is it about the assignment?

M: Yes. I didn't catch which pages we're supposed to read.

W: We need to read from page 20 to page 34. So you're Korean, right?

M: Yes, that's right. I'm one of _____ _____
_____ this semester.

W: I'm going to Seoul next semester to study. Do you think you can _____ _____ _____ _____?

M: Sure. Maybe you can help me with my English.

W: Do you mean like _____ _____ _____?
That'd be great.

M: Excellent. I'll recommend you a really good Korean book that will help you learn quickly.

W: How nice of you! I can't wait to get started!

06

[Cell phone rings.]

M: Hello?

W: Hi, James? This is Catherine.

M: Hey, Catherine. What's up?

W: Um... Where are you? Why didn't you _____
_____ _____?

M: I didn't hear the phone ring. I'm at a baseball game now.

W: James! We were supposed to go to the art museum together!

M: Oh, no! You're right! _____ _____ _____!

W: I've been waiting for you for an hour in front of the museum!

M: I'm so sorry. When my brother invited me to the game, I didn't remember that I had to meet you today.

W: I don't understand how you could forget. We've been _____ _____ _____ _____ _____.

M: Catherine, let me make it up to you after the game. How about dinner?

W: No. I think I'll just go home. Have fun at the baseball game.

07

[Telephone rings.]

W: Thank you for calling Airport Express. How can I help you?

M: I'm in Kingston, and _____ _____ _____
_____ a ride to the airport on April 6.

W: Certainly, sir. The basic rate from Kingston is $30.

M: All right. Does that include my luggage?

W: Each passenger gets one free bag.

M: I'm _____ _____ _____, but I have three bags.

W: In that case, it will be $5 more for each extra bag.

M: All right. I will also need a ride back from the airport on April 11. Will it be the same price?

W: Yes, it will, including the extra bag fee. But you get a discount if you reserve both trips together.

M: Really? How much?

W: You'll _____ _____ _____ of the total price.

M: Okay. Then I'd like to reserve both trips right now.

08

W: Nice T-shirt, Josh. Where did you get it?

M: It was a free gift for joining a new social networking site.

W: Wow, a free gift! How much was _____ _____
_____?

M: That was free, too. I just had to share some information about myself.

W: So is it just a site for meeting new people?

M: Actually, it's an "experts" site. It's designed to _____ _____ _____ _____ other members' questions.

W: I see. So what are you an expert in?

M: I know a lot about computers, so I chose that.

W: Are there many members?

M: Not yet, since it just started last month. Right now there are fewer than 200 people using it.

W: I guess that's why they're _____ _____ free T-shirts.

M: Exactly. If you want one for yourself, join it. The address is www.xperts.net.

09

W: Hello, everybody. Before you go to bed tonight, I just want to remind you about tomorrow's schedule of activities. We're going to _____ _____ _____ a special breakfast in the local style, followed by a traditional musical performance in the hotel lobby. As you may have heard, the sailboat trip _____ _____ _____ due to the weather, but we've replaced it with a guided tour through town in the hotel bus. In the evening there will be a display of arts and crafts, and the final activity of the day will be a dance contest in the hotel restaurant. So _____ _____ _____ _____ _____, and I'll see you all tomorrow.

10

M: What's that?

W: This? It's a brochure from the new health club around the corner.

M: Oh. Are you _____ _____ _____?

W: Yes. I can walk there, so it's really convenient. Now I just need to pick a plan.

M: What's your budget?

W: I _____ _____ _____ _____ more than $50 a month.

M: All right. How long do you want to sign up for?

W: One year or less. I don't want to sign a contract for longer than that.

M: I see. So why don't you sign up for the standard plan?

W: No. I can't _____ _____ _____ _____ with that plan.

M: Ah, yes. I forgot that you really like swimming. It looks like only two plans fit your needs. And you obviously don't need free parking.

W: That's right. So I'm just going to choose the cheaper plan.

11

M: Excuse me, ma'am. I'm here to _____ _____ _____ _____.

W: Ah, I was expecting you. Come in, please. Here's the machine.

M: What's the problem with it?

W: (It is making a weird noise.)

12

W: Kyle, how are you? Why do you look so happy?

M: Oh, hi, Tiffany. The design contest results _____ _____ today.

W: Oh, really? Did you do as well as you had hoped?

M: (Yes, I won first prize.)

13

W: Hey, Jason. You seem to _____ _____ _____ _____.

M: Oh, hi, Nicole. Well, do you know what today's date is?

W: I can't remember. Isn't there a calendar around here somewhere?

M: No, there isn't. I was looking all over the place for one earlier.

W: Well, let's see. I know Monday was the 11th of March because it was my parents' _____ _____. And today is Thursday.

M: So Monday, Tuesday, Wednesday, and Thursday... the 11th, 12th, 13th, and 14th. Oh, no!

W: Why? What's the matter?

M: That means today is March 14. My girlfriend is going to _____ _____ _____ _____ _____!

W: Why? What's the big deal?

M: Her birthday was yesterday, and I completely forgot about it.

W: (You'd better call her and apologize right away.)

14

M: Good afternoon. Is this the Millennium Real Estate Agency?

W: Yes, how may I help you?

M: I'm _____ _____ _____ _____ to rent in this neighborhood.

W: How many bedrooms do you need?

M: I'd like two bedrooms. My brother will be living with me.

W: Would you like a furnished apartment, or _____ _____ _____?

M: Unfurnished, please. I have my own things.

W: Okay. How long do you want to rent the apartment for?

M: At least a year. I'm starting a new job in the area with a one-year contract.

W: We have _____ _____ _____ _____ in the area. Would you like to see them today?

M: (Yes. I have time today.)

15

W: Jacob plans to _____ _____ _____ in an internet cafe with his friends today. They love to play computer games and often spend many hours playing them, especially on the weekends. It is now 6 on Saturday evening, and Jacob and his friends will play _____ _____ _____ _____

_____. The internet cafe is open all night, but Jacob's mother is worried about him. She wants him to be home by 10. Jacob _____ _____ _____ _____ his house. In this situation, what would his mother most likely say to him?

Jacob's mother: (Don't come home too late tonight.)

16~17

M: Welcome to the Natural History Museum. With more than 30 million exhibits, this is one of the world's largest museums. Before you start to explore, let me give you _____ _____ _____. First, look at your map. As you can see, directly behind me is the hall of outer space. There, you can learn a lot about our solar system and see models of the planets _____ _____ _____ _____. Past the hall of outer space is an exhibit about the world's rainforests, where you can learn all about the plants and animals living in the earth's most diverse environments. The left wing of the museum has an amazing dinosaur exhibit. You can see lots of dinosaur fossils there and watch a short film about _____ _____ _____ _____. And in the right wing, there is an exhibit about the early presidents of the United States. You can learn some interesting history there and even see some portraits of George Washington and other American presidents. There is a lot to see here, so _____ _____ _____!

1번부터 17번까지는 듣고 답하는 문제입니다.
1번부터 15번까지는 한 번만 들려주고, 16번부터 17번까지는 두 번 들려줍니다. 방송을 잘 듣고 답을 하기 바랍니다.

01

다음을 듣고, 여자가 하는 말의 목적으로 가장 적절한 것을 고르시오.
① 택시 회사를 홍보하려고
② 분실물 습득을 알려주려고
③ 주문받은 물건을 배송하려고
④ 주문한 물건의 배송 지연을 알리려고
⑤ 택시 회사의 전화번호를 알려주려고

02

대화를 듣고, 남자의 의견으로 가장 적절한 것을 고르시오.
① 도시에 더 많은 녹지 공간이 필요하다.
② 대기 오염의 심각성이 높아지고 있다.
③ 알레르기 피부 질환은 조기 치료가 중요하다.
④ 공원에서 여가 시간을 보내는 사람들이 늘고 있다.
⑤ 알레르기 피부 질환은 전원 생활을 통해 완치 가능하다.

03

대화를 듣고, 두 사람의 관계를 가장 잘 나타낸 것을 고르시오.
① 학생 – 학생   ② 과학 교사 – 학생
③ 교장 – 교사   ④ 상담 교사 – 학생
⑤ 청소부 – 교사

04

대화를 듣고, 그림에서 대화의 내용과 일치하지 <u>않는</u> 것을 고르시오.

05

대화를 듣고, 남자가 할 일로 가장 적절한 것을 고르시오.
① to wait with her   ② to drive her home
③ to write a summary   ④ to proofread her report
⑤ to walk her to the bus stop

06

대화를 듣고, 남자가 여자에게 시간을 내달라고 부탁한 이유를 고르시오.
① 여행담을 들으려고   ② 리조트 예약을 부탁하려고
③ 여행지를 추천하려고   ④ 함께 휴가 계획을 세우려고
⑤ 여행지에 관해 물어보려고

07

대화를 듣고, 여자가 지불할 금액을 고르시오. 3점
① $120   ② $150   ③ $180   ④ $200   ⑤ $250

08

대화를 듣고, 라디오에 관해 언급되지 <u>않은</u> 것을 고르시오.
① 구매 시점   ② 문제점   ③ 고장 난 시점
④ 기능   ⑤ 수리 기간

09

Three Pines Ski Resort의 스키 강습에 관한 다음 내용을 듣고, 일치하지 <u>않는</u> 것을 고르시오.
① 2회에 걸쳐 개최된다.
② 강습 시간은 낮 12시부터 3시까지이다.
③ 점심 시간은 따로 없다.
④ 장비 대여료는 별도로 지불해야 한다.
⑤ 최소한 강습 하루 전에는 등록해야 한다.

10

다음 표를 보면서 대화를 듣고, 두 사람이 선택할 예식장을 고르시오.

	Wedding Venue	Capacity	Included Service	Price ($)	Meal Type
①	A	300	Flower arrangement	5,800	Buffet
②	B	250	Live band	5,500	3-Course meal
③	C	250	Hair & makeup	5,000	3-Course meal
④	D	250	Flower arrangement	4,800	Buffet
⑤	E	200	Hair & makeup	4,500	3-Course meal

11

대화를 듣고, 여자의 마지막 말에 대한 남자의 응답으로 가장 적절한 것을 고르시오.

① I can help you with your work.
② I tried turning it off and on again.
③ I don't know how to fix computers.
④ Why don't we go to the library and work on it?
⑤ Every time I open this program, the computer shuts down.

12

대화를 듣고, 남자의 마지막 말에 대한 여자의 응답으로 가장 적절한 것을 고르시오.

① It's not easy to decide where to go.
② I like playing soccer with my friends.
③ I'm looking forward to the summer camp.
④ My grades are not good, so I have to study.
⑤ I will be at the music camp with my friends.

13

대화를 듣고, 여자의 마지막 말에 대한 남자의 응답으로 가장 적절한 것을 고르시오.

Man: _____

① I was not drunk at the time.
② Yes, we should always stop at stop signs.
③ Were you wearing your seat belt at the time?
④ Drinking and driving is a very serious offense.
⑤ Yes, most accidents are caused by carelessness.

14

대화를 듣고, 남자의 마지막 말에 대한 여자의 응답으로 가장 적절한 것을 고르시오. 3점

Woman: _____

① Why don't we leave now?
② Let's get together sometime.
③ That's not a problem. I'm an early riser.
④ You'd better be fully prepared for climbing.
⑤ I prefer hiking in winter rather than in summer.

15

다음 상황 설명을 듣고, Julia가 Ashley에게 할 말로 가장 적절한 것을 고르시오. 3점

Julia: _____

① Have you seen my laptop?
② Let's play the game together.
③ You can keep the calculator. I don't need it.
④ You broke my laptop. You must buy me a new one.
⑤ You broke your promise. I'm really disappointed in you.

[16~17] 다음을 듣고, 물음에 답하시오.

16

남자가 하는 말의 주제로 가장 적절한 것은?

① super foods for anti-aging
② foods that boost immunity
③ how to produce healthy crops
④ bacteria that fight against germs
⑤ the benefits of being a vegetarian

17

언급된 음식이 <u>아닌</u> 것은?

① yogurt   ② beef   ③ sweet potatoes
④ mushrooms   ⑤ garlic

녹음을 다시 한 번 듣고, 빈칸에 알맞은 말을 쓰시오.

01

[Answering machine beeps.]

W: Hello, I'm calling for Mr. Holmes. I hope this is the correct number. This is Tina Baker from Gold Taxis calling. I have a black leather _____ _____ _____ _____ in one of our taxis last night. It must have fallen out of your pocket while you were getting in or out of the taxi. Anyway, I just wanted to let you know that we have it here, so there's no need to worry. I tried to _____ _____ _____, but I couldn't get through. Please _____ _____ _____ _____ when you get this message. I'm at 776-1111.

02

W: Are you okay? You look rather ill.

M: I don't feel very well today. My skin allergies _____ _____ _____ these days.

W: I'm sorry to hear that. Have you been to the doctor?

M: Well, actually there's not much the doctor can do. It's just because of all this pollution.

W: Oh, then what are you going to do?

M: Well, I've been trying to spend more time in the park _____ _____ _____.

W: That sounds like a good idea.

M: Yes. It's a shame there aren't _____ _____ _____ around here.

W: I think we have lots of parks.

M: There are some, but people would be healthier if cities like this had more.

03

W: Oh, hi. I _____ _____ _____ _____ in the laboratory.

M: Hi, Alyssa. Didn't you know I'm in the science club?

W: No, I didn't. Do you guys meet in here?

M: Yes, _____ _____ _____. I'm preparing for this afternoon's meeting.

W: Oh, I see.

M: So, what are you doing in here?

W: Well, I'm taking Mr. Kingston's science class this semester.

M: Oh, his chemistry course? I took that last year. I really liked it.

W: Yes, it's really interesting. Anyway, he asked me to come in here and _____ _____ _____.

M: Oh. He keeps it on that shelf right over there.

W: Yes, I see it now. Thanks a lot. I'll see you later.

M: Okay.

04

M: Jenny? Are you in there? _____ _____ _____ _____ _____ together.

W: Hi, Ricky! Come on in. I'm just cleaning the classroom. Today is my turn to clean it.

M: Okay. Wow, I've never been in your classroom before. It's nicer than mine.

W: Thanks. We pushed the desks together into three groups for a class discussion.

M: That's interesting. I really like those plants in front of the window.

W: So do I. They make the room seem bright and cheerful.

M: Oh! Did you know that the TV _____ _____ _____ _____ is still on?

W: Is it? Thanks for telling me! I need to shut that off before I leave.

M: No problem. What time is it now?

W: There's a clock over there, above the blackboard.

M: It's _____ _____ _____ already! Are you almost finished cleaning?

W: I just need 5 more minutes. Go read the notices on the bulletin board next to the blackboard.

M: Okay. But please hurry up.

05

M: Jane, have you finished making the charts for the report yet?

W: I'm just finishing now. How is the summary going?

M: I've written the first draft, but I was hoping you could check it for me.

W: All right. *[Pause]* Oh, look at the time. It's nearly 10.

M: Wow. We've been working too hard on this. We should _____ _____.

W: Would it be okay if I read the summary tomorrow instead?

M: Of course. _____ _____ _____, how are you getting home?

W: My dad told me he would pick me up if I call him. I don't _____ _____ _____ _____ _____.

M: That's good! But it's pretty late now. I will wait with you until your father comes.

W: Oh, are you sure?

M: Of course! Why don't you call your dad now?

W: Okay. Thanks, Dan.

06

M: Hey, Carol. Do you have a minute?

W: Sure. What's up?

M: I know that you recently went to Hawaii. How did you like it?

W: Oh, _____ _____ _____! Why do you ask?

M: Because I'm going on vacation next month. I'm trying to decide _____ _____ _____.

W: Well, I went to Mexico last year. It was also very beautiful.

M: I have already been to Mexico. I want to go some place new.

W: Well, if you go to Hawaii, you should stay at our favorite resort.

M: What is it called?

W: _____ _____ Turtle Bay.

M: Thank you for the information!

W: No problem. You will love it there.

07

M: May I help you?

W: Yes. I'm _____ _____ _____ _____ to wear at my school dance tonight.

M: Is it a formal dress party?

W: Yes, it is. I've already spent about $300 on clothes, and I still need shoes.

M: Well, we have a lot to choose from. What style do you like?

W: I want _____ _____ _____ high heels, preferably in pink.

M: I see. Well, the high heels aren't cheap. This pair, for example, is $250.

W: That's too much money, and they're not my style.

M: Well, these are on sale for 20% off.

W: I like those. Hmm... They look expensive. How much are they?

M: _____ _____ _____ $150.

W: Good. I'll take them.

08

W: Can I help you?

M: Yes. I bought this radio here a month ago, but _____ _____ _____ _____.

W: Okay. What exactly is the problem?

M: When I bought it, it worked fine, but now it only plays AM stations.

W: It won't play FM stations at all?

M: That's right.

W: I see. Has it been that way for long?

M: Let's see. I guess it stopped playing FM stations two weeks ago.

W: I see this model has a clock and an alarm, too. Are those _____ _____ _____?

M: Yes, they are. At first, I thought the station I was

listening to had a problem, but the next day I realized it was the radio.

W: Okay. I will have our repair person _____ _____ _____ at it.

M: Thank you.

09

M: Skiing can be a lot of fun, but it can also be dangerous if you aren't properly trained. For this reason, the Three Pines Ski Resort will be having _____ _____ _____ before the holiday ski season. The first class is on Monday, December 21, and the second is on Tuesday the 22nd. They both _____ _____ _____ and finish at 3 p.m. There is no lunch break, so please eat before class. The cost for a single class is $75, which _____ _____ _____. Members of the resort can sign up for the special discounted price of just $25. The number of students is limited, so please sign up at least 24 hours before the start of the lesson.

10

M: We need to choose the venue for our wedding. I have a brochure here.

W: Oh, let me see it. Well, we have more than 200 guests. So we need a place that can _____ _____.

M: Yes, that's right. Let's look at the included services. We don't need music, since my friend John's band will be performing.

W: Right. And we need to _____ _____ _____. We said we'd spend a maximum of $5,500 on the venue.

M: I remember. Well, there are two options. What kind of meal do you want?

W: A buffet seems like an easy option. Everyone can get what they want.

M: I was kind of hoping you'd prefer a three-course meal.

W: Oh really? But that is more expensive.

M: Yes, but I think _____ _____ _____ _____. It's just so much nicer and romantic than a buffet.

W: Oh, all right. I guess we can spend a little more on the meal.

11

W: What's wrong, Harold?

M: My computer isn't working and I have so much work to do!

W: Maybe _____ _____ _____ _____ for you. What's wrong with it?

M: (Every time I open this program, the computer shuts down.)

12

M: Have you decided which camp you'd like to go to this summer, Emily?

W: I was trying to decide between a music camp and a soccer camp, but now I _____ _____ _____ _____.

M: You can't? Why not?

W: (My grades are not good, so I have to study.)

13

W: Welcome home, honey! How was your day?

M: There was a bad accident this morning.

W: Really? What happened?

M: A small sports car and a truck _____ _____ _____ _____.

W: Oh, no. That's terrible. Was anybody hurt?

M: I don't think so. The drivers and the police officers were standing around talking.

W: Well, that's good. How did the accident happen, anyway?

M: _____ _____ _____ _____ the driver of the sports car looked at his phone for a few seconds. Then his car crossed over the center line into oncoming traffic.

W: Oh my. He could have been killed. People should
_____ _____ _____.

M: (Yes, most accidents are caused by carelessness.)

14

W: Hi, Jeff. Do you have any special plans for the weekend?

M: Yes. I'm going mountain climbing.

W: That sounds difficult and dangerous _____
_____ _____ _____. Doesn't the ice make climbing really hard?

M: It's not as dangerous as you think. We wear special boots.

W: Really? It sounds like you know a lot about climbing.

M: Well, I've been doing it for a while. You can come with me if you're interested.

W: I'd love to! But I've _____ _____ _____
_____, so I'm not sure I can.

M: Don't worry. You'll be fine.

W: Okay. I'll _____ _____ _____ _____.

M: Great! We need to leave early in order to get to the top.

W: (That's not a problem. I'm an early riser.)

15

W: Julia and Ashley were best friends. They always
_____ _____ _____ with their studies and often shared school equipment such as textbooks and calculators. One day, Ashley asked to borrow Julia's laptop to do some homework. Julia _____
_____ _____ _____ that Ashley return it in three hours at the latest. However, after five hours, Ashley still hadn't returned Julia's laptop. This _____ _____ _____, so she went to see Ashley. When she arrived at Ashley's house, she saw that Ashley was playing games on the laptop and not doing homework as she said she would. In this situation, what would Julia most likely say to Ashley?

Julia: (You broke your promise. I'm really disappointed in you.)

16~17

M: I'm Dr. Matthews, your presenter for today. It's no fun getting sick. Fortunately, there are a lot of simple things that we can do _____ _____
_____. Today, I'm going to talk with you about some common foods that can _____ _____
_____ _____ _____. To begin with, there's yogurt. How many of you eat yogurt every day? It contains healthy bacteria that keep our bodies free from germs. Another disease-fighting food is beef. It contains a mineral that _____ _____
_____ from infections. Sweet potatoes are a third example. They help our bodies to produce vitamin A. It keeps our skin strong and healthy. Last, make sure to eat plenty of mushrooms. They assist in the production of white blood cells. White blood cells fight against harmful bacteria and viruses. Do you know any other special foods that improve your health? Please tell us what you eat to _____
_____ _____ _____.

1번부터 17번까지는 듣고 답하는 문제입니다.
1번부터 15번까지는 한 번만 들려주고, 16번부터 17번까지는 두 번 들려줍니다. 방송을 잘 듣고 답을 하기 바랍니다.

01
다음을 듣고, 남자가 하는 말의 주제로 가장 적절한 것을 고르시오.
① 클래식 음악의 시초
② 알맞은 공연장 예절
③ 지휘자 역할의 중요성
④ 관현악단이 당면한 문제들
⑤ 음악가가 되는 것의 어려움

02
대화를 듣고, 여자의 의견으로 가장 적절한 것을 고르시오.
① 과학 분야의 직업이 유망하다.
② 자원봉사 활동을 많이 해야 한다.
③ 취업을 대비한 실전 경험이 필요하다.
④ 방학은 미룬 공부를 하기에 좋은 때이다.
⑤ 학습의 효율을 높이기 위해 휴식이 필요하다.

03
대화를 듣고, 두 사람의 관계를 가장 잘 나타낸 것을 고르시오.
① 팬 – 운동선수
② 감독 – 운동선수
③ 아버지 – 딸
④ 운동선수 – 운동선수
⑤ 관리자 – 직원

04
대화를 듣고, 그림에서 대화의 내용과 일치하지 않는 것을 고르시오.

05
대화를 듣고, 남자가 여자에게 부탁한 일로 가장 적절한 것을 고르시오.
① 본사까지 태워 주기
② 본사로 가는 길 알려 주기
③ 버스 정류장 위치 알려주기
④ 마케팅 매니저 소개해 주기
⑤ 마케팅 회의 자료 보내주기

06
대화를 듣고, 여자가 백화점에 가는 이유를 고르시오.
① 식료품을 사려고
② 신발을 구입하려고
③ 선물을 준비하려고
④ 드레스를 교환하려고
⑤ 저녁 식사 약속이 있어서

07
대화를 듣고, 남자가 이번 달에 지불할 금액을 고르시오. 3점
① $80
② $90
③ $95
④ $110
⑤ $270

08
대화를 듣고, 에펠탑에 관해 언급되지 않은 것을 고르시오.
① 준공 시기
② 준공 이유
③ 준공 기간
④ 명칭의 유래
⑤ 높이

09
volunteer position에 관한 다음 내용을 듣고, 일치하지 않는 것을 고르시오.
① 자신이 원하는 날에 일할 수 있다.
② 경험이 있는 사람을 선호한다.
③ 16세 이상만 지원 가능하다.
④ 식사 준비, 청소 등의 일을 하게 된다.
⑤ 저녁 식사가 제공된다.

10

다음 표를 보면서 대화를 듣고, 여자가 구입할 에어컨을 고르시오.

Air Conditioner Models

	Model	Type	Price	Color	Power (Watt)
①	A	Wall	$680	White	2,350
②	B	Wall	$700	Black	3,520
③	C	Floor	$760	Gray	2,940
④	D	Floor	$880	Black	2,950
⑤	E	Floor	$950	White	3,050

11

대화를 듣고, 남자의 마지막 말에 대한 여자의 응답으로 가장 적절한 것을 고르시오.

① Yes, and it paid off! I'm so excited.
② You should have played the game.
③ We don't have to practice every day.
④ No, I have never been good at sports.
⑤ I have always wanted to be a goalkeeper.

12

대화를 듣고, 여자의 마지막 말에 대한 남자의 응답으로 가장 적절한 것을 고르시오.

① I should have worked harder.
② Maybe I will start next Saturday.
③ So I wanted to work more hours.
④ Yes, but I had to work overtime every day.
⑤ I needed more experience in the company.

13

대화를 듣고, 남자의 마지막 말에 대한 여자의 응답으로 가장 적절한 것을 고르시오.

Woman: _____

① Yes, I'd be glad to lend you a hand.
② No, I think I'd rather wait until later.
③ Thanks to your help, it should be easy.
④ Sure. I'll see you at church in a few days.
⑤ If we leave right now, we can get there on time.

14

대화를 듣고, 여자의 마지막 말에 대한 남자의 응답으로 가장 적절한 것을 고르시오.

Man: _____

① I'll let you know my schedule.
② I guess we're just two very different people.
③ I promise I won't be late next time we meet.
④ Maybe you should cancel your appointment.
⑤ Sorry, I didn't realize that you were so bored.

15

다음 상황 설명을 듣고, Christine이 Andrew에게 할 말로 가장 적절한 것을 고르시오. 3점

Christine: _____

① I am so happy you were hired here!
② It wasn't really your fault you were fired.
③ It was great working with you. Good luck!
④ We're too busy! I think we need more employees.
⑤ Congratulations! I heard you won the best employee award!

[16~17] 다음을 듣고, 물음에 답하시오.

16

남자가 하는 말의 목적으로 가장 적절한 것은?

① 학생들에게 취업 강좌를 추천하려고
② 인턴직에 지원하는 방법을 알려주려고
③ 개성 있는 이력서 작성법을 알려주려고
④ 보고서 작성 시 유의 사항을 안내하려고
⑤ 인턴으로서 해야 할 일에 대해 알려주려고

17

언급된 문서가 아닌 것은? 3점

① application　　② résumé　　③ cover letter
④ transcript　　⑤ reference

녹음을 다시 한 번 듣고, 빈칸에 알맞은 말을 쓰시오.

01

M: To someone who doesn't fully _____ _____ _____, it may seem that the musicians are the only important part of an orchestra. After all, they have all the talent. The conductor just stands in front of them and waves his or her arms, right? Actually, that's not true at all. It is the responsibility of the conductor to lead the musicians and make sure they all play together. He or she must also choose the music and _____ _____ _____ _____ to fit the performance. And there are also practical matters to take care of, such as scheduling rehearsals and dealing with problems and complaints. It would be a mistake to _____ _____ _____ of such a person.

02

M: What are you doing for vacation?
W: I'm going to _____ _____ _____ _____.
M: That sounds very boring. Why are you doing that?
W: I want to work as a scientist after graduation.
M: So you just really want to spend time in a laboratory?
W: Well, not really. Of course, _____ _____ _____ _____ with my friends and have fun.
M: Then why don't you? You can study biology when you're not with your friends.
W: That's true, but this experience will help me get a job later. Employers want to see real-life experience.
M: I guess _____ _____ _____. Still, I'd rather have fun during my vacation.

03

M: Katie, can I talk to you for a second?
W: Sure. Is there something wrong?
M: That's what I wanted to ask you. You _____ _____ today.
W: I don't know what you mean.
M: You're running too slowly and you missed several easy shots.
W: Well, I guess I have other things on my mind. I _____ _____ _____ with my dad this morning.
M: I see. Well, I understand that can be upsetting. But you need to focus.
W: Don't worry. This is just practice. I'll be ready at game time.
M: Katie, a true champion _____ _____ _____ _____ _____, not just during games.
W: You're right. I promise I'll do better.
M: Great. Now get back out there and do your best!

04

M: What are you looking at, honey?
W: It's a picture of our family that our son drew. He drew the whole family. And the two of us are _____ _____.
M: He even drew the family dog. His fur is covering his eyes.
W: That's so cute. But, what's that in the sky?
M: I guess it must be a kite that his younger sister is flying.
W: And he drew the sun _____ _____ _____ _____ the sky.
M: Yes. I just noticed something else that is very interesting. _____ _____ _____ _____ are wearing any shoes!
W: Oh, you're right. Nevertheless, I think our son is a great artist.

05

W: Hi, Harry. I heard you're going to _____ _____ _____ _____ downtown tomorrow.
M: That's right. I have a meeting with the marketing manager.

W: That's great. Will this be your first time going to the main office?

M: Yes, so I'm a little nervous. I'm not sure if I can find the building easily. You've been there before, haven't you?

W: Yes, many times. In fact, I'm going there tomorrow as well.

M: Oh, really? How are you getting there?

W: I'm going to drive. I'd _____ _____ _____ _____, but I'm not going until 4 o'clock.

M: That's too bad. I have to be there in the morning. I guess I'll take the bus.

W: All right. Do you know which one to take?

M: Yes, but I'm not sure exactly how to get to the office after I _____ _____ the bus. Could you tell me?

W: Sure. I'll write down the directions and give them to you later.

M: Thanks, Susan.

06

M: Where are you going, dear?

W: I have to run to the department store before it closes.

M: But you know we are having dinner with my parents at 8 tonight, right?

W: Yes, I know. I _____ _____ _____ _____ for tonight's meeting.

M: Why don't you wear your new dress?

W: I will, but I need _____ _____ _____ _____ it.

M: Seriously?

W: Yes! I will be back in time for dinner.

M: Okay. Please don't be late.

W: I will take the car and pick you up _____ _____ _____ _____.

M: I don't think you have enough time to pick me up.

W: Well, then let's meet at the restaurant at 8.

07

W: Hi. Welcome to the skateboard shop! What can I help you with today?

M: I'd like to buy a skateboard. I already know _____ _____ _____ _____.

W: Okay. What's the name of the model?

M: It's the Jensen 180DX.

W: Excellent choice. That model is usually $200, but it's on sale for $180 this week.

M: Great. I also need a helmet.

W: Here's a nice one for $50. Its _____ _____ _____ _____.

M: It's perfect. And I need some pads as well.

W: Okay. Elbow pads are $35 per pair and knee pads are $40 per pair.

M: Hmm. Getting both kinds would be too expensive. I'll just take the knee pads.

W: All right. We also have two- and three-month _____ _____. They're interest-free.

M: I'll take the three-month plan, please.

08

W: The next stop on our tour will be the Eiffel Tower.

M: Can I ask a question? Why was it built?

W: It was built for the 1889 World Fair. It served as the fair's entrance.

M: Oh, I see. But where did its name come from?

W: It _____ _____ _____ an engineer who helped design it.

M: Ah, I didn't know that.

W: The tower is 320 meters tall, and it has _____ _____ _____.

M: Do we have to take the stairs all the way to the top?

W: No. We'll take the stairs to the second level. Then we'll have lunch at a restaurant there.

M: But how will we get to the third level?

W: There's an elevator. At the top, we'll have a wonderful view of the city.

M: _____ _____ _____ to see it!

09

W: The Northwood Nursing Home is looking for
_____ _____ _____ to spend some time with
our residents. We need someone to come in three
nights a week, from 6 to 8 p.m. You can choose
whichever days are best for you. We'd _____
_____ _____ _____ working with the
elderly, but we would be willing to train anyone
with enthusiasm. However, candidates need to
be at least 16 years of age. Duties will include
helping residents to and from the dining hall, and
organizing after dinner entertainment. Suggested
activities include bingo games, movie nights and
arts and crafts. This is an unpaid position, but
you would _____ _____ _____ _____ each
night, as well as the chance to spend some time
with some lovely older people.

10

M: Hi. How can I help you today?
W: _____ _____ _____ _____ an air
conditioner. Can you show me what you have?
M: Certainly. We have five different models. What
kind do you need?
W: I'm not sure. Aren't they all the same?
M: No. Some stand on the floor, and others hang on
the wall.
W: Oh, I see. Either type would be fine.
M: All right. And what's your budget?
W: I don't want to spend more than $800, _____
_____ _____.
M: Yes, that's certainly possible. These three models
are within your budget.
W: Does this one only come in black? Any other color
is fine, but not black.
M: I'm sorry, but each model only comes in one
color. If you don't like black, then you can choose
between these two.
W: All right. I guess I'll take _____ _____ _____
_____.

11

M: Hi, Miranda.
W: Hi, Dad. Guess what! I _____ _____ _____
_____ _____.
M: Really? That's great. You practiced really hard for
the tryouts.
W: (Yes, and it paid off! I'm so excited.)

12

W: Brian, I heard you quit your job. Is that true?
M: Yes. I did.
W: But why did you quit? You were _____ _____
_____ _____.
M: (Yes, but I had to work overtime every day.)

13

[Knocking on door]
M: Hello. Can I help you?
W: Hi, my name is Julia. I _____ _____ _____
next door.
M: Oh, hello Julia. My name is Stan. It's nice to meet
you.
W: It's nice to meet you, too. Anyway, I have a
question.
M: Sure. What can I help you with?
W: I was told there's a supermarket nearby, but I don't
know how to find it.
M: Oh, okay. It's just down the road. Do you know
where the big church is?
W: Yes, I know how to get there.
M: Good. Go to the church and _____ _____
_____. Then walk for 5 minutes.
W: All right. Then what?
M: When you see a police station, turn left. The
supermarket is right there.
W: Great. I'll _____ _____ _____ now.
M: Are you sure you can find it?
W: (Thanks to your help, it should be easy.)

14

W: Jason, why are you _____ _____ _____ _____?

M: I'm on my way to the post office, and I have an appointment soon.

W: You're always so busy. Why don't you try slowing down?

M: To be honest, I like having _____ _____ _____.

W: Don't you ever wish you had more free time?

M: No. What would I do with free time?

W: I don't know. You could sit and look out the window.

M: Why would I want to do that? It sounds boring.

W: Well, some people need to _____ _____ _____ _____ once in a while.

M: I suppose so. Are you one of those people?

W: Definitely. I couldn't handle a schedule like yours.

M: (I guess we're just two very different people.)

15

W: Christine has _____ _____ _____ _____ _____ for several years. She recently found out that one of her coworkers, Andrew, is leaving the company at the end of the month. Christine and Andrew were hired at the same time and have worked together on many projects. Although they're not close friends, they've had a really _____ _____ _____. Christine considers Andrew one of the hardest workers in the company and appreciates all of his efforts. Whenever she has needed a hand, he has always been there for her. What's more, he never _____ _____ _____ _____ _____. Before Andrew leaves, Christine wants to say something to him. In this situation, what would Christine most likely say to Andrew?

Christine: (It was great working with you. Good luck!)

16~17

M: Good afternoon, students. I'm Robert Jones from the university's career center. Are any of you interested in doing an internship this summer? Some companies offer summer internships to our university's students. If you are interested, please note the application process. First, _____ _____ _____ _____ _____ an internship application form on the career center's website. Then update your résumé. Be sure to include your work experience and your educational background. You should also write _____ _____ _____ _____. In the letter, it's a good idea to say why you are applying for the internship. Also, explain clearly what you hope to gain from the internship experience. Finally, email your documents directly to me. Don't forget to _____ _____ _____! You can find my email address on the career center's website. There is one more thing to mention. Don't forget to include your name and the title of the internship you are applying for. Put them in the subject line of your email. Good luck, and have a great summer!

1번부터 17번까지는 듣고 답하는 문제입니다.
1번부터 15번까지는 한 번만 들려주고, 16번부터 17번까지는 두 번 들려줍니다. 방송을 잘 듣고 답을 하기 바랍니다.

01

다음을 듣고, 남자가 하는 말의 목적으로 가장 적절한 것을 고르시오.
① 결혼을 축하하려고
② 졸업을 축하하려고
③ 동창회를 안내하려고
④ 수상자를 발표하려고
⑤ 유명 인사를 소개하려고

02

대화를 듣고, 여자의 의견으로 가장 적절한 것을 고르시오.
① 사무실을 더 자주 청소해야 한다.
② 용도에 맞는 세제를 사용해야 한다.
③ 손을 청결하게 하는 것이 중요하다.
④ 건강을 위해 규칙적인 식사를 해야 한다.
⑤ 겨울에는 체온 유지에 주의를 기울여야 한다.

03

대화를 듣고, 두 사람의 관계를 가장 잘 나타낸 것을 고르시오.
① 어머니 - 아들   ② 학부모 - 교사   ③ 학생 - 교사
④ 고객 - 은행원   ⑤ 구직자 - 면접관

04

대화를 듣고, 그림에서 대화의 내용과 일치하지 않는 것을 고르시오.

05

대화를 듣고, 여자가 할 일로 가장 적절한 것을 고르시오.
① 음반 사기   ② 공연 녹화하기
③ 저녁 외식하기   ④ 생일 파티 준비하기
⑤ 콘서트 표 예매하기

06

대화를 듣고, 남자가 반려동물로 거북이를 선택한 이유를 고르시오.
① 똑똑해서   ② 조용해서
③ 위생상 깨끗해서   ④ 위험하지 않아서
⑤ 비용이 많이 들지 않아서

07

대화를 듣고, 여자가 지불할 금액을 고르시오. 3점
① $315   ② $360   ③ $400
④ $415   ⑤ $450

08

대화를 듣고, Magic Mountain Hotel에 관해 언급되지 않은 것을 고르시오.
① 호텔 위치   ② 호텔 외관
③ 부대 시설   ④ 호텔 방 개수
⑤ 호텔 설립 목적

09

Hopper's Health Club의 특별 프로그램에 관한 다음 내용을 듣고, 일치하지 않는 것을 고르시오.
① 60세 이상의 노인들을 위한 프로그램이다.
② 주 3회의 수영 수업이 포함되어 있다.
③ 주중에만 수업이 진행된다.
④ 체육관 회원이 아니면 월회비를 내야 한다.
⑤ 의사의 소견서를 제시해야 한다.

10

다음 표를 보면서 대화를 듣고, 남자가 구입할 무선 헤드폰을 고르시오.

	Model	Price	Microphone	Battery Life	Special Features
①	A	$90	O	10 hrs	Volume button
②	B	$100	O	11 hrs	Noise canceling
③	C	$110	X	12 hrs	Volume button
④	D	$120	X	8 hrs	Noise canceling
⑤	E	$130	X	12 hrs	Noise canceling

11

대화를 듣고, 여자의 마지막 말에 대한 남자의 응답으로 가장 적절한 것을 고르시오.

① Your mother uses it every day.
② Yes, but I don't think it works well.
③ No, it doesn't get the clothes very clean.
④ Machines are too dangerous in the home.
⑤ Because I'm not very good with machines.

12

대화를 듣고, 남자의 마지막 말에 대한 여자의 응답으로 가장 적절한 것을 고르시오.

① I don't like rice at all.
② I'll just have plain rice then.
③ We will both have some rice.
④ I will also have the fried rice.
⑤ Can you tell me what kind of fried rice you have?

13

대화를 듣고, 여자의 마지막 말에 대한 남자의 응답으로 가장 적절한 것을 고르시오. 3점

Man: _____

① I knew you would like the idea.
② It's essential to follow the safety regulations.
③ Come on! This is an extraordinary opportunity.
④ We can take pictures of the canyon in the helicopter.
⑤ I'm sorry, but I'm not interested in the Grand Canyon.

14

대화를 듣고, 남자의 마지막 말에 대한 여자의 응답으로 가장 적절한 것을 고르시오.

Woman: _____

① Then I guess I will take a taxi.
② Sorry. This is my first time here.
③ The bus runs once every 30 minutes.
④ Go down this street here and turn left.
⑤ I think you are talking to the wrong person.

15

다음 상황 설명을 듣고, Gina가 선생님에게 할 말로 가장 적절한 것을 고르시오. 3점

Gina: _____

① I won't enter the science fair.
② This seems too good to be true.
③ Thanks for giving me this information.
④ I won't go to Columbia University. It's too far.
⑤ That's disappointing, but I'll do better next time.

[16~17] 다음을 듣고, 물음에 답하시오.

16

남자가 하는 말의 주제로 가장 적절한 것은?

① 미래형 도시의 문제점
② 생활 속 사물 인터넷의 예시
③ 새로운 착용형 기술의 예시
④ 미래형 자동차 운전의 위험성
⑤ 스마트폰이 어떻게 우리 삶을 향상시키는가

17

언급된 사례가 아닌 것은?

① smart homes ② wearable devices
③ smart cities ④ connected schools
⑤ connected cars

녹음을 다시 한 번 듣고, 빈칸에 알맞은 말을 쓰시오.

01

M: Hi, everyone. My name is Tom, and I met Bob in high school. That was over ten years ago. Bob was one of the smartest and _____ _____ _____ in school. Now he's a successful international businessman. To be honest, I was a little bit worried about him _____ _____ _____ _____ and not going on many dates. But now he's _____ _____ _____ one of the most beautiful and intelligent women I've ever met. I'm sure that the two of you will have a wonderful life together.

02

W: You don't look well, Mark. Are you feeling okay?
M: Not really. I think I'm _____ _____ _____. I should dress more warmly.
W: That might help. But how often do you wash your hands?
M: My hands? Well, I wash them every time I use the bathroom.
W: That's good. But you should also wash them before every meal.
M: But I work in a clean office. My hands don't get dirty.
W: That's not true. _____ _____ _____ _____ in even the cleanest offices.
M: So do you think I should buy some special hand soap?
W: Well, using normal soap and water should be enough. If you wash your hands more often, I think you'll get ill less often.
M: That would be great. I'm tired of always being _____ _____ _____.

03

W: Hello, Mr. Ford. I'm Janice Parker.

M: Hi, Mrs. Parker. Please have a seat. How are you?
W: Fine, thanks. This is the second time we've met. The first time was at _____ _____ _____.
M: Oh, yes. Now I remember. Thanks for coming.
W: I hope there's not a problem with Mike.
M: Don't worry. I just wanted to tell you Mike will _____ _____ _____ _____.
W: Really? What a surprise!
M: We heard that he might have to quit school because of financial difficulties. So the school decided to give him _____ _____.
W: Oh, I can't thank you enough.
M: Don't mention it. Mike deserves it.

04

M: Is everything ready for the Halloween party?
W: Yes, I think so. I did everything you asked.
M: Did you get some balloons and decorations?
W: Yes, I got five balloons and some decorations that _____ _____ _____.
M: We should also have a table with some snacks on it.
W: Yep. I _____ _____ _____ _____ too. I got a rectangular table and some snacks.
M: What type of snacks did you get? And what about something to drink?
W: I got cookies and candy. And I also bought some cups and some soda for people to drink.
M: Good job! Hmm... What else do we need?
W: I also _____ _____ _____ _____ that says "PARTY!"
M: Great! I think everything is ready!

05

M: There was a *Sierra* magazine _____ _____ _____ _____ this Saturday.
W: Who's playing? I haven't been to a concert in a long time.

M: The Red Hot Chili Peppers are coming to Jamsil Sports Stadium. I'm really _____ _____ _____.

W: I want to go too! Their new CD has some really great songs.

M: Tickets are kind of expensive. They're ₩100,000 each.

W: Yes, but American rock groups don't often come to Seoul.

M: You're right about that. And their tickets are always _____ _____.

W: Okay, I'll book two tickets over the internet for your birthday.

M: That would be great. Then I'll pay for a nice dinner.

W: All right.

06

W: Michael, I heard that you got a new pet.

M: Yeah, I did!

W: Did you get a cat? I know you were thinking about getting one.

M: I didn't get a cat. They are very intelligent, but they are _____.

W: Oh! You got a dog! I love dogs. They are _____ _____ _____ _____.

M: Actually I didn't get a dog either. They are messy, and it costs too much to take care of them.

W: Really? Then I have no idea what it could be.

M: Well, I got two pet turtles.

W: Wow! That's so interesting!

M: I chose them because _____ _____ _____.

W: Can I come see them after school?

M: Sure! Come over and you can see them.

07

[Telephone rings.]

M: Thank you for calling the Williamstown Traditional Folk Village.

W: Hi, this is Gina Park. I'm calling from Eastside Elementary school.

M: Oh, hello. Are you calling about _____ _____ _____ _____?

W: That's right. There'll be 40 of us — 35 students and five teachers.

M: All right. There's _____ _____ _____ _____ _____, but it's $10 for each student.

W: Okay. Does that include a full tour and the arts and crafts demonstration?

M: The tour is included but the demonstration is an extra $50 for the entire group.

W: I see. And is there a 10% discount for public schools?

M: Yes, we can offer a discount on the total price.

W: We plan on coming on April 23. And please _____ _____ _____ _____ the arts and crafts demonstration.

M: All right. I'll put you down on the reservation list, Ms. Park.

08

W: Let's go to Chile.

M: What? You've never wanted to go to South America.

W: No, but I just read about an amazing hotel called Magic Mountain Hotel.

M: Why? Do they _____ _____ _____?

W: No, it just seems to be in a magical place. It's in the middle of a large, and old forest.

M: I imagine there are lots of hotels in forests.

W: Probably, but not like this one. The hotel looks like a volcano. It is made of local stone, and water _____ _____ _____ _____ _____.

M: That's amazing. And are there any activities we can do there?

W: There is a mini golf course, and we can go horseback riding.

M: Great! I guess it's probably very popular.

W: Yes. But they have 13 rooms, so I'm sure we can

_____ _____ _____.

M: Okay, let's try it.

09

W: Starting this month, Hopper's Health Club will be offering a special seniors program for people _____ _____ _____ _____. The program focuses on group activities and is divided between three hours in the gym and two hours in the pool per week. The gym classes are held on Mondays, Wednesdays and Fridays starting at 9 a.m., while the swimming classes _____ _____ on Tuesdays and Thursdays at noon. Club members can join the program for free. Non-members can participate for the low cost of just $30 per month. All participants in the program, however, _____ _____ _____ _____ a doctor's note stating that they are healthy enough for regular exercise. We look forward to seeing you at the club!

10

M: Excuse me. Are any of your wireless headphones on sale?

W: No. I'm sorry, we don't have any sales right now. But I can show you our cheapest items.

M: That's okay. Actually, I'd prefer something that is more than $100. I want high-quality headphones.

W: I understand. Are you looking for headphones with a microphone?

M: No, I don't want a microphone. It _____ _____ _____ _____. I'm more worried about the battery life.

W: Well, the battery on these headphones lasts for 12 hours.

M: Oh, that's impressive. Are they noise canceling?

W: No. The noise-canceling headphones are over here. These ones are noise canceling, and _____ _____ _____ _____.

M: Hmm... That's not enough. I'd need it to last at least ten hours.

W: In that case, these are the only ones that we have for you. But you can't control the volume with them. Are they still okay?

M: That's fine. _____ _____ _____! Thanks for your help!

11

W: Dad, why don't you use the dishwasher?

M: I'd rather wash the dishes myself. I can't _____ _____ _____ _____.

W: Have you ever tried using it?

M: (Yes, but I don't think it works well.)

12

M: Would you like some rice _____ _____ _____?

W: Yes. Fried rice, please.

M: Oh, I'm afraid we don't have fried rice.

W: (I'll just have plain rice then.)

13

M: We're leaving on our trip tomorrow. I can't wait.

W: Neither can I. I can't believe we are going to see the Grand Canyon.

M: I _____ _____ _____ for you.

W: Really? What is it?

M: I booked us two tickets for a helicopter tour of the canyon. It will be a very memorable part of our trip.

W: A helicopter tour? Isn't that expensive?

M: Yes, usually. But they had a special deal. It was _____ _____ _____ _____.

W: Oh, I see. I've never been in a helicopter before.

M: You don't seem very excited. It should be absolutely amazing!

W: _____ _____ _____, it sounds pretty dangerous.

M: But it's not. I read lots of reviews online, and

everyone was very satisfied.

W: Really? But I get so afraid when I am in high places. Can we do something else instead?

M: (Come on! This is an extraordinary opportunity.)

14

W: Hi, do you know if the number 7 bus stops here?

M: No, only the number 14 stops here.

W: The number 14? Where does that bus go?

M: It takes you up to Portage Avenue and comes back here again.

W: I'm trying to get to the Star Theater. Does the number 14 bus _____ _____ _____?

M: That's the new theater downtown, isn't it?

W: Well, I'm _____ _____ _____ so I'm not really sure.

M: Hmm... I think the number 14 bus doesn't go to the theater.

W: Okay. Maybe I can just walk to the theater.

M: Actually, the theater is _____ _____ _____ _____ _____ from here.

W: (Then I guess I will take a taxi.)

15

W: Gina really likes science and always studies hard. A few days ago, her school district held a science fair, and out of all the students who entered, Gina was the winner. As the winner, she will _____ _____ _____ to tour Columbia University, which is very famous for its scientific research. Gina has always _____ _____ _____ _____ and seeing how scientific experiments are done. Her teacher calls her to the teachers' room and _____ _____ _____ _____. In this situation, what would Gina most likely say to her teacher?

Gina: (This seems too good to be true.)

16~17

M: Good afternoon, ladies and gentlemen. I'm Ryan Mitchell from Global IT Solutions. I'm sure you've all heard about the Internet of Things. It's _____ _____ _____ _____ that are connected to each other by the internet. The idea is simple, but how can the Internet of Things really influence our lives? To begin with, think about smart homes. In these homes, all the devices and appliances can be controlled by _____ _____. Wearable devices are another good example. Gadgets like smartwatches and fitness trackers are connected to the internet. So, users can access their personal data _____ _____ _____ they want. Then there are whole smart cities. Everything in these cities, including the electricity and transportation, is linked together. People can _____ _____ _____ _____ by getting traffic information in these smart cities. Finally, have you heard of connected cars? These vehicles can access the internet and share information through smartphone apps. As you can see, the Internet of Things is already all around us. How do you think it will influence your life? I'd be happy to hear your opinions.

1번부터 17번까지는 듣고 답하는 문제입니다.
1번부터 15번까지는 한 번만 들려주고, 16번부터 17번까지는 두 번 들려줍니다. 방송을 잘 듣고 답을 하기 바랍니다.

01

다음을 듣고, 남자가 하는 말의 목적으로 가장 적절한 것을 고르시오.
① 이사회를 비판하려고
② 임원의 사임을 알리려고
③ 직원들에게 보너스를 주려고
④ 새로운 회장의 취임을 축하하려고
⑤ 직원들이 더 좋은 성과를 내도록 독려하려고

02

대화를 듣고, 두 사람이 하는 말의 주제로 가장 적절한 것을 고르시오.
① 친구를 사귀는 방법
② 좋은 조언의 영향력
③ 대화 시 경청의 중요성
④ 문제에 대한 관점의 차이
⑤ 친구간의 갈등 해결 방법

03

대화를 듣고, 두 사람의 관계를 가장 잘 나타낸 것을 고르시오.
① 의뢰인 – 변호사
② 시민 – 경찰관
③ 고객 – 중고차 거래상
④ 손님 – 수리공
⑤ 시민 – 구조대원

04

대화를 듣고, 그림에서 대화의 내용과 일치하지 <u>않는</u> 것을 고르시오.

05

대화를 듣고, 남자가 여자에게 부탁한 일로 가장 적절한 것을 고르시오.
① to fix the TV
② to wash the dishes
③ to clean the garage
④ to pick up her mother
⑤ to record a TV program

06

대화를 듣고, 여자가 긴장한 이유를 고르시오.
① 미국 문화가 생소해서
② 영어 실력이 걱정되어서
③ 시험이 걱정되어서
④ 외국 여행이 처음이라서
⑤ 친구를 사귀는 것이 걱정되어서

07

대화를 듣고, 남자가 지불할 금액을 고르시오. 3점
① $6.30
② $6.50
③ $7.00
④ $8.10
⑤ $9.00

08

대화를 듣고, 패키지 여행 상품에 관해 언급되지 <u>않은</u> 것을 고르시오.
① 출발 날짜
② 여행 장소
③ 숙박 장소
④ 식사 포함 여부
⑤ 가이드 동행 여부

09

사생 대회에 관한 다음 내용을 듣고, 일치하지 <u>않는</u> 것을 고르시오.
① 해마다 개최된다.
② 그림 제출 마감일은 4월 10일이다.
③ 대회 규칙에 관한 정보는 본관에서 얻을 수 있다.
④ 모든 수상자는 상금을 받는다.
⑤ 올해 처음으로 대상이 수여될 것이다.

10

다음 표를 보면서 대화를 듣고, 여자가 예약할 항공편을 고르시오.

	Flight No.	Flight Time	Cost	Stopover	Refund
①	A	10 hours	$1,500	No	Refundable
②	B	12 hours	$1,400	1	Refundable
③	C	13 hours	$1,200	1	Non-refundable
④	D	15 hours	$1,000	2	Refundable
⑤	E	16 hours	$900	3	Non-refundable

11

대화를 듣고, 남자의 마지막 말에 대한 여자의 응답으로 가장 적절한 것을 고르시오.

① I hope no one was hurt.
② You should wash your hands first.
③ The traffic is always terrible in the morning.
④ There were too many people on the sidewalk.
⑤ A sports car crashed into a truck on the street.

12

대화를 듣고, 여자의 마지막 말에 대한 남자의 응답으로 가장 적절한 것을 고르시오.

① I still have many friends here.
② You can go back again someday.
③ You can learn Spanish very easily.
④ Sure. What would you like to know?
⑤ It took about three hours to pack for the trip.

13

대화를 듣고, 남자의 마지막 말에 대한 여자의 응답으로 가장 적절한 것을 고르시오. 3점

Woman: _____

① Okay. What time shall we leave?
② It's too late. The train tickets are sold out.
③ Oh, you should have bought the train tickets.
④ It's been delayed. Why don't you wait over there?
⑤ Stop rushing me. I can't think straight under pressure.

14

대화를 듣고, 여자의 마지막 말에 대한 남자의 응답으로 가장 적절한 것을 고르시오.

Man: _____

① It only takes 20 minutes.
② I think this stain will come out.
③ You're right. I'll be more careful.
④ I often forget to pick up my laundry.
⑤ I'm sorry we didn't remove the stains.

15

다음 상황 설명을 듣고, Sumin이 Gabrielle에게 할 말로 가장 적절한 것을 고르시오.

Sumin: _____

① Okay, I accept your apology.
② Can I have my bag back now?
③ I'm sorry. I was wrong to blame you.
④ I think I can find my diary tomorrow.
⑤ Don't ever take my diary again, okay?

[16~17] 다음을 듣고, 물음에 답하시오.

16

남자가 하는 말의 주제로 가장 적절한 것은?

① a story about a great Chinese battle
② the legend of China's terracotta army
③ an archaeological discovery in China
④ the history of the Great Wall of China
⑤ the most famous archaeological site in China

17

테라코타 군대에 관해 언급된 정보가 아닌 것은?

① 군대의 규모
② 매장된 시점
③ 매장되었던 이유
④ 처음 발굴한 사람들
⑤ 매장된 위치

녹음을 다시 한 번 듣고, 빈칸에 알맞은 말을 쓰시오.

01

M: Dear valued employees, the board of directors announces that it has _____ _____ _____ of our company's chief operating officer. He has requested early retirement because of his health. He has played a vital leadership role on the marketing team and coordinated the efforts of the team to _____ _____ _____. In spite of his health problems, he has always shown loyalty to our company. We would like to express our gratitude for _____ _____ and his long service, and we wish him all the best for the future.

02

W: What's wrong, Thomas?

M: Well, I haven't been _____ _____ _____ _____ _____ Peter lately.

W: Why not? You two were best friends.

M: We were. But now he thinks I'm selfish. He says all of our conversations are about me.

W: Really? Well, is he right?

M: I guess so. Peter always _____ _____ _____ _____, so I like sharing my problems with him.

W: That's good, but Peter probably has his own problems. He needs someone to talk with, too.

M: That makes sense. But I don't know if I can help him.

W: That's not important. Sometimes a good friend just needs to listen.

M: You're right. Now I realize that I like Peter because he is _____ _____ _____.

W: I think so too.

M: I need to apologize and start being a better friend.

03

W: Excuse me? Mr. Willis?

M: Yes. You must be Ms. Collins. Please come in and have a seat. Now, what can I do for you?

W: Well, I bought a used car last week. But it's been _____ _____ _____ _____.

M: Can you tell me exactly what's wrong with it?

W: Of course. First, the brakes stopped working properly. And now it _____ _____ _____.

M: Did you inform the dealer about it?

W: Yes, I did. I called him as soon as it happened.

M: What did he say?

W: He insisted that there was nothing wrong with the car when he sold it. And he said that the repairs were my responsibility.

M: How much will the repairs cost?

W: At least $600. What do you think?

M: It sounds to me like you have a good case. I think we should _____ _____ _____ _____ _____.

04

W: What are you looking at, honey?

M: This is the website _____ _____ _____ that I want to stay at during our vacation.

W: It looks nice. Is there a picture of the room you want to stay in?

M: Yes, hold on. *[Pause]* This is it.

W: Oh, look at the big plant beside the window. It almost _____ _____ _____.

M: The room has a nice view, too. You can see the beach.

W: True. And I like the checkered blankets on those two beds.

M: Yes. I also like the lamp between the beds.

W: Wow, look at that. There's an oval mirror that looks like a flower. I love it!

M: It's gorgeous.

W: Let's _____ _____ _____ right now.

05

M: Please help me here, Emily.

W: But Daddy, I'm watching my favorite TV program.

M: I know. But your mother will be home soon, and I promised her we wouldn't _____ _____ _____.

W: All right. What do you want me to do?

M: Well, these dishes have been _____ _____ in the kitchen all night.

W: So do you want me to wash them?

M: That would be nice. Then I can go outside and clean the garage.

W: Okay, but can I finish watching this show? It's almost over.

M: You can, but then please wash the dishes.

W: All right, Daddy. I'll be _____ _____ _____ in a few minutes.

06

M: Excuse me. I _____ _____ _____ _____. Are you new here?

W: Yes. My name is Soyoung. I am an exchange student.

M: Nice to meet you, Soyoung. I'm Walter. How long have you been here?

W: This is my first week in America. It's my _____ _____ _____ _____.

M: Oh. Are you excited to start school here?

W: I guess so.

M: What's wrong? You seem a bit nervous.

W: Actually, I'm worried about making friends here. I'm a little shy.

M: _____ _____ _____ _____. Don't be so nervous.

W: Really? Thank you.

M: Come with me, and I will introduce you to some of my friends.

W: Okay, that's good.

07

W: Hello. Can I help you?

M: Yes, please. Can you tell me _____ _____ _____ _____?

W: All right. Well, the pencils are $1 each.

M: Okay. I'll have four of those.

W: And the two rulers are $1.50 each. Is that everything?

M: No. Can you tell me how much those ballpoint pens are?

W: They're $2.50 each. They come in two colors, blue and black.

M: Oh. I was looking for a red one.

W: Sorry, we don't have any red ones at the moment.

M: Okay, then never mind. I'll just take these.

W: Sure. Do you have your student ID with you? You can use it to _____ _____ _____.

M: Oh, great. How much?

W: You get 10% off _____ _____ _____.

M: Excellent. Here's my card.

08

W: Guess what! I found the perfect tour package for our trip to Italy.

M: Really? Tell me about it.

W: Well, it _____ _____ _____ _____ and includes stops at three cities.

M: Does it include Venice? I really want to go there.

W: Yes. It starts in Rome. Then we go to Florence and Venice. And it _____ _____ _____ in a four-star hotel each night.

M: That sounds good. What about meals?

W: Dinners are included, but we're responsible for our own breakfast and lunch.

M: I see. What else?

W: Well, we'll travel from city to city in an air-conditioned bus.

M: That's good. Will there be a tour guide?

W: Yes. A guide is provided for the entire trip. And

the cost is _____ _____ _____.

M: It sounds perfect to me. Let's book it.

09

W: It's my pleasure to announce our school's seventh _____ _____ _____. The winners will be decided on April 10, so participants must submit their drawings by March 28. This year's theme is "at home." All drawings must be somehow related to the place where you live. You can pick up a complete copy of the contest rules at the main office. As usual, all of the contest winners will _____ _____ _____. But this year, for the first time, we will have _____ _____ _____. The very best drawing will be displayed in an art gallery downtown. If you have any questions about the contest, please visit the main office.

10

W: Hello, I'd like to _____ _____ _____ to Australia.

M: Certainly, ma'am. We currently have a number of flights available.

W: Is there any flight that doesn't take over 15 hours?

M: Yes. The fastest one takes ten hours and it costs $1,500.

W: That's far too much money.

M: Could you tell me what your budget is?

W: I can only spend $1,400. One more thing, I want a flight that has _____ _____ _____ _____ _____.

M: If so, there are two options. One is refundable and the other one is non-refundable.

W: Oh, how much does each cost?

M: The refundable one is $1,200 and the non-refundable one is $200 cheaper.

W: I'd rather _____ _____ _____ _____. Please book me a seat on that flight.

11

M: Welcome home, honey! How was your day?

W: I saw _____ _____ _____ on the street this morning.

M: Really? What happened?

W: (A sports car crashed into a truck on the street.)

12

W: I heard you grew up in Mexico. Is it true?

M: Yes, I lived there for fifteen years.

W: Can you tell me about Mexico? _____ _____ _____ _____ _____ on vacation.

M: (Sure. What would you like to know?)

13

M: Okay, I think we're ready. Are you sure you _____ _____ _____ _____?

W: Yes, I think so. It's all in my backpack.

M: Great. Then let's get going. We don't have much time.

W: Oh, wait. Let me find the train tickets first.

M: You didn't lose them, did you? We can't get on the train without them.

W: I know, I know. I have them. I just can't remember where I put them.

M: Are they in your coat pocket? Isn't that where you usually put things?

W: No, they're somewhere in my backpack. Hold on.

M: You'd better _____ _____. The train leaves in 20 minutes.

W: I know!

M: We should really get going if we want to _____ _____ _____ _____.

W: (Stop rushing me. I can't think straight under pressure.)

14

W: Hi, I'm here to pick up my dry cleaning. I'm Helen Merchant.

M: Yes, Ms. Merchant. Here you are. Two suits, three blouses, and a jacket.

W: Thank you. How much _____ _____ _____ _____?

M: That's $40, please.

W: Oh, why is it so much this time?

M: There was _____ _____ _____ on the jacket. I had to use a special soap to clean it.

W: I don't think it should cost more to remove stains.

M: Yes, usually I'd agree with you. But really tough stains need more attention and more expensive soap.

W: I see. Well, I think you should _____ _____ _____ that before you clean their clothes.

M: (You're right. I'll be more careful.)

15

W: Gabrielle and Sumin are best friends, but one day something happened. Sumin couldn't find her diary and remembered that Gabrielle had looked in her bag that morning to borrow a pen. Sumin thought she must _____ _____ _____ _____, too. When Sumin asked her if she had, Gabrielle said no, but Sumin didn't believe her. They had _____ _____ _____. Later that day Sumin's mom said that she found her diary while cleaning her room. Sumin felt very _____ _____ _____. Her friend had not taken it. The next day, Sumin bumped into Gabrielle. In this situation, what would Sumin most likely say to Gabrielle?

Sumin: (I'm sorry. I was wrong to blame you.)

16~17

M: I hope you enjoyed our trip to the Great Wall of China. From here we will go to see the terracotta army. The terracotta army is a collection of about 8,000 life-sized clay soldiers and horses. _____ _____ _____ _____ more than 2,000 years ago in three pits. Their purpose seems to have been to _____ _____ _____ of China's first emperor. They were then forgotten. In 1974, seven farmers were digging and hit the top of a clay head. Soon, they _____ _____ _____ _____. At first, they thought it was a Buddha, and they were afraid because they thought the Buddha would punish them. When people found out about the head, archaeologists came and _____ _____. They found 6,000 more soldiers in that pit. Later, they found two more pits with soldiers and horses. Together, the three pits cover an area larger than two soccer fields.

지은이

NE능률 영어교육연구소

NE능률 영어교육연구소는 혁신적이며 효율적인 영어 교재를 개발하고
영어 학습의 질을 한 단계 높이고자 노력하는 NE능률의 연구조직입니다.

수능만만 〈영어듣기 20회〉

펴 낸 이   주민홍
펴 낸 곳   서울특별시 마포구 월드컵북로 396(상암동) 누리꿈스퀘어 비즈니스타워 10층
            ㈜NE능률 (우편번호 03925)
펴 낸 날   2022년 1월 5일 개정판 제1쇄 발행
            2024년 2월 15일 제9쇄
전   화   02 2014 7114
팩   스   02 3142 0356
홈 페 이 지   www.neungyule.com
등 록 번 호   제1-68호
I S B N   979-11-253-3741-6 53740
정   가   14,000원

NE 능률

고객센터

교재 내용 문의 : contact.nebooks.co.kr (별도의 가입 절차 없이 작성 가능)
제품 구매, 교환, 불량, 반품 문의 : 02-2014-7114
☎ 전화문의는 본사 업무시간 중에만 가능합니다.

여: 게임이 수업 시간의 낭비가 될 수 있다고 생각하지 않으세요?

남: 음, 사실 저는 게임이 학생들을 도울 수 있다고 생각해요.

여: 저는 학생들이 게임을 매우 좋아한다는 것을 알지만, 그것들이 어떻게 도움이 될까요?

남: 게임은 학생들이 더욱 적극적으로 수업에 참여하고 싶게 만들어요.

여: 정말 그렇게 생각하세요?

남: 네. 오늘 저는 모든 학생들이 수업 시간에 웃고 스스로 즐기는 것을 봤어요. 저는 게임이 모두를 배우는 데 동기를 부여했다고 생각해요.

여: 일리 있네요. 저는 심지어 수줍어하는 학생이 질문을 하는 것을 봤어요.

남: 맞아요. 만약 학생들이 수업에서 스스로 즐길 수 있다면, 그것은 그들의 학습에 확실히 도움이 될 거예요.

be impressed by …에 깊은 인상을 받다 active 활동적인, 적극적인 participate 참가하다 motivate 동기를 부여하다 make sense 타당하다

유형 05

여: 다시 오신 것을 환영합니다! 다음으로, 저희는 오늘 특별한 손님을 모시게 되어 무척 즐겁습니다. 잭 윌슨을 환영해 주시겠습니까?

남: 안녕하세요, 로라. 초대해주셔서 감사합니다. 저는 당신의 쇼를 매일 아침에 시청해요.

여: 영광이네요, 잭. 저는 며칠 전에 극장에서 당신의 마술 쇼를 봤어요. 정말 놀라웠어요!

남: 네. 500명 이상의 사람들이 그걸 보러 왔어요. 저는 멋진 시간을 보냈습니다.

여: 자, 우리 모두는 사물을 사라지게 만드는 것이 당신의 특기인 것을 알아요.

남: 맞아요.

여: 자동차와 같은 거대한 것을 어떻게 사라지게 만드는지 우리에게 알려줄 수 있나요?

남: 음, 제 비밀을 밝힐 수는 없지만, 모자에서 토끼를 꺼내는 것처럼 쉬운 건 아니에요.

여: 제발요! 그냥 한가지 작은 비법만 저희와 공유해 줄 수 없을까요?

남: 좋아요, 그럼. 딱 하나만요. 제가 동전으로 하는 마술 비법을 보여드릴게요.

여: 좋아요! 잠시 휴식 후에 돌아왔을 때, 우리는 잭 윌슨 씨로부터 동전 마술을 배워봅시다. 채널 고정해 주세요!

be flattered (어깨가) 으쓱해지다 disappear 사라지다 reveal (비밀 등을) 드러내다, 밝히다

유형 06

남: 여보, 뭘 보고 있어요?

여: 내 친구 리사가 이번 주말에 우리가 방문할 공원 사진을 나에게 보냈어요.

남: 아, 그랬어요? 어디 봐요.

여: 그녀는 자신의 가족이 그곳에서 정말 좋은 시간을 보냈다고 했어요.

남: 아! 울타리 근처에 나무 두 그루가 있네요. 정말 근사해요.

여: 네. 그리고 난 나무 사이에 있는 벤치가 마음에 들어요.

남: 나도 그래요. 우리는 그곳 그늘에서 쉴 수 있겠네요.

여: 그리고 물고기가 있는 연못을 봐요. 평화로워 보여요.

남: 그렇군요. 난 사진 한 가운데에 있는 곰 동상이 좋아요.

여: 네, 귀엽네요. 아이들도 그걸 좋아할 거예요. 우리는 그 앞에서 사진을 찍을 수 있어요.

남: 애들은 또 사진 오른쪽에 있는 그네를 타면서 재미있게 놀 거예요.

여: 그렇고말고요. 애들은 정말 재미있게 놀겠죠.

남: 그 공원은 우리 가족에게 완벽할 거예요.

fence 울타리, 담 shade 그늘 pond 연못 statue 동상 swing 그네 Definitely. 분명히, 그렇고말고

유형 07

여: 여보, 첫 번째 생일 파티의 토니의 사진 좀 봐요.

남: 우리 아들이 얼마나 빨리 자랐는지 믿겨져요?

기출문제 해석 ☁

여: 네, 시간이 정말 빠르네요. 그 애의 첫 학예회가 오늘 오후라는 게 믿기 힘들어요.

남: 그러게요. 그의 연극을 녹화하기 위한 모든 걸 준비했어요?

여: 음, 저기 가방에 비디오 카메라를 챙겨놨어요.

남: 좋아요. 여분의 메모리 카드는요?

여: 아, 맞아요. 연극 전체를 찍으려면 우리는 아마도 하나 더 필요하겠네요.

남: 나중에 후회하는 것보단 미리 준비하는 게 낫죠.

여: 맞아요. 내가 하나 찾아볼게요. 토니의 의상은 가져 왔어요?

남: 당신이 메모리 카드를 찾는 동안 내가 세탁소에 가서 찾아올게요.

여: 그래요.

prepare 준비하다 extra 추가의 costume 의상

유형 08

남: 에바, 나 학생회장에 입후보하기로 결정했어.

여: 잘했어, 매튜!

남: 이제 난 선거공약을 준비하는 일을 시작해야 해.

여: 맞아. 넌 학생들이 무엇을 원하는지에 대해 생각해 봐야 할 거야. 그런데, 너 토니 존슨도 출마할 거라는 이야기는 들었니?

남: 응, 알아. 좋은 선거 유세 팀 없이는 이기기 쉽지 않을 것 같아.

여: 그건 사실이야. 넌 포스터와 연설, 그리고 다른 모든 것들에 있어서 너를 도와 줄 사람들이 필요하게 될 거야.

남: 맞아. 그래서 나는 선거유세를 위해 너와 같은 자문위원이 필요해. 나를 도와 줄 수 있니?

여: 내가? 도와주고는 싶지만, 넌 정말로 내가 그 자리에 자격이 있다고 생각하니?

남: 물론. 너라면 선거에 큰 도움이 될 거야.

여: 그럼, 좋아. 최선을 다해 볼게.

남: 고마워.

① 선거 포스터 제거하기
② 자문직 수락하기
③ 학생회 모임 취소하기
④ 학교 폭력에 반대하는 목소리 높이기
⑤ 회장 후보자로 등록하기

run for …에 입후보하다 student council president 학생회장 campaign promise 선거공약 adviser 자문위원 be qualified for …에 자격이 있다 election 선거 do one's best 전력[최선]을 다하다

유형 09

[전화벨이 울린다.]

여: 여보세요?

남: 안녕, 새라. 나 알렉스야. 나 질문이 있어.

여: 응. 무슨 일이야?

남: 저기, 나 다음주 금요일에 전국 야구 결승전 표가 두 장 있는데, 안타깝게도 나는 갈 수 없어. 너 그거 원하니?

여: 응, 당연하지, 근데 나는 표가 매진인 줄 알았어.

남: 맞아. 그런데 우리 회사에서 매 경기마다 미리 모든 표를 구입해서 나도 좀 얻을 수 있었어.

여: 멋지다, 근데 넌 왜 못 가?

남: 그날 고객과의 중요한 회의가 있어서 나는 다른 도시로 가야 해, 그래서 나는 못 가. 아마도 너는 네 남동생을 데려갈 수 있겠다.

여: 응, 그 애는 가고 싶어 할 거야. 하지만 나는 네가 일 때문에 경기에 못 간다니 유감이야.

남: 걱정 마. 경기 재미있게 봐.

unfortunately 유감스럽게도 sold out 표가 매진된 client 의뢰인, 고객 make it 성공하다; *(모임 등에) 가다[참석하다]

유형 10

남: 안녕하세요. 가족들과 친구들을 위한 기념품을 좀 사고 싶은데요. 기념품 자석을 보여주실 수 있을까요?

여: 물론이죠. 바로 여기 있습니다. 다양한 것들이 있어요. 이 깃발 자석은 어떠세요?

남: 좋긴 한데, 비행기 자석이 더 좋네요. 제 아이

들이 비행기를 좋아하거든요. 얼마인가요?

여: 10달러입니다.

남: 알았어요, 그럼 비행기 자석 2개를 살게요. 그리고 제 친구들을 위한 기념품도 사고 싶은데요.

여: 이 동물 모양 열쇠 고리는 어떠세요? 각각 5달러예요.

남: 좋네요. 동물 모양 열쇠 고리 6개를 살게요.

여: 알겠습니다. 더 필요한 것 있으세요?

남: 아뇨, 그거면 됐어요. 제가 호텔에서 가져온 이 쿠폰을 사용할 수 있을까요?

여: 네. 쿠폰을 쓰시면 총액에서 10퍼센트 할인됩니다.

남: 좋네요. 여기 제 신용카드가 있어요.

souvenir 기념품 key ring 열쇠 고리 credit card 신용카드

유형 11

남: 오, 제니퍼. 오늘 좀 달라 보이는데?

여: 응. 어제 머리를 잘랐어. 어때?

남: 그 스타일이 너에게 정말 잘 울려. 미용실 이름이 뭐야? 나도 머리를 잘라야 해.

여: 미용실 이름은 Beautiful Hair, Wonderful Day야.

남: 음, 그곳을 이전에 본 적이 있는 것 같아. 그곳이 어디 있는지 말해줄래?

여: 물론이지. 그 곳은 센트럴 쇼핑몰 근처 Main 거리에 위치해 있어.

남: 오 그렇구나. 이제야 그곳이 어디 있는지 기억이 난다. 거기 남자 머리 자르는데 가격이 얼마인지 아니?

여: 내 생각엔 대략 15달러인 것 같은데, 확실하게 확인하려면 그 미용실 웹사이트에서 가격을 확인할 수 있어.

남: 나중에 내가 인터넷으로 확인해볼게.

여: 네가 원한다면 헤어 디자이너를 추천해줄 수 있어. 그녀는 남자 머리를 아주 잘 해.

남: 그래. 그녀 이름이 뭐니?

여: 앨리스 무어야. 그녀는 정말 뛰어나.

남: 좋아. 고마워.

suit 어울리다 hair salon 미용실 recommend 추천하다 stylist 미용사

유형 12

남: 여러분, 좋은 아침입니다. 저는 Creative Minds Science Club의 회장, 맷 애덤스입니다. 여러분을 저희 동아리에 가입하도록 초대하고 싶습니다. Creative Minds는 1학년과 2학년 학생들에게 열려 있습니다. 우리는 매주 화요일 방과 후에 과학실에서 만납니다. 우리는 팀끼리 재미 있는 실험을 하거나 발명을 하는 등의 다양한 흥미로운 활동들을 합니다. 사실, 작년에 우리 동아리는 많은 발명 대회에서 수상을 했습니다. 우리는 우리의 성취에 대해 보람을 느끼고 있습니다. 올해 지도 선생님은 우리 학교의 화학 선생님인 윌리엄스 선생님입니다. 저희 동아리는 과학에 대해 더 배울 수 있고 여러분의 창의적인 생각을 행동에 옮길 수 있는 좋은 기회입니다. 만약 여러분이 관심이 있다면, 우리 학교의 게시판에서 더 많은 정보를 확인할 수 있습니다. 와서 우리와 함께하세요!

invite 초대하다 experiment 실험 invention 발명(품) achievement 업적, 성취한 것 chemistry 화학 put ... into action …을 실행에 옮기다 bulletin board 게시판

유형 13

남: 제이의 조명 가게에 오신 것을 환영합니다. 무엇을 도와드릴까요?

여: 제 거실에 놓을 스탠드를 보러 왔는데요.

남: 여기 이 제품 안내서를 한 번 보세요. 저희는 손님이 고를 수 있는 다섯 가지 상품을 갖고 있습니다. 특별히 찾는 상품이 있으신가요?

여: 네. 너무 짧아서는 안되고요. 130센티미터보다 높은 전등을 사고 싶어요.

남: 그렇다면 여기 네 가지 모델은 어떠십니까?

기출문제 해석 ☁️

LED 전구를 선호하십니까?
여: 네, LED 전구를 선호합니다. LED 전구는 일반 전구보다 더 오래 지속되니까요.
남: 그리고 에너지를 더 절약하죠. 저는 LED 전구를 강력히 추천 드립니다. 손님이 생각하는 램프의 가격대가 어떻게 되나요?
여: 음, 저는 50달러보다는 더 많이 쓰고 싶지 않아요.
남: 그렇다면 두 가지 선택권이 남았습니다. 어떤 색을 더 좋아하십니까?
여: 음, 흰색으로 할게요!
남: 좋은 선택이십니다. 현금으로 지불하시겠습니까, 신용카드로 지불하시겠습니까?
여: 현금으로 지불할게요.

floor lamp (바닥에 세우는) 전기 스탠드 catalog (물품·책 등의) 목록 specific 구체적인 go with (계획·제의 등을) 받아들이다

유형 14

남: 앨리스, 어제 왜 음악 축제에 안 왔니?
여: 숙제를 하느라 바빴어. 갔으면 좋았을 텐데. 어땠어?
남: 대단했어! 내가 제일 좋아하는 밴드가 내 티켓에 사인을 해줬어.
여: 와! 내가 봐도 돼?
남: 물론이야. 내 지갑에 있어. [잠시 후] 잠시만! 내 지갑! 없어졌어!
여: 정말? 네 코트 주머니를 봐봐. 아마 거기 있을 거야.
남: 여기 없어. 오, 안돼! 어쩌면 좋지?
여: 네 지갑을 마지막으로 본 게 언제니?
남: 음… 지하철역에서 지갑을 갖고 있던 게 기억나. 내가 거기에 두고 왔나?
여: 지금 당장 지하철역의 분실물 보관소에 연락해 봐.
남: 하지만 누군가 이미 가져갔으면 어쩌지?
여: 걱정마. 좋은 마음씨를 갖고 있는 누군가가 지갑을 돌려 줄 거야.
남: 네 말이 맞길 바라. 내가 확인해 볼게.

① 그거 좋은 생각이네. 그걸 당장 없애야겠어.
③ 여기 지갑이 있어. 이걸 옆에 가져다 줘.
④ 너무 늦었어. 표가 모두 팔렸어.
⑤ 문을 닫은 것 같아. 내일 책을 반납해.

lost and found 분실물 보관소

유형 15

여: 새라와 브라이언은 대학교 동기이다. 새라는 교사가 되고 싶어하고 다른 사람들을 돕는데 관심이 있다. 그녀는 가르치는 경험을 얻는 동시에 지역 사회에 공헌할 수 있는 자원봉사 활동을 찾기로 계획한다. 하지만 그녀는 그녀가 어떤 종류의 자원봉사 활동을 할 수 있을지 확실하지가 않다. 브라이언은 지역 주민센터에서 자원봉사자 멘토이다. 그는 그의 학생들이 많이 배우고, 이를 통해 그 또한 성장하고 있다고 느낀다. 새라는 브라이언에게 그녀의 계획에 대해 들려주고 그녀에게 적당한 자원봉사 활동을 추천해 줄 것을 부탁한다. 브라이언은 그의 봉사 활동이 보람차다고 생각했기 때문에, 그는 새라에게 지역 주민센터에서 멘토가 되라고 제안하고 싶어 한다. 이 상황에서, 브라이언이 새라에게 할 말로 가장 적절한 것은 무엇인가?
브라이언: 지역 주민센터에서 멘토로 자원봉사하는 건 어때?

① 넌 지역 주민센터에서 노래 수업을 들을 수 있어.
② 네 반 친구들과 가까운 관계를 유지하려고 노력해 봐.
③ 멘토로서 내게 조언 좀 해 주겠니?
④ 너는 추천서와 관련해서 도움을 받아야 해.

contribute 기여하다 mentor 멘토 benefit from …에서 득을 보다 recommend 추천하다

유형 16

남: 안녕하세요, 학생 여러분. 지난 시간에 우리는 곤충과 곤충의 생애 주기, 그리고 그들이 무엇을 먹는지에 대해서 배웠습니다. 알다시피, 많

은 곤충들이 꽃에서 먹이를 얻지만, 곤충이 그렇게 하는 유일한 생물은 아닙니다. 오늘 우리는 먹이 원천으로 꽃을 사용하는 다양한 동물들에 대해 배울 것입니다. 첫 번째는 벌새입니다. 이 새는 길고 좁은 부리를 사용해서 꿀이라 불리는 꽃의 달콤한 액체를 얻습니다. 신비롭게도, 그것들은 거꾸로 달린 꽃에서만 먹이를 얻습니다. 우리는 아직 이유를 알지 못합니다. 다음은 박쥐입니다. 대부분의 박쥐가 곤충을 먹긴 하지만, 일부는 꽃에서 먹이를 얻습니다. 이 박쥐들은 곤충을 먹는 박쥐에 비해 강력한 후각과 시각을 지녔습니다. 꿀을 마시는 도마뱀도 있습니다. 이런 도마뱀은 천적이 거의 없는 열대 섬에서 발견됩니다. 마지막으로, 꽃을 먹고 사는 다람쥐 일종이 있습니다. 꿀을 먹는 대부분의 동물은 꽃이 개체 면에서 늘어나도록 돕지만, 이 다람쥐는 종종 식물에 해를 끼칩니다. 꿀을 마실 때, 다람쥐가 꽃을 물어뜯는데, 이는 피해를 유발합니다. 흥미롭죠? 어떤 다른 동물들이 먹이로 꽃을 이용할까요? 잠시 생각해 보세요, 그러고 나서 그에 대해 이야기해 볼게요.

① 꽃이 동물을 유인하는 몇 가지 방법
② 동물에 관련된 인기 직업
③ 열대 섬에서 사는 멸종 위기 동물
④ 동물에게 위협을 가하는 주요인
⑤ 꽃을 먹고 사는 다양한 동물

life cycles 생애 주기 creatures 생물
hummingbirds 벌새 beak 부리 nectar 과일즙, 꿀
natural enemy 천적 harm 해를 끼치다

PART 2

□ announce	알리다	□ book	예약하다
□ cancel	취소하다	□ ask	물어보다
□ change	바꾸다	□ celebrate	축하하다
□ warn	경고하다	□ criticize	비판하다
□ apologize	사과하다	□ entertain	즐겁게 해 주다
□ present	제시하다	□ performance	공연
□ facility	시설, 설비	□ donate	기부하다
□ Please make sure that ...	반드시 …하세요.		
□ Can[May] I have your attention, please?	주목해 주시겠습니까?		
□ For further information, contact ...	더 많은 정보를 원하시면, …에 연락하십시오.		
□ I'm here to tell you about ...	여러분에게 …에 대해 말씀드리려고 이 자리에 나왔습니다.		
□ I'd like to say a few words about ...	…에 대해 몇 가지 말씀드리고자 합니다.		
□ I want to notify you that ...	여러분에게 …을 알려 드리고자 합니다.		
□ Here are some tips for ...	…와 관련된 몇 가지 조언이 있습니다.		
□ Don't forget that ...	…라는 걸 잊지 마세요.		

02 주제 · 의견

1 건강

□ nonsmoking area	금연 구역	□ secondhand smoke	간접흡연
□ heart attack	심장마비	□ diet	식이요법
□ vegetarian	채식주의자	□ fit	건강한
□ regular exercise	규칙적인 운동	□ medical checkup	건강검진
□ gain[lose] weight	살이 찌다[살을 빼다]		

2 환경

□ acid rain	산성비	□ air pollution	대기오염
□ contamination	오염	□ pollutant	오염물질
□ greenhouse effect	온실 효과	□ atmosphere	대기
□ endangered	멸종 위기의	□ recycle	재활용하다
□ conserve	보존하다	□ public transportation	대중교통

☐ qualification	자격	☐ post[position]	지위, 직책
☐ confidence	자신(감)	☐ competent	유능한
☐ require	요구하다	☐ accountant	회계사
☐ job opening	공석	☐ recruit	채용하다, 모집하다
☐ resume	이력서	☐ application	지원, 신청서
☐ part-time job	아르바이트	☐ hire	고용하다
☐ work experience	경력	☐ bachelor's degree	학사 학위
☐ employment	고용	☐ requirement	요건
☐ qualified	자격을 갖춘	☐ deadline	마감일
☐ working hours	근무 시간	☐ substitute	대역, 대리인
☐ commute	통근하다	☐ notify	통지하다
☐ option	선택 (사항)	☐ leadership	통솔력
☐ career	경력	☐ branch	지점
☐ interviewer	면접관	☐ interviewee	면접 대상자
☐ apply for	…에 지원하다	☐ personal record	이력

03 관계

¹ 병원·약국

☐ dentist	치과 의사	☐ physician	내과 의사
☐ vet(veterinarian)	수의사	☐ pharmacist	약사
☐ life guard	구조원	☐ internship	인턴직, 인턴사원 근무
☐ drugstore[pharmacy]	약국	☐ patient	환자
☐ dentist's office	치과	☐ surgery[operation]	수술
☐ prescription	처방전	☐ dose	(약의) 1회 복용량
☐ examine	진찰하다	☐ first aid	응급 처치
☐ sore throat	인후염	☐ take medicine[a pill]	약을 복용하다

² 여행·숙박

☐ manager	지배인, 매니저	☐ front desk	안내소, 접수대
☐ tourist	관광객	☐ check-in[out]	체크인[체크아웃]
☐ three nights	3박 (4일)	☐ receptionist	안내원

□ tour guide	여행 가이드	□ single[double] room	1인실[2인실]
□ luggage	짐, 수하물	□ accommodation	숙박 시설
□ suitcase	여행 가방	□ stay	머무르다, 체류하다

3 식당·가게

□ customer	손님	□ bill[check]	계산서
□ treat	대접하다, 한턱내다	□ discount	할인
□ coupon	쿠폰	□ for free	무료로
□ complimentary	무료의	□ reserve[book]	예약하다
□ dessert	후식	□ recommend	추천하다
□ appetizer	전채 요리	□ takeout	가지고 가는 음식
□ clerk	점원	□ ingredient	요소, 성분, 재료
□ order	주문; 주문하다	□ serve	(음식을) 제공하다
□ try on	입어 보다	□ go well	잘 어울리다
□ receipt	영수증	□ refund	환불
□ on sale	할인 판매 중인	□ exchange	교환하다

4 공항

□ flight attendant	승무원	□ passenger	승객
□ passport	여권	□ boarding pass	탑승권
□ ticketing	티켓 구입	□ flight	항공편
□ gate	게이트, 탑승구	□ customs	세관
□ land	착륙하다	□ take off	이륙하다
□ check in	(짐을) 부치다	□ board	탑승하다
□ departure	출발	□ arrival	도착
□ one way	편도	□ round trip	왕복 여행
□ fare	요금	□ stopover	단기 체류, 경유지
□ claim	(소지품을) 찾다, 요구하다	□ claim baggage	짐을 찾다

5 도서관

□ librarian	사서	□ overdue	연체된
□ a due date	반납일	□ return	반납하다
□ check out	(책 등을) 대출하다	□ a late fee	연체료

□ mail carrier	집배원	□ parcel[package]	꾸러미, 소포
□ registered mail	등기 우편	□ express mail	빠른 우편
□ extra charge	추가 요금	□ fragile	깨지기 쉬운

□ cash	현금; 현금으로 바꾸다	□ check	수표
□ loan	대출	□ interest	이자
□ interest rate	금리, 이율	□ withdraw	인출하다
□ make a deposit	예금하다	□ open an account	계좌를 개설하다
□ loan	대출; 대출받다	□ fill out a form	양식을 작성하다

□ reporter[journalist]	기자	□ director	감독
□ actor	배우	□ entertainer	연예인
□ host	사회자, 주최자	□ audience	관객
□ publisher	출판업자	□ writer	작가

04 그림 일치

□ **next to**	··· 옆에
next to the door	문 옆에
□ **in front of**	··· 앞에
in front of the first row	첫 번째 줄 앞에
□ **around**	··· 주위에
around the table	탁자 주위에
□ **beside**	··· 옆에
beside the telephone	전화기 옆에
□ **between**	··· 사이에
between two pictures	두 사진 사이에
□ **in the middle of**	··· 가운데에
in the middle of the room	방 한가운데에

☐ **across**	…의 건너편에
across the bridge	다리 건너편에
☐ **on the opposite of**	…의 반대편에
on the opposite side of the river	강 반대편에
☐ **on top of**	…의 꼭대기에
on top of the shelf	찬장 꼭대기에
☐ **behind**	…의 뒤에
behind the tree	나무 뒤에
☐ **above**	…의 위에
above my desk	내 책상 위에
☐ **upstairs**	위층; 위층에
Did you check upstairs?	위층을 확인해 봤니?

2 모양

☐ **tiny**	작은, 조그마한
tiny holes	조그마한 구멍
☐ **huge**	거대한
huge waves	거대한 파도
☐ **pattern**	패턴, 무늬
patterns of butterfly wings	나비 날개의 무늬들
☐ **wide**	넓은
a wide river	넓은 강
☐ **narrow**	(폭이) 좁은
a narrow road	폭이 좁은 도로
☐ **round**	둥근
a round mirror	둥근 거울
☐ **square**	정사각형의
a large square room	큰 정사각형의 방
☐ **rectangular**	직사각형의
a rectangular kite	직사각형의 연
☐ **triangular**	삼각형의
a triangular plate	삼각형의 접시
☐ **oval**	타원형의
an oval face	타원형의 얼굴

☐ **dotted**		점으로 된, 점으로 뒤덮인	
along the dotted line		점선을 따라서	
☐ **spot**		점, 반점	
a dog with black spots		검은 점박이 개	
☐ **curved**		구부러진, 곡선의	
a curved wall		구부러진 벽	
☐ **–shaped**		…모양[형태]의	
diamond-shaped		다이아몬드 모양의	
heart-shaped		하트 모양의	
☐ **plain**		민무늬의, 무늬가 없는	
a plain T-shirt		민무늬 티셔츠	
☐ **striped**		줄무늬의	
a striped T-shirt		줄무늬 티셔츠	
☐ **checked[checkered]**		체크무늬의	
a checked[checkered] tie		체크무늬 넥타이	
☐ **wavy**		물결무늬의	
a wavy carpet		물결무늬 양탄자	
☐ **polka-dot**		물방울무늬의	
a polka-dot swimsuit		물방울무늬 수영복	
☐ **floral[flower-patterned]**		꽃무늬의	
a floral[flower-patterned] dress		꽃무늬 드레스	

05 할 일·부탁

☐ **pack**	(짐을) 싸다, 포장하다	☐ **fix**	수리하다
☐ **prepare**	준비하다	☐ **miss**	놓치다, 빠뜨리다
☐ **assignment**	숙제	☐ **exhibition**	전시회
☐ **dish**	요리, 음식	☐ **garage sale**	중고 물품 세일
☐ **musical**	뮤지컬	☐ **admission fee**	입장료
☐ **agency**	대리점	☐ **customer service**	고객 서비스
☐ **repair shop**	수리점	☐ **available**	시간이 되는
☐ **volunteer work**	자원봉사 활동	☐ **charity**	자선 (단체)
☐ **owe**	빚을 지다		
owe you $5	너에게 5달러를 빚지다		

☐ **drop off**	…을 내려주다
drop him off at his house	그를 집에 (차로) 내려주다
☐ **pick up**	…을 마중 나가다
pick her up at the airport	(차로) 공항에 그녀를 마중 나가다
☐ **stop by**	…에 들르다
stop by the grocery store	식료품점에 들르다
☐ **ask a favor**	부탁하다
ask you a favor	너에게 부탁하다
☐ **clean up**	청소하다
clean up the garbage	쓰레기를 청소하다[치우다]
☐ **take a ride**	…을 타다
take a boat ride	보트를 타다
☐ **take care of**	…을 돌보다
take care of the children	아이들을 돌보다
☐ **put off**	연기하다, 미루다
put off my trip	여행을 연기하다
☐ **take ... for a walk**	산책시키다
take my pet dog for a walk	내 반려견을 산책시키다
☐ **be supposed to-v**	…하기로 되어 있다
I was supposed to do homework today.	나는 오늘 숙제를 하기로 되어 있었다.

1 할 일

☐ **What should we do this weekend?**	우리 이번 주말에 뭘 할까요?
☐ **What do you want to do?**	뭘 하고 싶나요?
☐ **What do you have in mind?**	생각해 둔 것이 있습니까?
☐ **Why don't you ...?**	…하는 게 어때요?
☐ **Is there anything I can do for you?**	제가 당신을 위해 할 수 있는 일이 있나요?
☐ **It's about time we began practicing.**	이제 연습을 시작할 시간이군요.

2 부탁

☐ **I wonder if you ...**	당신이 …해 주실 수 있는지 궁금합니다.
☐ **What would you like me to do?**	제가 무엇을 해드리길 원하세요?
☐ **Would you mind if I ...? /** **May[Can] I ...?**	제가 …해도 될까요?

| Can[Could] you (please) ...? / Will[Would] you (please) ...? | ···해 주시겠어요? |
| May I ask you a favor? / Can I ask you to do something for me? | 부탁 좀 드려도 될까요? |

06 금액 계산

charge	요금; 청구하다	cost	비용이 들다
lower	낮추다	pricey	비싼
extra charge	추가 요금	extra fee	추가 수수료
fare	표준 요금	premium	할증금
installment	할부	additional	추가의
membership card	회원 카드	admission	입장(료)
a quarter	4분의 1	a half[one half]	2분의 1
two thirds	3분의 2	double[twice/two times]	2배
three times	3배	four times	4배
1 dollar = 100 cents		1 km = 1,000 m = 100,000 cm	

place[take] an order	주문하다[주문을 받다]
take A off B	B에서 A를 깎다
take 10% off the total price	전체 금액에서 10%를 깎다
get a discount	할인 받다
get a 50% discount	50% 할인받다
change	거스름돈, 잔돈
change for a $20 bill	20달러짜리 지폐의 거스름돈
How much will it cost?	그건 비용이 얼마나 들죠?
They are $7 each.	각각 7달러입니다.

07 언급·내용 일치·도표

1 요금표

bill	청구서	warranty period	품질 보증 기간
out of stock	품절[매진]된	in stock	재고가 있는
on installment	할부로	reasonable	(가격이) 적정한

□ capacity	용량, 수용력	□ anniversary	기념일
□ catalog	(물품 등의) 목록	□ cost	값, 비용; (비용이) 들다

2 일정표

□ farewell party	송별회	□ housewarming party	집들이
□ volunteer	자원봉사하다	□ submit[hand in]	제출하다
□ cancel	취소하다	□ delay	미루다
□ contestant[participant]	참가자	□ bazaar	바자회
□ festival	축제	□ competition[contest]	대회, 시합
□ sign up (for) sign up for a credit card	(…을) 신청하다 신용카드를 신청하다		
□ register for register for a German class	…에 등록하다 독일어 수업에 등록하다		
□ enroll in enroll in a course	…에 등록하다 강좌에 등록하다		
□ participate[take part] in participate[take part] in a contest	…에 참가하다 대회에 참가하다		

3 학교

□ presentation	발표	□ take a lesson	수업을 받다
□ academic	학업의	□ subject[course]	과목
□ major	전공	□ session	수업 시간
□ project	과제	□ scholarship	장학금
□ evaluation	평가	□ organize	체계화하다
□ category	범주	□ credit	학점
□ lecture	강의	□ entrance exam	입학시험
□ final exam	기말고사	□ biology	생물학
□ physics	물리학	□ economics	경제학
□ architecture	건축학	□ computer science	컴퓨터 공학
□ politics	정치학	□ ethics	윤리학
□ literature	문학	□ statistics	통계학
□ chemistry	화학	□ dorm(dormitory)	기숙사
□ principal	교장	□ attendance	출석
□ cafeteria	간이 식당	□ semester	학기

□ absence	결석	□ join	가입하다

4 교통

□ accident	사고	□ heavy traffic	교통 체증
□ expressway	고속 도로	□ gas station	주유소
□ drunk(en) driving	음주 운전	□ traffic jam	교통 정체
□ rush hour	출퇴근 혼잡 시간	□ speed limit	제한 속도
□ dead end	막다른 길	□ driver's license	운전 면허증
□ crosswalk	교차로	□ traffic light	신호등
□ pedestrian	보행자	□ delay	연착
□ toll	통행료	□ stop	정거장
□ fare	운임	□ public transportation	대중교통
□ construction	공사	□ bound for	…행의, …을 향하는

□ access	접근
have easy access to public transportation	대중교통에 쉽게 접근하다
□ construction	공사
inform someone of road construction	…에게 도로 공사를 알리다
□ transfer	이동하다, 갈아타다
transfer to the next station	다음 역에서 갈아타다
□ pull over	차를 길가로 붙이다
pull the car over	차를 길가에 세우다
□ clear off	…을 치워 버리다
clear snow off	눈을 치우다
□ slow down	(속도 · 진행을) 낮추다
slow down at crosswalks	교차로에서 속도를 줄이다

5 안내 · 공지

□ contribution	기부	□ committee	위원회
□ inconvenience	불편	□ direction	지시
□ notice	공지, 안내	□ emergency	비상사태
□ celebrate	축하하다, 기념하다	□ make an announcement	안내 방송을 하다

□ due to	…에 기인하는, …때문에
due to heavy rain	폭우 때문에
□ according to	…에 따르면
according to the report	보고서에 따르면

☐ **be sure to-v**		반드시 …하도록 하다	
be sure to get dressed up		차려입을 것을 명심하다	
☐ **This is your captain speaking.**		기장이 말씀드립니다.	

☐ **broadcasting station**	방송국	☐ **soap opera**	연속극
☐ **quiz show**	퀴즈 프로그램	☐ **cartoon**	만화
☐ **weather forecast**	일기 예보	☐ **headline**	주요 뉴스
☐ **genre**	장르	☐ **blockbuster**	대 히트작, 성공작
☐ **on the air**	방송 중인	☐ **cast**	배역을 정하다[맡기다]
☐ **stage**	무대	☐ **character**	등장인물
☐ **run**	진행되다, 지속되다	☐ **volume**	용량; 음량
☐ **breaking news**	속보	☐ **Stay tuned!**	채널 고정하세요!

08 기타 (시간·날짜)

☐ **a quarter**	15분	☐ **an hour and a half**	1시간 30분
☐ **half an hour**	30분	☐ **ten to seven**	7시 (되기) 10분 전 (= 6시 50분)
☐ **ten past five**	5시 10분	☐ **in 15 minutes**	15분 후에
☐ **weekday**	평일	☐ **weekend**	주말
☐ **the day before yesterday**	그저께		
☐ **the day after tomorrow**	모레		
☐ **three days from now**	3일 뒤에		
☐ **every other day[week]**	이틀[2주]에 한 번		
☐ **on February 17**	2월 17일에		
☐ **the end of this month**	월말		
☐ **It's two weeks from today.**	오늘부터 2주일 후입니다.		

만만한 수능영어

수능만만

영어듣기
20회

만만한
수능영어

NE 능률

영어듣기
20회

수능듣기 MINI BOOK

PART 1 수능듣기 유형 탐구
PART 2 수능듣기 유형별 필수 어휘

PART 1

유형 분석	짧은 대화를 듣고, 남자나 여자의 마지막 말에 대한 상대방의 응답을 고르는 문제 유형이다.

해결 전략	1 대화의 마지막 말이 의문문인지 평서문인지 유의하여 듣는다. 2 마지막 말이 의문문인 경우, 의문사에 유의하여 묻는 내용을 정확히 파악한 후 의 문사에 적합한 응답을 고른다. 3 마지막 말이 평서문인 경우, 대화의 전체적인 내용과 맥락을 통해 가장 적절한 응 답을 고른다.

기출 문제
2017 수능

대화를 듣고, 남자의 마지막 말에 대한 여자의 응답으로 가장 적절한 것을 고르시오.

① I agree. But I don't have the time for it.
② You're right. Then I'll never tell anyone.
③ Trust me. You'll realize you did the right thing.
④ I understand. But let us know if it happens again.
⑤ That's true. We've been practicing for a long time.

Script

M: Mom, I'm home. Sorry I'm so late.
W: Peter! Where were you? Your dad and I were worried about you.
M: I was practicing for the musical, and I didn't realize how late it was.
W: (I understand. But let us know if it happens again.)

해법 적용 여자가 늦게 귀가한 아들에게 걱정했다고 말하자, 아들이 늦은 이유를 설명하고 있다. 따라서 다음부터
는 늦을 경우 미리 알려줄 것을 부탁하는 ④가 여자의 응답으로 가장 적절하다. 정답 ④

담화를 듣고, 화자가 하는 말의 목적을 파악하는 문제 유형이다.

해결
전략

1 담화를 듣기 전에, 선택지를 미리 읽고 담화 내용을 예측한다.
2 담화에서 반복되는 단어나 어구를 주의해서 듣는다.
3 담화의 처음이나 끝에 화자가 말하고자 하는 바를 밝히는 경우가 많으므로 특히
유의하여 듣는다.

기출 문제
2016 수능

다음을 듣고, 여자가 하는 말의 목적으로 가장 적절한 것을 고르시오.

① 컴퓨터 사용 시 올바른 자세에 대해 조언하려고
② 컴퓨터 사용 중 휴식의 필요성을 강조하려고
③ 컴퓨터 사용 관련 절전 요령을 설명하려고
④ 회사 내 컴퓨터 보안 강화 방침을 안내하려고
⑤ 직장 내 컴퓨터 개인 용무 사용 자제를 당부하려고

Script

W: Hello, listeners! This is *One Minute Health*. Nowadays more and more office workers have been reporting troubles caused by long hours spent in front of the monitor. The biggest problems are damage to the eyes and stress on the neck and back. Improper posture is the main cause. Here are some useful tips for keeping proper posture while you use your computer. First, make sure to sit 50 to 70 centimeters away from the monitor. Sitting too close to your monitor can hurt your eyes. Second, to lessen the stress on your neck, you need to sit directly in front of your monitor, not to the left or to the right. Lastly, try to keep your knees at a right angle to reduce the pressure on your back. Remember that proper posture is the first step to healthy computer use. This has been Brenda Smith at *One Minute Health*.

해법 적용 여자는 컴퓨터 사용 시 올바른 자세를 유지하는 것에 대한 조언을 해주겠다고 말했다. 정답 ①

03 주제

유형 분석	담화나 대화를 듣고, 화자가 하는 말의 주제를 파악하는 문제 유형이다.

해결 전략	1 담화나 대화를 듣기 전에, 선택지를 미리 읽고 무엇에 관한 내용일지 예상해 본다. 2 전반적인 내용을 통해 화자가 말하고자 하는 바를 추론해야 한다. 3 정답을 고를 때는 너무 포괄적이거나 특정 내용과 관련된 지엽적인 선택지를 고르지 않도록 유의한다.

기출 문제
2015 수능

대화를 듣고, 두 사람이 하는 말의 주제로 가장 적절한 것을 고르시오.

① 수면 문제를 해결하는 방법
② 휴대전화와 업무 효율성의 관계
③ 미디어 기기가 학습에 미치는 영향
④ 규칙적인 운동의 중요성
⑤ 충분한 낮잠의 필요성

Script

W: Brian, you look really tired.

M: Yeah, I've been having difficulty sleeping recently.

W: Why? Is something troubling you?

M: Not really, but I don't know how to get over this problem.

W: Well, keeping a regular sleep pattern can help.

M: I usually go to bed and wake up at the same time every day, but it doesn't work.

W: Hmm, do you do anything particular before bed?

M: Well, I use my phone to play games or text with friends for a little while.

W: Oh, that's not good. It's important not to use media devices for at least an hour before sleep.

M: Really? I thought it would help relieve my stress.

W: It can overexcite your senses and cause trouble sleeping.

M: I see.

W: One other tip for sound sleep is to drink some warm milk before bed.

M: Okay, I'll try those things and see if they work. Thanks.

해법 적용 두 사람은 수면 문제를 해결하는 방법에 관해 말하고 있다. 정답 ①

유형 분석	대화를 듣고, 화자가 어떤 의견이나 주장을 가지고 있는지 파악하는 문제 유형이다.

해결 전략	1 여자와 남자 중 누구의 의견이나 주장을 묻는지 확인하고, 그 사람의 말에 집중한다.
	2 화자가 반복적으로 사용하는 특정 단어나 어구에 주목한다.
	3 대화의 후반부에 화자의 생각을 다시 한 번 표현하는 경우가 많으므로 이에 유의하여 듣는다.

기출 문제
2016 수능

대화를 듣고, 남자의 의견으로 가장 적절한 것을 고르시오.

① 교사는 수업 시 학생들의 개인차를 고려할 필요가 있다.
② 원만한 교우 관계는 학습 동기를 강화시킨다.
③ 게임을 이용한 수업은 학습에 도움이 된다.
④ 효과적인 수업을 위한 게임 개발이 중요하다.
⑤ 조용한 학습 분위기가 수업 진행에 필수적이다.

Script

M: Ms. Robinson, what was your opinion of Mr. Brown's open class today?
W: It looked interesting.
M: Yes, it did. I was impressed by how active it was.
W: But honestly, the class seemed a bit noisy to me.
M: Yeah, I know. But that's because today's class was based on games.
W: Don't you think games can be a waste of class time?
M: Well, actually I think that games can help students.
W: I know students love games, but how do they help?
M: Games make students want to participate more actively in class.
W: Do you really think so?
M: Yeah. Today I saw all of the students laughing and enjoying themselves during the class. I think the games motivated everyone to learn.
W: That makes sense. I even saw shy students asking questions.
M: Right. If students enjoy themselves in class, it'll certainly help their learning.

해법 적용 두 사람은 수업 분위기에 관해 이야기하고 있는데, 남자는 게임에 기반한 수업이 학생들의 학습에 도움이 된다고 말하고 있다. 정답 ③

유형 분석	대화를 듣고, 두 사람의 관계를 유추하는 문제 유형이다.

해결 전략	1 대화 초반에 드러나는 정황을 파악한다. 2 특정 직업의 사람이 하는 일과 관련된 표현을 익혀 두고, 이에 유의하여 듣는다. 3 대화에 언급된 내용과 관련된 유사한 직업이 선택지에 오답으로 제시되는 경우가 많으므로, 혼동하지 않도록 주의한다.

기출 문제
2017 수능

대화를 듣고, 두 사람의 관계를 가장 잘 나타낸 것을 고르시오.

① 사회자 – 마술사　　　　　② 조련사 – 관람객
③ 무대감독 – 가수　　　　　④ 운전기사 – 정비사
⑤ 은행원 – 고객

Script

W: Welcome back! Next, we're very excited to have today's special guest. Will you please welcome Jack Wilson?

M: Hi, Laura. Thanks for having me. I watch your TV show every morning.

W: I'm flattered, Jack. So, I saw your magic performance at the theater a few days ago. It was amazing!

M: Yeah. More than 500 people came to see it. I had a wonderful time.

W: Now, we all know making things disappear is your specialty.

M: That's right.

W: Can you tell us how you make huge things like cars disappear?

M: Well, I can't reveal my secrets, but it's not as easy as pulling a rabbit out of a hat.

W: Come on! Can't you share just one little trick with us?

M: Alright, then. Just one. I'll show you a magic trick with coins.

W: Great! When we come back from the break, we'll learn a coin trick from Jack Wilson. Stay tuned!

해법 적용　TV 쇼를 진행하는 사회자가 마술사를 소개하고, 마술사의 주특기 마술에 관해 이야기하고 있다.
정답 ①

유형 분석	대화를 듣고, 그림에서 대화의 내용과 일치하지 않는 부분을 고르는 문제 유형이다.

해결 전략	1 대화를 듣기 전에, 그림 속의 인물이나 사물의 주된 특징과 위치를 파악해둔다. 2 모양이나 위치를 나타내는 표현을 잘 익혀 두고, 그림 속의 인물이나 사물을 묘사하는 해당 표현을 집중해서 듣는다.

기출 문제
2016 수능

대화를 듣고, 그림에서 대화의 내용과 일치하지 <u>않는</u> 것을 고르시오.

Script

M: What are you looking at, honey?
W: My friend Lisa sent me a picture of the park we're visiting this weekend.
M: Oh, did she? Let me see.
W: She said her family had a really good time there.
M: Oh! There are two trees near the fence. That's very nice.
W: Yeah, it is. And I like the bench between the trees.
M: Me, too. We can rest in the shade there.
W: And look at the pond with the fish. It looks peaceful.
M: It does. I like the bear statue in the middle of the picture.
W: Yeah, it's cute. I think the kids will like it, too. We can take photos in front of it.
M: They'll also have a lot of fun with the swing at the right side of the picture.
W: Definitely. They'll really enjoy it.
M: The park will be perfect for our family.

해법 적용 대화에서는 사진의 오른쪽에 그네가 있다고 했는데, 그림에는 미끄럼틀이 있다. 정답 ⑤

07 할 일

유형 분석	대화를 듣고, 남자나 여자 혹은 두 사람이 앞으로 할 일을 고르는 문제 유형이다.

해결 전략	1 대화 초반부에 드러나는 현재 상황을 파악하고, 앞으로 일어날 일을 예측하며 듣는다. 2 할 일을 당사자가 직접 언급하지 않고 상대방이 의향을 묻거나 제안하는 경우도 있으므로, 대화의 흐름을 놓치지 않도록 한다. 3 하려는 일의 계획이 대화 중간에 바뀌기도 하므로 혼동하지 않도록 유의한다.

기출 문제
2017 수능

대화를 듣고, 여자가 할 일로 가장 적절한 것을 고르시오.

① 여분의 메모리 카드 찾기
② 생일 케이크 만들기
③ 카메라 가방 구매하기
④ 공연 연습 도와주기
⑤ 아이의 무대의상 가져오기

Script

W: Honey, look at this picture of Tony from his first birthday party.
M: Can you believe how fast our son is growing up?
W: Yeah, the time is just flying by. It's hard to believe that his first school performance is this afternoon.
M: I know. Have you prepared everything that we need to record his play?
W: Well, I've packed the video camera in that bag over there.
M: Great. How about an extra memory card?
W: Oh, right. We'll probably need another one to record the whole play.
M: Better safe than sorry.
W: That's right. I'll go find one. Did you pick up Tony's costume yet?
M: I'll go pick it up from the dry cleaner while you look for the memory card.
W: Okay, sounds good.

해법 적용 두 사람은 아이의 학예회에 갈 예정이며, 남자가 세탁소에서 아이의 의상을 찾아올 동안 여자는 비디오 카메라에 쓸 여분의 메모리 카드를 찾을 것이다. 정답 ①

유형 분석	대화를 듣고, 화자가 상대방에게 부탁한 일을 고르는 문제 유형이다.

해결 전략	1 지시문이 영어로 제시된 경우, 대화를 듣기 전에 선택지를 미리 읽고 부탁하고자 하는 내용이 무엇인지 추론해 본다. 2 화자가 부탁하는 내용과 이에 대한 상대방의 반응에 주목한다.

기출 문제
2015 수능

대화를 듣고, 남자가 여자에게 부탁한 일로 가장 적절한 것을 고르시오.

① to remove election posters
② to take the adviser position
③ to cancel the student meeting
④ to speak out against school violence
⑤ to register as a presidential candidate

Script

M: Eva, I've decided to run for student council president!
W: Great, Matthew!
M: Now I need to start working on some campaign promises.
W: You're right. You'll have to think about what the students want. By the way, did you hear Tony Johnson is running, too?
M: Yeah, I know. I don't think it'll be easy to win without a good campaign team.
W: That's true. You'll need people to help you with posters, speeches, and everything else.
M: Exactly. So I need an adviser like you for my campaign. Can you give me a hand?
W: Me? I'd love to help, but do you really think I'm qualified for that position?
M: Of course. You'll be a great help with the election.
W: Then, okay. I'll do my best.
M: Thanks.

해법 적용 남자는 여자에게 자신의 선거 활동을 도와줄 것을 부탁하였고, 여자는 이를 수락하고 있다. 정답 ②

| 유형 분석 | 대화를 듣고, 특정 행동이나 감정의 이유를 추론하는 문제 유형이다. |

| 해결 전략 | 1 대화를 듣기 전에, 지시문과 선택지를 미리 읽고 묻는 내용을 정확하게 파악하고 대화의 내용을 미리 예상해 본다.
2 이유나 문제 상황에 대해 묻고 답하는 내용에서 이유가 직접적으로 언급되는 경우가 많으므로, 대화의 흐름을 놓치지 않도록 한다. |

기출 문제
2015 수능

대화를 듣고, 남자가 야구 경기를 보러 갈 수 없는 이유를 고르시오.

① 독감에 걸려서
② 비행기를 놓쳐서
③ 동생을 돌봐야 해서
④ 회의에 참석해야 해서
⑤ 입장권을 구할 수 없어서

Script

[Telephone rings.]

W: Hello?

M: Hey, Sarah. It's Alex. I have a question for you.

W: Sure. What's up?

M: Well, I've got two tickets to the National Baseball Championship next Friday, but unfortunately I can't go. Do you want them?

W: Yes, of course, but I thought the tickets were sold out.

M: They are. But my company buys tickets to every game in advance, and I was able to get some.

W: That's cool, but why can't you go?

M: I have to fly out of town for an important meeting with a client on that day, so I can't make it. Maybe you can take your brother with you.

W: Yeah, he'd love to go. But I feel sorry that you can't go to the game because of work.

M: Don't worry about it. Enjoy the game.

해법 적용 남자는 야구 경기가 있는 날 중요한 회의에 참석해야 해서 야구 경기를 보러 갈 수 없다고 말했다.

정답 ④

유형 분석	대화를 듣고, 남자나 여자가 지불할 금액을 고르는 문제 유형이다.

해결 전략	1 대화 중에 언급된 수치들을 이용해 금액을 계산해야 하므로 대화의 흐름을 놓치지 않도록 한다.
	2 대화를 들으면서 제시되는 숫자들을 메모해 두고, 개수, 할인율 등의 변수에 유의하여 계산한다.
	3 할인율이 언급되는 경우가 많으므로 할인에 관련된 표현에 유의하며 듣는다.

기출 문제
2017 수능

대화를 듣고, 남자가 지불할 금액을 고르시오.

① $36   ② $40   ③ $45
④ $47   ⑤ $50

Script

M: Hi. I want to get some souvenirs for my family and friends. Can you show me where the souvenir magnets are?

W: Sure. They're right here. We've got a lot to choose from. What do you think of this flag magnet?

M: That one's good, but the airplane one is better. My sons love airplanes. How much is it?

W: It's ten dollars.

M: Alright, I'll take two of them. And I'd like to pick up something for my friends, too.

W: How about these animal key rings? They're five dollars each.

M: They're nice. I'll take six of them.

W: Okay. Anything else?

M: That's it. Can I use this coupon I picked up from the hotel?

W: Yeah. That gives you 10% off the total price.

M: Wonderful. Here's my credit card.

해법 적용   남자는 아들에게 줄 비행기 모양의 자석($10)을 두 개, 친구들에게 줄 동물 모양의 열쇠 고리($5)를 여섯 개 샀고 총 금액의 10퍼센트가 할인되는 쿠폰을 사용한다고 했으므로, 남자가 지불할 금액은 45달러이다. 정답 ③

유형 분석	대화를 듣고, 화자가 언급하지 않은 것을 고르는 문제 유형이다.

해결 전략	1 대화를 듣기 전에, 선택지를 미리 읽고 해당 내용을 집중해서 듣는다. 2 대화를 들으면서 언급된 내용은 선택지에서 지워나간다.

기출 문제
2015 수능

대화를 듣고, 미용실에 관해 두 사람이 언급하지 <u>않은</u> 것을 고르시오.

① 가게 이름   ② 위치   ③ 남자 이발 비용

④ 영업시간   ⑤ 미용사 이름

Script

M: Hey, Jennifer. There's something different about you today.

W: Yeah. I got my hair cut yesterday. How do I look?

M: That style really suits you. What's the name of the hair salon? I need a haircut, too.

W: It's called "Beautiful Hair, Wonderful Day."

M: Hmm, I think I've seen it before. Can you tell me where it is?

W: Sure. It's located on Main Street, near the Central Shopping Mall.

M: Oh yeah, now I remember where it is. Do you know how much a man's haircut costs there?

W: I think it's about 15 dollars, but you can check the price on the salon's website to make sure.

M: I'll check online later.

W: I can recommend a stylist if you want. She does a great job with men's hair.

M: Okay. What's her name?

W: Alice Moore. She's really good.

M: Great. Thanks.

해법 적용 미용실의 영업시간에 대해서는 언급하지 않았다. 정답 ④

유형 분석	담화를 듣고, 내용과 일치하거나 일치하지 않는 내용을 고르는 문제 유형이다.

해결 전략	1 담화를 듣기 전에, 선택지를 읽고 내용을 예측한다.
	2 대개 선택지에 제시된 순서대로 담화가 전개되므로, 내용과 선택지를 차례대로 대조하며 오답을 지워나간다.
	3 시각, 날짜 등의 숫자 정보를 놓치지 않도록 유의한다.

기출 문제

2017 수능

Creative Minds Science Club에 관한 다음 내용을 듣고, 일치하지 <u>않는</u> 것을 고르시오.

① 1학년과 2학년 학생이 가입할 수 있다.
② 매주 화요일 방과 후에 모인다.
③ 작년에 다수의 발명 대회에서 수상하였다.
④ 올해의 지도 교사는 물리 선생님이다.
⑤ 더 많은 정보를 학교 게시판에서 찾을 수 있다.

Script

M: Good morning, everyone. I'm Matt Adams, president of Creative Minds Science Club. I'd like to invite you to join our club. Creative Minds is open to first- and second-year students. We meet in the science lab every Tuesday after school. We have a variety of interesting activities, like doing fun experiments and making inventions as a team. In fact, last year our club won prizes at a number of invention contests. We're very proud of our achievements. This year's advising teacher is Ms. Williams, who is a chemistry teacher at our school. This is a great opportunity to learn more about science and to put your creative mind into action. If you're interested, you can find more information on our school's bulletin board. Come and join us!

해법 적용 올해의 지도 교사는 화학 선생님(chemistry teacher)이라고 했다. 정답 ④

유형 분석	도표를 보면서 대화를 듣고, 대화에 제시된 정보를 토대로 질문에 맞는 답을 찾는 문제 유형이다.

해결 전략	1 대화를 들으면서, 대화 내용에 해당하지 않는 선택지는 지우면서 정답의 범위를 좁혀 나간다. 2 시각, 날짜와 같은 숫자 정보를 놓치지 않도록 한다. 3 두 화자가 제안과 거절을 반복하는 대화 흐름을 따라 최종적으로 무엇을 선택하 는지 대화 마지막까지 집중해서 듣는다.

기출 문제
2017 수능

다음 표를 보면서 대화를 듣고, 여자가 구매할 램프를 고르시오.

Floor Lamps for Sale

	Model	Height (cm)	LED Bulbs	Price ($)	Color
①	A	120	X	30	Black
②	B	140	O	40	Black
③	C	150	O	45	White
④	D	160	O	55	Black
⑤	E	170	X	55	White

Script

M: Welcome to Jay's Lighting Store. How may I help you?

W: I'm here to look for a floor lamp for my living room.

M: Here, take a look at this catalog. We have five models you can choose from. Are you looking for anything specific?

W: Yes. It shouldn't be too short. I'd like to get one that's taller than one hundred and thirty centimeters.

M: Then how about these four models? Would you like LED bulbs?

W: Yes, I would. They last longer than standard bulbs.

M: And they save energy. I definitely recommend LEDs. What's your price range?

W: Well, I don't want to spend more than fifty dollars.

M: Then you have two options left. Which color do you like better?

W: Hmm..., I'll go with the white one.

M: Good choice. Would you like to pay in cash or by credit card?

W: I'll pay in cash.

해법 적용 높이가 130센티미터가 넘어야 하고, LED 전구여야 하며, 50달러 이하의 가격인 모델 중에서 흰색인 램프는 C이다. 정답 ③

긴 대화를 듣고, 남자나 여자의 마지막 말에 대한 상대방의 응답을 고르는 문제이다.

해결
전략
1 대화의 전반적인 상황과 흐름을 파악하며, 대화의 마지막 부분에 단서가 제시되므로, 끝까지 집중해서 듣는다.
2 응답자가 여자인지 남자인지 확인하고 그 사람의 입장에 맞는 선택지를 고른다.
3 대화 중에 나온 표현을 활용하여 제시된 오답 선택지를 고르지 않도록 유의한다.

기출 문제
2017 수능
대화를 듣고, 여자의 마지막 말에 대한 남자의 응답으로 가장 적절한 것을 고르시오. 3점

Man: _____

① That's a good idea. I'll get rid of it right away.
② I hope you're right. I'll check with them.
③ Here's the wallet. Take it to the station.
④ It's too late. The tickets are all sold out.
⑤ I think it's closed. Turn in the book tomorrow.

Script

M: Alice, why didn't you come to the music festival yesterday?
W: I was busy doing my homework. I wish I could've gone. How was it?
M: It was great! My favorite band signed my ticket.
W: Wow! Can I see it?
M: Sure. It's in my wallet. [Pause] Wait! My wallet! It's gone!
W: Really? Look in your coat pockets. Maybe it's there.
M: It's not here. Oh, no! What should I do?
W: When was the last time you saw your wallet?
M: Umm... I remember having it at the subway station. Did I leave it there?
W: You should contact the station's lost and found right away.
M: But what if someone already took it?
W: Don't worry. Someone with a good heart might have turned it in.
M: (I hope you're right. I'll check with them.)

해법 적용
남자는 좋아하는 가수에게 사인을 받은 티켓을 여자에게 보여주려다가 지갑을 잃어버렸다는 것을 알게 된다. 여자는 누군가가 분실물 보관소에 지갑을 가져다 두었을 거라고 남자를 위로한다. 따라서 여자의 말이 맞길 바라며 분실물 보관소를 확인해 보겠다고 하는 ②가 남자의 응답으로 가장 적절하다.
정답 ②

유형 분석	담화를 듣고, 담화의 상황에서 해당 인물이 할 적절한 말을 고르는 문제 유형이다.

해결 전략	1 담화를 들으면서 등장 인물이 처한 상황을 파악한다. 2 담화 후반부에 해당 인물이 상대방에게 하고자 하는 말을 직접 언급하는 경우가 많으므로 이 부분에 유의하여 듣는다.

기출 문제
2017 수능

다음 상황 설명을 듣고, Brian이 Sarah에게 할 말로 가장 적절한 것을 고르시오. 3점

Brian: _____

① You can take a singing class at the local community center.
② Try to keep a close relationship with your classmates.
③ Would you give me some advice as a mentor?
④ You need to get help with your recommendation letter.
⑤ How about volunteering as a mentor at the community center?

Script

W: Sarah and Brian are university classmates. Sarah wants to be a teacher and is interested in helping others. She plans on finding volunteer work to contribute to the community while getting teaching experience. However, she's not sure what kind of volunteer work she can do. Brian is a volunteer mentor at a local community center. He feels that his students are learning a lot, and that he's benefitting from the experience as well. Sarah tells Brian about her plan and asks him to recommend some volunteer work for her. Since Brian finds his volunteer work rewarding, he wants to suggest to Sarah that she be a mentor at the community center. In this situation, what would Brian most likely say to Sarah?

Brian: (How about volunteering as a mentor at the community center?)

해법 적용

여자가 남자에게 봉사 활동을 추천해달라고 부탁하자, 남자는 자신이 하고 있는 지역 주민센터 자원봉사 활동이 보람차다고 느끼기 때문에 여자에게도 동일한 봉사 활동을 추천해주고 싶어 한다. 따라서 지역 주민센터의 자원봉사 활동을 제안하는 ⑤가 남자의 응답으로 가장 적절하다. 정답 ⑤

유형 분석	담화를 듣고, 동일한 하나의 담화와 관련된 두 가지 문제를 해결하는 유형이다.

해결 전략	1 16번은 주로 담화의 주제나 목적을 묻는 유형이고, 17번은 주로 담화의 세부 내 용을 묻는 유형이 제시된다. 2 지문 내용은 연속하여 두 번 들려주므로 처음에는 전반적인 내용을 파악하고, 다 시 들을 때는 세부 사항을 확인하는 데에 주목한다. 3 지문 내용이 길기 때문에 문제 유형에 따라 세부 내용을 메모하며 듣는다.

기출 문제

`2017 수능`

[16~17] 다음을 듣고, 물음에 답하시오.

16. 남자가 하는 말의 주제로 가장 적절한 것은?
① several ways flowers attract animals
② popular professions related to animals
③ endangered animals living on tropical islands
④ major factors that pose a threat to animals
⑤ various animals that feed from flowers

17. 언급된 동물이 아닌 것은?
① hummingbirds ② bats ③ lizards ④ parrots ⑤ squirrels

`Script`

M: Hello, class. Last time we learned about insects, their life cycles and what they eat. As you know, many insects get food from flowers, but they aren't the only creatures that do. Today, we'll learn about a variety of animals that use flowers as a food source. First are hummingbirds. These birds use their long narrow beaks to get the flower's sweet liquid called nectar. Mysteriously, they only feed from upside down flowers. We still don't know why. Next are bats. Although most bats eat insects, some get their food from flowers. These bats have a strong sense of smell and sight compared to insect-eating bats. There are also lizards that drink nectar. These lizards are found on tropical islands that have few natural enemies. Finally, there is a type of squirrel that feeds from flowers. Most nectar-drinking animals help flowers grow in numbers, but these squirrels often harm the plant. When drinking nectar, they bite through the flower, which causes damage. Interesting, huh? What other animals use flowers in their diet? Take a minute to think, and then we'll talk about it.

`해법 적용`

16. 남자는 꽃을 먹이의 원천으로 하는 동물들에 대해 배울 것이라고 했으므로, 남자가 하는 말의 주제로 가장 적절한 것은 ⑤ '꽃을 먹고 사는 다양한 동물'이다. 정답 ⑤
17. 앵무새(parrots)는 언급되지 않았다. 정답 ④

기출문제 해석 ☁️

남: 엄마, 저 왔어요. 너무 늦어서 죄송해요.
여: 피터! 너 어디 있었니? 아빠 엄마가 걱정했잖아.
남: 뮤지컬 연습을 하고 있었는데요, 얼마나 늦었는지 깨닫지 못했어요.
여: 알겠어. 하지만 또 그런 일이 있으면 알려주렴.

① 동의해. 하지만 그럴 시간이 없어.
② 네 말이 맞아. 그러면 아무에게도 말하지 않을게.
③ 나를 믿어. 네가 옳은 일을 했다는 것을 깨닫게 될 거야.
⑤ 맞아. 우린 오랫동안 연습하고 있잖아.

realize 깨닫다

여: 안녕하세요, 청취자 여러분! 일분 건강입니다. 요즘 점점 더 많은 사무실 근로자들이 모니터 앞에서 보내는 긴 시간에 의해 초래된 문제를 보고하고 있습니다. 가장 큰 문제는 눈의 손상과 목과 허리에 가는 스트레스입니다. 잘못된 자세가 주요 원인입니다. 당신이 컴퓨터를 사용하는 동안 바른 자세를 유지하기 위한 몇 가지 조언이 여기 있습니다. 첫째로, 모니터로부터 50에서 70센티미터 떨어져 앉도록 하세요. 모니터에 너무 가까이 앉는 것은 당신의 눈을 상하게 할 수 있습니다. 둘째로, 목에 가해지는 압박을 줄이기 위해, 당신은 모니터의 왼쪽이나 오른쪽이 아닌 정면에 앉아야 합니다. 마지막으로, 허리에 가는 압박을 감소시키기 위해 무릎을 직각으로 유지하려고 노력하세요. 바른 자세가 건강한 컴퓨터 사용을 위한 첫걸음이라는 것을 기억하세요. 일분 건강의 브렌다 스미스였습니다.

improper 부당한, 잘못된 posture 자세 lessen 줄다, 줄이다 pressure 압박, 압력

여: 브라이언, 너 정말 피곤해 보여.
남: 응, 최근에 잠을 자는데 어려움을 겪고 있어.
여: 왜? 뭔가 널 괴롭히니?
남: 그렇진 않아, 하지만 나는 이 문제를 극복하는 방법을 모르겠어.
여: 음, 규칙적인 수면 패턴을 유지하는 것이 도움이 될 수 있어.
남: 나는 보통 매일 같은 시간에 자러 가고 일어나는데, 효과가 없어.
여: 음, 자기 전에 특정한 무언가를 하니?
남: 글쎄, 나는 잠시 동안 게임을 하거나 친구와 문자를 하는데 내 전화기를 이용해.
여: 오, 그건 좋지 않아. 잠자기 적어도 한 시간 전에는 미디어 기기를 사용하지 않는 것이 중요해.
남: 진짜? 나는 이것이 내 스트레스를 해소하는데 도움이 될 거라고 생각했어.
여: 이것은 너의 감각을 과도하게 자극하고 수면 장애를 유발할 수 있어.
남: 그렇구나.
여: 건강한 수면을 위한 또 하나의 조언은 자기 전에 따뜻한 우유를 마시는 거야.
남: 응, 나는 그것들을 시도하고 효과가 있나 볼게. 고마워.

particular 특정한 device 장치, 기기 relieve 없애[덜어] 주다, 완화하다

남: 로빈슨 선생님, 오늘 브라운 선생님의 공개 수업에 대한 선생님의 의견은 무엇이죠?
여: 재미있어 보였어요.
남: 네, 그랬죠. 저는 수업이 아주 활동적이어서 인상적이었어요.
여: 하지만 솔직히, 저한테는 수업이 약간 소란스러워 보였어요.
남: 네, 알아요. 하지만 그것은 오늘 수업이 게임을 기반으로 했기 때문이에요.

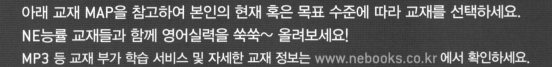

NE능률 교재 MAP

수능

아래 교재 MAP을 참고하여 본인의 현재 혹은 목표 수준에 따라 교재를 선택하세요.
NE능률 교재들과 함께 영어실력을 쑥쑥~ 올려보세요!

MP3 등 교재 부가 학습 서비스 및 자세한 교재 정보는 www.neboks.co.kr 에서 확인하세요.

초1-2	초3	초3-4	초4-5	초5-6

초6-예비중	중1	중1-2	중2-3	중3
			첫 번째 수능 영어 기초편	첫 번째 수능 영어 유형편
				첫 번째 수능 영어 실전편

예비고-고1	고1	고1-2	고2-3, 수능 실전	수능, 학평 기출
기강잡고 독해 잡는 필수 문법	빠바 기초세우기	빠바 구문독해	빠바 유형독해	다빈출코드 영어영역 고1독해
기강잡고 기초 잡는 유형 독해	능률기본영어	The 상승 어법어휘+유형편	빠바 종합실전편	다빈출코드 영어영역 고2독해
The 상승 직독직해편	The 상승 문법독해편	The 상승 구문편	The 상승 수능유형편	다빈출코드 영어영역 듣기
올클 수능 어법 start	수능만만 기본 영어듣기 20회	맞수 수능듣기 실전편	수능만만 어법어휘 228제	다빈출코드 영어영역 어법·어휘
얇고 빠른 미니 모의고사	수능만만 기본 영어듣기 35+5회	맞수 수능문법어법 실전편	수능만만 영어듣기 20회	
10+2회 입문	수능만만 기본 문법·어법·어휘 150제	맞수 구문독해 실전편	수능만만 영어듣기 35회	
	수능만만 기본 영어독해 10+1회	맞수 수능유형 실전편	수능만만 영어독해 20회	
	맞수 수능듣기 기본편	맞수 빈칸추론	특급 듣기 실전 모의고사	
	맞수 수능문법어법 기본편	특급 독해 유형별 모의고사	특급 빈칸추론	
	맞수 구문독해 기본편	수능유형 PICK 독해 실력	특급 어법	
	맞수 수능유형 기본편	수능 구문 빅데이터 수능빈출편	특급 수능·EBS 기출 VOCA	
	수능유형 PICK 독해 기본	얇고 빠른 미니 모의고사	올클 수능 어법 완성	
	수능유형 PICK 듣기 기본	10+2회 실전	능률 EBS 수능특강 변형 문제	
	수능 구문 빅데이터 기본편		영어(상), (하)	
	얇고 빠른 미니 모의고사		능률 EBS 수능특강 변형 문제	
	10+2회 기본		영어독해연습(상), (하)	

수능 이상/ 토플 80-89· 텝스 600-699점	수능 이상/ 토플 90-99· 텝스 700-799점	수능 이상/ 토플 100· 텝스 800점 이상		

만만한
수능영어

NE 능률

영어듣기
20회

정답 및 해설

만만한
수능영어

정답 및 해설

영어듣기
20회

정답 및 해설

01 ①	02 ⑤	03 ①	04 ③	05 ⑤	06 ①
07 ③	08 ④	09 ⑤	10 ③	11 ②	12 ④
13 ③	14 ④	15 ②	16 ①	17 ②	

01 ①

여: 오늘 밤 여기 와 주진 모든 분들께 감사드립니다. 미술관이 이처럼 붐비는 건 오랜만입니다. 지금, 제 옆에 서 계시는 분은 여러분께서 감상하고 계시는 이 놀라운 그림들을 모두 그린 분입니다. 이제, 여러분 모두는 그가 얼마나 재능이 있는지 아실 겁니다. 그러나 여러분께서 모르실 수도 있는 점은, 몇 달 전까지만 해도 그가 노숙자였다는 것입니다. 직장을 잃은 후에, 그의 운은 계속 점점 더 나빠졌습니다. 그러나 그 와중에도, 그는 결코 그림 그리는 것을 멈추지 않았습니다. 여러분께서 오늘 밤 보시는 예술 작품 중 일부는 그가 거리에서 살며 동전을 구걸할 때 만들어졌습니다. 하지만 그의 고된 노력은 성과를 거뒀고, 그는 이제 시내에 있는 자신의 아파트에서 살고 있습니다. 그리고 저는 언제고 곧 그가 세계적으로 유명한 화가가 될 것이라고 기대합니다.

어휘
responsible for …에 책임이 있는 by now 지금쯤은, 이제 talented 재능이 있는 homeless 노숙자의 beg for …을 구걸하다 change 변화; *잔돈, 거스름돈 pay off 성과를 거두다

02 ⑤

여: 너 괜찮니? 혼란스러워 보여.
남: 오늘 아침에 일어났던 일에 대해 생각하고 있었어.
여: 무슨 일이었는데?
남: 한 남자가 서둘러 출근 중이었는데, 외국 여행객과 부딪혔어. 그는 그녀를 거의 쓰러트렸어.
여: 정말? 그 다음에 어떻게 됐어?
남: 아무 일도 없었어. 그는 아무 말도 하지 않고 그냥 걸어갔어. 그녀는 정말 화가 난 것 같았어.
여: 음, 여기선 흔한 일이야. 언제나 일어나는 일이지.
남: 그렇지. 하지만 그녀의 문화권에서는 그는 멈춰서 미안하다고 말했을 거야.
여: 맞아. 안타깝게도, 그는 아마 그걸 몰랐겠지.
남: 난 학교에서 그런 예절을 가르쳐야 한다고 생각해. 그런 일처럼 나쁜 상황을 예방할 수 있잖아.
여: 응, 네 말이 맞아. 정말 좋은 생각이야.

어휘
bump into …와 부딪히다 knock ... over …을 때려눕히다 normal 보통의, 평범한

03 ①

여: 좋아요, 제가 어떤 자세를 취하면 될까요?

남: 그냥 여기 앉아서 긴장을 푸세요.
여: 알았어요. 어디를 보고 있어야 하죠? 당신을 볼까요?
남: 아니요, 저 말고 딴 데를 보셨으면 해요. 음… 위를 보시는 게 어떨까요?
여: 이렇게요?
남: 네, 시선을 계속 위에 두고, 머리를 똑바로 세우세요.
여: 알겠어요. 시작하시는 건가요?
남: 연필들 좀 꺼내고요. 자, 이제 한 시간 정도 걸릴 거니까, 가능한 한 움직이지 말고 앉아 계세요.
여: 최선을 다해 볼게요.
남: 아주 멋있네요. 고개를 왼쪽으로 조금만 돌려주시겠어요?
여: 알겠어요.
남: 완벽해요! 움직이지 마세요. 이거 걸작이 되겠는데요!

어휘
pose 자세를 취하다 still 움직이지 않는 do not move a muscle 꿈쩍도 않다, 전혀 움직이지 않다 masterpiece 걸작

04 ③

남: 내가 인터넷에서 찾은 이 사진 좀 봐.
여: 와! 크리스마스 장식을 한 방이네.
남: 응. 우리 아파트를 꾸밀 아이디어들을 여기서 얻을 수 있을 것 같아.
여: 좋은 생각이다! 난 사진 한 가운데에 있는 벽난로가 너무 좋아.
남: 응, 하나 있으면 좋겠다. 크리스마스트리는 어떤 것 같아?
여: 그 아래에 있는 선물이랑 꼭대기에 있는 별 모두 다 좋아.
남: 우리 저것처럼 트리를 꾸밀 수 있겠어. 그리고 가족사진 보여?
여: 아니. 그건 어딨어?
남: 벽난로 위에 걸려 있어. 우리도 그것과 같은 사진을 하나 마련해야겠어.
여: 좋아. 벽난로 오른쪽에 있는 책장 같은 것도 하나 사자.
남: 왜? 우린 저 사진에서처럼 책이 많지 않잖아.
여: 알아, 하지만 좋아 보여서. 아마도 우린 거기에 다른 것들을 둘 수 있을 거야. 그리고 그 앞에 있는 흔들의자도 마음에 들어.
남: 동의해. 저기 앉아서 난롯가에서 책을 읽고 싶어.

어휘
decorate 장식하다 fireplace 벽난로 present 선물 bookshelf 책장 rocking chair 흔들의자

05 ⑤

남: 프랑스어 단어 시험 어땠어, 마샤?
여: 정말 잘 봤어. A+를 받았거든.
남: 와! 넌 항상 단어 시험을 굉장히 잘 보는구나. 비결이 뭐니?
여: 글쎄, 난 매 단원의 모든 단어들로 주머니에 들어가는 크기의 플래시 카드 세트를 만들어.
남: 그게 유용하니?
여: 아, 그럼. 난 시간이 날 때마다 그걸 보는걸.
남: 내가 다음 단원의 네 플래시 카드를 좀 빌릴 수 있을까?
여: 음, 나도 그게 필요해. 하지만 네 걸 만드는 법을 보여줄 수는 있어.
남: 그래 줄래?
여: 물론이지. 넌 종이와 가위, 그리고 펜만 준비하면 돼.
남: 쉬운데. 고마워.

06 ①

[휴대전화벨이 울린다.]
여: 안녕, 무슨 일이야, 밥?
남: 귀찮게 해서 미안한데, 좀 안 좋은 소식이 있어.
여: 무슨 일이야?
남: 오늘 밤 네 생일 파티에 못 갈 것 같아.
여: 아, 안 돼! 널 만나기를 고대하고 있었는데. 무슨 일 있니?
남: 기차를 놓쳤어. 그리고 다음 기차는 두 시간 후에 출발해.
여: 그건 너무 늦어. 모든 걸 놓칠 텐데.
남: 정말 안타까워. 네 선물을 이미 샀거든.
여: 음, 대신 다음 주말에는 볼 수 있을까?
남: 안 될 것 같아. 삼촌을 뵈러 갈 거야.
여: 아쉽다.
남: 하지만 다음 주 목요일에는 시내에 있을 거야. 그때 내가 저녁을 살까?
여: 좋아!

07 ③

[전화벨이 울린다.]
남: Online Superstore에 전화 주셔서 감사합니다. 어떻게 도와드릴까요?
여: 안녕하세요, 제 이름은 제시카 박인데요. 주문번호 78821에 대해 전화 드려요.
남: 어디 한 번 볼게요… 고객님은 어제 바지 한 벌과 티셔츠 한 장을 주문하셨네요, 맞죠?
여: 네. 이제 당신의 계좌로 송금을 해야 하는데 얼마인지 잊어버렸어요.
남: 바지는 20달러이고 셔츠는 15달러입니다.
여: 그 바지는 25퍼센트 할인되지 않나요? 할인 판매 중인 줄 알았는데요.
남: 그랬지만, 그건 지난주에 끝났습니다.
여: 아, 몰랐네요.
남: 고객님께서는 또한 배송료를 내셔야 합니다.
여: 알겠어요. 그게 얼마죠?
남: 품목당 2달러입니다.
여: 알겠습니다. 바로 송금할게요. 도와주셔서 고맙습니다.

문제풀이
바지는 20달러, 셔츠는 15달러이고 품목당 2달러의 배송료를 내야 하므로, 남자가 지불할 금액은 총 39달러이다.

08 ④

여: 저 방금 메일을 하나 받았어요, 아빠. 현장학습이 화요일에서 목요일로 바뀌었대요.
남: 정말이니? 왜?
여: 화요일에 날씨가 안 좋을 거라고 하네요.
남: 아, 그렇구나. 시 법원 청사에 가는 것이지, 그렇지?
여: 맞아요. 오전 9시에 버스가 출발하니까 전 8시 반까지 학교 앞으로 가야 해요.
남: 알겠다. 내가 태워다 주마. 언제 돌아올 거니?
여: 법원 청사 투어가 3시 전에 끝날 테니까, 오후 4시까지는 돌아올 것 같아요.
남: 끝나고 곧장 집으로 올 거지?
여: 아니요. 선생님께서 방과 후 활동을 하는 학생들은 평소와 같이 출석하라고 하셨어요.
남: 그러니까 너는 배구 연습을 가겠구나?
여: 네. 아, 저 점심거리가 필요해요. 간식과 음료는 주지만, 도시락은 안 준대요.
남: 알겠구나. 전날 밤에 무언가를 만들어 줄게.

09 ⑤

남: 저희 '파리 걷기 여행'을 가신다면, 여러분은 이 멋진 도시가 제공하는 모든 것을 경험하게 될 것입니다. 저희는 여러분을 에펠탑, 루브르 박물관, 그리고 노트르담 성당을 포함하여 모든 명소로 데려갈 것입니다. 또한, 여러분께서 파리의 아름다운 거리를 걷는 동안, 저희 가이드들이 여러분께 다른 많은 것들을 보여 주고 그것들의 역사에 대해 이야기해 줄 것입니다. 이 관광은 가이드를 동반한 3시간 도보 여행이며, 루브르 박물관에서 끝납니다. 관광 후에 여러분은 원하는 만큼 오랫동안 박물관에 머물며 구경하실 수 있습니다. 비용은 1인당 50달러이며, 온라인으로 표를 예매하실 수 있습니다. 적어도 48시간 전에 미리 예약하십시오. 파리에서 즐거운 시간 보내시길 바랍니다!

10 ③

남: 안녕하세요. 이 잡지 구독에 관심이 있어서요.
여: 관심가져 주셔서 감사합니다. 전자책으로 받으시겠어요? 그게 인쇄판보다 더 저렴합니다.
남: 저는 인쇄물이 더 나을 것 같아요. 화면상으로 읽는 걸 안 좋아해서요.
여: 알겠습니다. 음, 선택하실 수 있는 구독 종류들이 몇 가지 있어요.
남: 저 1개월권으로 시작해보고 싶어요. 일단 시험 삼아서요.
여: 네, 하지만 그건 비교적 비쌉니다. 더 길게 구독할수록, 월별 요금이 더 저렴해져요.
남: 오, 그렇군요. 음, 1년 이하로는 어떤 선택 사항이 있나요?
여: 3개월, 6개월, 9개월 동안 구독하실 수 있습니다. 월 구독료가 다 달라요.
남: 음, 한달에 25달러 이상은 쓰고 싶지 않아요.

여: 그렇다면, 적어도 6개월은 구독하셔야 해요. 9개월 구독은 사은품이 나갑니다.

남: 고맙지만 괜찮아요. 사은품은 필요 없어요. 좀 더 짧게 구독하는 게 나을 것 같네요.

어휘

subscribe to …을 구독하다 (n. subscription) hard copy 인쇄본
relatively 비교적 option 선택 사항

11 ②

여: 어디 가니, 알렉스?

남: 시내에 있는 서점에 가려고. 새로 나온 소설을 사고 싶어서.

여: 정말? 지난주에 새로운 책 (읽기) 시작하지 않았니?

남: 응, 근데 벌써 다 읽었어.

어휘

[문제] for fun 재미로

문제풀이

① 네가 원한다면 같이 가자.

③ 난 수업에서 쓸 연필을 좀 사야 해.

④ 응, 근데 난 재미로 책을 읽는 걸 좋아하지 않아.

⑤ 맞아. 그건 공원 옆 Main 거리에 있어.

12 ④

남: 안녕, 효린아. 너 작년에 아프리카에 갔었다고 들었어. 그게 사실이야?

여: 오, 안녕, 태민아! 오랜만이야, 그리고 응, 사실이야.

남: 일생에 단 한 번뿐인 경험인 것 같아. 난 거기서 자원봉사를 하려고 생각 중이야.

여: 대단한데! 내가 정보를 좀 줄 수 있어.

어휘

once-in-a-lifetime 일생에 한 번의 experience 경험 do volunteer
work 자원봉사를 하다 [문제] volunteer 자원봉사자

문제풀이

① 네 여행에 관한 모든 걸 말해줘!

② 음, 나도 여행하는 걸 좋아하지 않아.

③ 난 다음 주에 아프리카에서 돌아올 거야.

⑤ 우리나라에는 많은 자원봉사자들이 있어.

13 ③

[휴대전화벨이 울린다.]

남: 여보세요?

여: 안녕, 앤디. 나 에스더야. 뭐 하고 있니?

남: 아무것도. 그냥 TV 보고 있어.

여: 시내에서 만나서 커피 한잔하는 게 어때?

남: 좋아. 언제 만나고 싶니?

여: 음, 난 지금 준비가 됐어. 30분 후에 지하철역 근처에서 만나는 건 어때?

남: 30분이라고? 그건 너무 빠른데.

여: 알겠어. 그럼 넌 준비하는 데 얼마나 걸릴 것 같니?

남: 잘 모르겠어. 샤워도 해야 하고 옷도 갈아입어야 하거든. 꽤 걸릴걸.

여: 그럼 한 시간 후에 만나는 건 어때? 그건 괜찮니?

남: 아마도. 내가 서두르면 거기에 좀 더 일찍 도착할 수 있을지도 몰라.

여: 음… 네가 준비가 되면 나한테 전화해 줄래?

남: 그래, 그게 더 낫겠다.

어휘

[문제] set (시계를) 맞추다 direction 방향

문제풀이

① 내가 알람 맞추는 걸 깜박한 것 같아.

② 왜냐하면 어젯밤에 내가 휴대전화를 잃어버렸거든.

④ 지하철역으로 가는 길을 알려 주지 않아도 돼.

⑤ 좋아, 내가 화요일 밤으로 예약할게.

14 ④

여: 마빈, 너 괜찮니? 별로 안 좋아 보여.

남: 아… 몸이 안 좋아.

여: 너무 안됐다. 무슨 일이니?

남: 모르겠어. 어지럽고 구역질이 나. 속도 몹시 안 좋아.

여: 오늘 뭘 먹었어? 아마 뭔가 잘못 먹은 것 같네.

남: 그런 것 같지는 않아. 오늘 배가 고프지 않아서 많이 먹지 않았거든. 아침으로 버터 바른 토스트 조금하고 차만 마셨을 뿐이야.

여: 음… 버터 바른 토스트와 차 때문에 병이 나진 않을 것 같은데.

남: 나도 그건 아닌 것 같아, 그럼 왜 아프지?

여: 오, 잠깐, 버터의 유통기한을 확인했니?

남: 아니, 안 했는데. 식탁 위에 있어서 먹어도 되는 거라고 생각했어.

여: 널 아프게 한 게 확실히 버터였나 봐.

어휘

dizzy 어지러운 nauseous 메스꺼운, 구역질 나는 stomach 위, 복부, 속
awful 아주 심한, 너무 안 좋은 expiration date 유통기한 assume 추정하다
edible 먹을 수 있는

문제풀이

① 운동을 시작하는 게 어떠니?

② 넌 더 이상 차를 마시지 않는 게 좋겠어.

③ 넌 우선 식탁부터 치워야 해.

⑤ 왜 먹는 걸 멈추지 않았니? 넌 너무 많이 먹었어!

15 ②

남: 애슐리는 몇 달 전에 대학을 졸업했다. 그녀는 마케팅을 전공했고, 이제 일을 시작하기 위해 직업을 구하고 있다. 최근에 그녀는 한 최고의 광고 회사에서 면접을 보러 오라는 연락을 받았다. 인사 담당 관리자가 유급 인턴직을 놓고 지금 그녀를 면접하는 중이다. 애슐리는 자신이 이런 최고 회사의 일자리에 (자격이 있다고) 고려된다는 것에 매우 들뜬다고 말한다. 관리자는 그녀의 자격 요건에 관해 묻고, 그녀는 자신이 마케팅 학사 학위를 가지고 있으며 광고 업계에서 하계 인턴십을 한 적이 있다고 말한다. 그는 그녀의 경험과 열정에 감명받는다. 그러고 나서 그는 그녀가 가능한 한 빨리 일을 시작하여 주당 40시간을 근무할 수 있는지 묻는다. 그녀는 할 수 있다고 말하며 당장 시작할 수 있다고 말한다. 이런 상황에서, 면접관이 애슐리에게 할 말로 가장 적절한 것은 무엇인가?

면접관: 좋습니다. 월요일에 첫 출근을 하세요.

major in …을 전공하다 career 직장 생활; 경력 interview 면접; (면접관이) 면접을 보다 human resources 인적자원 관리, 인사 paid 유급의, 보수가 주어지는 internship 인턴직 qualification 자격 사항 bachelor's degree 학사 학위 impressed 감명을 받은 enthusiasm 열정 [문제] qualified 자격이 있는, 적임의

문제풀이
① 저희는 인턴직 프로그램에 학생들을 고용하지 않습니다.
③ 2개월 동안은 당신이 업무를 시작할 필요가 없을 겁니다.
④ 이것은 아르바이트직이라는 것을 당신이 이해해 주길 바랍니다.
⑤ 죄송하지만, 저희는 더 자격을 갖춘 사람을 찾고 있습니다.

16 ①   17 ②

여: 여러분은 아마 화장품이 최근의 발명품이라고 생각하실지도 모르겠습니다. 하지만, 그것들은 사실 수천 년 동안 저희 주변에 존재해 왔습니다. 기원전 1만 년 전으로 거슬러 올라가면, 이집트인들은 향기 나는 기름을 사용했습니다. 이 기름들은 고대 이집트인들이 피부를 부드럽고 깨끗하게 유지하는 데 도움이 되었습니다. 그것들은 또한 피부를 강한 바람과 햇빛의 해로운 영향으로부터 보호했습니다. 기원전 3천 년에, 그리스의 사람들은 오디를 으깨어 뺨을 더 붉어 보이게 만드는 데에 그것들을 사용했습니다. 그것은 볼연지의 초기 형태였습니다! 2천 년 후에, 그리스인들은 납으로 얼굴에 바르는 분을 만들었습니다. 불행히도, 그들은 이 독성물질과 관련된 위험한 건강상의 문제들에 관해 알지 못했습니다. 서기 100년, 로마의 사람들은 그들의 얼굴에 밀가루를 발랐습니다. 그들은 여드름을 가리고 치료하기 위해 밀가루를 사용했습니다. 요즘 현대인들은 어떤 종류의 화장품을 사용하나요? 짝과 함께 몇 분간 이야기 나눠봅시다. 그러고 나서 여러분의 생각을 토론해보겠습니다.

어휘
invention 발명(품) scented 향기 나는 crush 으깨다, 부수다 mulberry 오디, 뽕나무 cheek 볼, 뺨 rouge 볼연지 lead 납 associated with …와 관련된 toxic 독성의 flour 밀가루 pimple 여드름

문제풀이
16 ① 화장품의 역사   ② 얼굴에 바르는 분을 만드는 법
   ③ 납의 건강상 문제점들   ④ 현대 화장품의 종류들
   ⑤ 이집트인들이 발랐던 화장품

DICTATION Answers   본문 p.8

01 how talented he is / kept getting worse / begging for change

02 You look distracted / knocked her over / would have stopped

03 to pose / sit as still as possible / Don't move a muscle

04 I wish we had one / but it looks good / sit there and read a book

05 all the words in each unit / how to make your own / Sounds easy

06 I can't make it / missed my train / take you to dinner

07 placed an order / transfer the money / to pay for shipping

08 has been changed from / be in front of / coming straight home afterwards

09 the most famous sights / guided walk / Please make your booking

10 I am interested in / reading on a screen / the less you'll pay

11 start a new book

12 doing volunteer work

13 How about meeting / shower and get changed / when you're ready

14 dizzy and nauseous / check the expiration date / it was edible

15 looking for a job / a paid internship position / starting as soon as possible

16~17 used scented oils / make their cheeks look redder / put flour on their faces

02 영어듣기 모의고사   본문 ▲ p.12

01 ④	02 ②	03 ③	04 ④	05 ⑤	06 ④
07 ①	08 ③	09 ⑤	10 ②	11 ⑤	12 ④
13 ⑤	14 ④	15 ⑤	16 ②	17 ③	

01 ④

남: 병원에 오신 모든 방문객들께서는 주목하세요! 현재 저녁 8시로 면회 시간이 끝나갑니다. 모든 문병객들께서는 돌아가 주시기 바랍니다. 응급실에 있는 환자를 면회하시는 게 아니라면, 더 계시기 위해 의사의 특별 허가를 받으셔야 합니다. 하지만 응급실에서는 가족 두 분만은 환자들을 면회하실 수 있습니다. 이것은 환자들의 평안과 안녕을 위한 것입니다. 문의 사항이 있으시면 2층에 있는 안내 데스크로 와 주시기 바랍니다. 경청해 주셔서 감사합니다.

어휘
visiting hours 면회 시간 permission 허가, 허락 patient 환자 emergency room 응급실 comfort 안락함, 편안함 well-being 안녕, 행복 information desk 안내 데스크

02 ②

남: 아, 나 머리가 아파.
여: 난 손목이 아파. 그리고 그건 놀랄 일이 아니야. 우리에게 문제가 더 없는 게 놀라운 거지.

남: 무슨 뜻이야?
여: 생각해 봐. 우린 온종일 컴퓨터 앞에 앉아 있잖아.
남: 그럼 넌 우리의 문제가 컴퓨터 때문이라고 생각하는 거야?
여: 물론이지. 컴퓨터는 우리의 눈과 손에 많은 부담을 주잖아. 그게 많은 문제를 일으키는 거고.
남: 난 모르겠어. 그런 문제들을 가진 사람들은 아주 많잖아.
여: 바로 그거야. 그건 요즘 너무 많은 사람들이 컴퓨터를 사용하고 있기 때문이야.
남: 전에는 그것에 대해서 정말 생각해보지 않았어.
여: 우린 우리의 일상 습관이 주는 영향에 대해서 좀 더 생각해야 해.

어휘
wrist 손목 It's no wonder. 놀랄 일이 아니다. strain 피로, 부담

03 ③

[전화벨이 울린다.]
남: 넬슨 피터슨입니다.
여: 안녕하세요, 피터슨 씨. 신문 광고를 보고 전화했어요.
남: 그렇군요. 제가 도와 드릴 일이 있나요?
여: 네. 제가 가게를 이전할 계획이에요. 다음 주에 시내에 작은 의상실을 열거든요.
남: 알겠습니다. 그럼 새로운 의상실로 짐을 옮겨야겠군요?
여: 맞아요. 예전 상점은 Brown 거리 2014번지예요.
남: 이 일은 언제까지 끝마치면 되나요?
여: 가능한 한 빨리요. 내일 오후에 시간 있으신가요?
남: 네, 있습니다. 오후 2시경에 고객님의 가게로 제 트럭을 가지고 갈 수 있습니다.
여: 잘됐네요. 그리고 제 짐들 모두를 실었다가 내려주시는 거죠?
남: 물론입니다. 고객님이 짐을 얼마나 많이 갖고 계신지에 따라 대략 400달러의 비용이 들 겁니다.
여: 좋아요. 그럼 내일 뵐게요.

어휘
location 위치 boutique 의상실 stuff 물건, 비품 avenue 거리, …가
load 짐을 싣다 (↔ unload) approximately 대략, 거의 depending on …에 따라

04 ④

남: 여보, 와서 내가 한 걸 봐요. 새 선반에 모든 것을 다 놓는 것을 끝냈어요.
여: 와! 방이 멋져 보여요!
남: 그렇게 생각하다니 기뻐요. TV를 가운데에 놓은 것에 대해서 어떻게 생각해요?
여: 그곳에 있으니 좋아 보이네요. 오, 꼭대기 선반에 작은 장난감 4개를 놓았네요!
남: 그래요, 거기 있으니 보기 좋아서요. 그리고 TV 양쪽에 책을 꽂았어요.
여: 아주 좋아요. 이제 우리가 쉽게 책을 꺼낼 수 있겠어요. 오, TV 앞에 저 작은 화분 2개는 어디서 구했어요?
남: 내가 어제 꽃집에서 샀어요.
여: 귀엽네요. 오, TV 아래 서랍 하나가 열려 있네요. 내가 닫을게요.
남: 알았어요. 하지만 먼저 그곳에 리모컨들을 넣을게요.

여: 그렇게 해요. 어쨌든 새 선반을 정리해줘서 고마워요.
남: 천만에요. 재미있었어요.

어휘
remote control 리모컨 arrange 정리[배열]하다

05 ⑤

여: 내일 우리 여행할 준비 다 됐어요?
남: 그런 것 같아요.
여: 신문 배달을 취소시키고, 뒷문이 잠기도록 수리도 했어요?
남: 그럼요, 그리고 브루나이에 있는 호텔에 전화도 했어요. 우리 객실이 준비되어 있어요.
여: 잘됐네요! 바다가 보이는 객실을 예약하다니 운이 좋았어요.
남: 그래요. 참, 내가 회사에 있는 동안 항공사에 전화해야 하는 걸 기억해 줘요.
여: 물론이죠. 예약을 확인해야 하잖아요.
남: 고마워요. 짐 꾸리는 걸 도울 수 있도록 오늘 일찍 퇴근할게요.
여: 아, 잘됐네요. 너무 바빠서 당신 도움이 정말 필요하거든요.
남: 문제없어요.
여: 와, 휴가 떠나는 게 이렇게 일이 많을 줄 몰랐어요!
남: 나도요!

어휘
fix 수리하다 reserve 예약하다 (n. reservation) ocean view 바다가 보이는 전망 airline 항공사 confirm 확인하다 pack 짐을 꾸리다

06 ④

여: 안녕, 앤디. 잘 지내니?
남: 응! 바쁜 한 주였어. 그래도 난 이번 주말에 있을 우리 여행을 기대하고 있어.
여: 실은, 그것과 관련해서 너에게 할 말이 있어.
남: 그래. 무슨 일이야?
여: 난 이번 주말에 못 갈 것 같아.
남: 오, 이런. 왜 못 가는데?
여: 다음 주 월요일에 수학 시험이 있는 걸 방금 알게 됐어.
남: 아, 그렇구나. 확실히 못 가는 거야?
여: 안타깝지만 못 가. 주말 내내 공부해야 하거든.
남: 음, 다른 주말로 일정을 변경해야겠네.
여: 정말? 그러면 좋겠다. 너와의 약속을 취소하게 되어서 정말 미안해.
남: 이해해.

어휘
look forward to …을 고대하다 reschedule 일정을 변경하다

07 ①

여: 안녕하세요, 가구를 찾으시나요? 아마 제가 좀 도와 드릴 수 있을 것 같은데요.
남: 네, 침대로 전환될 수 있는 소파를 찾고 있어요.
여: 아, 제대로 찾아오셨어요. 저희는 푸톤을 할인 판매하고 있어요.
남: 정말 좋은 소식이네요. 예산이 빠듯하거든요.
여: 음, 이 푸톤은 어떠세요? 정상 가격은 440달러인데, 지금 많이 할인해 드리고 있습니다.

남: 얼마나 할인해 주나요?

여: 정가에서 50퍼센트 할인해 드려요.

남: 배송비가 포함되어 있나요?

여: 아니요, 배송비는 별도입니다. 15달러예요.

남: 좋아요, 저희 집으로 배송해 주세요. 그리고 푸톤의 커버는 얼마죠?

여: 커버는 아주 쌉니다. 10달러밖에 안 해요.

남: 좋아요, 여기 현금으로 250달러입니다. 파란색 푸톤 커버도 살게요.

어휘

assistance 도움 convert 전환되다 futon 푸톤(일본의 방석 겸 요) budget 예산 regular price 정가 delivery fee 배송비 deal 거래

문제풀이

남자가 고른 푸톤은 정상 가격 440달러에서 50퍼센트 할인된 가격인 220달러이며, 여기에 15달러의 배송비와 10달러의 푸톤 커버 가격을 더하면 총 245달러이다. 남자는 250달러를 지불했으므로 남자가 받을 거스름돈은 5달러이다.

08 ③

여: 무엇을 먹고 있니, 애덤? 하얀 딸기처럼 보이는구나.

남: 사실, 이것들은 파인베리라고 해요. 남미에서 온 것이지요.

여: 그것들은 매우 강한 향을 가졌구나. 보통의 딸기와 같은 맛이니?

남: 아뇨, 파인애플 맛이 나요. 저희 엄마가 정원에서 이것들을 키웠어요.

여: 정말이니? 정말 흥미롭구나!

남: 네, 그것들이 자라기 시작할 때는 초록색이었어요. 근데 익으니까 흰색이 되더라고요.

여: 그것들은 보통 딸기보다는 더 작구나, 그렇지?

남: 네. 그것들은 보통 너비가 15에서 23밀리미터 정도밖에 안 돼요.

여: 내가 전에 그것들을 보지 못했다니 놀랍구나.

남: 글쎄요, 그것들은 1700년대에 유럽으로 들여졌어요. 그러나 그것들은 오랫동안 인기가 없었어요.

여: 그것들은 오늘날에 더 많은 관심을 받고 있는 거니?

남: 맞아요! 많은 요리사들이 파인베리를 사용하기 시작하고 있어요. 그것들은 후식에 아주 훌륭한 풍미를 더한답니다.

어휘

regular 규칙적인; *보통의 ripen 익다, 숙성하다 attention 주의, 관심 flavor 풍미, 맛

09 ⑤

여: 이구아수 폭포는 실제로 남미의 2.7킬로미터의 이구아수강을 따라 위치해 있는 275개의 서로 다른 폭포들로 이루어져 있다. 그것들은 아르헨티나와 브라질 사이의 국경에 위치해 있다. 폭포의 가장 인상적인 부분은 '악마의 목구멍'이라고 알려진 지역이다. 그것은 너비가 150미터이고 길이가 700미터인 U자 모양의 절벽으로, 세 방향에서 물이 쏟아져 내린다. 떨어지는 물의 힘 때문에 모든 지역이 계속 안개로 덮여 있다. 오늘날, 많은 관광객이 암벽 등반과 수상 스포츠를 즐기기 위해 이구아수 폭포를 찾아온다.

어휘

fall (*pl.*) 폭포 (= waterfall) be made up of …로 구성되다 separate 다른, 별개의 border 국경 impressive 인상적인 devil 악마 throat 목구멍 cliff 절벽 due to … 때문에 entire 전체의 continually 계속해서 mist 안개

10 ②

남: 안녕하세요, Outdoor World에 오신 걸 환영합니다. 무엇을 도와드릴까요?

여: 예, 저는 따뜻한 거위 털 재킷을 찾고 있어요.

남: 네. 선택하실 수 있는 게 많습니다. 어떤 가격대를 원하세요?

여: 250달러 이상은 쓰고 싶지 않습니다.

남: 알겠습니다. 최고급을 찾고 계신다면, 이 갈색 재킷은 어떠신가요? 저희 매장에서 가장 잘 팔리는 것 중 하나예요.

여: 멋있네요. 거위 털이 얼마나 많이 들어 있나요? 저는 적어도 700의 필 파워를 원해요.

남: 이 옷은 800의 필 파워를 가지고 있어서 매우 따뜻합니다.

여: 좋아요! 하지만 모자가 없네요. 저는 모자가 있는 것을 원해요.

남: 그러면 이 빨간 것은 어떠신가요? 이 옷은 750의 필 파워를 가지고 있고 모자도 있습니다.

여: 흠… 저는 그 색을 별로 좋아하지 않아요.

남: 알겠습니다. 그러면 이것이 고객님을 위한 재킷이네요!

여: 완벽해 보이네요. 그걸 살게요. 도와주셔서 고마워요!

어휘

goose down 거위 털, 구스다운 good value 좋은 품질 fill power 필 파워 (새털 등이 눌렸다가 되살아나는 정도) hood (외투에 달린) 모자

11 ⑤

남: 무슨 일이야, 애비? 무슨 일이 생긴 거 맞지?

여: 오, 알렉스… 이번 주 특별 전시회의 조각품 중 하나가 훼손됐어.

남: 오, 안돼! 얼마나 심각한 거야?

여: 조각품의 아랫부분이 갈라졌어.

어휘

sculpture 조각품 exhibit 전시회 damage 피해를 입히다, 훼손하다 [문제] mechanic 정비사 crack 갈라지게 하다

문제풀이

① 전시회는 9시부터 5시까지야.

② 네가 심각하게 군다면 말할 수 없어.

③ 그걸 정비사에게 가져갈게.

④ 유명한 조각품들이 많이 있어.

12 ④

여: 준비됐어? 연극은 한 시간 후에 시작하는데, 차가 막힐 거야.

남: 준비됐어. 가자.

여: 그런데 내가 열쇠를 어디에 뒀더라? 본 적 있어?

남: 응, 피아노 위에 있어.

어휘

traffic 교통(량)

문제풀이

① 내 열쇠가 왜 필요한데?

② 아니, 연극은 항상 늦게 시작해.

③ 응, 모든 곳을 찾아봤어.

⑤ 교통 상황이 좋지 않으면, 우린 지하철을 타면 돼.

13 ⑤

남: 넌 여행을 많이 다녀 봤어, 그렇지?
여: 맞아. 20개국 이상을 여행했어.
남: 와! 네가 가본 곳들에 관해 좀 말해줄 수 있니?
여: 음, 프랑스는 치즈와 와인이 정말 훌륭해. 그리고 프랑스 남부 지방에
　 는 멋진 해변들이 있어.
남: 나도 전에 그런 얘길 들은 적이 있어. 아시아에 있는 나라를 가 본 적
　 이 있니?
여: 응, 베트남. 문화가 아주 멋지지만, 정말 덥고 습해.
남: 나도 베트남에 가 보고 싶어. 아, 아프리카에 있는 나라들도 가 봤어?
여: 그럼. 사실, 지난주에 남아프리카에서 막 돌아왔어.
남: 정말 흥미롭다. 어땠어?
여: 경치는 환상적이었지만, 정말 덥더라.

어휘
southern 남쪽에 위치한, 남향의 fascinating 환상적인 humid 습기 많은
as a matter of fact 사실(상) [문제] Vietnamese 베트남의 scenery 경치

문제풀이
① 네가 즐거운 여행했기를 바라.
② 난 베트남 음식을 정말 맛있게 먹었어.
③ 난 오토바이로 여행할 계획이야.
④ 난 아프리카에서 아픈 사람들을 돌볼 거야.

14 ④

남: 그 짐 무거워 보여요. 제가 그걸 드는 걸 도와 드릴게요.
여: 오, 고마워요.
남: 별말씀을요. 이 동네에 새로 오셨나요? 막 이사오신 것 같은데요.
여: 아니요. 이 동네에서 일 년 정도 살았어요.
남: 오, 정말요? 하지만 전에 이 주변에서 당신을 본 기억이 없는데요.
여: 그건 제가 오랫동안 여행을 하고 이제 막 돌아왔기 때문이에요. 다섯
　 달 정도 나가 있었거든요.
남: 서로 처음 보는 게 당연하군요.
여: 당신은 언제 이곳으로 이사 오셨나요?
남: 지난달에요. 전 아직도 짐을 풀고 아파트를 정리하고 있어요.
여: 여긴 멋진 동네예요. 멀리 가 있는 동안 이곳이 정말 그리웠어요.
남: 네, 여긴 조용하고 사람들이 정말 친절해요.

어휘
neighborhood 근처, 동네 be away 떨어져 있다, 부재중이다 (It is) no
wonder …하는 것은 당연하다 organize 정리하다

문제풀이
① 길을 찾는 걸 도와 드릴게요.
② 아주 훌륭한 생각 같군요.
③ 네, 가능한 한 빨리 이사 가고 싶어요.
⑤ 당신이 이 동네를 그렇게 많이 싫어하는 줄 몰랐어요.

15 ⑤

여: 샌드라는 며칠째 감기를 앓고 있다. 그녀는 약이 필요하지만, 몸이 너
　 무 안 좋아서 약국에 갈 수가 없다. 그녀의 오빠인 리처드가 그녀를
　 방문하러 온다. 샌드라는 그에게 약국에 가서 약을 사다 줄 수 있는
　 지 묻는다. 그는 그녀가 원하는 것이 어떤 종류인지를 묻고 그녀를 위

해 약을 사러 간다. 샌드라의 집으로 돌아오는 길에, 그는 어머니 댁
에 들러서 어머니께서 샌드라를 위해 만들어 놓으신 수프를 가져온
다. 어머니 댁이 샌드라의 집에서 먼 거리임에도 불구하고 그는 개의
치 않는다. 리처드가 돌아와서 그녀에게 약과 수프를 준다. 이런 상황
에서, 샌드라가 리처드에게 할 말로 가장 적절한 것은 무엇인가?
샌드라: 돌봐줘서 고마워. 오빠가 최고야.

어휘
medicine 약 feel well 건강이 좋다 drugstore 약국 on one's way
back to …로 돌아오는 도중에 mind 싫어하다, 꺼리다

문제풀이
① 난 저녁은 외식하고 싶어.
② 엄마는 오빠가 조만간 찾아오기를 원해서.
③ 오빠가 아프다니 너무 안됐어.
④ 왜 이렇게 오래 걸렸어? 난 기다리는 게 정말 싫어.

16 ②　17 ③

남: 박물관 관람의 이 시점에서 저는 여러분께 루시를 소개하고자 합니
다. 지금 그녀는 한 구의 유골에 불과한 것으로 보일지도 모릅니다. 하
지만 벽에 있는 삽화를 보시면 과학자들이 그녀가 살아있었을 때 어
떻게 생겼을 거라고 추측하고 있는지를 알 수 있습니다. 과학자들은
그녀가 320만 년 전에 살았던 최초의 조상들 중 하나라고 생각합니
다. 그녀는 1974년에 한 고고학자 팀에 의해서 에티오피아에서 발견
되었습니다. 그들은 실제로 그녀에게 이름을 붙여준 사람들입니다.
그들이 그녀의 뼈를 발굴하고 있는 동안 라디오에서 비틀즈의 *Lucy
in the Sky with Diamonds*라는 노래가 나오고 있었습니다. 나중에
그들은 그녀가 얼마나 특별한지 알게 되었습니다. 그녀의 키는 100센
티미터가 조금 넘었고 몸무게는 약 28킬로그램이었습니다. 하지만 가
장 중요한 것은 그녀의 두개골이 유인원처럼 작았다는 사실에도 불구
하고, 인간처럼 명백히 두 다리로 직립보행을 했다는 것입니다. 이런
이유 때문에 그녀는 과학자들에게 있어서 매우 귀중한 발견으로 여
겨집니다.

어휘
nothing more than …에 불과한 illustration 삽화 ancestor 조상
archaeologist 고고학자 dig (땅을) 파헤치다 weigh 무게가 …이다 skull 두
개골 ape 유인원 apparently 명백하게 walk upright 직립보행하다
extremely 매우, 극도로 valuable 귀중한 [문제] intelligence 지능

문제풀이
16 ① 고고학이란 무엇인가
　　② 초기 인류의 조상
　　③ 비틀즈의 음악은 왜 특별한가
　　④ 가치있는 발견을 하는 방법
　　⑤ 인간과 유인원의 차이점

DICTATION Answers　　본문 p.14

01　visiting hours / must have special permission / the comfort
　　and well-being

02　spend all day sitting / a lot of strain / our daily habits

03　change store locations / move your stuff / load and unload

04	come look at / on the top shelf / arranging the new shelves	
05	so that it locks / confirm our reservations / need your help	
06	need to talk to you / reschedule for another weekend / sorry to cancel on you	
07	convert into a bed / tight budget / off the regular price	
08	taste like regular strawberries / as they ripened / add a great flavor	
09	made up of / are located on the border / covered in mist	
10	to choose from / one of our top sellers / one with a hood	
11	this week's special exhibit	
12	leave my keys	
13	a lot of traveling / in the southern part / hot and humid	
14	Are you new / returned from a long trip / really missed it	
15	needs medicine / go to the store / pick up some soup	
16~17	nothing more than / one of our earliest ancestors / walked upright on two legs	

03 영어듣기 모의고사

본문 ▲ p.18

01 ⑤	02 ③	03 ③	04 ④	05 ②	06 ④
07 ②	08 ④	09 ⑤	10 ④	11 ⑤	12 ③
13 ⑤	14 ③	15 ①	16 ②	17 ④	

01 ⑤

여: Highfield 공원에 오신 것을 환영합니다. 토요일이다보니 오늘은 공원에 사람이 많을 것으로 예상합니다. 자유로이 소풍도 즐기시고, 게임도 하시고, 또 오솔길을 따라 산책도 하십시오. 이곳에서 즐거운 하루를 보내고 안전하게 머물기 위해, 여러분께 두 가지 종류의 길에 대해 말씀드리고자 합니다. 하나는 산책로이며, 다른 하나는 자전거 도로입니다. 자전거 도로에서는 스케이트보드와 인라인스케이트도 허용됩니다. 공원의 규칙을 준수해 주시고 알맞은 길을 이용해 주십시오. 감사합니다.

어휘 feel free to-v 자유롭게 …하다 path 작은 길, 오솔길 permit 허가하다 respect 존경하다; *지키다 proper 적당한, 알맞은

02 ③

남: 손톱 그만 물어뜯어. 역겨워!
여: 오, 왜 이래. 그렇게 나쁘지는 않잖아.
남: 그건 너에게 좋지 않아. 정말 네가 그러지 않았으면 좋겠어.
여: 왜 안 돼? 아무 문제 없는데.

남: 저번에 너 배탈 났다고 나한테 말하지 않았어? 그게 바로 이유야.
여: 내가 손톱을 물어뜯어서 그렇다고?
남: 그래. 손톱에 있는 세균이 위 문제를 일으킬 수 있어. 그걸 삼키면 네 위로 들어가서 위를 손상하는 거지.
여: 정말? 그런 건 전혀 들어본 적이 없었어.
남: 그래서 내가 너에게 그 버릇을 고쳐야 한다고 계속 말하는 거야. 심각한 문제를 일으킬 수 있어.
여: 알겠어. 말해줘서 고마워.

어휘 bite 물어뜯다 disgusting 역겨운, 혐오스러운 There's nothing wrong with …에는 아무 문제가 없다 stomachache 복통, 배탈 germ 세균 swallow 삼키다 damage 손상을 주다 break a habit 버릇을 고치다

03 ③

남: 제가 괜찮아질까요?
여: 완전히 회복될 거라고 예상해요. 허리는 괜찮아질 거예요.
남: 아, 잘됐네요. 정말 다행이에요!
여: 하지만 제 지시를 주의 깊게 따르셔야 합니다.
남: 알겠습니다. 무엇을 해야 하죠?
여: 먼저, 여기 계시는 동안 침대에서 나오지 않았으면 좋겠습니다.
남: 알겠습니다. 그 밖에는요?
여: 집에 가신 후에는 6주 동안 무거운 것은 들지 마세요. 운동을 하실 때도 조심하시고요.
남: 하지만 6주는 너무 기네요.
여: 심각한 부상이었어요. 제 지시를 따르지 않으시면, 허리를 또 다칠 위험이 있습니다.
남: 알겠습니다, 지시를 따르겠다고 약속할게요.

어휘 recovery 회복 relief 안심 follow 따르다 pick up …을 들어 올리다 injury 부상; 부상을 입다[입히다] risk 위태롭게 하다, 위험을 무릅쓰다

04 ④

남: 그래서, 이게 저희 아들의 미술실인가요?
여: 네, 그렇습니다. 교실 중앙 테이블에 있는 과일 그릇 보이시죠?
남: 캔버스로 둘러 싸여 있는 거요? 네.
여: 아드님이 오늘 오전에 저걸 그리고 있었습니다.
남: 훌륭하네요. 구석에 있는 사물함은 무엇인가요?
여: 아이들이 미술용품을 보관하는 곳입니다. 사물함 옆에 있는 세 개의 그림들을 좀 보시죠.
남: 멋진데요. 학생들이 저걸 그렸나요?
여: 네. 아드님이 제일 위에 있는 것을 그렸어요.
남: 와! 창문 옆 구석에 있는 조각상은요? 저것도 학생이 만든 건가요?
여: 아닙니다. 사실, 저건 제가 지역 미술관에서 구매한 것입니다.
남: 알겠습니다. 음, 이제 저희 면담을 시작해볼까요?
여: 네. 그런데 창문 중 하나가 열려 있네요. 비가 오기 전에 제가 닫고 와야겠어요.
남: 아, 걱정하지 마세요. 제가 해 드릴게요.

어휘 bowl 그릇 surround 둘러[에워]싸다 canvas 캔버스 천 locker 사물함 art supplies 미술용품

05 ②

여: 팔목에 있는 그건 뭐니, 에릭?
남: 이거? 그냥 작은 팔찌야.
여: 정말 귀엽다. 다양한 색상들이 정말 마음에 들어. 그거 어디서 샀니?
남: 사실대로 말하면, 어디에서 산 게 아니야. 내가 직접 만들었어.
여: 농담하는 거지! 그걸 어떻게 만들었어?
남: 별로 어렵지 않아. 여러 색깔의 끈을 사서 그걸 같이 묶기만 하면 돼.
여: 나한테 그걸 만드는 방법을 가르쳐 줄 수 있니?
남: 그러고 싶지만, 내일까지 내야 하는 보고서가 있어서.
여: 오, 신경 쓰지 마. 널 방해하고 싶지 않아.
남: 음, 너한테 팔찌를 만드는 방법을 설명한 책을 빌려줄 수 있어. 따라하기가 정말 쉬워.
여: 그거 좋겠다. 정말 고마워.

어휘
wrist 팔목 bracelet 팔찌 string 끈, 실 tie together …을 서로 묶다
Never mind. 신경 쓰지 마. disturb 방해하다 appreciate 고마워하다

06 ④

남: 경기 때문에 정말 신이 나.
여: 나도. 드디어 우리가 제일 좋아하는 야구 선수 피터 잭슨을 볼 수 있어.
남: 맞아. 난 어젯밤에 잠을 거의 못 잤다니까.
여: 난 오늘 아침 일찍 비가 그쳐서 매우 기뻤어. 경기가 취소될까 봐 걱정했거든.
남: 나도 그랬어. 가서 자리를 잡자. 경기가 10분 후에 시작할 거야.
여: 그래, 좋은 생각이야. 어, 이런…
남: 무슨 일이야?
여: 우리 오늘 경기를 못 볼 것 같아.
남: 왜?
여: 표를 못 찾겠어. 책상 위에 두고 온 것 같아! 미안해!
남: 오, 안 돼. 믿을 수 없어!

어휘
hardly 거의 …아니다

07 ②

[전화벨이 울린다.]
남: Beachside 호텔에 전화해주셔서 감사합니다. 도와 드릴까요?
여: 네. 가족들을 데리고 괌에 갈 생각인데요. 호텔 숙박료를 알고 싶어요.
남: 아, 가격은 객실 종류에 따라 다릅니다. 가족은 몇 분이신가요?
여: 어른 두 명과 아이 두 명입니다.
남: 그럼 스위트룸이나 바다 전망 객실이 제격이에요. 스위트룸은 1박에 200달러이고 바다 전망 객실은 1박에 300달러입니다. 몇 박 하실 건가요?
여: 3박이고요, 우린 예산을 세워 놓았어요.
남: 예산이 얼마인가요?
여: 우린 800달러만 쓸 수 있어요.
남: 알겠습니다. 그럼 스위트룸이 고객님 예산에 맞아요.
여: 네, 우린 7월 3일부터 7월 6일까지 머무를 예정이에요. 이용 가능한 스위트룸이 있나요?
남: 네, 하나가 남아 있어요. 지금 예약하시면, 10퍼센트 여름 할인을 해

드릴게요.
여: 좋아요. 그 객실로 예약할게요.

어휘
rate 요금, …료 suite 스위트룸(침실, 욕실, 거실 등이 이어진 방) view 전망
cost (가격이) …이다 budget 예산

문제풀이
여자의 가족이 스위트룸에서 3박을 묵을 계획이고, 10퍼센트 할인을 받으므로 여자가 지불할 금액은 540달러($200×3×0.9)이다.

08 ④

여: Best Car 자동차 대여소입니다. 무엇을 도와 드릴까요?
남: 안녕하세요. 다음 주에 문이 네 개 달린 자동차를 예약하고 싶어요.
여: 네. 언제 필요하신가요?
남: 음, 우리 가족은 주말 여행을 갈 거예요. 금요일 아침에 떠나서 일요일 저녁에 돌아올 거고요.
여: 알겠습니다. 그날에는 소형 친환경차와 가족용 차, 그리고 고급 승용차가 이용 가능합니다.
남: 가족용 차로 하겠습니다.
여: 좋은 선택입니다. 그 차는 하루에 80달러이므로, 총비용은 240달러입니다.
남: 알겠습니다. 도착해서 신용카드로 결제할 수 있나요?
여: 물론입니다. 유아용 카시트 같은 다른 물품이 필요하신가요?
남: 아니요, 필요 없습니다.
여: 알겠습니다. 성함을 말씀해주시겠습니까? 그러면 예약이 완료됩니다.
남: 롭 풀러입니다. 감사합니다.

어휘
rental 대여, 임대 reserve 예약하다 (n. reservation) certainly 확실히;
*(대답으로) 그럼요, 알았습니다 environmentally-friendly 친환경적인
luxury 고급의 credit card 신용카드

09 ⑤

[뉴스 음악]
남: 오늘 저녁 주요 뉴스는, 미국 대통령이 오늘 도쿄에 도착했다는 소식입니다. 과거에 그가 도쿄에 방문한 적이 여러 번 있었지만, 9월에 대통령으로 선출된 이후로 이번이 그의 첫 일본 방문입니다. 미국 대통령은 일본 총리 및 다른 고위직 관리들과 오늘 저녁 늦게 만찬을 가지기로 되어 있습니다. 내일 두 국가 정상은 무역 협정을 논의하고 공동 기자 회견을 할 것입니다. 일본의 수도는 미국 대통령의 7일간의 아시아 순방에서 첫 방문지입니다. 그는 이틀간 도쿄에 머물 것이며, 도쿄는 이번 순방 동안에 그가 방문하게 될 유일한 일본의 도시입니다. 광고 후에 더 많은 뉴스가 있으니 채널 고정해 주시기 바랍니다.
[뉴스 음악]

어휘
prime minister 총리 top official 고위직 관리 government 정부 trade
agreement 무역 협정 joint press conference 공동 기자 회견 stay
tuned (채널·주파수 등을) 고정하다 commercial break 광고 방송

10 ④

남: 이 광고 좀 봐, 조이. 나 새 TV를 살 때가 된 것 같아.

여: 할인을 많이 하고 있는 것 같네. 저 커다란 걸 사도록 해!

남: 사이즈는 괜찮은데, New Tech는 별로 믿을 수 없는 상표야.

여: 그건 그래. 그럼 저건 어때? 900달러밖에 안 해. 무척 저렴한데.

남: 그래, 하지만 내가 원하는 것보다 더 작은 것 같아.

여: 화면이 얼마나 크길 원하는데?

남: 42인치 이상이어야 해.

여: 좋아. 음, 그렇다면 여기 이건 어때?

남: 와, 그건 정말 괜찮은 세일 가격인데. 하지만 최신 모델이 아닌걸.

여: 그렇기는 하지만, 정가의 반값도 안 되게 팔잖아.

남: 정말 싸다. 그걸로 사야겠어.

어휘

unreliable 믿을 수 없는 regular price 정가 bargain 싼 물건, 특가품

11 ⑤

여: 기타를 연주한 지 얼마나 됐니?

남: 일 년 정도. 하지만 자주 치지는 않아.

여: 와, 정말 빨리 배웠구나. 어디에서 강습을 받았어?

남: 난 강습을 받지 않았어. 그냥 독학했어.

어휘

take lessons 강습을 받다 [문제] garage 차고

문제풀이

① 피아노를 치는 거랑 아주 비슷해.

② 바이올린보다 연주하기가 더 쉬워.

③ 오늘 저녁에 기타 수업이 있어.

④ 난 항상 방과 후에 차고에서 연습해.

12 ③

남: 은퇴를 축하합니다!

여: 감사해요. 쉬는 것은 좋겠지만, 좀 걱정이 되네요.

남: 왜요? 걱정할 게 아무것도 없잖아요.

여: 직업 없이 지루해질까 봐 걱정이에요.

어휘

congratulations on …을 축하하다 retirement 은퇴, 퇴직

문제풀이

① 전 항상 열심히 일했어요.

② 전 오늘 밤에 초과 근무를 할 것 같아요.

④ 전 오후가 되면 매우 피곤해서 그래요.

⑤ 전 같은 회사에서 오랫동안 근무했어요.

13 ⑤

여: 엄마가 말씀하신 것 때문에 정말 걱정돼.

남: 뭐라고 하셨는데?

여: 엄마가 날 2년 동안 미국에 보낼 거라고 하셨어.

남: 오, 정말?

여: 응. 엄마는 내가 외국에서 공부하고 다른 문화를 경험하길 원해서.

남: 음, 좋을 것 같은데. 너는 왜 외국에 가는 게 신나지 않니?

여: 난 다른 나라에서 사는 게 두려워. 모든 게 다를 테니까.

남: 그건 분명 사실이야. 하지만 난 그게 좋은 기회이기도 한 것 같아.

여: 모두가 그렇게 말해. 하지만 난 무척 겁이 나.

남: 음, 솔직히 말하면, 나도 외국으로 나가는 게 걱정이 되긴 할 거야.

여: 너도? 그럼 나만 그런 게 아니네?

남: 물론 아니지. 많은 사람이 처음에는 불안해할 거야.

어휘

abroad 해외로 still 아직도; *그럼에도 불구하고 scared 두려워하는, 겁먹은
to be honest 솔직히 말하면 be anxious about …에 대해 걱정하다

문제풀이

① 응. 나는 몇 년 전에 외국에서 공부했어.

② 물론이지. 외국에 나가는 건 좋은 경험이 될 거야.

③ 아니야, 넌 거기서 친구를 사귈 수 있을 거야.

④ 응, 넌 미국 문화에 대해 많이 배울 수 있어.

14 ③

남: 부엌 벽을 무슨 색으로 칠할지 결정했어요?

여: 글쎄요, 당신도 알다시피 난 노란색이 좋아요.

남: 알아요, 하지만 부엌 찬장이 분홍색이잖아요. 분홍색과 노란색은 서로 어울리지 않는 것 같아요.

여: 그럼 부엌 찬장도 칠하는 게 어떨까요?

남: 그것에 대해서는 생각해 보지 않았어요. 그게 가능할까요?

여: 물론이죠, 내 여동생이 자기 것을 칠했어요. 그 애의 찬장은 지루한 갈색 계통이어서, 보라색으로 칠했어요. 지금은 아주 멋져 보여요!

남: 좋아요. 벽이 노란색이면, 찬장은 무슨 색으로 칠해야 할까요?

여: 음, 어디 보자. 어떤 색이 가장 잘 어울릴까요? 주황색은 어때요?

남: 노란색 벽과 주황색 찬장이라고요? 너무 밝을 것 같은데요.

여: 좋아요, 그럼 우리 다른 색을 골라봐요.

어휘

cabinet 찬장 used to-v (과거에) …하곤 했었다; *…이었다 shade 그늘; *색
조 match 어울리다

문제풀이

① 난 이 종류의 찬장이 제일 마음에 들어요.

② 언제 칠하기 시작할 거예요?

④ 가게에 가서 페인트를 좀 사죠.

⑤ 아마 이 연한 색상이 당신한테 더 잘 어울릴 거예요.

15 ①

남: 레이첼은 유명한 가수가 되고 싶었다. 꿈을 이루기 위해서 그녀는 항상 노래 수업을 받고 싶어했지만, 그녀의 부모님은 노래하는 것이 어리석은 꿈이라고 생각하셨기 때문에 결코 허락하지 않으셨다. 레이첼은 열두 살이 될 때까지 노래 수업을 받게 해 달라고 계속 졸랐고, 그때서야 그녀의 부모님은 노래 수업료를 주는 것에 동의하셨다. 그녀는 부모님이 그녀의 독창회 중 하나에 참석하시기 전까지 일 년 동안 레슨을 받았다. 레이첼이 노래하는 것을 듣고 나서, 부모님은 그녀가 얼마나 많은 재능이 있는지 깨달으셨다. 이런 상황에서, 그녀의 부모님이 레이첼에게 할 말로 가장 적절한 것은 무엇인가?

레이첼의 부모님: 우리는 네가 정말 자랑스럽구나.

어휘

come true 실현하다 attend 참석하다 recital 독창회 talent 재능 [문제]
meet 만나다; *충족시키다 expectation 기대 quit 그만두다

문제풀이

② 우린 네 독창회 때문에 긴장된단다.

③ 넌 우리의 기대에 부응하지 못했구나.
④ 우린 네가 노래를 그만두기로 결정해서 기쁘구나.
⑤ 노래를 시작했다고 왜 우리에게 말하지 않았니?

16 ② 17 ④

여: 안녕하세요, 여러분. 전 공정 무역 추진회의 페이스 스튜어트라고 합니다. 여러분은 공정 무역 상품에 대해 무엇을 알고 있나요? 여러분은 아마도 공정 무역 커피에는 이미 익숙할 것입니다. 하지만 공정 무역 면, 와인, 꿀에 대해서 들어본 적이 있나요? 오늘날에는 여러 종류의 공정 무역 상품이 있습니다. 저는 오늘 여기서 우리가 왜 이러한 상품을 구입해야 하는지 말하려고 합니다. 우선, 공정 무역 생산물을 재배하고 수확하는 사람들은 항상 적정한 돈을 받습니다. 그들은 좋은 삶을 영위하기에 충분한 돈을 벌죠. 둘째로, 그 사람들은 제대로 대우받습니다. 그들은 혹독한 환경에서 긴 시간을 일하도록 강요받지 않습니다. 마지막으로, 그들은 심지어 가난한 국가에서도, 대기업으로부터 보호를 받습니다. 대기업은 흔히 노동자들을 착취하고 모든 자본을 가져갑니다. 공정 무역 생산물에는 항상 포장지에 특별한 라벨이 있습니다. 그래서 공정 무역 생산물을 찾아서 선택하기 쉽죠. 최근에 공정 무역 상품 중 어느 것이든 써본 적이 있나요? 어떤 공정 무역 상품을 써보셨나요?

어휘
fair trade 공정 무역 initiative 시작, 솔선, 주도(권) product 상품 cotton 면 harvest 수확하다 fairly 상당히; *공정[타당]하게 be forced to-v …하도록 강요받다 condition 상태; *상황, 환경 exploit 착취하다 packaging 포장(지) [문제] price 값을 매기다[정하다]

문제풀이
16 ① 공정 무역의 기원
② 공정 무역의 이점들
③ 아동 노동으로 야기된 문제들
④ 공정 무역이 어떻게 소비자들을 돕는가
⑤ 공정 무역 상품의 가격은 어떻게 책정되는가

DICTATION Answers 본문 p.20

01 Feel free to / for riding bicycles / respect the park rules
02 Stop biting / had a stomachache / break that habit
03 make a full recovery / follow my advice / a serious injury
04 in the center of the classroom / painted the one / before it starts to rain
05 made it myself / tie it together / lend you a book
06 could hardly sleep / might be canceled / left them on my desk
07 find out about your hotel's rates / costs $300 per night / fits your budget
08 taking a weekend trip / with a credit card / will be complete
09 several times / discuss a trade agreement / commercial break
10 a very unreliable brand / pretty cheap / a real bargain

11 About a year
12 Congratulations on
13 experience a different culture / a good opportunity / be anxious about
14 what color to paint / don't look good together / would match best
15 take singing lessons / her singing recitals / how much talent
16~17 probably already familiar with / grow and harvest / are not forced to / are easy to find and select

04 영어듣기 모의고사
본문 ▲ p.24

01 ②	02 ③	03 ④	04 ④	05 ③	06 ①
07 ②	08 ①	09 ⑤	10 ③	11 ⑤	12 ⑤
13 ⑤	14 ③	15 ⑤	16 ①	17 ②	

01 ②

남: 우리 모두 밸런타인데이가 다가오고 있다는 것을 알고 있고, 우리 중 많은 이들이 사랑하는 사람들에게 무엇을 줄지 고민하고 있습니다. 저는 저희 Chocolate from the Heart에서 판매하고 있는 밸런타인데이 선물 세트 중 하나를 추천하고 싶습니다. 저희 초콜릿은 여러분이 맛보시게 될 것 중에서 가장 맛있으며, 유기농입니다. 그뿐만 아니라, 100퍼센트 공정 거래 코코아로 만들어집니다. 저희가 공정 거래 코코아를 구매하면 농부들은 공정한 가격을 보장받습니다. 그들은 가족을 부양할 충분한 돈을 벌고, 그들의 아이들은 학교에 다닐 수 있습니다. 여러분의 구매는 또한 그 농부들의 지역 사회에 도로와 학교를 건설하는 것을 도와줍니다. 그리고 이 초콜릿은 아주 맛있습니다! 그러니 꼭 저희 새 매장을 방문하셔서 무료 시식을 해 보세요!

어휘
organic 유기농의 fair trade 공정 거래[무역] guarantee *보장[약속]하다; 확신하다 support 지지하다; *부양하다 purchase 구매, 구입 community 지역 사회

02 ③

여: 제이슨이 친구들과 함께 유럽에 갔다는 소식 들었어?
남: 아니, 하지만 분명 정말 재미있었을 거야.
여: 아마도. 하지만 그가 거기서 얼마나 많은 돈을 썼는지 들으면 놀랄 걸.
남: 그가 여행에서 너무 많은 돈을 낭비했니?
여: 응, 2주 동안 3천 달러를 썼대. 다음 학기에 그가 모든 책을 살 수 있을지 모르겠어.

남: 정말? 그는 경제관념이 바람직하지 않구나.
여: 그게 바로 내가 걱정하는 거야. 난 초등학교에서 경제를 배웠고, 그것이 정말 도움이 되었어.
남: 하지만 그건 흔한 일은 아니었잖아.
여: 아닐 수도 있지만, 아이들에게 그것은 확실히 유익할 거야.

03 ④

남: 이것들은 어떠세요? 어제 막 받은 거예요.
여: 가장 큰 게 좋긴 한데, 다른 것들은 잘 모르겠어요.
남: 이 초록색은 어떠세요?
여: 멋지네요! 그건 얼마인가요?
남: 손님께 5천 달러 정도에 그걸 드릴 수 있어요. 다른 것들보다 약간 더 저렴해요.
여: 더 저렴하다고요? 저한테는 너무 비싼 것 같아요.
남: 음, 이 그림들은 카를로스 펠릭스의 최신작이에요. 그리고 이런 양식의 예술품은 점점 더 인기를 얻고 있어요.
여: 네, 그건 들었어요. 현대 미술관에서 그의 작품을 몇 점 봤거든요. 전시회는 정말 붐볐어요.
남: 그래요. 5천 달러는 그런 유명한 화가의 작품을 소장하는 데 드는 비용으로는 정말 낮은 가격이에요.

04 ④

여: [하품하며] 나 너무 졸려!
남: 그러겠다. 어제 가족이랑 캠핑 갔다며. 캠프장에서 뭘 했니?
여: 우리가 캠프장에 도착하자마자 아빠는 텐트를 치셨어.
남: 그럼 엄마는 뭘 하셨어?
여: 음식을 준비하셨어. 불에 고기를 구우셨어. 맛있었어.
남: 네 남동생은? 남동생도 가족을 도왔니?
여: 응, 모닥불에 쓸 나뭇가지들을 모았어.
남: 아, 그럼 너와 네 여동생은 저녁을 준비하는 걸 도왔니?
여: 음, 여동생은 우리를 위해 식탁을 치웠어. 하지만 난 나무 밑에서 잠시 낮잠을 잤어.
남: 정말? 넌 왜 아무것도 안 했니?
여: 피곤했어. 캠핑은 정말 힘든 일이거든!

05 ③

여: 우리 서재는 너무 작아요. 우린 이 모든 책을 위해 또 다른 책장이 필요해요.
남: 맞아요, 하지만 여기에 또 다른 책장을 넣을 방법이 없어요.
여: 저기, 내게 좋은 생각이 있어요. 여기를 우리 침실로 대신 만들어요.

남: 그리고 우리 침실을 서재로 바꾸자고요? 음, 훨씬 더 큰 일인데요.
여: 그게 완벽한 해결책인 것 같아요. 우리 그렇게 해요.
남: 그래요, 왜 안 되겠어요? 가구 옮기는 것부터 시작해야 할 것 같아요.
여: 아니요, 난 먼저 청소를 하고 싶어요. 대걸레와 진공청소기 좀 가져다주세요.
남: 알았어요. 물건을 옮기기 시작할 준비가 되면 내게 알려 줘요.
여: 그럴게요. 나 혼자서는 우리 침대를 옮길 방법이 없어요.
남: 안 돼요. 이건 일종의 팀워크가 필요해요.

06 ①

남: 저기, 캐런. 과학 박람회가 취소됐다는 얘기 들었니?
여: 뭐라고? 정말이야?
남: 응, 학교에서 다음 학기로 일정을 바꾼대.
여: 믿을 수가 없어! 난 정말 열심히 작업했는데.
남: 그러게 말이야. 모두가 정말 실망했어.
여: 왜 취소하기로 결정한 거지? 준비가 부족해서?
남: 아니. 주말에 배수관이 터졌기 때문이야. 전시실이 물에 잠겼어.
여: 정말? 말도 안 돼!
남: 응, 수리를 많이 해야 할 거야.
여: 그럼, 적어도 난 이제 프로젝트에 더 많은 시간을 쓸 수 있겠다.
남: 그렇게 생각하는 게 좋은 방법이지. 하여간 난 가봐야겠다.
여: 말해줘서 고마워, 브렛.

07 ②

남: 안녕하세요, 손님. 찾고 계신 것들은 모두 찾으셨나요?
여: 네. 이 CD 두 장을 사려고요. 세일해서 각각 10달러인 걸로 아는데요.
남: 맞습니다. 음… 모차르트군요. 클래식 음악 팬이신가 봐요.
여: 네. 게다가 모차르트는 제가 가장 좋아하는 작곡가예요.
남: 저희 모차르트 달력 보신 적 있나요? 매달 그의 다른 그림이 있어요.
여: 우와, 그거 멋지네요! 얼마죠?
남: 12달러입니다. 그리고 저희는 또한 모차르트 커피 머그잔을 개당 7달러에 팔고 있어요.
여: 음. 전 이미 모차르트 머그잔은 가지고 있는데, 정말 그 달력은 하나 갖고 싶군요.
남: 알겠습니다. 손님의 총액에 추가할까요?
여: 음, 아쉽지만 제가 지금 30달러밖에 없어서요. 그걸 사고 이 CD 중 하나를 되돌려 드릴게요.
남: 좋습니다, 손님.

여자는 10달러짜리 CD 한 장과 12달러짜리 달력을 구매한다고 했으므로, 여자가 지불할 금액은 총 22달러이다.

08 ①

여: 학교 예술제에 올 거야, 빌?
남: 아마도. 이번 주 일요일 맞지?
여: 아니, 사실은 이번 주 토요일에 체육관에서 해.
남: 오. 음, 오전 11시에 축구 연습이 있지만, 그 후에 갈게.
여: 좋아! 있잖아, 지금 입장권을 사면 할인 받을 수 있어.
남: 정말? 입장권이 얼마야?
여: 예술제 당일에는 5달러이지만 미리 사면 3달러밖에 안 해.
남: 좋다. 그럼 학생들의 재미있고 볼 만한 예술 작품들이 많이 있겠네?
여: 응, 하지만 그게 다가 아니야. 음악 공연과 자선 바자회도 있을 거야.
남: 재미있겠다. 입장권은 어디에서 살 수 있어?
여: 학교 본관 사무실에서 살 수 있어.
남: 알았어. 정보 고마워!

[어휘]
performance 공연 **charity bazaar** 자선 바자회

09 ⑤

여: 시 박물관은 올 4월에 시작되는 **Art for Teens**를 선보이게 되어 자랑스럽습니다. 참가자들은 일주일에 한 번 박물관에 있는 대회의실에서 만나 예술에 대해 토론하고 실제 예술가들을 만나며, 자신의 작품을 만들게 될 것입니다. 이 프로그램은 시 정부의 후원을 받기 때문에 무료입니다. 참가자들은 13세에서 19세 사이여야 하며, 학생증을 소지해야 합니다. 사전 등록은 필수인데, 한 주당 학생 60명이 최대 등록 인원이기 때문입니다. 만약 수요가 충분히 많다면, 매주 한 반을 추가하는 것을 고려할 예정입니다. 우리의 궁극적인 목적은 이것을 박물관의 연례 프로그램으로 만드는 것입니다. 여러분은 박물관의 웹사이트나 박물관에서 직접 등록하실 수 있습니다.

[어휘]
participant 참가자, 참여자 **conference room** 회의실 **sponsor** 후원하다 **government** 정부 **possess** 소유하다, 가지다 **in advance** 미리 **maximum** 최고(의) **enrollment** *등록; 입학 **ultimate** 최후의, 궁극의

10 ③

[전화벨이 울린다.]
여: Madison 호텔입니다, 무엇을 도와 드릴까요?
남: 안녕하세요. 다음 주 금요일에 회사 행사를 위해 연회장 하나를 예약해야 해서요.
여: 알겠습니다, 손님. 몇 분이나 참석하실 건지 여쭤봐도 될까요?
남: 저희 회사의 20주년 기념일이라서 저희 회사 직원 350명 모두가 참석할 겁니다.
여: 그렇군요. 지금 저희 연회장 중 몇 군데에는 무대가 있습니다. 무대가 필요하신가요?
남: 오, 네. 전 발표를 할 때 무대 위에 서고 싶어요.
여: 알겠습니다. 호텔에서 제공하는 다과를 원하십니까?
남: 아니요, 필요하지 않아요. 하지만 제 발표의 일환으로 동영상을 보여 주려고 합니다.
여: 알겠습니다. 그럼 비디오 스크린이 있는 연회장이 필요하신가요?

남: 네, 그렇게 해 주세요. 사용 가능한 적당한 연회장이 있나요?
여: 네, 있습니다. 고객님의 신용카드 정보를 알려 주시면, 제가 예약을 해 드리겠습니다.
남: 좋습니다.

[어휘]
anniversary 기념일 **onstage** 무대 위의, 무대에서 **presentation** 발표 **refreshment** (*pl.*) 다과; 가벼운 식사, 음료 **video clip** 동영상 **suitable** 적합한, 적당한 [문제] **seating capacity** 좌석 수, 수용인원

11 ⑤

남: 도와드릴까요, 손님?
여: 네. 제 새 소파에 둘 쿠션이 필요한데요.
남: 알겠습니다. 현대적인 것을 원하시나요, 아니면 고전적인 것을 원하시나요?
여: 고전적인 게 더 좋겠어요.

[어휘]
pillow 베개; *쿠션 **modern** 현대적인 **classic** 고전적인

[문제풀이]
① 우리 소파는 너무 낡았어요.
② 그 소파는 크고 파란색이에요.
③ 저는 동그랗고 부드러운 쿠션이 좋아요.
④ 그걸 배달해 줄 사람이 필요할 거예요.

12 ⑤

여: 토마스! 너 여기 있구나. 어디에 있었던 거야?
남: 안녕, 홀리. 수업 중이었어. 방금 여기에 와서 점심을 주문하려던 참이었어.
여: 전화는 왜 안 받았니?
남: 시험을 보느라 전화기를 꺼뒀어.

[어휘]
be about to-v 막 …하려던 참이다 [문제] **turn off** 끄다

[문제풀이]
① 사실 난 배가 아주 고프진 않아.
② 너에게 몇 번이나 전화했어.
③ 널 찾느라 온 사방을 다녔어.
④ 난 우리가 내일 만난다고 생각했어.

13 ⑤

남: 그래 에스더, 어땠니?
여: 오 세상에. 나 너무 놀랐어. 그 공연은 정말 굉장했어.
남: 네가 전에 클래식 음악 공연에 가 본 적이 없었다니 믿기지가 않아.
여: 음, 내가 책을 읽는 데 얼마나 많은 시간을 보내는지 너도 알잖아. 난 그저 음악을 위한 시간이 없었던 거야.
남: 책도 좋지만, 모든 사람은 인생에서 다양한 경험이 필요해.
여: 네 말이 맞는 것 같아. 난 음악이 그렇게 아름다울 수 있는지 전혀 몰랐어.
남: 그래. 어떤 말을 하지 않고도 음악은 정말 많은 다양한 감정을 표현할 수 있어.
여: 그 작곡가의 이름이 뭐라고 했었지?

남: 리하르트 바그너야. 그는 19세기의 가장 유명한 작곡가 중 한 사람이었어.

여: 그렇구나. 난 그의 작품이 정말 좋아. 그 사람의 음악 중 몇 곡을 추천해줄래?

남: 대신에 그냥 내 CD 중 하나를 너에게 빌려주면 어떨까?

문제풀이

① 좋은 생각이야. 넌 더 자주 책을 읽어야 해.

② 그는 음악에 관한 많은 훌륭한 책을 썼어.

③ 응, 나도 그 책이 훌륭하다고 생각했어.

④ 난 네가 그의 음악이 좋지 않았다고 말한 줄 알았어.

14 ③

여: 토니, 날 좀 도와줄 수 있니?

남: 물론이지, 패티. 무슨 일이야?

여: 내 새 프린터 말이야. 에세이를 출력해야 하는데, 작동이 안 돼.

남: 내가 한 번 볼게. [잠시 후] 음, 여기 이 빨간 불빛이 깜빡거리는 게 보이니?

여: 응. 종이가 꼈다는 것 같은데, (낀 종이는) 보이지 않았어.

남: 실은, 그 불빛은 잉크 카트리지가 비었다는 뜻 같아. 넌 그걸 교체해야 해.

여: 아! 그럼 얼른 사무용품점으로 가야겠다. 난 이걸 모레까지 제출해야 하거든.

남: 사실, 사무용품점은 너무 비싸. 온라인으로 카트리지를 주문하는 게 훨씬 더 저렴해.

여: 응. 하지만 카트리지가 도착하는 데 너무 오래 걸리지 않을까?

남: 아니야. 지금 하나 주문하면 내일 오후까지는 받을 수 있어.

여: 그렇다면, 네가 괜찮은 사이트를 하나 추천해 줄래?

문제풀이

① 그걸 고치려면 그냥 수리점에 전화해야 할 것 같아.

② 응, 그런데 난 이 에세이를 지금 당장 제출해야 해.

④ 고맙지만, 난 잉크 카트리지가 더 필요하지 않아.

⑤ 난 돈이 없어서, 그냥 상점에서 그걸 사야겠어.

15 ⑤

남: 션은 대형 프로젝트를 하고 있는 바쁜 도장공이다. 그는 금요일 전에 아파트 전체 건물의 페인트칠을 끝내야 한다. 그는 이 마감 기한에 대해 걱정하고 있고, 그의 새 상사에게 정말로 좋은 인상을 심어주고 싶다. 그 일을 끝내기 위해 션은 여분의 흰색 페인트 몇 통과 새 붓 몇 개, 그리고 5미터짜리 사다리가 필요하다. 그래서 그는 페인트 공급 회사에 주문했다. 그는 오늘 아침에 자신이 주문한 것을 받았는데, 사다리가 포함되어 있지 않았다. 그는 불만스러워하며 그 회사에 전화하여 그가 주문한 사다리가 어떻게 된 것인지 묻는다. 판매원은 그에게 (사다리) 재고가 떨어졌음을 알리는 전화를 하지 못한 것에 대해 사과한다. 그는 사다리는 2주간 구매할 수 없을 거라고 설명한다. 이런 상황에서, 션이 판매원에게 할 말로 가장 적절한 것은 무엇인가?

션: 주문을 취소하고 사다리를 다른 데서 살게요.

문제풀이

① 제 계산서에 문제가 있어요.

② 괜찮습니다. 제가 그냥 기다릴게요.

③ 좀 더 천천히 말씀해 주시겠어요?

④ 그걸 두 개 더 주문할 수 있을까요?

16 ① 17 ②

여: 이 다음 전시품은 중세 유럽의 전형적인 소작농의 집을 복제한 것입니다. 여러분이 눈치챌 수도 있는 한 가지는 욕조가 없다는 것입니다. 이는 그 당시에 사람들이 거의 목욕을 하지 않았기 때문입니다. 목욕을 너무 많이 하면 위험한 질병에 걸릴 수 있다는 일반적인 오해가 있었습니다. 이를 피하려고 대부분의 소작농민들은 손만 씻었습니다. 그들은 너무 겁이 나서 얼굴 전체를 씻는 것조차 하지 못했습니다. 반면에 부유한 사람들은 조금 더 나은 목욕 습관이 있었습니다. 그들은 가끔 목욕을 했지만, 일 년에 몇 번 되지는 않았습니다. 안 좋은 냄새를 막기 위해 그들은 많은 향수를 뿌렸습니다. 하지만 그 당시 사람들이 실제로 치아를 상당히 잘 관리했다는 사실을 알게 되면 놀라실 겁니다. 비록 그들에게는 칫솔이 없었지만, 그래도 구강 청결제는 사용했습니다. 이제 질문이 없다면 다음 전시품으로 이동하겠습니다.

문제풀이

16 ① 과거의 위생 습관   ② 물에서 발견된 질병들

③ 질병의 공통된 원인들   ④ 칫솔의 기원

⑤ 시간에 따른 가정의 변화

DICTATION Answers   본문 p.26

01	what to give people / are guaranteed a fair price / helps build roads
02	how much money he spent / good financial sense / benefit from it
03	asking for it / more and more popular / such a famous painter
04	grilled some meat / gathered sticks / took a short nap
05	fit another bookshelf / the perfect solution / require some teamwork
06	reschedule it / a lack of preparation / a lot of repairs
07	they're on sale / has a different picture / add it to your

total

08 get a discount / to look at / the school's main office

09 meet real artists / Registering in advance / Our ultimate goal

10 reserve one / making my presentation / a suitable hall available

11 looks modern or classic

12 answer your phone

13 absolutely amazing / so many different emotions / recommend some of his music

14 print out an essay / need to replace it / take too long

15 impress his new boss / placed an order / it is out of stock

16~17 rarely took baths / too afraid to even wash / took fairly good care of

---

05 영어듣기 모의고사

본문 ▲ p.30

01 ②	02 ④	03 ③	04 ④	05 ②	06 ④
07 ④	08 ③	09 ④	10 ①	11 ①	12 ④
13 ⑤	14 ①	15 ①	16 ③	17 ③	

01 ②

여: 맞춤 정장의 디자인을 좋아하십니까? 물론 그러시겠지요! 하지만 한 벌 (살) 여유는 있나요? 물론 가능합니다! Grace 양복점에서는, 오래 가는 천으로 된 질 좋은 옷을 만들며 그 옷은 여러분이 예상하는 것보다 더 저렴하게 여러분의 것이 될 수 있습니다. 저희는 많은 옷을 빠르게 생산하지는 않지만, 항상 최상의 질을 갖춘 양복을 생산하기 위해 최선을 다합니다. 그리고 저희는 고객의 요구에 따라 제품을 맞춤 제작합니다. 따라서 저희 맞춤옷이 여러분에게 완벽하게 맞을 것을 보장합니다. 키가 크시다고요? 체구가 크시다고요? 문제없습니다. 저희 옷은 항상 딱 맞는 치수일 테니까요. 그러니 몸에도 딱 맞고 가격도 딱 알맞은 Grace 양복점으로 오세요.

어휘
look 외모, 디자인 handmade 수제의 suit 정장, 양복 long-lasting 오래 지속되는 fabric 직물, 천 customize 주문 제작하다 according to …에 따라 guarantee 보장하다 fit (의복 등이) 꼭 맞다; (옷 등의) 맞음새

02 ④

남: 난 이제 막 인생에서 가장 멋진 경험을 했어.
여: 무슨 소리를 하는 거야?
남: 못 들었어? 나 이제 막 유럽에서 돌아왔어.

여: 너 작년에 브라질에 가지 않았니?
남: 응, 외국 여행은 내가 제일 좋아하는 활동 중 하나야.
여: 난 여행을 좋아하지만 그렇게 자주 하지는 않아. 너무 비싸니까.
남: 그렇지, 하지만 난 여행에서 많은 걸 배워. 모든 문화가 나에게 색다른 걸 가르쳐주거든.
여: 하지만 넌 뭔가 너무 다를 때 스트레스를 받지는 않니?
남: 물론 그렇지만, 그런 종류의 스트레스는 날 더 강하게 만든다고 생각해.

어휘
feel stressed 스트레스를 받다

03 ③

여: 저기요. 왜 여기서 도는 거예요?
남: 버스 터미널에 가려고 하신 거 아닌가요?
여: 네, 맞아요. 직진하고 나서 다리를 건너야 하지 않아요?
남: 아, 그렇지 않아요. 하루 중 이 시간대에는 아니에요. 교통이 너무 혼잡하거든요.
여: 아, 그건 생각하지 못했네요.
남: 우리가 좌회전해서 시청을 지나가면, 교통이 훨씬 더 원활할 겁니다.
여: 그렇군요. 음, 기사님의 판단을 믿어야겠어요.
남: 걱정하지 마세요, 제가 가는 길로 가면 거기에 훨씬 더 빨리 도착할 겁니다. 전 매일 이렇게 하거든요.
여: 좋아요. 얼마나 걸릴 것 같아요? 제가 탈 버스가 45분 후에 출발하거든요.
남: 글쎄요, 예상치 못한 문제만 없다면 30분 후에 도착합니다.
여: 좋아요. 그럼 여행을 위해 간식을 살 시간이 있겠군요.

어휘
light (교통이) 원활한 judgment 판단(력) unexpected 예기치 않은, 뜻밖의

04 ④

남: 안녕, 모니카. 뭐하고 있어?
여: 오, 안녕, 리처드. 헨리의 송별회를 준비하고 있어.
남: 멋지다! 벽에 있는 사진들이 정말 맘에 들어!
여: 고마워. 헨리의 사진을 몇 장 골랐어. 네가 그것들을 좋아해서 기뻐.
남: 그런데, 전에 이 둥근 탁자를 본 적이 없는데. 산 거야?
여: 아니, 제인에게 빌렸어. 파티를 위해서 정사각형 탁자보다 이게 더 낫다고 생각했어.
남: 완벽해! 저기, 헨리를 위한 선물은 어디에 두었어?
여: 탁자 아래에 있어.
남: 오, 거기 있구나. 그리고 탁자 위에 카메라가 있네. 사진을 찍을 거니?
여: 응. 난 네가 헨리에게 선물을 줄 때 (사진을) 좀 찍고 싶어.
남: 좋은 생각인데! 그리고 테이블 위에 꽃이 정말 예쁘다.
여: 응. 난 헨리가 파티를 즐겼으면 좋겠어.

어휘
farewell party 송별회

05 ②

[휴대전화벨이 울린다.]
남: 여보세요?

여: 안녕, 여보. 나예요. 당신 아직도 회사에 있어요?

남: 응, 여보. 오늘 정말 바쁘네요.

여: 괜찮아요. 여전히 오늘 밤에 외식하고 싶어요?

남: 그럼요, 그런데 아직 식당에 전화할 시간이 없었어요.

여: 내가 예약할까요?

남: 아뇨, 내가 할게요. 그런데 세탁소에서 내 양복 좀 찾아줄 수 있어요?

여: 물론이죠, 문제없어요.

남: 고마워요. 보고서만 출력하면 돼요, 그럼 끝날 거예요.

여: 잘됐네요. 7시 30분으로 예약해 줄래요?

남: 그럴게요. 그럼 내가 집에 가서 옷을 갈아입을 시간이 충분하겠네요.

여: 그래요. 좀 이따 봐요.

어휘

make a reservation 예약하다 dry cleaner's 세탁소

06 ④

여: 안녕, 톰! 오늘 기분이 어때?

남: 좋아, 리사. 넌?

여: 좋지. 있잖아, 너 혹시 이번 주말에 나랑 서울 예술제에 갈래?

남: 아, 토요일에 하는 거 말이니?

여: 응, 토요일과 일요일에 열려.

남: 표가 매진된 줄 알았는데.

여: 맞아, 그런데 내 건 일찍 사뒀거든. 네 것도 여분으로 있어.

남: 정말 가고 싶긴 한데 안타깝게도 갈 수가 없어. 토요일이 우리 할머니 생신이거든.

여: 아, 정말? 그럼, 일요일에 가는 건 어때?

남: 유감스럽게도, 할머니가 먼 데 사셔. 그래서 우리 가족들이 주말에 할머니를 뵈러 갈 거야.

여: 아, 그렇구나.

남: 어쨌든 고마워, 리사.

어휘

fair 축제, 박람회 be sold out 매진되다 extra 여분의 unfortunately 유감스럽게도, 불행하게도

07 ④

여: 애리조나로 이걸 보내려고 하는데요.

남: 그걸 저울에 올려놓으세요. *[잠시 후]* 4파운드네요. 보통 우편으로 하시겠습니까, 아니면 특급 우편으로 하시겠습니까?

여: 보통 우편은 얼마인가요?

남: 파운드당 2달러입니다. 특급 우편은 파운드당 5달러이고요.

여: 특급 우편이 가장 빠른 건가요?

남: 아니요. 파운드당 8달러인 익일 배달 서비스도 있습니다.

여: 와. 비싸군요.

남: 네, 하지만 더 빠르고, 저희가 배송 또한 보증합니다.

여: 훌륭하군요, 하지만 저는 그만한 여윳돈이 없어서요. 그냥 특급 우편으로 하겠습니다.

남: 알겠습니다. 5달러를 추가하시면 우편물 보험을 드릴 수 있어요.

여: 고맙지만 괜찮습니다. 필요하지 않아요.

남: 네. 이 양식을 작성하시면 나머지는 제가 처리하겠습니다.

어휘

scale 저울 regular mail 보통 우편 express mail 특급 우편 overnight

야간의, 하룻밤의; *익일 배달의 guarantee 보증하다 afford …할 여유가 있다 insure 보험에 들다 extra 추가의 take care of …을 처리하다

문제풀이

여자가 가진 우편물의 무게는 4파운드이고, 파운드당 5달러인 특급 우편을 선택했으므로 여자가 지불할 금액은 20달러이다.

08 ③

여: 안녕하세요. 도와 드릴까요?

남: 네. 시간제 직원을 뽑는다는 광고를 봤는데요. 일에 대해서 말씀해 주시겠어요?

여: 네. 저희는 주방 청소를 도울 사람이 필요해요.

남: 그렇군요. 음, 전 작년에 식당에서 일했어요.

여: 좋습니다. 저희는 경력 있는 사람이 필요해요. 그리고 적어도 16세여야 합니다.

남: 전 18살이에요. 하지만 주말에만 시간이 있어요.

여: 괜찮습니다. 토요일과 일요일에 일할 사람이 필요하거든요.

남: 알겠어요. (돈은) 얼마를 주는지 물어봐도 될까요?

여: 처음에는 시간당 9달러를 받으실 거예요. 3개월 후에는 약간 인상됩니다.

남: 완벽하네요. 어떻게 지원하나요?

여: 이 양식만 작성하세요. 다 쓰시고 저에게 주십시오.

남: 알겠어요. 감사합니다.

어휘

ad 광고 (= advertisement) part-time worker 시간제 직원 available 시간이 있는, 이용 가능한 raise 인상

09 ④

남: 주말을 보낼 알맞은 가격의 장소를 찾고 계십니까? 그렇다면 Riverside 호텔로 오십시오! 단 150달러에, 여러분은 시내의 아름다운 객실에서 이틀 밤을 보내실 수 있습니다. 지하 주차장은 투숙객들에게 무료이며, 여러분께서 비행기를 이용하신다면, 저희는 공항으로 여러분을 모시러 갈 밴을 보내드릴 겁니다. 세계적인 수준의 레스토랑에서의 조식이 숙박료에 포함됩니다. 또한, 호텔 투숙객들께서는 24시간 헬스클럽과 사우나 시설에서 50퍼센트의 할인을 받습니다. 그리고 도시를 구경하고 싶으시다면, 추가 비용 없이 저희 전문 가이드 중 한 명과 관광을 하실 수 있습니다. 그러니 오늘 저희에게 전화하셔서 예약하시기 바랍니다.

어휘

affordable (가격이) 알맞은 receive a discount 할인받다 sauna 사우나 facility (*pl.*) 설비, 시설 sight 풍경, 경치 at no extra cost 추가 비용 없이

10 ①

여: 우리 이번 주 토요일에 영화 보러 가는 거 맞지? 내가 Max 극장 웹사이트의 영화 상영표를 출력했어. 넌 어떤 영화를 보고 싶니?

남: 음… *Good Friends*는 어때?

여: 좋아. 아, 잠깐만! 영화가 끝나는 시간을 봐봐!

남: 아, 그걸 못 봤네. 우리 3시간보다 더 짧은 영화를 고르자.

여: 좋은 생각이야. 4시 45분에 하는 *Two Sisters*는 어때? 그 영화 대단하다고 들었어.

남: 그건 너무 늦게 시작해. 우리는 오후 7시가 넘어도 극장에서 나오지 못 할 거야.
여: 오후 7시가 너무 늦은 것 같지는 않은데.
남: 글쎄, 영화가 끝나고 밥을 먹기로 했잖아. 나는 오후 6시 이후에 먹는 걸 좋아하지 않아.
여: 그렇다면 *Chicken Little*이 낫겠다. 3시 10분에 시작하네.
남: 그거 좋다. 그런데 나 프리미엄 상영관에서 하는 영화 보고 싶은데.
여: 그래, 거기는 진짜 편안해! 그렇다면 우리를 위한 완벽한 영화가 있는 것 같은데.
남: 그렇네. 내가 지금 온라인으로 표 두 장을 예매할게.

어휘
print out …을 출력하다 notice 주목하다; 알아채다 get out of …에서 떠나다 premium 고급의

남: 그럼 넌 결국 어떻게 해안으로 다시 돌아왔니?
여: 음, 결국 구조원이 내가 곤경에 빠진 걸 알아챘어. 헤엄쳐 와서 나를 구조해 줬지.
남: 그거 정말 무서웠겠다.
여: 정말 무서웠어! 그때 이후로 수영하러 가는 게 무섭더라니까.

어휘
drown 익사하다 shore 해안 lifeguard 구조원 be in trouble 곤경에 처하다 rescue 구조하다 scary 무서운

문제풀이
① 난 그렇게 즐거웠던 적이 없었어!
② 난 상어가 제일 무서워!
③ 별로 그렇지 않아. 난 원래 수영을 잘해.
④ 네 말이 맞아. 리우데자네이루는 환상적인 곳이야.

11 ①

여: 좋아. 우리 떠날 준비가 된 것 같아.
남: 나도 그렇게 생각해. 아무것도 잊은 게 없어야 할 텐데.
여: 어디 보자. 난 내 여권을 챙겼어. 네 건 어디 있어?
남: 이 가방에 넣어두었어.

어휘
passport 여권 [문제] brand new 완전 새것인

문제풀이
② 내 것도 가져도 돼.
③ 있잖아, 난 여권을 잃어버렸어.
④ 이건 따끈따끈한 새 여권 사진이야.
⑤ 우린 제시간에 공항에 도착해야 해.

12 ④

남: 로라, 내 컴퓨터로 잠깐만 와줄래?
여: 그래, 앤소니. 무슨 일이야?
남: 새 명함을 디자인하고 있는데 네 의견을 듣고 싶어.
여: 난 네 이름이 중앙에 있는 게 마음에 들어.

어휘
business card 명함

문제풀이
① 그래, 여기 내 명함이 있어.
② 난 명함이 하나도 없어.
③ 난 흥미로운 디자인을 만들었어야 했어.
⑤ 우선, 네 명함을 디자인해야 해.

13 ⑤

여: 닐, 내가 익사할 뻔했던 때에 대해 얘기한 적 있니?
남: 아니. 그게 언젠데?
여: 몇 년 전 여름이야. 내 친구 한 명과 리우데자네이루에서 휴가 중이었어. 바닷가에 갔는데 내가 너무 멀리까지 헤엄쳐 갔었어.
남: 그래서 어떻게 됐어?
여: 난 지쳐버렸고 다시 헤엄쳐 올 수가 없었어. 난 내가 죽는 줄 알았어.
남: 넌 어떻게 했니?
여: 내 친구에게 소리를 질렀지만, 그녀는 내 소리를 듣지 못했어.

14 ①

남: 이 화랑은 훌륭해. 그림들이 정말 인상적이야.
여: 난 네가 여기를 좋아할 줄 알았어.
남: 넌 여기 자주 오니?
여: 일요일마다 거의 와. 정말 편안한 느낌이 들거든.
남: 무슨 말인지 알겠어. 아름다운 예술 작품을 보면 항상 기분이 좋아지거든. 넌 어떤 그림이 가장 좋니?
여: 난 낚시하면서 웃고 있는 저 소년의 그림이 좋던데.
남: 나도 그게 좋더라. 그 애는 순수하고, 평화롭고, 만족스러워 보여.
여: 넌 그 화가의 다른 작품들도 좋아할 것 같아.
남: 이곳에 그 화가의 다른 그림들이 있니?
여: 물론이지. 위층에 더 많은 작품이 있어.
남: 그럼 앞장서 봐.

어휘
gallery 화랑 impressive 인상적인 relaxing 편안한 innocent 순수한 peaceful 평화로운 content 만족하는 upstairs 위층으로, 위층에 [문제] lead the way 앞장서다

문제풀이
② 택시를 타고 다른 화랑으로 가자.
③ 그게 어디 있는지 화랑 주인에게 물어보자.
④ 이 화랑에서는 그림을 팔지 않는 것 같아.
⑤ 그거 좋겠다. 나중에 다시 오는 게 어때?

15 ①

여: 글로리아는 내일 취업 면접이 있다. 그래서 그녀는 미용실에 있다. 그녀는 미용사에게 화려한 것은 원하지 않는다며, 그저 머리 끝부분을 다듬고 싶다고 한다. 그녀는 머리를 하는 동안 꾸벅꾸벅 존다. 미용사가 머리를 끝내자 글로리아는 거울을 들여다본다. 미용사는 그녀의 머리를 약 4인치 정도 잘라냈고, 뒤쪽보다 앞쪽을 더 짧게 잘랐다. 미용사는 그녀가 요구한 대로 하지 않았다. 글로리아는 기분이 좋지 않다. 미용사가 웃으면서 어떠냐고 묻는다. 이런 상황에서, 글로리아가 미용사에게 할 말로 가장 적절한 것은 무엇인가?
글로리아: 이건 제가 요구했던 게 아니잖아요.

어휘
hairdresser 미용사 fancy 화려한 trim 손질하다, 다듬다 nod off 깜박 졸다 [문제] straighten 똑바르게[곧게] 하다

문제풀이

② 제가 머리를 펴 달라고 했잖아요.
③ 와, 정말 다르게 보이네요. 감사해요.
④ 몇 인치 더 잘라 주시면 더 좋겠어요.
⑤ 전과 전혀 다르게 보이지 않아요.

16 ③ 17 ③

남: 토양을 필요로 하지 않는 특별한 종류의 농장이 있습니다. 그뿐만이 아니라, 이 농장은 햇빛도 필요하지 않습니다. 여러분은 심지어 거기에서 블루베리와 벼를 동시에 수확할 수 있습니다! 이것이 어떤 종류의 농장인지 추측할 수 있으세요? 이것은 실내 농장입니다. 실내 농장은 물과 인공광을 이용해서 식물을 재배합니다. 채소, 곡물, 그리고 심지어 아름다운 꽃도 기를 수 있습니다. 그리고 여러분이 그곳에서 발견할 수 있는 훨씬 더 놀라운 것이 있습니다. 그건 바로 물고기입니다! 수조에서 나오는 물이 농장으로 흘러가 식물에 미네랄을 제공합니다. 대신에, 식물은 물고기를 위해서 물을 정화시킵니다. 실내 농장의 또 다른 멋진 특징은 살충제나 인공 비료를 전혀 사용하지 않고 식물을 재배할 수 있다는 점입니다. 게다가, 실내 농장은 날씨에 영향을 받지 않습니다. 그것은 일 년 내내 음식을 생산할 수 있다는 것을 의미합니다. 물론, 이 농장은 전통적인 농장처럼 넓은 땅을 필요로 하지 않으며, 버려진 공장이나 창고와 같은 다양한 종류의 건물에 지어질 수 있습니다.

어휘

indoor 실내의 artificial light 인공광(光) in return … 대신에 purify 정화하다 feature 특징, 특색 pesticide 살충제, 농약 fertilizer 비료 abandoned 버려진 warehouse 창고 [문제] aspect 측면 organic farming 유기농법

문제풀이

16 ① 날씨는 어떻게 농업에 영향을 주는가
② 도시에서의 농장의 발달
③ 실내 농장의 몇몇 긍정적인 측면
④ 왜 고대 농법이 가장 좋은가
⑤ 유기농법의 몇몇 단점들

DICTATION Answers

본문 ▲ p.32

01 make quality clothes / suits of the highest quality / fit you perfectly

02 got back from Europe / one of my favorite activities / make me stronger

03 crossing the bridge / turn left and go past / we should be there

04 on the wall / would be better / there it is

05 go out for dinner / get my suit / give me enough time

06 I was wondering if / tickets were sold out / lives far away

07 regular or express mail / guarantee delivery as well / fill out this form

08 help clean the kitchen / someone with experience / get a small raise

---

09 pick you up / fitness and sauna facilities / at no extra cost

10 printed out / get out of / they are so comfortable

11 got my passport

12 come over to

13 swam out too far / was going to die / rescued me

14 so impressive / find it really relaxing / a lot more upstairs

15 have her hair trimmed / looks in the mirror / what Gloria had asked

16~17 at the same time / In return / all year round

---

06 영어듣기 모의고사

본문 ▲ p.36

01 ⑤	02 ①	03 ③	04 ④	05 ⑤	06 ⑤
07 ②	08 ④	09 ④	10 ⑤	11 ①	12 ①
13 ①	14 ①	15 ⑤	16 ②	17 ⑤	

01 ⑤

남: 비만은 심각한 건강 문제들을 일으킬 수 있습니다. 최근 한 의료팀이 비만의 영향에 관한 보고서를 썼습니다. 중요한 영향 한 가지는 심장에 있습니다. 당신이 뚱뚱하다면, 당신의 심장은 더 빨리 뛰어야 합니다. 이는 심장마비로 이어질 수 있습니다. 과잉 지방은 또한 혈당량을 변화시킬 수 있습니다. 이것은 당뇨병과 같은 심각한 질병들을 유발할 수 있습니다. 고혈압과 암은 비만으로 인한 또 다른 가능한 결과입니다.

어휘

overweight 비만(의), 과체중(의) fat 뚱뚱한; 지방 beat (심장이) 고동치다 lead to …로 이어지다 heart attack 심장마비 extra 여분의, 추가의 diabetes 당뇨병 high blood pressure 고혈압

02 ①

여: 죄송하지만, 남동생은 이 롤러코스터에 탑승하실 수 없습니다.
남: 뭐라고요? 왜요?
여: 키가 충분히 크지 않은 것 같네요. 모든 탑승객은 키가 적어도 145센티미터가 되어야 합니다.
남: 아, 문제가 되진 않을 거예요. 남동생은 키가 143센티미터이고 아주 용감하거든요.
여: 남동생이 얼마나 용감한지는 중요하지 않습니다. 이 놀이기구는 키가 적어도 145센티미터인 사람들을 위해 설계되었거든요.
남: 음, 저도 탈 거예요. 제가 그 애를 보호할 수 있어요.
여: 죄송하지만 정말 안 됩니다. 저희는 그 애가 다치는 걸 원하지 않아요.
남: 알겠어요, 죄송합니다. 다른 놀이기구를 탈게요.

여: 감사합니다. 남동생이 키가 충분히 크면 다시 오세요!

어휘
allow 허락[허용]하다 ride 타다; 놀이기구 design 디자인[설계]하다 protect
보호하다 insist 고집하다. 주장하다

03 ③

남: 실례합니다, 부인. 여기서 일하시나요?

여: 저요? 아닌데요.

남: 아, 죄송합니다. 점원을 찾을 수가 없어서요.

여: 아마도 모두 손님들을 돕느라 바쁜가 봐요. 오늘따라 유난히 바쁘네요. 어떤 도움이 필요하신데요?

남: 제 딸 물건을 사려고 여기 왔는데, 아동용 코트를 찾을 수가 없네요.

여: 아, 저도 딸의 겨울 코트를 한 벌 사러 여기 왔어요. 코트를 많이 할인 판매하고 있거든요.

남: 저도 그렇게 들었는데, 그걸 찾을 수가 없네요.

여: 위층의 어린이 활동복 코너로 가시면 돼요.

남: 아, 제가 아직 위층은 안 봤어요. 도와주셔서 고맙습니다.

여: 천만에요.

어휘
salesclerk 점원 as well 또한 upstairs 위층으로 section 부문, 구획

04 ④

남: 이거 근사한 사진이다. 어디서 찍은 거야?

여: 시립 수족관에서 찍었어. 지난달에 내 친구랑 거기 갔거든.

남: 너희도 사진에 있어?

여: 응, 우린 왼쪽에, 탱크 앞에 서서 손을 흔들며 서 있어.

남: 아, 보인다. 탱크 안에 있는 건 스쿠버 다이버야?

여: 맞아. 그는 탱크를 청소하는 수족관 직원이었어.

남: 그리고 탱크 앞에 마이크를 들고 서 있는 여자는 누구야?

여: 그 여자는 우리 여행 가이드였어. 어떤 종류의 물고기나 동물이 탱크 안에 있는지 설명해줬어.

남: 그녀 뒤에서 수영하고 있는 돌고래 세 마리 좀 봐! 정말 멋지다.

여: 맞아. 그리고 그것들 옆에 있는 거북이도 보여?

남: 오 그러게! 거북이가 유리 맞은편에 있는 아이들에게 손을 흔들고 있는 것 같아.

여: 나도 그렇게 생각했어!

남: 나도 조만간 수족관에 가봐야겠어. 정말 재밌어 보인다.

어휘
photograph 사진 aquarium 수족관 wave (손을) 흔들다 microphone
마이크 dolphin 돌고래

05 ⑤

남: 앤, 오늘 밤에 TV 볼 계획이니?

여: 응. 7시에 아주 중요한 축구 경기가 있거든.

남: 아, 그렇구나. [한숨을 쉬다.] 난 오늘 밤에 내일 시험을 위해 생물 공부를 할 계획이었거든.

여: 알겠어. 그럼, 너무 방해가 되지 않도록 소리를 줄일게.

남: 그렇지만 내일 시험은 정말 중요해. 지난번 시험을 망쳐서, 만약 이번에 또 망치면 그 수업에서 F를 받을지도 몰라.

여: 그럼 나더러 그 경기를 보지 말라는 거야? 말도 안 돼! 너도 내가 얼마나 열광적인 팬인지 알잖아.

남: 나도 알지… [잠시 후] 있잖아, 네 친구 엠마도 분명 그 경기를 집에서 볼 거야.

여: 음… 맞아. 그녀는 아마 그럴 거야.

남: 네가 그 애 집에 가서 같이 보는 건 어때?

여: 좋아. 그거 재미있겠다!

남: 네가 그렇게 생각한다니 다행이다. 난 혼자 있으면 공부하기가 더 쉽거든.

여: 좋아. 그럼 그렇게 할게.

어휘
sigh 한숨을 쉬다 biology 생물학 so (that) A won't A가 …하지 않도록
distracting 마음을 산란케 하는 probably 아마도, 십중팔구

06 ⑤

[전화벨이 울린다.]

남: 여보세요?

여: 안녕, 댄. 나 니콜이야!

남: 안녕! 레스토랑에 가는 길이야?

여: 응, 그런데 우리가 예약한 6시 30분까지는 못 갈 거야.

남: 오, 무슨 일인데?

여: 택시에 지갑을 두고 내렸어. 가서 운전기사 아저씨를 만나 지갑을 돌려받아야 해.

남: 오, 이런! 음, 어쨌든 다시 찾긴 하겠네!

여: 응, 잃어버렸을 때 정말 걱정했어.

남: 날 만날 때까지 시간이 얼마나 걸릴 것 같아?

여: 아마도 한 시간은 늦을 거야. 미안해.

남: 괜찮아. 내가 예약을 7시 30분으로 늦출 수 있는지 알아볼게.

여: 고마워, 댄. 좀 있다 보자!

어휘
reservation 예약 at least 적어도; *어쨌든 push … back …을 미루다

07 ②

여: 안녕하세요, Western 호텔입니다. 무엇을 도와 드릴까요?

남: 예약을 할 수 있을까요?

여: 네, 손님. 성함과 도착 날짜를 알려 주시겠어요?

남: 제 이름은 해리 웰스이고, 화요일, 그러니까 4일에 도착할 예정입니다.

여: 알겠습니다, 웰스 씨. 1인실을 원하세요, 2인실을 원하세요?

남: 2인실은 얼마인가요?

여: 아침 식사를 포함해서 하룻밤에 150달러입니다.

남: 1인실은요?

여: 아침 식사를 포함해서 하룻밤에 100달러입니다.

남: 그럼 1인실로 할게요. 그런데 전 호텔에서 아침을 먹지 않는 쪽이 좋아요.

여: 그럼 아침 식사 없이 90달러에 방을 드릴 수 있어요.

남: 좋습니다.

여: 며칠 동안 묵으실 건가요?

남: 사흘 동안 묵을 거예요.

어휘

arrival 도착 **single room** 1인실 **double room** 2인실 **including** …을 포함하여

문제풀이

아침 식사가 포함되지 않는 1인실($90)에 3일간 머무르기로 했으므로, 남자가 지불할 금액은 270달러이다.

08 ④

남: 서울에 오면 어디를 가고 싶어?
여: N서울타워는 어때? 서울 중앙의 산꼭대기에 높이 있잖아.
남: 오, 그거 좋겠다!
여: 내가 금요일에 도착한 후에 시간이 있을까?
남: 물론이야. 타워는 주말에는 자정에 문을 닫아.
여: 딱 좋아. 어서 빨리 경치를 보고 싶어.
남: 그리고 네가 원한다면 우린 거기서 저녁을 먹고 박물관에도 들를 수 있어.
여: 좋아. 그런데, 넌 그 타워의 이름이 어디서 유래했는지 아니?
남: 응, 알아. 그 타워는 2005년에 개조되었는데, 사람들이 그것이 새롭다는 것을 보여주려고 글자 N을 더했어.
여: 와, 흥미로운데. 그럼 그 타워는 언제 처음 문을 열었어?
남: 음… 1980년일 거야.
여: 그렇구나. 아무튼, 여행 때문에 신난다.

어휘

midnight 자정 **remodel** 개조하다

09 ④

여: 오늘 저는 여러분에게 기한이 이달 말까지인 과학 과제를 내주려고 합니다. 저는 여러분을 한 조에 네 명씩 나눌 것입니다. 각 조는 환경 오염의 세 가지 유형인 수질, 대기, 토양 오염 중에서 하나를 선택하게 될 것입니다. 첫 번째 단계는 조사하는 단계이며, 여러분이 모은 정보의 요약을 포함하는 중간보고서가 뒤따라야 합니다. 두 번째 단계는 15분짜리 발표를 준비하는 것입니다. 발표의 유형은 여러분에게 달려 있습니다. 연설하거나, 포스터를 만들거나, 영사기를 사용할 수도 있습니다. 하지만 여러분이 온라인에서 찾은 정보를 그대로 베껴서는 안 됩니다. 모든 과제는 조원들에 의해 수행되어야 합니다.

어휘

assign 할당하다 **due** …로 인한; *…로 예정된 **divide A into B** A를 B로 나누다 **environmental** 환경의 **progress report** 중간보고 **summary** 요약, 개요 **presentation** 발표 **up to** …에게 달려 있는 **give a speech** 연설하다 **projector** 영사기, 프로젝터

10 ⑤

여: 안녕하세요. 무엇을 도와드릴까요?
남: 제 딸을 주민센터 프로그램 중 하나에 등록시키고 싶어요.
여: 알겠습니다. 수영, 무용, 음악, 요리, 그리고 미술을 포함한 여러 개의 수업이 있어요. 각 수업은 일주일에 두 번씩 합니다.
남: 그렇군요. 우리 딸은 지난달에 음악 수업을 들었는데, 다른 어떤 수업이든 좋겠네요.
여: 예. 따님이 몇 살인가요?

남: 3주 전에 막 5살이 되었어요.
여: 따님이 춤추는 걸 좋아하나요? 화요일과 목요일에 재미있는 무용 수업이 있어요.
남: 그 애는 춤추는 걸 좋아하지만, 화요일에는 시간이 없어요.
여: 그러면 오전 수업은 어떤가요?
남: 그 애는 아침에 일찍 일어나지 않아서 오기 어려울 거예요. 오후에 있는 게 더 좋겠어요.
여: 음, 고객님의 요구에 딱 맞는 수업이 하나 있는 거 같네요.
남: 좋아요. 그 애를 그 수업에 등록하고 싶습니다. 무엇을 해야 하나요?
여: 이 양식을 작성해 주시면 됩니다.

어휘

enroll 등록하다 **community center** 주민센터, 동사무소 **fit** 잘 맞다 **register** 등록하다 **fill out** (양식을) 작성하다

11 ①

남: 이 앨범 들어봤어?
여: 응, 그거 집에 있어. 정말 좋아.
남: 음… 사기 전에 네 걸 들어볼까 봐. 좀 비싸네.
여: 알았어, 빌려줄게.

문제풀이

② 맞아, 할인해서 5달러야.
③ 그들은 요즘 내가 제일 좋아하는 밴드야.
④ 너에게 돈을 빌려줄 수 없을 것 같아.
⑤ 그걸 사고 나서 들어본 적이 없어.

12 ①

여: 내 가장 친한 친구 캐롤이 내일 떠나. 정말 슬퍼.
남: 아, 그 말 들으니 나도 안타깝네. 그 애와 얼마나 알고 지냈어?
여: 초등학교 때 만났으니까 20년 정도 친구였어.
남: 와, 오랜 우정이구나.

어휘

elementary school 초등학교

문제풀이

② 네가 돌아오면 만나자!
③ 네가 떠난다고 해도 슬플 거야.
④ 그녀는 어느 초등학교에 다녀?
⑤ 너희가 함께 휴가를 즐겁게 보내길 바라.

13 ①

여: 얘, 사무엘! 시내에 새로 생긴 쇼핑몰에 가 봤니?
남: 아니, 그리고 가 볼 생각도 없어. 난 쇼핑을 그다지 좋아하지 않아서 말이야. 쇼핑은 지루한 것 같아.
여: 그건 잘못된 태도야. 거긴 쇼핑하는 곳 그 이상의 장소야.
남: 그래? 음, 무척 인상적인 건물이라는 얘기는 들었어.
여: 맞아, 많은 콘크리트와 금속, 그리고 색유리로 지어져서 무척 현대적이야.
남: 정말? 꽤 흥미롭게 들린다.
여: 그래. 그리고 상점들도 많고, 거기서 할 수 있는 다른 것들도 많아.
남: 그래? 어떤 것들이 있는데?

여: 음, 열 개 상영관이 있는 복합 영화관과 볼링장, 그리고 많은 식당이 있어.

남: 와! 모두 한 곳에? 내일 여자친구랑 거기 가 봐야겠다.

여: 후회하지 않을 거야, 내가 장담할게.

어휘

intention 의향, 의도 attitude 태도, 마음가짐 impressive 인상적인, 감명 깊은 multiplex 복합의, 다양한 bowling alley 볼링장 [문제] be familiar with …에 익숙하다, …에 대해 자세하게 알다

문제풀이

② 그건 진짜로 감명 깊은 영화였어.

③ 어쨌든, 어서 영화관에 가자.

④ 난 쇼핑몰 내부는 잘 몰라.

⑤ 네 집 주변에 괜찮은 식당을 몇 군데 알아.

14 ①

여: 최근에 프레드랑 이야기해 본 적 있어? 난 좀 걱정돼.

남: 프레드가 걱정된다고? 왜?

여: 그 애가 요즘 정말 우울한 것 같아. 그리고 거의 매일 학교에 지각하잖아.

남: 음, 한 주 내내 그 애랑 이야기를 못 해 봤어. 아마도 문제가 좀 있는 것 같아.

여: 사실, 프레드의 엄마가 최근에 병원에 입원하셨다고 들었는데, 아마도 그것 때문일 수도 있어.

남: 오, 난 그건 몰랐어. 어디가 편찮으신데?

여: 정확히는 모르지만, 프레드가 엄마 걱정을 정말 많이 하는 것 같아.

남: 심각한 게 아니길 바라.

여: 나도 그래. 어쨌든 우리 다음 주에 중요한 영어 시험이 있잖아.

남: 맞아. 프레드가 공부에 정말 집중을 해야 할 텐데.

여: 우리가 그 애를 도울 수 있는지 한번 알아볼까?

남: 그래, 우리랑 같이 공부하자고 물어보자.

어휘

depressed 우울한, 낙담한 sort of 다소 be in the hospital 입원 중이다 concentrate on …에 집중하다

문제풀이

② 고맙지만 됐어. 난 시험 (볼) 준비가 된 것 같아.

③ 좋아. 우린 그의 병문안을 갈 수 있겠어.

④ 아니, 난 그가 우리를 도울 시간이 없을 것 같아.

⑤ 알겠어. 오늘 밤에 영화 보러 가자고 그를 초대하자.

15 ⑤

여: 멜리사는 최근에 대학을 졸업했다. 그녀는 한 무역회사에 이제 막 취직이 되었다. 그것이 그녀의 첫 번째 정식 직업이다. 그녀는 회사에 입고 갈 옷이 없다는 것을 깨닫고, 정장을 몇 벌 사야겠다고 마음먹는다. 그녀의 어머니는 멜리사가 정장을 사러 간다고 들었을 때, 그녀를 도와주러 함께 가겠다고 제안한다. 하지만 어머니의 패션 취향을 좋아해 본 적이 없기 때문에, 멜리사는 어머니와 같이 가는 것을 원하지 않는다. 이런 상황에서, 멜리사가 그녀의 어머니에게 할 말로 가장 적절한 것은 무엇인가?

멜리사: 고맙지만, 전 혼자 쇼핑하러 가고 싶어요.

어휘

graduate 졸업하다 hire 고용하다 trading company 무역회사 suit 정장; 어울리다, …에 잘 맞다 taste 맛; *기호, 취향 [문제] remarkable 뛰어난

문제풀이

① 좋아요, 그게 저한테 잘 맞네요.

② 제 쇼핑 목록을 확인해 봐야겠어요.

③ 엄마는 패션 감각이 뛰어나요.

④ 요즘 패션 경향은 뭐예요?

16 ② 17 ⑤

남: 현대 미술관에 오신 것을 환영합니다. 저는 (미술관의) 전시 책임자이자, 오늘 여러분의 투어 가이드인 톰 윌리엄스입니다. 모네, 드가, 르누아르 같은 화가들을 들어본 적이 있으신가요? 아마 여러분은 그들이 인상파 화가들이라는 것을 알고 계실 겁니다. 하지만 인상파 미술이란 무엇일까요? 우리가 투어를 시작하기 전에, 저는 무엇이 인상주의를 특별하게 만드는지에 관해 여러분의 이해를 돕고 싶습니다. 우선, 인상파 그림들은 붓칠이 아주 미세합니다. 인상파 화가들은 사실주의에 관심이 없었습니다. 그들은 자신들의 (그림의) 대상에 대한 일반적인 느낌들을 주려고 미세한 붓칠들을 사용했습니다. 인상파 그림들은 또한 대조적인 색채들을 가지고 있습니다. 이러한 색채들 때문에 인상파 그림들은 더 생생하게 보이죠. 더불어, 인상파 그림들의 이미지 가장자리들은 서로 섞여 있습니다. 어디서 하나의 이미지가 끝나고 다른 것이 시작하는지 구분해내기 어렵죠. 마지막으로, 인상파 그림들은 흐릿한 이미지들을 포함하고 있습니다. 그 이미지들은 견고한 선이나 구체적인 세부 묘사들을 가지고 있지 않습니다. 이제 여러분은 인상주의에 대해 좀 더 알게 되었습니다. 미술관 안의 몇 가지 아름다운 인상파 그림들을 보러 갑시다.

어휘

curator 큐레이터(박물관 · 미술관 등의 전시 책임자) impressionist 인상파 impressionism 인상주의 tiny 아주 작은 stroke 치기; *붓칠 subject 주제; 과목; *대상 vivid 생생한 blend 섞이다 blurred 흐릿한 solid 단단한, 견고한

DICTATION Answers 본문 p.38

01	cause serious health problems / lead to a heart attack / High blood pressure
02	he's not tall enough / is designed for / to get hurt
03	busy helping customers / sale on coats / go upstairs
04	on the left side / cleaning out the tank / waving to the kids
05	turn the volume down / what a big fan I am / watch it together
06	on your way to / get it back / push our reservation back to
07	make a reservation / not have breakfast / for three nights
08	in the middle of / closes at midnight / was remodeled
09	groups of four / followed by / up to you
10	twice a week / have free time / it looks like
11	kind of expensive

12 we've been friends

13 find it boring / impressive building / check it out

14 late for school / really worried about / concentrate on his studying

15 first real job / go shopping / taste in fashion

16~17 Have you ever heard of / were not interested in realism / look more vivid / contain blurred images

07 영어듣기 모의고사

본문 ▲ p.42

01 ③	02 ⑤	03 ①	04 ③	05 ②	06 ②
07 ②	08 ④	09 ②	10 ③	11 ③	12 ②
13 ⑤	14 ④	15 ①	16 ⑤	17 ①	

01 ③

여: 안녕하세요. 저는 ACE 팬클럽 회장인 모니카 존스입니다. 지난번 회의에서 우리는 클럽의 모든 회원들을 위해 성대한 송년회를 여는 것에 대해 논의했습니다. 저는 파티 장소에 대해 많은 제안을 받았는데, 클럽의 회장으로서 제 생각을 덧붙이고자 합니다. 저는 우리가 음식점에서 홀이나 방을 빌리는 데 많은 돈을 써야만 한다고 생각하지 않습니다. 대신, 우리는 바로 여기, 우리 회의실에서 파티를 할 수 있습니다. 화려하진 않지만, 우리는 이곳을 장식하고 집에서 만든 음식을 가져올 수 있습니다. 이렇게 하면 우리는 다른 일에 쓸 예산으로 더 많은 돈을 보유하게 될 것입니다.

어휘
president (클럽 등의) 회장 year-end 연말(의) location 장소 fancy 화려한 decorate 장식하다 homemade 집에서 만든

02 ⑤

여: 우리가 드디어 뉴욕에 왔다니 믿을 수가 없어!
남: 보고 싶은 게 정말 많아. 엠파이어 스테이트 빌딩, 센트럴 파크…
여: 그리고 난 타임스스퀘어가 보고 싶어! 근데 먼저 무엇을 해야 할까?
남: 관광 안내소에 들러서 지하철 노선도를 구하자.
여: 지하철? 지하에서 돌아다니면 아무것도 볼 수 없어. 그냥 택시를 타자.
남: 택시는 여기가 우리나라보다 훨씬 더 비싸. 게다가 운전사에게 팁을 줘야 할 거야.
여: 네 말이 맞는 것 같다.
남: 버스 운행 시간표도 얻자. 그렇게 하면 명소를 구경하면서 저렴하게 다닐 수 있어.
여: 좋은 생각이야. 출발하자. 그리고 카메라 잊지 마!

어휘
underground 지하에 tip 팁을 주다 get around 돌아다니다

03 ①

남: 도스 씨, 저와 얘기해 주셔서 감사합니다. 당신의 새 영화에 관해 몇 가지 질문이 있습니다.
여: 좋습니다, 하지만 서둘러 주세요. 오늘 일정이 바쁘거든요.
남: 물론이죠. 세계적으로 유명한 감독과 일하는 것은 어땠나요?
여: 놀라운 경험이었어요. 그에게 배울 기회를 가졌다는 것에 감사합니다.
남: 감독이 당신을 주연으로 배정했는데요. 놀라셨나요?
여: 네. 이번이 첫 번째 주연이었어요. 어려운 도전이었죠!
남: 이 영화에서 촬영하기에 가장 어려운 것은 무엇이었나요?
여: 물속에 뛰어드는 장면이요. 그날 정말 추웠어요!
남: 그렇군요. 마지막으로, 당신의 팬들에게 하고 싶은 말씀이 있으신가요?
여: 네. 오셔서 영화를 봐주세요! 여러분들이 좋아하실 거라 생각합니다!
남: 좋습니다. 바쁜 일정 중에 시간을 내주셔서 다시 한 번 감사합니다!

어휘
world-famous 세계적으로 유명한 grateful 감사하는 cast (역을) 배정하다 leading role 주연 challenge 도전

04 ③

여: 나랑 이 장난감 가게에 와줘서 고마워. 난 정말 조카에게 뭘 사줘야 할지 모르겠어.
남: 그 애는 지금 몇 살이야?
여: 이제 6살 됐어. 이번 가을에 학교에 들어가.
남: 왼쪽 아랫바닥에 있는 장난감 차들 보여? 그것 중 하나가 좋을 것 같아.
여: 아냐. 그는 너무 장난감 차가 너무 많아.
남: 알겠어. 그 위쪽 선반에 있는 장난감 기차는 어때?
여: 우리 언니가 그걸 싫어할 거야. 바닥에 장난감 기차가 있으면 집안이 지저분해 보일거야.
남: 안타깝다. 나는 장난감 기차로 노는 걸 좋아할 것 같은데.
여: 난 곰인형 옆에 있는 봉제 기린 인형이랑 놀고 싶어.
남: 나도 그게 마음에 들어. 아마도 조카를 위해 저걸 사야할 것 같은데.
여: 아냐. 그건 너무 키가 커. 나는 곰인형 옆에 있는 선반에서 저 색칠 놀이 책 중 하나를 살 거야.
남: 좋아. 저기, 우리를 위해서 벽에 걸린 두 개의 고양이 가면을 사는 건 어때?
여: 바보 같은 소리하지 마. 그냥 이 책을 사서 나가자.

어휘
nephew 조카 shelf 선반 messy 지저분한, 엉망인 stuffed 꽉 막힌; *봉제의 mask 가면

05 ②

여: 와, 여기 사람이 무척 많네.
남: 응, 극장이 거의 꽉 찼어. 이거 정말 인기 있는 영화인가 봐.
여: 나도 그렇게 생각해. 팝콘이나 음료수 먹을래?

남: 아니, 괜찮아. 난 극장에서 보통 아무것도 안 먹어.
여: 좋아. 필요한 게 있으면 나한테 말해 줘. *[잠시 후]* 이런!
남: 뭐가 잘못됐니?
여: 방금 내 앞에 앉은 남자가 키가 너무 커. 나 화면이 거의 안 보여.
남: 좋지 않은데. 음, 내 앞의 여자는 키가 작네. 차라리 네가 이쪽에 앉을래?
여: 괜찮겠어?
남: 물론이지. 난 저 남자 위로 볼 수 있을 만큼 키가 크잖아.
여: 잘됐다. 정말 고마워.
남: 별거 아냐.

어휘

soda 탄산음료 barely 거의 … 않다 would rather (차라리) …하겠다[하고 싶다]

06 ②

남: 안녕, 혜진아! 네가 다음 학기에 외국에 간다고 들었어.
여: 응, 맞아! 정말 신이 나.
남: 어디로 가기로 결정했어?
여: 음, 정말 힘든 선택이었어.
남: 유럽은 고려해 봤어?
여: 응. 그런데 다른 곳을 택했지.
남: 그래서 어디로 갈 거야?
여: 캐나다 토론토랑 플로리다 마이애미 중에서 망설였어. 하지만 결국 마이애미로 결정했어.
남: 왜? 마이애미에 친구나 가족이 있니?
여: 아니. 난 단지 너무 추운 도시에서는 살고 싶지 않았어.
남: 그렇구나. 그럼 해변 근처에서 살게 되는 거야?
여: 응! 외국에서의 생활이 정말 기대돼.

어휘

abroad 해외로 tough 힘든 be torn between A and B A와 B 사이에서 망설이다

07 ②

여: 도와 드릴까요, 손님?
남: 네. 어머니 생신 선물을 사려고 하는데요.
여: 생각하고 계신 게 있으세요?
남: 이 블라우스는 어떨까요? 이걸로 중간 치수가 있나요?
여: 물론이에요. 그리고 이 스카프가 그 블라우스와 아주 잘 어울릴 것 같아요.
남: 한 번 볼게요. 이것들은 얼마예요?
여: 블라우스는 40달러이고 스카프는 20달러예요.
남: 할인해 주시지는 않나요?
여: 저희 매장 카드가 있으시면, 10퍼센트 할인받으실 수 있습니다.
남: 잘됐네요, 가지고 있어요. 그것들을 살게요. 포장 좀 해 주시겠어요?
여: 물론이죠, 3달러를 추가로 내셔야 하지만, 따로 받지 않을게요.
남: 감사합니다. 여기 제 신용카드요.

어휘

have ... in mind …을 염두에 두다 medium 중간 크기 go with …와 어울리다 wrap (up) 싸다. 포장하다 charge (요금·값) 청구하다

문제풀이

블라우스는 40달러, 스카프는 20달러이고 매장 카드가 있으면 10퍼센트 할인을 받을 수 있으며 포장은 무료이므로, 여자가 지불할 금액은 54달러[($40+$20)×0.9]이다.

08 ④

남: 난 내 이전 태블릿 PC를 팔려고 해. 필요한 사람이 있는지 혹시 아니?
여: 음, 우리 언니가 원할지도 몰라. 그것에 대해서 말해 줄래?
남: 꽤 좋은 컴퓨터야. 6개월 전에 샀고 그때는 가격이 비쌌어.
여: 그럼 꽤 좋은 하드 드라이브가 있겠네.
남: 응, 64기가바이트이고 메모리 카드를 넣는 곳도 있어.
여: 그리고 LED 스크린이야?
남: 물론이지. 7인치 스크린이고 아무 흠집도 없어.
여: 좋은데. 언니가 관심이 있어할 수도 있겠어.
남: 좋아. 언니더러 나한테 전화하라고 해줄래?
여: 알겠어. 아, 언니는 내장 카메라가 있는 것도 원할 텐데. 그리고 튼튼한 케이스도.
남: 걱정하지 마. 그거 다 있으니까.
여: 잘됐다. 언니한테 알려줄게.

어휘

slot 구멍, 자리 scratch (긁힌) 상처[자국] built-in 내장된 sturdy 튼튼한

09 ②

남: 이것은 다음 주 학교 캠핑 여행에 참가하는 모든 학생을 위한 안내방송입니다. 버스는 정확히 토요일 아침 8시에 학교 앞에서 출발할 예정이오니, 늦지 마세요! 음식과 텐트는 제공되지만, 학생들은 각자 자신의 침낭을 가져와야 합니다. 우리는 또한 여러분이 손전등과 자외선 차단제, 그리고 수영복을 가져올 것을 권장합니다. 출발하기 전에 학생들은 8명씩 조로 나뉠 것입니다. 각 조는 이번 여행에 우리와 동행하는 교사들 중 한 명에 의해 인솔될 것입니다. 학생들은 항상 자신의 조와 함께 있어야 하고 조의 인솔자를 따라야 합니다. 이상입니다. 모두 토요일에 만납시다.

어휘

announcement 소식, 발표 participate in …에 참가하다 sleeping bag 침낭 flashlight 손전등 sunscreen 자외선 차단제 be divided into …로 나뉘어지다 accompany 동반[동행]하다 obey 복종[순종]하다

10 ③

여: 실내 화초를 고르는 것 좀 도와드릴까요?
남: 네, 부탁드려요. 저는 주방에 둘 식물을 찾고 있습니다.
여: 알겠습니다. 찾으시는 식물의 크기는 어떠한가요?
남: 저는 키가 큰 식물이 좋아요. 16인치 넘게 자라는 것을 원합니다.
여: 그렇군요. 이건 저희의 가장 인기 있는 식물 중 하나예요. 하지만 매일 물을 주셔야 해요.
남: 매일요? 아뇨, 그건 원하지 않아요. 매일 식물에 물을 주기엔 제가 너무 바빠서요.
여: 이해해요. 그리고 돈은 얼마 정도 쓸 계획이셨어요?
남: 40달러 이상은 안 될 것 같아요.

여: 알겠습니다. 그러면 이 두 가지 식물 중 하나가 손님께 가장 좋을 것 같네요.
남: 둘 다 멋진데요. 더 저렴한 걸로 할게요.
여: 사실, 더 비싼 것이 무료배송이 되거든요. 그래서 실제로는 돈을 아낄 수 있습니다.
남: 아, 정말요? 그럼 대신 저걸로 사서 배달시킬게요!

어휘
houseplant (실내용의) 분재 화초 require 요구하다 water 물을 주다 delivery 배달, 배송 (v. deliver)

11 ③

여: 새 학교에서는 어떻게 지내고 있어?
남: 음, 사실… 그렇게 좋진 않아. 내가 예상한 것과는 너무 달라.
여: 정말? 어떤 면에서?
남: 친구를 한 명도 사귈 수가 없어.

어휘
[문제] graduate 졸업하다

문제풀이
① 난 내년 봄에 졸업해.
② 우리 학교는 도서관 근처에 있어.
④ 난 수학과 과학 수업을 듣고 있어.
⑤ 난 내가 이미 졸업했을 거라고 생각했어.

12 ②

남: 와, 여긴 분명 세상에서 가장 큰 가구점일 거예요, 엄마!
여: 그건 잘 모르겠지만, 애야, 확실히 탁자가 많이 있구나.
남: 우리 주방에 어떤 종류의 탁자를 놓으실 거예요?
여: 긴 타원형 탁자를 생각 중이야.

어휘
furniture 가구 definitely 확실히, 분명히 dining room 식당, 주방 [문제] had better …하는 것이 좋다 oval 타원형의

문제풀이
① 다른 가게로 가보는 게 좋겠어.
③ 여기서 좋은 걸 찾을 수 없을 것 같구나.
④ 그것이 수요일에 배송이 되면 좋겠구나.
⑤ 침실용으로 작은 탁자를 생각하고 있어.

13 ⑤

남: 왜 이렇게 지저분하지! 도대체 뭘 하고 있는 거니?
여: 특별한 생일 케이크를 만들고 있어요, 아빠.
남: 오늘이 누구 생일인데?
여: 제 친구 벨라 아시죠?
남: 아, 요전에 우리 집에 왔었던 그 애 말이지? 그래, 그 애를 알지. 오늘이 그 애 생일이니?
여: 네. 그 애 부모님께서 일본 출장 중이세요. 그래서 그 애에게 케이크를 만들어 줄 사람이 아무도 없거든요.
남: 와, 넌 정말 생각이 깊구나. 너한테 화를 내서 미안하구나.
여: 괜찮아요, 아빠.
남: 내가 도와줄 일이 있니?

여: 네. 달걀이 거의 다 떨어졌고 케이크의 초가 13개밖에 없어요. 초가 하나 더 필요해요.
남: 알겠다. 내가 가게에 가서 그것들을 사다 주마.

어휘
mess 엉망진창, 지저분한 상태 on earth 도대체 considerate 사려 깊은 run short of …을 다 써버리다, (물건이) 바닥나다 [문제] ingredient 재료

문제풀이
① 잘됐네. 우린 모든 재료가 다 있단다.
② 그래서 넌 내가 대신 그 애를 데려오길 바라니?
③ 물론이지, 넌 어떤 종류의 케이크를 나에게 만들어 줄 거니?
④ 난 그 애에게 생일 선물로 뭘 줘야 할지 모르겠구나.

14 ④

여: 지루해요. 우리 쇼핑하러 가요.
남: 지금은 안 돼요. 오늘 TV에서 중요한 축구 경기가 있어요. 이제 곧 시작해요.
여: 또 축구 경기예요? 요즘 당신이 주말에 하는 일이라고는 그것뿐인 것 같군요.
남: 미안해요, 하지만 축구를 보면 마음이 편안해져요. 최근 일 때문에 스트레스를 많이 받는 걸 당신도 알잖아요.
여: 알아요. 하지만 난 집안에서만 시간을 보내는 데 싫증이 나요.
남: 음, 나한테 우리 둘 다 원하는 걸 하게 해 줄 좋은 생각이 있어요.
여: 좋아요, 들어 보죠.
남: 경기가 끝난 후, 쇼핑하고 밖에서 저녁을 먹는 거예요.
여: 음… 경기는 언제 끝날 것 같은데요?
남: 오후 3시에는 끝날 거예요. 쇼핑할 시간은 충분하고, 그러고 나서 멋진 식당에 가는 거죠.
여: 좋아요, 그게 우리 둘 다에게 공정한 해결책인 것 같네요.

어휘
be about to-v 막 …하려 하다 [문제] take … by surprise …을 깜짝 놀라게 하다 fair 공정한, 공평한 solution 해결책

문제풀이
① 맞아요. 당신은 항상 날 놀라게 해요.
② 경기가 시작되기 한 시간 전에 만나요.
③ 먼저 가세요. 난 이걸 마치고 갈게요.
⑤ 그건 걱정하지 마세요. 몸조리 잘하세요.

15 ①

남: 지미의 어머니는 어제 50번째 생신을 맞이하셨다. 지미는 어머니께 생신 선물로 새 보라색 코트를 사 드렸다. 어머니는 스타일은 무척 마음에 들어 하셨지만, 색상은 좋아하지 않으셨다. 그래서 그는 어머니가 좋아하는 다른 색상의 코트로 바꾸기로 했다. 그는 가게에 다시 가서 같은 스타일의 다른 색상이 있는지 점원에게 물어보았다. 같은 스타일의 다른 색상들은 많았지만, 어머니께서 가장 좋아하는 밝은 빨간색은 없었다. 그는 잠시 망설이다가 돈을 돌려받기로 결정했다. 이런 상황에서, 지미가 점원에게 할 말로 가장 적절한 것은 무엇인가?
지미: 전 환불받고 싶어요.

어휘
clerk 점원 hesitate 주저하다 [문제] refund 환불 leather 가죽

문제풀이

② 이건 제가 제일 좋아하는 색상이에요.
③ 그걸 제 사무실로 배달해 주세요.
④ 제게 다른 걸 보여 주시겠어요?
⑤ 전 서부 양식의 가죽 코트를 찾고 있어요.

16 ⑤ 17 ①

여: 안녕하세요, 신사 숙녀 여러분. 저는 *행복한 휘게 가정들*의 저자인 제시 밀러라고 합니다. 여러분의 집안을 더 아늑하게 느껴지도록 만들려고 애쓰고 있나요? 덴마크의 유행인 '휘게'의 비밀을 여러분의 삶에 접목하고 싶으신가요? 그렇다면, 저에게 여러분들을 위한 좋은 아이디어들이 있습니다. 첫째로, 실내용 화초들을 당신의 집안에 들이세요. 그것들은 여러분의 방을 더 차분하고 친근하게 느껴지도록 할 것입니다. 다음으로, 안락한 가구들을 구매하세요. 그것이 어떻게 생겼는지는 걱정하지 마세요. 언제나 그것이 어떤 느낌인지를 명심하세요. 그러고 나서, 당신의 집안 곳곳에 몇 개의 초를 두세요. 그것들은 부드럽고 편안한 빛을 더해줄 것입니다. 마지막으로, 뜨개질과 같은 취미를 시작하는 것을 고려해 보세요. 뜨개질은 여러분을 느긋하고 이완되게 해줍니다. 게다가, 따뜻하고 포근한 스웨터와 스카프가 (끝에) 완성되죠! 휘게 생활 방식을 따르는 것에 관해 질문이 있으신가요? 저는 휴식 시간 동안 이 삶을 바꾸는 유행에 관해 여러분과 더 이야기할 수 있다면 행복할 것 같습니다.

어휘

cozy 편안한, 안락한 incorporate 포함하다 glow 불빛 end up with 결국 …와 함께하다 fuzzy 솜털이 보송보송한 break 휴식

문제풀이

16 ① 유행에 관한 책을 집필하는 법
　② 새 주택 구매에 관한 조언
　③ 실내용 화초를 돌보는 요령
　④ 사람을 편안하게 해주는 취미 생활
　⑤ 안락한 휘게 집을 만드는 방법

DICTATION Answers

본문 p.44

01	the party's location / renting out a hall / more money in our budget
02	stop by / tip the drivers / get around cheaply
03	make it quick / learn from him / for taking time
04	I have no idea / those would be perfect / make her house look messy
05	almost full / can barely see / rather sit here
06	next semester / tough choice / looking forward to living abroad
07	in a medium / get a 10% discount / won't charge you
08	anyone who needs one / pretty good hard drive / ask her to call me
09	The bus will be leaving / their own sleeping bags / groups of eight
10	it requires daily watering / I'll take the cheaper one / have

---

11	it delivered
	different from what I expected
12	the biggest furniture store
13	What a mess / so considerate / run short of eggs
14	helps me relax / what we want / go out for dinner
15	exchange the coat / any other colors / get his money back
16~17	make your home feel cozier / keep in mind / slow you down / I would be happy to

---

08 영어듣기 모의고사

본문 ▲ p.48

01 ⑤	02 ⑤	03 ②	04 ④	05 ①	06 ③
07 ④	08 ①	09 ⑤	10 ①	11 ⑤	12 ⑤
13 ①	14 ①	15 ④	16 ⑤	17 ④	

01 ⑤

남: 여러분도 아시다시피, 다음 주 3월 10일부터 14일까지 우리 도시에서 국제 영화제가 열립니다. 영화제 기간 동안, 신작 영화 상영과 마지막의 성대한 시상식을 포함하여 많은 특별 행사가 있습니다. 예년과 같이 많은 외국 배우들과 감독들이 이곳으로 올 것입니다. 대부분의 행사와 기자 인터뷰가 중앙 광장에서 열리므로, 영화제 동안 광장 주변에 교통 혼잡이 예상됩니다. 그러므로 그 기간에는 자가용 대신 대중교통을 이용해 주시길 당부드립니다. 협조해 주셔서 감사합니다.

어휘

international 국제적인 screening *상영; 심사 previous 이전의 press 보도 기자(단) public transportation 대중교통 cooperation 협조

02 ⑤

남: 내 남동생이 방금 또 돈을 빌려달라고 했어.
여: 지난주에도 같은 걸 부탁했잖아. 그 애는 용돈을 안 받니?
남: 받아, 하지만 사탕과 만화책처럼 실없는 것들에 돈을 빨리 써 버려.
여: 넌 그 애에게 돈을 더 잘 관리할 수 있는 방법에 대해 조언을 해주는 게 좋겠어.
남: 좋은 생각이야. 돼지 저금통에 잔돈을 넣으라고 제안할까 봐.
여: 그래. 아니면 아예 은행 계좌를 개설할 수도 있고.
남: 맞아. 부모님은 기꺼이 그 애를 도와주실 거야. 또 뭐가 있지?
여: 예산을 세우는 것도 좋은 방법이야. 돈을 낭비하는 걸 막을 수 있어.
남: 맞아. 이 모든 것들이 도움이 될 거야.
여: 기회가 생기자마자 그 애에게 말해야 해.

어휘

allowance 용돈 silly 어리석은, 바보 같은 manage 관리하다 piggy bank

돼지 저금통 open a bank account 은행 계좌를 개설하다 plan a budget 예산을 세우다

03 ②

남: 실례지만, 비행이 얼마나 더 남았나요?
여: 서울까지 한 시간 반 정도 남았어요.
남: 참 긴 비행이네요. 전 정말 당신과 당신의 동료 직원들에게 감탄했어요.
여: 음, 감사합니다. 하지만 저희는 이것에 익숙해요. 지금까지 비행은 즐거우셨나요?
남: 네, 제가 생각했던 것만큼 나쁘지는 않았어요. 실은, 꽤 편안했어요. 그리고 제공해 주신 식사도 훌륭했고요.
여: 다행이네요. 그 밖에 제가 지금 갖다 드릴 게 있을까요?
남: 잠깐 자고 싶어요. 여분의 담요와 베개가 있나요?
여: 물론이죠, 지금 바로 갖다 드릴게요. 다른 것은요?
남: 아니요, 그거면 됩니다. 폐를 끼치고 싶지 않아요.

어휘
admire 감탄[탄복]하다 be used to …에 익숙하다 comfortable 편안한
take a nap 잠깐 자다 blanket 담요 pillow 베개

04 ④

[전화벨이 울린다.]
남: 여보세요?
여: 안녕, 스티븐, 나예요. 내 여행 가방 쌌어요?
남: 네, 쌌어요. 당신이 오늘 밤에 상하이에 간다니 믿기지 않아요.
여: 그러게요, 나도 그래요. 내가 부탁했던 치마 챙겼어요?
남: 네, 줄무늬 치마랑 꽃무늬 치마를 챙겼죠.
여: 내가 말했던 신발도 챙겼어요?
남: 네, 운동화랑 하이힐을 챙겼어요.
여: 좋아요. 그리고 내가 말했던 셔츠들은요?
남: 그것들도 가방에 넣었어요. 깃이 달린 반팔 셔츠가 두 개 있어요.
여: 훌륭해요. 하나만 더 해줄래요? 여행 책자도 넣어줄래요?
남: 그럼요, 문제없어요, 여보.

어휘
suitcase 여행 가방 striped 줄무늬가 있는 flower pattern 꽃무늬
mention 말[언급]하다 short-sleeved 짧은 소매의 collar (옷의) 깃

05 ①

여: 보고서 작성을 제때 끝낼 수 있을지 모르겠어요.
남: 언제까지인데요?
여: 월요일 아침까지 가장 먼저 끝내야 할 일이에요. 그래서 오늘 사무실에 가야 해요.
남: 태워다 줄까요?
여: 고맙지만, 괜찮아요. 근데 나 대신 아이들과 함께 있어 주겠어요?
남: 음, 난 농구 경기를 보러 저스틴의 집에 가기로 되어 있어요.
여: 저스틴에게 우리 집에 와서 보자고 하면 되잖아요.
남: 실은, 저스틴뿐만이 아니에요. 모든 친구들이 거기 올 거거든요.
여: 그럼 그들 모두 오면 되겠네요. 친구들과 함께 경기를 보면서 아이들을 돌볼 수 있을 것 같은데요.

남: 좋아요, 지금 바로 친구들에게 전화할게요.
여: 고마워요.

어휘
be supposed to-v …하기로 되어 있다 look after …을 돌보다

문제풀이
① 아이들 돌보기
② 그녀를 사무실까지 태워다 주기
③ 그녀가 보고서 쓰는 걸 도와주기
④ 친구의 집에 함께 가기
⑤ 함께 농구 경기 보기

06 ③

여: 얘! 내 새 정장 어때?
남: 와! 좋아 보인다! 아주 비쌌겠네.
여: 괜찮다니 다행이야! 50퍼센트 할인했어.
남: 잠깐만. 이 정장 어디서 샀어?
여: 힐튼 양복점에서 샀어. 왜? 무슨 일이야?
남: 바로 여기 어깨에 큰 구멍이 있어. 보여?
여: 오, 이런. 그러네. 내가 정장을 살 때 이걸 못 봤다니 믿을 수가 없어.
남: 다시 가져가서 교환하거나 환불하는 게 좋을 것 같아.
여: 응. 아직 영수증이 있으니까 환불받을 수 있어.
남: 그럼 다음 주말에 있는 결혼식에서는 뭘 입을 거야?
여: 다른 걸 찾아봐야 할 것 같아. 이걸 환불하고 다른 정장을 사러 같이 갈래?
남: 좋아. 나 시간 많아.

어휘
suit 옷, 정장 off 할인되어 exchange 교환하다 get a refund 환불받다
receipt 영수증

07 ④

남: 실례합니다. 체크아웃하고 싶은데요.
여: 네. 성함이 어떻게 되시죠?
남: 라이스입니다. 102호실에 묵었어요.
여: 확인해 볼게요. [잠시 후] 1박에 50달러인데, 여기서 이틀 밤 묵으셨네요. 맞나요?
남: 실은, 여기에서 사흘 밤을 묵었는데요.
여: 아, 제 실수예요. 모든 것에 만족스러우셨나요?
남: 음, 좀 실망스러웠어요.
여: 죄송합니다. 무슨 문제가 있었나요?
남: 유감스럽지만, 직원들이 제 방을 제대로 청소하지 않았더라고요.
여: 그 점에 대해서는 죄송합니다. 직원들에게 얘기해서 이런 일이 다시는 일어나지 않도록 확실히 조치하겠습니다. 사과의 뜻으로 10퍼센트 할인해 드릴게요.
남: 알겠습니다. 고맙습니다.

어휘
check out 체크아웃하다. (호텔 등에서) 나가다 satisfied 만족한, 흡족한
apology 사과

문제풀이
남자는 1박에 50달러인 객실에서 사흘 밤을 묵었고 10퍼센트 할인을 받았으므로 남자가 지불할 금액은 135달러($50×3×0.9)이다.

08 ①

남: 뭘 하는 중이니?
여: 영어 수업 발표를 준비하고 있어. 금요일까지 끝내려고.
남: 좀 이르지 않니?
여: 응, 하지만 난 일을 일찍 끝내는 걸 좋아해.
남: 그게 좋지. 그러고 나서 나중에 쉴 수 있잖아. 그래서 뭘 해야 하는데?
여: 음, 한 작가를 조사하고 수업에서 발표해야 해.
남: 와, 그래서 넌 누구를 골랐어?
여: 찰스 디킨스. 참고 문헌으로 책 두 권을 사용해야 하는데, 아빠가 디킨스와 관련된 책을 많이 갖고 계셔.
남: 정말 어려울 것 같은데.
여: 그렇게까지는 아니야. 발표는 겨우 6분에서 7분 정도에다가, 그룹 프로젝트야. 친구 두 명과 함께 하고 있어.
남: 오, 잘됐다. 행운을 빌어!
여: 고마워!

어휘
work on …에 착수하다[노력을 들이다] presentation 발표 author 작가 reference 언급; *참고 문헌 challenging 도전적인

09 ⑤

여: Eastern Motors는 최신형 자동차인 Turbo 3000을 소개해 드리게 되어 자랑스럽게 생각합니다. Turbo는 지금까지 만들어진 차 중에서 가장 합리적인 가격의 차들 중 하나로, 평균 가격이 5천 달러 미만입니다. 이것은 또한 매우 경제적입니다. Turbo는 휘발유 1리터로 대부분의 차들보다 두 배나 더 먼 거리를 주행할 수 있습니다. Turbo는 또한 자동차 배기가스에 대한 엄격한 국제 환경 기준을 충족시킵니다. 이는 Turbo가 대기 오염을 덜 유발한다는 것을 의미합니다. Turbo는 두 가지 스타일이 가능한데, 문이 두 개인 세단과 문이 네 개인 세단이 있습니다. 또한 일곱 가지 색상 중에서 선택하실 수 있습니다. 구입은 내년 1월부터 가능합니다.

어휘
automobile 자동차 affordable 가격이 알맞은 average 평균(의) economical 경제적인 gasoline 휘발유 meet 만나다; *충족시키다 strict 엄격한 standard 표준, 기준 emission (엔진으로부터의) 배기가스 sedan 세단형 자동차 (보통의 승용차)

10 ①

남: 그게 뭐야? 너 유람선 여행 갈 생각이니?
여: 나를 위한 게 아니야. 우리 부모님을 위한 거야. 다음 달이 부모님 결혼 30주년 기념일이거든.
남: 부모님께 유람선 여행 티켓을 사 드리려고? 그거 엄청난 선물인걸!
여: 그래, 맞아. 언니랑 내가 그 여행을 위해 3천 달러를 모았어.
남: 그럼 이 여행 상품 중에서 저것 한 가지만 빼고는 다 고를 수 있겠다.
여: 맞아. 하지만 난 적어도 일주일 정도는 여행할 수 있는 걸로 해 드리고 싶어.
남: 그렇구나. [잠시 후] 저게 괜찮아 보인다. 그리고 그건 버뮤다에도 정박해.
여: 우리 부모님은 이미 그곳에 다녀오셨어. 부모님은 자메이카에 더 관심이 많으셔.
남: 그럼 이건 어때? 기간이 7일이고 가격도 매우 적당해.
여: 하지만 그건 발코니가 없어. 며칠 동안 발코니가 없는 방에서 머무르는 건 답답할 거야.
남: 그것도 일리 있다. 너에게는 한 가지 선택밖에 없는 것 같네.
여: 응, 그리고 우리 부모님은 이 유람선 여행을 좋아하실 거라고 생각해. 그래서 내가 선택하려는 패키지 여행은 바로 저거야.

어휘
cruise 유람선, 크루즈 여행 wedding anniversary 결혼기념일 except …을 제외하고 reasonable 비싸지 않은, 합리적인 balcony 발코니 stuffy 답답한

11 ⑤

남: 바바라, 휴가는 어땠어?
여: 아주 좋았어. 드디어 꿈에 그리던 곳에 다녀왔어.
남: 정말? 그곳에 대해 말해줘.
여: 난 항상 알프스를 가보고 싶었어. 그래서 갔다 왔지.

어휘
get to …에 도착하다 destination 목적지, 도착지 [문제] organized 정리된; *체계적인

문제풀이
① 난 오늘 해야 할 일이 아주 많아.
② 네 목록에 있는 모든 일을 마쳤구나.
③ 난 휴가에서 다음 주에 돌아올 거야.
④ 체계적인 목록을 만드는 게 중요해.

12 ⑤

여: 안녕, 벤자민. 어디 가는 중이니?
남: 안녕, 로렌. 난 턱시도 치수를 맞춰야 해.
여: 턱시도? 특별한 곳에라도 가니?
남: 응. 내 친구의 결혼식에 참석할 거야.

어휘
get fitted 치수를 맞추다 [문제] occasion 때; *행사

문제풀이
① 여기, 더 큰 치수를 입어봐.
② 아니. 우리 같이 가지 않을래?
③ 응. 그건 매우 특별한 행사였어.
④ 난 내일까지 턱시도를 맞춰야 해.

13 ①

여: 너 우주에서 온 외계인에 관한 그 새 영화 봤니?
남: 아니. 난 그런 종류의 영화를 좋아하지 않아.
여: 정말? 왜 그렇지?
남: 음, 그런 영화는 너무 유치하고 우스꽝스러운 것 같아.
여: 사실 이 영화는 아카데미 상을 네 개나 수상했어.
남: 그게 정말이야? 음, 그럼 아주 괜찮은 영화겠구나.
여: 응. 내 친구 매튜가 지난주에 그걸 봤는데 굉장하다고 했어.
남: 정말? 그런 종류의 영화는 대부분 별로던데.
여: 그건 공상 과학 영화지만 슬프고, 낭만적이고, 매우 감동적이라고 들었어.

남: 재밌겠는걸. 나중에 그걸 봐야겠다.
여: **넌 실망하지 않을 거야.**

alien 외계인, 우주인 outer space 우주 공간 childish 유치한 ridiculous 우스꽝스러운 science fiction 공상 과학 (= SF) moving 감동적인

문제풀이
② 네가 원한다면, 널 태워다 줄게.
③ 잘됐다. 네가 티켓이 두 장이 있다니 정말 좋아.
④ 난 네가 공상 과학 영화를 좋아한다는 걸 알아.
⑤ 미안, 그건 내가 좋아하는 종류의 영화가 아닌 것 같아.

14 ①

여: 애야, 나갈 준비 다 됐니?
남: 거의요, 엄마. 하지만 제가 제일 좋아하는 스웨터를 못 찾겠어요.
여: 네 서랍장의 첫 번째 서랍에 있어. 내가 오늘 아침에 거기에 넣어 놨다.
남: 엄마가 제 물건을 옮기지 않으셨으면 좋겠어요. 제가 못 찾는 게 당연하잖아요.
여: 내가 네 뒤치다꺼리하는 걸 불평하지 말고, 네 방 좀 정돈하렴.
남: 전 규칙적으로 방 청소를 하는 걸요.
여: 하지만 지난번에도 학교 갔다 와서 옷 갈아입고는 그 스웨터를 방바닥에 놔두었잖니.
남: 아… 죄송해요. 몰랐어요.
여: 음, 괜찮아, 하지만 다시는 그러지 않았으면 좋겠구나.
남: **앞으로는 그렇게 어질러 놓지 않도록 노력할게요.**

어휘
drawer 서랍 dresser 서랍장 stuff 물건 organize 정리하다 regularly 규칙적으로 [문제] messy 어질러진, 지저분한 from now on 이제부터

문제풀이
② 괜찮아요. 하지만 다시는 그러지 마세요.
③ 다음번에는 그걸 그냥 바닥에 두지 마세요.
④ 서두르지 않으면, 우린 늦을 거예요.
⑤ 걱정하지 마세요. 전 늘 새 스웨터를 살 수 있어요.

15 ④

여: 엠마는 로베르토에게 지난 두 달간 영어 개인 교습을 해 왔다. 그들은 만날 장소가 필요했고, 그래서 로베르토는 그가 가기 좋아하는 근처의 커피숍을 제안했다. 처음에는, 그곳은 이상적인 장소였다. 그곳은 조용했고, 사람들이 많지 않아서 그들은 말하기와 듣기를 편하게 연습할 수 있었다. 하지만 몇 주 전에, 로베르토의 친구들 몇 명이 그 커피숍에서 아르바이트를 하게 되었다. 그들은 로베르토의 수업 시간 동안 테이블에 자주 들러 그와 함께 수다를 떤다. 엠마는 그가 산만해지고 수업에 잘 집중하지 못하는 것이 걱정된다. 이런 상황에서, 엠마가 로베르토에게 할 말로 가장 적절한 것은 무엇인가?
엠마: **수업하기에 더 조용한 장소를 찾는 편이 나을 것 같아.**

어휘
tutor 개인 교습을 하다 nearby 가까운 곳의 ideal 이상적인 spot 장소 chat 수다 떨다 distracted 마음이 산만한

문제풀이
① 넌 꼭 나에게 과외비를 내기 시작해야 해.
② 네 친구들에게 영어를 배우고 싶은지 물어보렴.

③ 더 열심히 일하지 않으면, 넌 직장을 잃게 될 거야.
⑤ 넌 왜 네 친구들에게 날 소개하지 않는 거니?

16 ⑤ 17 ④

남: 이 그림에 있는 이상한 동물은 판타지 영화에서 나오는 것처럼 보일 수 있지만, 실제 새입니다. 이것은 도도새의 그림이고 놀라운 동물들의 오늘 밤 에피소드의 주인공입니다. 안타깝게도 도도새는 오늘날 멸종되었습니다. 이 새의 사진은 존재하지 않는데, 그것은 마지막 도도새가 1681년경에 죽었기 때문입니다. 살아있었을 때 도도새는 인도양의 작은 섬에서만 발견되었고, 그곳에는 어떠한 포식자도 없었습니다. 이런 이유 때문에 그것들은 어떠한 자연적인 방어 기제도 발달시키지 못했습니다. 그것들은 걸을 때 느리고 부자연스러웠으며, 짧은 거리조차 날 수가 없었습니다. 안타깝게도 이 모든 것으로 인해 네덜란드의 배가 섬에 다다랐을 때 도도새들은 쉬운 표적이 되었습니다. 배고픈 항해사들은 도도새를 식용으로 열심히 사냥했습니다. 더 심각한 것은 그들이 개와 돼지, 그리고 고양이를 그 섬으로 데려왔다는 것입니다. 이 동물들도 도도새를 쉬운 먹잇감으로 보았습니다. 결국, 이것은 대표적인 환경 재해였습니다. 그러나 이 상황으로부터 우리가 배울 수 있는 것이 많습니다.

어휘
subject 대상, 소재 extinct 멸종된 predator 포식자, 포식 동물 develop 발달시키다 defense 방어 awkward 부자연스러운 distance 거리 prey 먹이 eagerly 열렬히, 열심히 classic 전형적인, 대표적인 environmental disaster 환경 재해

문제풀이
16 ① 도도새의 발견
② 인도양 섬의 야생 동물들
③ 도도새의 자연 포식자
④ 왜 네덜란드인은 도도새를 사냥했는가
⑤ 도도새가 멸종한 이유

DICTATION Answers 본문 p.50

01 a big awards ceremony / heavy traffic / use public transportation
02 get an allowance / open a bank account / stop him from wasting money
03 such a long flight / the meal you served / an extra blanket and pillow
04 the one with flower patterns / two short-sleeved shirts / pack my guidebook
05 writing my report on time / stay with the kids / look after the kids
06 a big hole / get a refund / lots of free time
07 check out / a bit disappointed / as an apology
08 working on / give a presentation / really challenging
09 the most affordable cars / twice as far as / less air pollution
10 have saved up / a week long / the price is very reasonable
11 got to

09 영어듣기 모의고사

본문 ▲ p.54

01 ⑤	02 ①	03 ②	04 ③	05 ①	06 ④
07 ④	08 ②	09 ④	10 ④	11 ②	12 ⑤
13 ③	14 ①	15 ②	16 ③	17 ⑤	

01 ⑤

여: 실례합니다. 저는 작문 경연 대회의 책임자입니다. 저는 매년 치러지는 교내 작문 경연 대회에 참가하실 모든 분께 중대 발표를 하고자 합니다. 여러분들이 아시다시피, 올해의 주제는 국제 관계의 중요성입니다. 이전에, 저는 작문 분량이 1,500자에서 2,000자 사이여야 한다고 발표했습니다. 하지만 주제가 너무 복잡한 관계로, 올해는 작문 분량을 늘려 최대 3,000자까지 허용하기로 했습니다. 이것이 도움이 되길 바랍니다. 제출 기한은 3월 5일이며, 3월 말에 대회 입상자를 발표한다는 것을 기억하십시오. 여러분 모두에게 행운이 있길 빕니다.

어휘 director 책임자 competition 경쟁; *(경연) 대회 announcement 발표, 소식 take part in …에 참가[참여]하다 international 국제적인 relation 관계 previously 이전에 complicated 복잡한 maximum 최대(의) due date 기한일, 마감일

02 ①

남: 새로 산 내 셔츠 어때?

여: 음… 어디서 샀어?

남: Outland's 백화점에서. 50퍼센트 할인이었어!

여: 놀랄 일도 아니네. 그 셔츠는 정말 유행이 지난 거야.

남: 무슨 소리야? 나한테 잘 어울리는 것 같은데.

여: 그렇긴 해. 하지만 그 색상은 작년에 인기있었어. 올여름에는 사람들이 더 밝은색을 입고 다니잖아.

남: 음, 난 옷을 살 때 패션은 신경 쓰지 않아. 요즘 사람들이 패션에 너무 신경 쓰는 것 같아.

여: 하지만 네가 멋지게 보이고 싶다면 최신 유행을 따라야 해.

남: 난 그렇게 생각하지 않아. 나에겐 내 개성을 보여주는 옷을 입는 것으로 충분해.

어휘 I'm not surprised. 놀랄 일도 아니다. 당연하다. out of fashion 유행이 지난, 촌스러운 be concerned about …에 관심을 가지다 keep up with (시대 흐름에) 뒤떨어지지 않다 latest 최근의 trend 유행 individuality 개성

03 ②

여: 실례합니다, 기사님. 한 가지 여쭤봐도 될까요?

남: 네, 그런데 한 걸음 뒤로 물러나 주시겠어요? 제 주변이 확실히 보여야 해서요.

여: 알겠습니다. 죄송해요, 시야를 가리려고 한 건 아니었어요.

남: 괜찮습니다. 뭘 알고 싶으셨어요?

여: 음, 전 영화제 때문에 여기 왔거든요. 극장 근처에 정차하시는지 궁금해서요.

남: 어느 극장이요? 그 축제와 관련이 있는 극장이 꽤 여러 개 있는데요.

여: 아, 제 안내 책자를 확인해 볼게요. [잠시 후] Westside 극장이에요.

남: 오, 유감이네요. 그건 반대 방향에 있어요.

여: 맙소사. 전 어떻게 해야 하죠?

남: 걱정하지 마세요. 다음 정류장에서 내려서, 길을 건넌 다음에 9번 버스를 타시면 됩니다.

여: 9번이요? 알겠습니다. 정말 감사합니다!

어휘 take a step back 한 발짝 물러나다 mean 의미하다; *의도하다 block (시야 등을) 막다 view 견해; *시야 involved in …와 관련이 있는 brochure 안내 책자 opposite *반대편의; 맞은편의 direction 방향

04 ③

여: 여긴 내 침실이야. 방금 새 가구를 들였어.

남: 와, 정말 멋져 보인다.

여: 내가 제일 좋아하는 게 뭔지 알아?

남: 저 둥근 카펫이야?

여: 아니. 다시 맞춰 봐.

남: 벽에 걸린 타원형 거울이니? 비싼 것 같은데. 아니면 구석에 있는 4칸짜리 책장이니?

여: 아니, 사실은 둘 다 그렇게 마음에 들지는 않아. 다시 맞춰 봐.

남: 침대에 있는 줄무늬 담요니? 정말 부드러워 보여.

여: 음… 저 담요가 좋긴 한데 제일 좋아하는 건 아니야.

남: 그럼 창문 밑에 있는 의자임이 틀림없어. 의자의 꽃무늬가 정말 예쁘다.

여: 그래, 맞아! 난 거기에 앉는 게 정말 좋아.

어휘 furniture 가구 oval 타원형(의) shelf (책장의) 칸 bookcase 책장 striped 줄무늬의 pattern 모양, 무늬

05 ①

남: 사샤? 너니?

여: 오, 안녕, 맷. 오랜만이야.

남: 응, 몇 달 만이네. 이 동네에서 뭘 하고 있니?

여: 음, 병원에 있는 조카 병문안 왔거든. 그 애가 막 수술을 받았어.

남: 오, 너무 안됐다. 너무 심각하지 않길 바라.

여: 괜찮긴 하겠지만, 그 앤 몇 주 동안 병원에 있어야 해.

남: 그건 긴 시간인데. 너무 지겨울 텐데.

여: 그러게. 그래서 그 애에게 뭔가 재미있는 걸 사 주고 싶어. 온종일 TV만 볼 수는 없잖아.

남: 서점에 들러서 읽을 걸 좀 사 주면 어때?

여: 음, 그 앤 겨우 일곱 살이야. 뭘 사 줘야 할지 모르겠어.

남: 너도 알다시피 만화책도 팔잖아. 그 나이대 아이들은 어떤 종류의 만화책이라도 좋아하잖아.

여: 그거 좋은 생각이야. 와, 널 우연히 만나서 정말 기뻐, 맷.

남: 나도 그래. 연락하고 지내도록 노력하자.

06 ④

여: 안녕하세요, 손님. 무엇을 도와 드릴까요?

남: 안녕하세요. 여기서 2주 전에 노트북을 샀어요. 근데 또 고장 났어요!

여: 또요?

남: 네. 수리하려고 가지고 온 게 이번이 세 번째예요.

여: 문제가 뭐죠?

남: 지난번과 같아요. 노트북을 켜려고 할 때마다 아무 반응이 없어요.

여: 음… 그렇군요. 저희 기술자가 살펴보게 할게요. 월요일까지 수리될 겁니다.

남: 아니요. 이해를 못 하시네요. 전 다시 수리하는 걸 원하지 않아요.

여: 그러면 저희가 어떻게 하면 좋으시겠어요?

남: 환불을 해주세요. 더는 이 컴퓨터를 원하지 않아요.

여: 알겠습니다. 요구 사항을 처리하는 동안 여기서 기다려 주세요.

07 ④

남: 무엇을 도와 드릴까요?

여: 이번 주말에 남편과 두 아이를 데리고 플로리다에 가려고 하는데요. 요금이 얼마나 될까요?

남: 티켓 가격은 300달러부터 구입하실 수 있습니다.

여: 그럼 제일 낮은 가격으로 네 장 살게요. 비행시간은 얼마나 되나요?

남: 두 시간이 걸립니다. 부치실 짐이 있습니까?

여: 네, 제 남편과 저는 각각 두 개씩의 여행 가방을 가지고 있어요. 그리고 아이들은 각각 하나의 여행 가방을 가지고 있고요.

남: 죄송하지만, 인당 한 개의 가방만이 무료입니다.

여: 아! 음, 저희는 모든 가방을 가지고 가야 하는데요. 그게 가능한가요?

남: 네. 단지 두 개의 가방에 대해서 초과 요금을 지불하시면 됩니다.

여: 알겠습니다. 얼마죠?

남: 가방 하나에 50달러입니다.

여: 좋습니다. 모든 것을 신용카드로 계산할게요.

여자는 본인과 남편, 두 아이의 비행기 티켓($300×4)과 초과된 가방 두 개($50×2)에 대한 요금을 내야 하므로, 여자가 지불할 금액은 1,300달러이다.

08 ②

남: 방금 너한테 이야기한 남자애는 누구야?

여: 그 애 이름은 제이크야. 우리 반에 새로운 학생이야.

남: 오, 정말? 어디서 왔는데?

여: 호주. 그의 가족은 지난주에 우리 동네로 이사 왔어.

남: 그렇구나. 아버지의 직업 때문에 이사 왔대?

여: 응. 제이크는 대가족이야. 그 애가 말해주길 네 명의 여자 형제와 두 명의 남자 형제가 있대.

남: 와! 그 애는 착한 것 같니?

여: 오, 그럼. 정말 친절하고 유머 감각이 뛰어나.

남: 나도 언젠가 곧 그 애를 만나보고 싶어.

여: 음, 그 애는 축구에 정말 관심이 많아. 그 애를 초대해서 너와 네 친구들과 함께 경기하는 게 어때?

남: 좋은 생각이다. 내일 점심시간에 우리를 소개해 줘.

09 ④

남: 여러분이 혹시 자동차 극장이 과거의 것이라고 생각하셨다면, Elmville 자동차 극장을 확인해보셔야 합니다! 그 극장은 바로 지난주에 문을 열었습니다. 이 극장은 두 개의 초대형 야외 화면과 100대가 넘는 차량을 위한 충분한 주차 공간을 제공합니다. 고급스러운 간식 코너도 있어서, 이곳에서 팝콘과 콜라에서부터 피자와 프라이드치킨까지 모든 것을 구입하실 수 있습니다. 이 극장은 휴일을 포함하여 연중무휴이며, 영화는 해가 지고 나서 20분 후에 시작됩니다. 매일의 정확한 영화 시작 시각은 저희 웹사이트에서 확인하실 수 있습니다. 입장료는 어른은 8달러이며, 14세 미만의 어린이는 5달러에 불과합니다. 특별 할인은 노령자와 군인들에게 적용됩니다.

10 ④

남: 안녕, 지니. 너 다음 학기에 물리학개론이나 고급 지질학 듣니?

여: 실은, 결정 못 하겠어. 너는 어때?

남: 나도 결정 못 하겠어. 우리 하나 같이 듣는 게 어때? 나는 2시 반 이후면 아무거나 괜찮아.

여: 알겠어. 넌 작은 수업이 좋아, 큰 수업이 좋아?

남: 난 큰 수업이 더 좋아. 그런데 개별 과제가 있는 수업은 원치 않아.

여: 왜?

남: 그룹으로 작업하는 것이 더 흥미롭거든.

여: 그건 나도 좋아. 어디 보자… 몇몇 수업은 온라인으로 기말고사를 봐

야 해.

남: 난 상관없어. 오프라인과 온라인 시험 모두 괜찮아.

여: 난 온라인 기말고사가 있는 수업을 듣는 게 낫겠어. 그게 더 편해.

남: 알겠어. 그렇다면, 우리 조건에 맞는 수업이 하나 있네.

여: 완벽해. 당장 그 수업에 등록하자.

physics 물리학 advanced 고급의, 고등의 geology 지질학 semester 학기 individual 각각의, 개인의 assignment 과제, 임무

11 ②

여: 네 집들이 파티에서 정말 즐거웠어, 애덤.

남: 그랬다니 기쁘다. 음식은 어땠어?

여: 맛있었어. 나는 특히 샐러드가 참 좋더라.

남: 정말? 그거 내가 만들었어.

어휘
housewarming 집들이 [문제] recipe 요리법, 레시피 leftover 남은 음식 ingredient 재료

문제풀이
① 그건 우리 어머니의 요리법이야.
③ 남은 음식이 많아.
④ 난 그걸 오븐에서 한 시간 동안 구웠어.
⑤ 내 여동생이 내가 재료를 준비하는 걸 도와줬어.

12 ⑤

남: 오늘 저녁에 바쁘니?

여: 글쎄, 계획된 일은 없어. 왜?

남: 우리가 역사 수업 과제를 시작해야 하는 건 아닌지 생각하고 있었어.

여: 오, 맞아. 너랑 상의할 아이디어가 몇 개 있어.

문제풀이
① 난 그걸 지난 금요일에 제출했어.
② 미안한데, 난 그 수업을 듣고 싶지 않아.
③ 난 주말 동안 톰에게 내 책을 빌려줬어.
④ 선생님께 도움을 요청하는 건 어떨까?

13 ③

여: 안녕, 애런. 새 룸메이트는 구했니?

남: 응, 가까스로 한 명 찾았어.

여: 잘됐네. 룸메이트는 언제 이사 오니?

남: 그는 이미 이사 왔어. 지금 벌써 2주째 나랑 같이 살고 있어.

여: 아, 정말? 어떤 사람이야?

남: 글쎄, 아직 그를 아주 잘 알진 못하지만, 괜찮은 것 같아.

여: 잘됐다! 둘이 사이좋게 지내니?

남: 응. 그는 재미있고, 나처럼 시끄러운 곡을 연주하는 걸 좋아해.

여: 와, 그렇게 잘 맞는 룸메이트를 구해서 잘됐다.

남: 응, 좀 지저분한 것만 빼고 말이야. 그의 물건들이 집안 여기저기에 널려 있거든.

여: 그건 별로네. 그에게 말해야겠다.

남: 응, 그에게 좀 더 치우라고 부탁해야겠어.

manage to-v 가까스로 …해내다 get along 사이좋게 지내다 messy 어질러진; *지저분한

문제풀이
① 그래, 내가 그와 사이좋게 지내면 좋을 텐데.
② 맞아. 그에게 거짓말하지 말라고 말해야겠어.
④ 난 이사할 새집을 찾고 있어.
⑤ 응, 난 별로 룸메이트를 구하고 싶지 않아.

14 ①

남: 죄송합니다만, 차를 이번 주까지 여기에 두셔야 할 것 같습니다.

여: 네? 단순히 기어에 문제가 있는 줄 알았는데요.

남: 네, 하지만 기어의 새 부품들을 주문해야 하거든요.

여: 얼마나 걸릴까요?

남: 글쎄요, 부품들이 도착하는 데 며칠 걸릴 거예요.

여: 부품들을 좀 더 빨리 받을 방법은 없나요? 정말 급한데요.

남: 유감이지만 없습니다. 그 부품들을 만드는 공장이 일본에 있어서요.

여: 하지만 전 제 차를 일본이 아니라 이곳에서 샀는데요!

남: 이해합니다만, 거기가 저희가 주문할 수 있는 유일한 곳이에요.

여: 기다릴 수밖에 없겠네요.

어휘
gear 기어, 전동 장치 part 부분; *(기계·컴퓨터 등의) 부품 urgent 급한 [문제] postpone 연기하다 defect 결함

문제풀이
② 전 일본산 새 차를 한 대 사고 싶어요.
③ 제 생각에는 주문을 연기하는 게 나을 것 같아요.
④ 잘됐네요! 아주 빨리 제 차를 수리해 주셔서 감사해요.
⑤ 전 그 부품들에 많은 결함이 있다는 걸 발견했어요.

15 ②

남: 벤은 피아노를 연주하는 것을 정말 좋아했다. 수년 동안 그의 아버지는 그가 연습하는 것을 밤낮으로 도왔고, 그의 연주 실력은 꾸준히 향상되었다. 가끔은 너무 늦게까지 피아노를 치느라 잠자리에 들기 전에 옷을 갈아입지도 못했다. 그의 아버지는 그를 정말 자랑스러워했다. 그러나 어느 날, 벤은 학교 음악회에서 단독 연주를 하지 못했고, 그는 의기소침해졌다. 선생님은 그에게 또 다른 기회가 있을 거라고 말씀하시면서 위로하셨다. 하지만 벤은 자신에게 실망했고 무엇을 해야 할지를 몰랐다. 이런 상황에서, 그의 아버지가 벤에게 할 말로 가장 적절한 것은 무엇인가?

벤의 아버지: 계속해서 노력하고 포기하지 마라.

어휘
steadily 착실히; *끊임없이 solo 솔로, 독주, 독창 discouraged 낙담한 console 위로하다

문제풀이
① 음악회에서 행운을 빈다.
③ 네가 독주를 맡은 걸 이미 알고 있단다.
④ 게으름을 피우는 너에게 정말 실망했다.
⑤ 걱정하지 마. 음악회는 취소되었단다.

16 ③ 17 ⑤

여: 안녕하세요, 여러분. 지난 시간에 우리는 몇몇 유명 사진작가들에 관해 이야기했습니다. 그들은 어떻게 그렇게 성공적일 수 있었을까요? 오늘, 우리는 그 질문에 답해보고자 합니다. 무엇이 사진을 위대하게 만드는지 살펴봅시다. 먼저, 빛이 핵심 요소입니다. 빛은 사진작가가 사진에서 어떤 부분을 강조하는 것을 돕습니다. 그것은 또한 보는 사람이 무엇이 가장 중요한지 알아차리도록 돕습니다. 색은 또 다른 요소입니다. 사진에서의 색은 감정을 나타내는 것을 돕습니다. 그것은 보는 사람이 이미지에 대해 어떻게 느끼는지에 영향을 줍니다. 또한, 사진작가는 특정한 순간을 포착해야 합니다. 이러한 방식으로, 사진작가는 이야기를 전할 수 있습니다. 사진작가는 또한 대상으로부터 적절한 거리를 유지해야 합니다. 만약 사진작가가 너무 멀거나 가깝다면, 사진은 그 힘을 잃고 맙니다. 그러면 이제, 우리가 지금까지 다뤘던 핵심 요소들을 포함하고 있는 위대한 사진들을 좀 살펴봅시다.

어휘
factor 요소 highlight 강조하다 emotion 감정 influence 영향을 미치다 capture 포착하다 distance 거리 subject 주제; *대상 cover 가리다; *다루다 [문제] composition (그림·사진의) 구도

문제풀이
16 ① 사진을 감상하는 방법들
　② 성공한 사진작가들
　③ 위대한 사진의 요소들
　④ 강력한 이야기를 전하는 사진들
　⑤ 사진에서 감정을 나타내는 법

DICTATION Answers

본문 p.56

01　taking part in / allow longer essays / the due date
02　out of fashion / pay attention to / keep up with
03　block your view / wondering if you stopped / the opposite direction
04　what my favorite thing is / the oval mirror / must be the chair
05　had an operation / buy him something interesting / sell comic books
06　try to turn it on / have it repaired / give me a refund
07　are available from / any baggage to check in / pay an excess
08　moved to our town / a good sense of humor / introduce us
09　opened just last week / where you can purchase everything / Special discounts
10　with individual assignments / more convenient / fits all of our needs
11　enjoyed myself
12　nothing planned
13　managed to find someone / get along / kind of messy
14　a problem with the gears / really urgent / the only place we can order
15　improved steadily / play the solo / disappointed with

---

himself
16~17 what makes a photograph great / a specific moment / we've covered so far

---

10 영어듣기 모의고사
본문 ▲ p.60

01 ③	02 ⑤	03 ②	04 ②	05 ④	06 ④
07 ④	08 ③	09 ③	10 ③	11 ①	12 ④
13 ①	14 ⑤	15 ⑤	16 ②	17 ⑤	

01 ③

여: 실례합니다, 여러분. 잠시만 주목해 주시겠습니까? 다음 주 금요일 오후에 '새로운 커뮤니케이션 기술과 직장 내에서의 활용 방법'에 관한 학회가 시내에 있는 컨벤션 센터에서 열릴 예정입니다. 회사 측에서는 이 분야에 관심을 가진 직원들이 참가하기를 희망합니다. 커뮤니케이션 기술에 관한 가치 있는 정보를 공유해 주실 중요한 발표자들이 이번 학회에 많이 참석할 것입니다. 만약 참가에 관심이 있으시면, 신청서를 작성하신 후 그날 조기 퇴근에 관한 허가를 관리자에게 요청하시기 바랍니다. 이것은 훌륭한 학습 기회이므로, 고려해 보시기 바랍니다.

어휘
attention 주의, 주목 conference 회의, 학술 대회 technology 과학 기술; *(어떤 문명의) 기술 체계 workplace 일터 be held 개최되다 valuable 가치 있는 fill out 작성하다 supervisor 감독, 관리자 permission 허가 opportunity 기회

02 ⑤

남: 오늘 상점에 갔었나요?
여: 네, 걱정 말아요. 당신이 무척 좋아하는 아이스크림을 샀으니까요.
남: 고마워요! 드레싱도 더 샀어요?
여: 오, 이런! 잊어버렸어요! 오늘 저녁에는 샐러드를 못 먹겠네요.
남: 쇼핑 목록에 안 적었어요?
여: 음, 아니요. 난 보통 목록을 적지 않아요.
남: 난 목록 없이는 절대 쇼핑하러 안 가요. 모든 것을 기억할 순 없거든요.
여: 난 기억력이 아주 좋고, 게다가 걸어 다니면서 모든 것을 구경하는 걸 좋아해요.
남: 그것도 분명 좋겠지만, 이번에는 목록이 도움이 됐을 거예요.
여: 네, 당신 말이 맞는 것 같네요.

어휘
dressing 드레싱, 소스 have a good memory 기억력이 좋다 besides 게다가, 그뿐만 아니라

03 ②

여: 글을 잘 쓰시는 비결이 뭔가요?
남: 제 감정에 대해 솔직해지는 것이라고 생각합니다.
여: 그걸 좀 설명해 주시겠어요?
남: 물론이죠. 전 제 독자들에게 감명을 주기 위해 글을 쓰진 않습니다. 단지 제 생각과 의견을 나누기 위해서 글을 씁니다.
여: 알겠습니다. 그런데, 선생님의 글은 분명 매우 영향력이 있고 많은 사람을 감동시켜 왔습니다. 그 점에 대해서 한 말씀 해주시겠습니까?
남: 전 많은 사람들이 제 감정을 공유하기 때문에 제 책이 그들을 감동시켜 왔다고 생각합니다.
여: 선생님께서 출간한 책들은 전부 베스트셀러가 되었습니다. 그 점에 대해서 어떻게 생각하십니까?
남: 음, 그저 영광스럽고 정말 감사할 따름입니다.
여: 요즘 새로 쓰고 계신 책이 있습니까?
남: 아니요, 잠시 쉴까 합니다.

어휘
secret 비결 impress 감명을 주다, 감동시키다 powerful 영향력이 있는 comment 논평하다 touch 감동시키다 publish 출판하다 honored 명예로운 currently 지금, 현재

04 ②

여: 와, 이 박물관 멋지다. 이 전통 시장 모형을 봐!
남: 응, 정말 흥미로운걸. 이것 봐! 각자 다른 일을 하고 있어.
여: 응, 저 노인은 장작을 등에 지고 가고 있어.
남: 야채를 팔고 있는 저 여자는 팔에 아기를 안고 있어.
여: 그리고 소를 끌고 가는 남자도 있어. 그 소를 팔려는 것 같아.
남: 그 뒤에 있는 소년은 팔짱을 낀 채로 저 벽에 기대고 있어.
여: 담배를 피우는 저 남자를 좀 봐! 그의 앞에는 생선 세 바구니가 있어.
남: 맛있겠다! 난 생선을 좋아해. 음식 얘기를 하니까 배가 고프다.
여: 음, 걱정하지 마. 우린 곧 점심을 먹을 수 있어.
남: 난 맛있는 한국 전통 음식을 좀 먹고 싶어!

어휘
traditional 전통적인 firewood 장작 lean 기대다 with one's arms crossed 팔짱을 낀 채 smoke a pipe 파이프 담배를 피우다

05 ④

여: 날 찾고 있었니?
남: 응. 지난번 네 개의 강의에 빠졌는데, 우린 내일 그 강의에 관한 시험이 있잖아.
여: 걱정하지 마. 내가 필기한 걸 너한테 줄게. 그럼 넌 시험 준비를 할 수 있을 거야.
남: 나도 필기한 건 있어. 단지 아무것도 이해가 안 돼서 그래.
여: 음, 난 오늘 밤에 일을 해야 해서 너랑 공부할 수 없을 것 같은데.
남: 오늘 밤에 일할 거면 공부는 언제 할 거야?
여: 일 끝나고 도서관에 가려고 생각했어. 9시에 일이 끝나거든.
남: 잘됐네. 너랑 같이 가도 될까?
여: 네가 그 시간이 괜찮다면.
남: 난 전혀 상관없어. 고마워.

어휘
lecture 강의 get off 퇴근하다 [문제] research material 연구 자료

문제풀이
① 책 반납하기
② 그에게 필기한 것을 빌려주기
③ 그녀의 근무 시간 바꾸기
④ 시험 공부 같이 하기
⑤ 그를 위해 연구 자료 찾기

06 ④

남: 여보, 집에 있어요? 나 다시 왔어요.
여: 앨런, 당신이에요? 왜 되돌아왔어요?
남: 내 옷을 좀 봐요!
여: 오, 흠뻑 젖었고 진흙투성이네요! 무슨 일이에요? 넘어졌어요?
남: 일하러 가는 중에, 버스가 지나가면서 나에게 물을 튀겼어요. 옷을 갈아입어야 해요.
여: 정말 조심성 없는 운전자네요! 당신 샤워도 해야겠어요. 서둘러요, 안 그러면 늦을 거예요.
남: 알겠어요. 차로 날 사무실까지 데려다줄 수 있어요? 버스는 너무 느릴 거예요.
여: 미안하지만, 오늘 아침에 중요한 모임이 있어요. 늦으면 안 되거든요. 당신은 택시를 타는 게 좋겠어요.
남: 알겠어요. 정말 운이 나쁜 날이군요!

어휘
splash 물을 튀기다 careless 부주의한, 조심성이 없는 give ... a ride …을 태워주다

07 ④

남: 거의 모든 것이 반값인 조의 도매상점에 오신 것을 환영합니다.
여: 와, 정말 모든 것이 50퍼센트 할인됩니까?
남: 모든 물건은 아니지만, 대부분이 50퍼센트 할인됩니다.
여: 네. 전 저 테니스화를 보고 싶은데요.
남: 잘 고르셨습니다. 그건 30달러이고 그 가격에서 40퍼센트 할인을 받으실 수 있습니다.
여: 음. 나쁘지 않군요. 저 테니스 라켓은 얼마인가요?
남: 그건 100달러입니다. 그 가격에서 50퍼센트를 할인받으십니다.
여: 싸네요. 테니스화하고 테니스 라켓 둘 다 살게요.
남: 알겠습니다. 현금이신가요, 아니면 카드이신가요?
여: 현금으로 낼게요.

어휘
wholesale 도매 off 할인되어 bargain 싼 물건, 특매품

문제풀이
테니스화는 30달러에서 40퍼센트 할인을 받아 18달러이고, 테니스 라켓은 100달러에서 50퍼센트 할인을 받아 50달러이다. 따라서 여자가 지불할 금액은 68달러이다.

08 ③

여: 우리 가족은 다음 달에 새집으로 이사를 할 거야.
남: 정말? 학교를 옮긴다는 말이니?
여: 아니. 지금 집에서 조금만 내려가면 있어.
남: 아. 그럼 왜 이사를 하는 거야?
여: 지금 집은 너무 작아. 새집에는 침실이 네 개나 있어.
남: 좋겠다. 화장실도 한 개 이상이야?

여: 응, 위층과 아래층에 하나씩 있어.

남: 와. 그럼 이층집이야?

여: 응. 단 한 가지 나쁜 게 있다면 마당이 꽤 작다는 거야.

남: 참 안됐다. 너와 네 여동생들은 어디에서 놀 거야?

여: 음, 길 바로 건너편에 작은 공원이 하나 있어. 우린 거기로 가면 돼.

남: 그렇구나. 음, 아주 괜찮은 것 같은데. 언제 한 번 날 초대해줘.

어휘

upstairs 위층에 (↔ downstairs) two-story 2층의

09 ③

남: 정말로 기억에 남는 경험을 하고 싶다면, 미국의 유리 해변으로 가세요. 1949년에 사람들은 캘리포니아주 Fort Bragg 인근의 해변에 쓰레기를 버리기 시작했습니다. 18년 동안 사람들은 자동차와 가전제품, 그리고 다른 모든 것을 버렸습니다. 물론 그중에는 유리도 많았습니다. 1967년에 정부 당국에서는 해변에 쓰레기를 버리는 것이 정말로 나쁜 생각이었다는 것을 깨닫고, 사람들이 쓰레기를 버릴 수 있는 새로운 쓰레기 폐기장을 만들었습니다. 하지만 바다는 쓰레기를 가져가서 아름다운 것을 만들었습니다. 바다는 깨진 유리의 날카로운 모서리를 부드럽게 해서 그 유리를 해변으로 밀려 보냈습니다. 수년 뒤에, 캘리포니아주에서는 해변에서 가전제품과 오래된 차 부품을 치웠습니다. 이로 인해서 형형색색의 유리로 반짝거리는 독특한 해변이 남게 되었습니다.

어휘

memorable 기억에 남는 dump 쓰레기를 버리다; 쓰레기 폐기장 appliance 가전제품 authorities 당국자, 정부 당국 smooth 부드럽게 하다 sharp 날카로운 edge 끝, 모서리 wash 씻다; *(…을) 쓸고 가다 remove 지우다 unique 독특한, 특별한 sparkle 반짝거리다

10 ③

남: 안녕하세요, 노튼 씨. 들어와서 앉으세요. 아파트를 고를 준비가 되셨나요?

여: 네, 전 시내에 있는 게 필요해요. 제안해주실 게 무엇인가요?

남: 이것들은 시내에 있는 가장 좋은 다섯 군데입니다. 손님이 생각하시는 가격대를 여쭤봐도 될까요?

여: 전 현재 달마다 800달러를 내고 있어요. 하지만 그것보다 200달러까지 더 쓸 수 있어요.

남: 알겠습니다. 그리고 침실과 욕실은 몇 개나 필요하십니까?

여: 음, 두 개의 침실이 있어야 해요. 욕실은 하나면 충분해요.

남: 그렇군요. 그리고 갖춰야 할 게 또 있습니까?

여: 현재 제 아파트에는 발코니가 없어요. 새집에는 발코니가 있으면 정말 좋겠어요.

남: 알겠습니다. 그런 경우라면, 여기 제가 추천하는 아파트 사진이 있습니다.

여: 완벽해 보여요. 가서 볼 수 있나요?

남: 물론이죠. 지금 당장 모시고 갈 수 있습니다.

어휘

price range 가격 폭, 가격대 afford (…할) 여유가 있다 as for …는 어떠냐 하면 recommend 추천하다 Certainly. 물론이죠.

11 ①

남: 마이안? 무슨 일이야? 기분이 안 좋아 보여.

여: 아, 방금 부장실에 갔었어.

남: 오, 이런. 무슨 잘못이라도 했니?

여: 오늘 아침에 또 지각했거든.

어휘

be in a bad mood 기분이 안 좋다 [문제] raise (봉급) 인상

문제풀이

② 넌 그에게 월급 인상을 요청해야 해.

③ 그건 오른쪽 복도 끝에 있어.

④ 난 다음 주에 휴가를 갈 거야.

⑤ 난 드디어 큰 프로젝트를 끝냈어.

12 ④

[전화벨이 울린다.]

여: 안녕하세요, Swift 여행사입니다. 도와 드릴까요?

남: 네, 다음 달에 2주 동안 쉬는데요, 어딘가로 휴가를 가고 싶어요.

여: 어떤 곳을 생각하고 계신가요?

남: 따뜻하면서 너무 비싸지 않은 곳이요.

어휘

travel agency 여행사 off (일을) 쉬는 [문제] special rate 특별 할인 요금 apply for …에 지원하다 tourist visa 관광 비자

문제풀이

① 특별 할인 요금이 있나요?

② 2주 동안 여행하고 싶어요.

③ 관광 비자를 신청하고 싶어요.

⑤ 물론이죠. 제 여동생과 여행할 거예요.

13 ①

남: 안녕, 재닛.

여: 아, 피터! 널 보러 가던 중이었어.

남: 오, 정말? 내가 도울 일이 있니?

여: 꼭 그런 건 아니고. 일전에 내가 너에게 토플 시험 공부하는 거 도와주겠다고 약속한 거 기억나?

남: 응, 기억나. 네가 내일 오후에 도와주겠다고 했었잖아.

여: 맞아. 그런데 내가 약속을 못 지킬 것 같아.

남: 그래? 이런. 왜 안 돼?

여: 음, 취업 비자를 갱신하러 출입국 관리사무소에 가야 하는 걸 깜박했어. 안 그러면, 나는 이 나라에 머물 수가 없거든.

남: 그렇구나. 그거 정말 중요한 것 같네.

여: 응, 맞아. 그런데 난 약속을 잘 깨는 그런 사람이 아니야. 네가 기분 나빠하지 않으면 좋겠어.

남: 아냐, 전혀 그렇지 않아. 그럴 수도 있지.

어휘

immigration office 출입국 관리 사무소 renew 갱신하다 otherwise 그렇지 않으면 make a habit of v-ing …하는 버릇[습관]이 있다

문제풀이

② 괜찮아. 우린 내일 공부하면 돼.

③ 괜찮아, 네가 약속만 지킨다면.

④ 아니, 단지 네가 이 나라를 떠나야 한다니 유감일 뿐이야.
⑤ 걱정하지 마. 넌 다른 날 시험을 볼 수 있어.

14 ⑤

남: 실례합니다, 이 책들을 대출하고 싶은데요.
여: 그러시죠. 카드를 주시겠습니까?
남: 제 카드요?
여: 네. 도서관 카드 없이는 책을 대출하실 수 없습니다. 카드는 가지고 계시죠?
남: 어, 아니요. 없는데요. 최근에 이곳으로 이사를 와서요. 도서관 카드 는 어떻게 받죠?
여: 간단해요. 이 양식을 작성하시고 운전 면허증이나 학생증을 보여 주 시면 됩니다.
남: 알겠습니다. [잠시 후] 여기 있습니다.
여: [잠시 후] 여기 당신의 새 도서관 카드와 책입니다. 책들을 7일 이내에 반납하셔야 한다는 걸 명심하세요.
남: 아, 전 중요한 시험이 있어서 열흘 정도 이 책들이 꼭 필요한데요. 이 번 한 번만 예외로 해 주시면 안 될까요?
여: 안 됩니다, 죄송하지만 제겐 그 규칙을 깰 권한이 없어요.

어휘
check out (책을) 대출하다 exception 예외 [문제] fine 벌금 authority 권한

문제풀이
① 저희는 여기에 모든 종류의 책들을 가지고 있습니다.
② 늦으셨기 때문에 벌금을 내셔야 합니다.
③ 당신은 가지고 있는 책이 엄청나군요.
④ 카드 없이는 누구에게도 책을 빌려 드릴 수 없습니다.

15 ⑤

남: 션은 딜레마에 빠졌다. 오늘은 그의 절친한 친구 수잔의 생일이다. 그 는 2주 전에 수잔에게 그녀의 생일 파티에 가겠다고 약속했는데, 오 늘은 그의 할머니의 생신이기도 하다. 게다가 올해 할머니는 70세가 되신다. 그래서 중요한 가족 행사가 있을 예정이다. 두 개의 파티를 동 시에 하는 것이다. 션은 둘 다 갈 수 있기를 바랐지만, 그럴 수 없기 때 문에 할머니의 생신 파티에 가기로 결정했다. 그는 수잔이 지난달 그 의 생일 파티에 와 줬기 때문에 그녀에게 미안함을 느낀다. 그는 그녀 에게 이런 상황을 설명하고, 이를 만회하기 위해 그녀에게 저녁을 사 고 싶다는 말을 덧붙인다. 이런 상황에서, 수잔이 션에게 할 말로 가 장 적절한 것은 무엇인가?
수잔: 그래. 그럼 다음주에 저녁 먹자. 가족들과 좋은 시간 보내.

어휘
dilemma 딜레마, 진퇴양난 moreover 게다가, 더욱이 occasion 특별한 일, 행사 make A up to B B에게 A에 대해 보상하다 [문제] celebrate (기념일을) 축하하다

문제풀이
① 난 널 초대해야 할지 말지 확신이 안 서.
② 네 할머니께서 이해해 주시길 바라.
③ 음, 그럼 우리 모두 함께 축하하는 건 어떨까?
④ 그건 걱정하지 마. 모두 함께 저녁 먹으러 가자.

16 ② 17 ⑤

여: 오늘 밤 *Classic Music*에서는 지난 25년 동안 최고의 콘서트 중 몇 부분을 재방송해 드립니다. 최근 역사상 가장 유명한 테너 중 한 명 인 루치아노 파바로티의 공연으로 시작하겠습니다. 모든 사람들이 그 의 멋진 노래로 그를 기억하지만, 여러분이 모르실 수도 있는 것은 그 가 단순한 가수 이상이었다는 사실입니다. 파바로티는 또한 많은 자 선 캠페인에 참여했습니다. 실제로 그는 해마다 특별 콘서트를 열어 서 가난한 사람들을 돕기 위한 기금을 모았습니다. 그는 또한 다이애 나 왕세자비와 협력하여 전 세계의 나라에서 위험한 지뢰를 제거하 는 기관들을 도우려고 노력했습니다. 게다가 파바로티는 UN과 긴밀 히 협력했고 '평화사절단'으로 임명되기까지 했습니다. 하지만 그는 여전히 시간을 내어 음악을 했습니다. 그는 2006년 암으로 그만두어 야 했을 때까지 노래하는 것을 멈추지 않았습니다. 애석하게도, 그는 이듬해에 죽었습니다. 하지만 오늘 밤, 그의 아름다운 목소리를 감상 해봅시다.

어휘
rebroadcast 재방송하다 performance 공연 charitable 자선의
campaign 캠페인, 운동 raise (자금 등을) 모으다 team up with …와 협력하다 organization 기관, 단체 landmine 지뢰 work closely with …와 긴밀히 협력하다

DICTATION Answers 본문 p.62

01	will be held / sharing valuable information / interested in attending
02	go to the store / make a list / works well
03	secret of your writing success / impress my readers / you've published
04	on his back / leading a cow / with his arms crossed
05	missed the last four lectures / have notes / go with you
06	covered in mud / get in the shower / give me a ride
07	half price / get 40% off / That's a bargain
08	will be moving / has four bedrooms / invite me over sometime
09	dumping their trash / throwing trash into the ocean / smoothed the sharp edges
10	your price range / have two bedrooms / have a balcony
11	in a bad mood
12	two weeks off
13	on my way / keep my promise / renew my work visa
14	check out these books / a library card / make an exception
15	has a dilemma / a big family occasion / make it up to her
16~17	what you might not know / hold a special concert / worked closely with

01 ④	02 ②	03 ⑤	04 ⑤	05 ⑤	06 ⑤
07 ④	08 ③	09 ③	10 ④	11 ②	12 ④
13 ②	14 ②	15 ④	16 ③	17 ⑤	

01 ④

여: 실례합니다, 학생 여러분. 잠시 주목해 주시겠습니까? 여러분도 아시다시피, 지난주에 저희 가족의 의료 응급 상황으로 인해 제가 결근을 했습니다. 지금은 모든 게 괜찮아졌고, 여러분을 다시 한 번 정기적으로 가르치게 되어 기쁩니다. 오늘 아침, 제가 없는 동안 맡아 주셨던 대체 교사, 머피 선생님과 이야기를 나눴습니다. 선생님은 제가 돌아온 것에 대해 실망할 뻔했다고 말씀하셨습니다. 선생님께서는 25년간 학생들을 가르쳐 오셨지만, 여러분처럼 예의 바르고 협조적인 학급을 만나본 적이 없다고 하셨어요. 여러분이 우리 학교의 훌륭한 대표가 되어 줘서 감사합니다.

어휘 absent 결석한, 결근한 medical 의학의, 의료의 emergency 비상[위급] 상황 regularly 규칙[정기]적으로 substitute *대리의; 대신[대리]하다 take over …을 인계받다 polite 예의 바른 representative 대표자

02 ②

여: SNS에 있는 이 모든 광고들이 정말 싫어.
남: 음, 기업들은 어떻게든 사람들이 그들의 제품을 사게 해야 하잖아.
여: 그래, 하지만 난 그들이 소셜 미디어에서 광고하도록 두어서는 안 된다고 생각해.
남: 사실, 그곳이 기업들이 광고하기에 아마 가장 좋은 공간일 거야.
여: 왜 그렇지?
남: 기업들은 특정 사람들만이 볼 수 있도록 광고를 더욱 현명하게 올릴 수 있잖아.
여: 맞아, 하지만 그렇게 하려고 우리의 개인 정보를 수집하잖아. 그럼 우리는 사생활을 잃게 되고.
남: 난 더 좋은 광고를 보는 거라면 내 사생활의 일부를 잃어버려도 괜찮아. 관심이 없는 그 모든 광고들을 보지 않아도 되니까.
여: 음. 무슨 말인지 알 것 같아.

어휘 ad 광고 (= advertisement) somehow 어떻게든 be allowed to-v …하는 것이 허용되다 advertise 광고하다 social media 소셜 미디어 personal 개인적인 privacy 사생활 be willing to-v 기꺼이 …하다 suppose 생각[추측]하다

03 ⑤

남: 안녕하세요, 무엇을 도와 드릴까요?
여: 불만사항이 있는데요. 그쪽 배달 서비스에 잘못된 게 있어서요.
남: 죄송합니다. 고객님의 성함부터 말씀해 주시겠어요?
여: 네, 전 매리 뱅크스입니다. 최근에 이사했어요. 그리고 지금 신문을

전혀 받지 못하고 있어요.
남: 아, 그러시군요. 주소 변경 양식을 작성하셨나요?
여: 네, 몇 주 전에요.
남: 확인해 보겠습니다. [잠시 후] 저희가 실수를 한 것 같군요. 고객님께서는 내일부터 다시 신문을 받게 되실 겁니다.
여: 음, 그러길 바랍니다. 일주일이 넘었거든요.
남: 제가 보장해 드리겠습니다. 그리고 사과의 의미로, 제가 고객님의 계정으로 무료 배달을 1개월 추가해 드리겠습니다.
여: 고맙습니다. 그거 좋네요. 도와주셔서 정말 감사합니다.

어휘 complaint 불평, 불만 paper 종이; *신문 fill out …을 기입[작성]하다 guarantee 보장[약속]하다 apology 사과 account 이용 계정 appreciate 고마워하다

04 ⑤

남: 돌아온 걸 환영해, 마리. 캠핑 여행은 어땠어?
여: 정말 좋았는데, 실은 캠핑 간 게 아니었어. 난 삼촌의 오두막집에 머물렀어.
남: 오, 정말? 나는 그런 걸 해 본 적이 없어. 어땠어?
여: 그 오두막집은 작았지만 모든 필수품을 갖추고 있었어. 한쪽 구석에 침대가 있었어.
남: 좋네. 식사는 어떻게 준비했어?
여: 음, 그 오두막집에 개수대는 없었지만, 전자레인지와 냉장고가 침대 옆에 있었어.
남: 그러면 너는 그저 간단한 음식만 먹을 수 있었겠네. 음식을 먹을 공간이 있었니?
여: 응, 물론이야. 오두막집 중앙에 둥근 탁자와 2개의 의자가 있었어.
남: 와. 정말 멋진 것 같네.
여: 맞아. 난 심지어 저녁 뉴스도 시청할 수 있었어. 둥근 탁자 옆에 TV가 있었거든.
남: 하지만 요즘 꽁꽁 얼 정도로 춥잖아. 그곳은 춥지 않았어?
여: 오른쪽 구석에 난로도 있어서 나는 계속 따뜻하게 지냈어.

어휘 cabin 오두막집 necessity (pl.) 필수품 sink 싱크대, 개수대 microwave 전자레인지 refrigerator 냉장고 freezing 꽁꽁 얼만큼 추운 stove 난로

05 ⑤

여: 너 오늘 오후에 바쁘니?
남: 아니 별로. 하지만 오늘 저녁에 기타 수업이 있어.
여: 수업이 몇 시야?
남: 우리 학교 근처에 있는 음악 학원에서 6시 30분이야. 왜 묻는데?
여: 음, 지난주에 새 컴퓨터를 주문했는데, 오늘 배송됐거든.
남: 아, 정말? 네 예전 컴퓨터보다 속도가 더 빠르니?
여: 아직 모르겠어. 온라인에 접속할 수가 없었거든. 인터넷 연결하는 걸로 고생하고 있어.
남: 아, 알겠다. 내가 그걸 도와주길 바라는 거구나?
여: 네가 괜찮다면, 그래 주면 좋겠어. 정말 모르겠더라고.
남: 기꺼이 도와줄게. 너도 알다시피 나 컴퓨터를 정말 잘하잖아.
여: 나도 알지. 4시쯤에 와 줄 수 있니?
남: 물론이지. 그럼 그때 보자.

institute 학원 have a hard time v-ing …하는 데 어려움을 겪다 connect 연결[접속]하다

06 ⑤

[전화벨이 울린다.]

여: 안녕, 제이크? 나 앨리스야.
남: 안녕, 앨리스! 어떻게 지내니?
여: 별로 좋지 않아. 제이크, 미안하지만 안 좋은 소식이 있어.
남: 이런. 너 또 우리 스터디 모임을 취소하려는 거니?
여: 아니야. 지난주에 나에게 네 수학책을 빌려줬던 거 기억해?
남: 물론 기억하지. 잠깐만. 너 그걸 잃어버렸니?
여: 아니, 그런 게 아니야. 네 책에 커피를 쏟았어. 책에 심하게 얼룩이 졌어.
남: 오, 이런! 좀 더 조심했어야지.
여: 응, 그랬어야 했는데. 실수로 커피 머그잔을 엎었지 뭐야.
남: 책을 읽기 어려울 것 같아?
여: 응. 네가 원한다면 다음 스터디 모임 전에 다른 걸 사줄게.
남: 알겠어.

어휘
lend 빌려주다 (lent-lent) spill 엎지르다 stain 얼룩지게 하다, 더럽히다 terribly 몹시, 심하게 knock over (그릇·밥상 등을) 엎다 by mistake 실수로

07 ④

남: 안녕하세요, 손님, Adventure 여행사에 오신 것을 환영합니다.
여: 고맙습니다. 남미로 휴가 갈 계획을 세우고 싶은데요.
남: 2주 동안 3개국을 돌 수 있는 남미 기본 여행 패키지 상품이 있습니다.
여: 그건 얼마죠?
남: 1,200달러로 칠레, 페루, 에콰도르까지의 왕복 항공 요금이 포함됩니다.
여: 아주 괜찮은 가격이긴 한데, 호텔 숙박은 어떻게 되죠?
남: 기본 패키지에 호텔은 포함되어 있지 않습니다. 하지만 800달러 추가 비용에 호텔과 식사가 해결되는 2주 패키지 상품이 있습니다.
여: 매일 호텔에서 식사하고 싶지는 않아요.
남: 그럴 경우 기본 패키지에서 600달러만 더 내시면 식사를 제외한 2주간의 호텔 패키지를 제공해 드릴 수 있습니다.
여: 좋습니다. 식사를 제외한 그 호텔 패키지로 하겠습니다.

어휘
round-trip 왕복의 airfare 항공 요금 reasonable 적당한, 비싸지 않은 accommodation (pl.) 숙박 시설

문제풀이
여자는 남미 3개국 여행에 왕복 항공 요금 1,200달러와 식사를 제외한 호텔 숙박비 600달러를 지불하기로 했으므로, 여자가 낼 비용은 1,800달러이다.

08 ③

여: 안녕, 마이크. 네가 중국어 수업을 듣고 있다고 누가 말해주더라.

남: 맞아. 지역 주민 센터에서 하는 무료 수업이야.
여: 나도 중국어를 배울까 생각 중이거든. 초급자 반이니?
남: 초급자와 중급자가 섞여 있어. 수업에는 일곱 명뿐이거든.
여: 그렇구나. 수업은 얼마나 자주 해?
남: 일주일에 두 번이야. 수업은 1시간 반 정도 진행돼.
여: 선생님은 원어민이야?
남: 응. 지금은 여기에서 살지만, 베이징에서 자랐어.
여: 괜찮네. 어떻게 신청해?
남: 그냥 문화 센터에 가면 돼. 월요일부터 금요일까지 언제든지 등록할 수 있어.
여: 알겠어. 고마워, 마이크.
남: 천만에. 수업에서 만났으면 좋겠다!

어휘
local 지역의 community center 주민센터, 동사무소 beginner 초급자 intermediate 중급의 native speaker 원어민 sign up 신청하다

09 ③

남: 올여름에 할 새로운 무언가를 찾고 계십니까? 그럼 한국의 최신 놀이공원으로 오세요! 지난달에 개장한 Water Funland는 현재 아시아 전체에서 가장 규모가 큰 워터파크입니다. 세 개의 호텔과 20개가 넘는 레스토랑, 그리고 수백 개의 놀이 기구를 포함하며, 여러분의 가족 모두를 위한 것을 갖추고 있습니다. 여러분은 거대한 물놀이 미끄럼틀을 타거나 뜨거운 온천에서 그저 휴식을 취하실 수도 있습니다. 7세 미만의 어린이들을 위한 특별 구역도 있습니다. 입장권은 50달러부터 시작하며, 2일 혹은 3일짜리 이용권에는 특별 할인이 있습니다. 또한, 정말로 돈을 절약하고 싶으시다면, 저희 웹사이트를 방문하셔서 식사, 숙박, 그리고 워터파크 입장권을 저렴한 가격 하나에 결합한 특별 패키지를 이용하세요!

어휘
feature 특징으로 삼다, 포함하다 ride 놀이기구; (탈것을) 타다 hot tub (야외에 설치된) 온수 욕조 spa 온천 combine 결합하다

10 ④

여: 안녕하세요, 고객님. 무엇을 도와 드릴까요?
남: 네. 제 아파트에 놓을 새 냉장고가 필요해요. 이것들 중에서 하나 고르려고요.
여: 알겠습니다. 음, 이게 현재 가장 인기 있는 모델입니다.
남: 좋긴 한데, 문이 하나뿐이네요. 양문형 냉장고면 더 좋겠는데요.
여: 그러시군요. 그런 종류로 몇 가지 모델이 있습니다. 고객님이 생각하시는 가격대를 여쭤봐도 될까요?
남: 전 2,000달러까지 쓸 수 있어요. *[잠시 후]* 냉장고에 붙어 있는 이 별 스티커들은 뭔가요?
여: 그것들은 에너지 효율을 나타냅니다. 별이 더 많은 모델일수록 더 적은 전력을 소비합니다. 그건 고객님께서 전기세로 돈을 덜 쓰게 된다는 걸 의미하죠.
남: 오, 그렇군요. 그건 저에게 정말 중요해요. 이걸로 할게요.
여: 알겠습니다, 그런데 일부 모델들은 2년의 보증 기간이 있습니다. 그건 1년밖에 안 되고요.
남: 괜찮아요. 전 효율이 더 높은 것을 원해요.

어휘
refrigerator 냉장고 currently 현재 price range 가격 폭, 가격대
indicate 가리키다, 나타내다 efficiency 능률, 효율 consume 소비하다
come with …이 딸려 있다 warranty (품질 등의) 보증(서)

11 ②

여: 도와 드릴까요?

남: 네. 두 시간 전에 가방을 잃어버렸는데, 지하철에 두고 내린 것 같아요.

여: 어떻게 생겼는지 설명해주시면, 저희 사무실로 들어왔는지 확인해 드리겠습니다.

남: 검은색의 직사각형 가방이에요.

어휘
describe 묘사[설명]하다 [문제] rectangular 직사각형의

문제풀이
① 아무도 그것을 본 적이 없어요.
③ 전 강남역에서 내렸어요.
④ 그걸 찾아 사방을 돌아다녔어요.
⑤ 그건 오후 2시경에 사라졌어요.

12 ④

남: 다음 주말에 연날리기 대회가 있을 거라는 얘기 들었니?

여: 응. 난 대회에 나가려고. 넌?

남: 나도 참가할 거야.

여: 잘됐다. 대회 같이 신청하자.

어휘
enter 들어가다; *출전하다

문제풀이
① 난 연 날릴 줄 몰라.
② 우리 아파트 근처에서 만나자!
③ 그걸 같이 보지 않을래?
⑤ 이번 주말에는 바람이 많이 불지 않을 거야.

13 ②

여: 얼마나 많은 주문 물량이 남아 있는 거지, 마틴? 우린 하루 종일 포장했잖아.

남: 아직도 20개 정도 더 해야 해.

여: 커피를 마시면서 좀 쉬면 어때? 난 녹초가 됐어.

남: 응, 나도 마찬가지야. 지금 몇 시니?

여: 어디 보자… 거의 5시 30분이야.

남: 음, 이 물건들을 포장하는 게 정말 지긋지긋하고, 집에 빨리 가고 싶어.

여: 우리 그래도 될까? 아니면 남아서 일을 끝낼 때까지 추가 근무를 해야 할까?

남: 우린 너무·지쳤어. 늦게까지 남아서 한다면, 실수하기 시작할지도 몰라.

여: 맞아. 포장하는 건 내일 끝마쳐도 될 거야.

남: 왜 아니겠어? 이 주문들은 급한 것도 아니야. 내일 아침에 제일 먼저 하면 돼.

여: 좋아, 그럼. 오늘은 그만하고 집에 가자.

남: 전적으로 동감이야.

어휘
exhausted 기진맥진한 be sick of …에 넌더리 나다 urgent 급한 call it a day …을 그만하기로 하다

문제풀이
① 먼저 가. 난 여기 있을게.
③ 우리 내일 쉬는 게 어때?
④ 우린 오늘 끝낼 수 있을 것 같아.
⑤ 네 말이 맞아. 그건 좋은 생각이 아니야.

14 ②

여: 실례합니다. 한국에서 오신 이 선생님이십니까?

남: 네, 그렇습니다. 당신이 칼튼 씨군요.

여: 네. 보내 주신 사진 덕분에 선생님을 찾기가 어렵지 않았어요.

남: 다행이네요.

여: 아무튼 만나서 반갑습니다. 그리고 뉴욕에 오신 것을 환영합니다.

남: 고맙습니다. 그리고 공항에 마중 나와 주셔서 감사합니다.

여: 천만에요. 여행은 어떠셨어요?

남: 좋았어요. 그런데 항공사가 제 짐의 일부를 분실했지 뭐예요.

여: 저런, 어떻게 된 건가요?

남: 여행 가방이 두 개 있었는데, 한 개가 없어졌어요. 가방을 찾는 대로 제 호텔로 보내 준다고 하더군요.

여: 짐을 빨리 찾으면 좋겠네요.

어휘
photograph 사진 luggage 수하물, 짐 suitcase 여행 가방

문제풀이
① 좋아요! 즐거운 여행이 되길 바랍니다.
③ 항공사 마일리지로 할인을 받는 게 어때요?
④ 호텔 지배인이 당신의 짐을 찾지 못했다고 말했어요.
⑤ 당신은 여권을 좀 더 잘 관리했어야 했어요.

15 ④

남: 도널드는 다양한 장르의 책을 읽는 것을 좋아해서, 거의 매주 도서관에서 책을 빌린다. 단 한 가지 문제는 도널드가 기억력이 좋지 않아서 빌린 책들을 도서관에 반납하는 것을 자주 잊어버린다는 것이다. 어느 금요일 오후, 도널드는 비행기의 역사에 관한 책을 한 권 빌리고 싶어 한다. 그가 대출하려고 도서관 카운터로 책을 가져갔을 때, 사서는 도널드가 많은 책을 빌려 가서 아직 반납하지 않았다는 걸 알게 된다. 이런 상황에서, 사서가 도널드에게 할 말로 가장 적절한 것은 무엇인가?

사서: 다른 책들을 반납할 때까지 이 책을 대출할 수 없습니다.

어휘
genre 장르 check out (책을) 대출하다 librarian (도서관의) 사서 [문제] look up …을 찾아보다

문제풀이
① 이 책들을 사셔야 합니다.
② 죄송하지만, 업무는 이미 끝났습니다.
③ 일주일에 얼마나 많은 책을 읽습니까?
⑤ 원하는 책을 컴퓨터에서 찾으셔야 해요.

16 ③　17 ⑤

여: 국립 동물원에 오신 걸 환영합니다. 제 이름은 애비게일이고, 오늘 여러분의 가이드가 될 것입니다. 우리는 먼저 대형 고양잇과 동물 구역을 방문하겠습니다. 우리 동물원에는 세 가지 종류의 대형 고양잇과 동물이 있습니다. 그들은 표범, 재규어, 치타입니다. 여러분은 오늘 각각의 종류를 볼 텐데, 많은 사람들은 그들을 구별하지 못합니다. 그래서 저는 이 세 가지 종을 어떻게 구별하는지를 설명하는 것으로 시작하겠습니다. 우선, 표범과 재규어는 그들의 점이 있는 털가죽이 언뜻 보기에는 매우 비슷하게 보이기 때문에 쉽게 혼동됩니다. 그러나 그들의 점과 몸 크기는 실제로 아주 많이 다릅니다. 표범의 점은 더 작으며, 재규어만큼 크지 않습니다. 또한, 표범은 아프리카와 아시아 일부 지역에 서식하지만, 재규어는 아메리카의 열대 우림에 서식합니다. 세 번째 종인 치타는 다른 색깔이 섞이지 않은 둥글고 고르게 분포된 점으로 쉽게 구별됩니다. 게다가, 치타는 넓은 가슴과 좁은 허리의 가느다란 몸을 가지고 있습니다. 또한, 그들의 머리는 몸에 비해서 작습니다. 그들의 독특한 체형은 그들을 세계에서 가장 빠른 육지 동물이 되도록 합니다.

어휘
distinguish 구별하다　tell ... apart …을 구별하다　coat 털가죽　at first glance 언뜻 보기에는　significantly 상당히　solid 다른 색깔이 섞이지 않은　evenly 고르게　distributed 분포된　in proportion to …에 비례하여

문제풀이
16 ① 멸종 위기에 처한 고양잇과 동물을 보호하는 방법
　② 동물원의 일부 고양잇과 동물에 의해 초래된 문제들
　③ 세 종류의 대형 고양잇과 동물의 차이점
　④ 표범과 재규어의 변화하는 서식지
　⑤ 무엇이 치타를 세계에서 가장 빠른 육지 동물로 만드는가

DICTATION Answers
본문 p.68

01	have your attention / took over / polite and helpful
02	be allowed to advertise / place their ads / lose our privacy
03	get the paper / start receiving / free delivery
04	What was it like / in the center of / it's been freezing cold
05	have a guitar lesson / had a hard time connecting / good with computers
06	lent me your math book / spilled coffee / buy you another one
07	plan a vacation / That's quite reasonable / hotel package without meals
08	It's a free class / Twice a week / register on any day
09	the largest water park / a special area for children / at one low price
10	our most popular model / spend less money / the more efficient one
11	Describe it to me
12	take part too
13	I'm exhausted / sick of packing / call it a day
14	the photograph you sent / thanks for meeting me / one is missing
15	a variety of / forgets to return / check it out
16~17	can't distinguish between them / at first glance / is easily distinguished by

12 영어듣기 모의고사
본문 ▲ p.72

01 ③	02 ①	03 ②	04 ⑤	05 ②	06 ①
07 ①	08 ③	09 ⑤	10 ④	11 ④	12 ④
13 ⑤	14 ⑤	15 ③	16 ③	17 ⑤	

01 ③

남: 안녕하세요, 여러분. Newbody's 체육관에 와 주셔서 감사합니다. 저는 Newbody's 체육관의 운영자입니다. 저희는 5세 미만의 어린이들은 체육관에 입장하는 것이 허용되지 않음을 상기시켜 드리고자 합니다. 여러분의 안전을 위해서, 그리고 여러분의 아이들과 다른 이용객들의 안전을 위해서, 매우 중요한 이 규칙을 항상 지키실 것을 요청합니다. 하지만, 저희는 체육관 입구에 놀이방을 운영하고 있습니다. 이곳은 모든 회원들에게 무료 서비스를 제공합니다. 여러분께서 이 무료 서비스를 이용하시길 바랍니다.

어휘
remind 상기시키다　permit 허락[허용]하다　observe 관찰하다; *(규칙 등을) 준수하다　at all times 항상　daycare center 탁아소, 놀이방　located …에 위치한　entrance 입구　take advantage of (좋은 기회 등을) 이용하다

02 ①

여: 나는 과학 수업에서 오염에 관한 보고서를 쓰는 중이야.
남: 그거 좋은 주제다! 어떤 종류의 오염이야? 대기 오염? 수질 오염?
여: 둘 다 아니야. 난 사실 소음 공해에 대해 쓰고 있어.
남: 오. 자동차나 비행기와 같은 기계에서 발생하는 큰 소리를 말하는 거야?
여: 응. 대부분의 사람이 그것을 성가신 것 이상으로는 생각하지 않는데, 그것 이상으로 더욱 나쁜 거거든.
남: 어떤 점에서?
여: 음, 시끄러운 지역에서 사는 사람들은 혈압이 더 높고 심장 질환도 더 많아.
남: 정말? 그런 모든 소음이 많은 스트레스를 주는 것 같아.
여: 맞아, 그리고 사람들만의 일은 아니야. 동물들을 혼란스럽게 하고 때로는 짝짓기를 방해하기도 해.
남: 음… 보고서에 해결책도 제시할 거야?
여: 응. 완성하면 보여줄게.

pollution 오염 consider 여기다. 생각하다 annoyance 짜증, 성가신 일
blood pressure 혈압 confuse 혼란시키다 stop A from v-ing A가 …하
는 것을 막다 mate 짝짓기하다 suggest 제안하다 solution 해결책

03 ②

남: 들어가도 될까요, 존스 선생님?
여: 물론이지, 앉으렴.
남: 감사합니다. 저 보스턴 대학에 지원하기로 했어요.
여: 그래, 들었어. 네가 거기서 아주 잘 지낼 거라고 생각해.
남: 감사합니다. 선생님께서 다니셨던 학교죠? 수업 시간에 그렇게 말씀
   하신 것 같아요.
여: 맞아. 1992년도에 졸업했단다.
남: 저한테 추천서를 써 주실 수 있을까요?
여: 물론이지, 짐. 기꺼이 써 주마.
남: 지원 서류는 3월 15일이 기한이에요.
여: 알았다. 정확히 네가 필요한 것을 설명하는 이메일을 내게 보내주렴.
남: 정말 감사합니다, 존스 선생님. 이 대학이 제1지망이라서 합격했으면
   좋겠어요.
여: 행운을 빈다, 짐.

apply to …에 지원[신청]하다 a letter of recommendation 추천서
application 신청, 지원 material 자료 due 만기가 된; *(언제) …하기로 되어
있는 get in 입학 허가를 받다

04 ⑤

여: 이 카페에 가자. 커피도 좀 마시고 우리 일 얘기도 좀 하려고.
남: 좋지. 어디 앉을까?
여: 노트북으로 일하는 남자 옆에 빈 자리가 있네.
남: 아냐, 이미 누가 거기 앉은 것 같아. 벽에 그림이 세 점 있는 거 보여?
여: 응, 보여. 꽤 멋지다.
남: 우리 오른쪽에 있는 액자 아래 빈 탁자에 앉자.
여: 좋아. 커피 사는데 시간이 너무 오래 안 걸리면 좋겠다. 여기서 일하는
   직원이 두 명뿐이네.
남: 두 명? 나는 에스프레소 기계에서 커피 만드는 남자만 보이는데.
여: 응, 그리고 계산대 뒤에 서 있는 여자가 한 명 있고.
남: 아, 그 여자는 못 봤네! 아무튼, 커피 냄새 좋다. 너 마실래?
여: 응, 그러려고. 나는 아이스 라떼로 부탁해.
남: 알겠어. 앉아 있으면 내가 계산대에 가서 주문할게.

laptop 노트북 cash register 금전 등록기

05 ②

남: 에리카, 뭐 하고 있니?
여: 그냥 게임하고 있어요, 아빠. 걱정하지 마세요, 숙제는 다 했어요.
남: 그래, 그런데 우리가 내일 이사를 하잖니. 어떤 책들을 가지고 갈지
   네가 정해야 해.
여: 아, 네… 음, 전부 다 가져가면 안 돼요?
남: 안 돼, 넌 책이 너무 많아. 그 게임 좀 그만하고 일을 시작하렴.

여: 알겠어요, 아빠. 어디 보자… 어디서부터 시작해야 할지 모르겠어요.
남: 그것들을 두 더미로 나눠 봐. 하나는 가져갈 것으로, 하나는 버릴 것
   으로 말이야.
여: 좋은 생각이에요. 책을 담을 빈 상자 두어 개 좀 갖다 주실래요?
남: 그래. 부엌에 몇 개 있단다.
여: 고마워요. 그렇게 오래 걸릴 것 같진 않아요.
남: 좋아. 끝내면 다시 게임을 해도 돼.
여: 고마워요, 아빠.

get to work 일을 시작하다 pile 포개[쌓아] 놓은 것, 더미 give away 버리다
empty 빈

① 그녀의 책 싸기   ② 그녀에게 상자 주기
③ 그녀의 숙제 확인하기   ④ 그녀와 함께 게임하기
⑤ 상자를 부엌으로 나르기

06 ①

여: 안녕, 에이브. 무슨 일이야? 울고 있었던 것 같은데.
남: 안녕, 이자벨. 나 방금 수학 시험지를 돌려받았어.
여: 오, 이런. 성적이 잘 안 나왔나 보구나?
남: 실은 낙제했어. 넌 어때?
여: 난 A를 받았어. 에이브, 넌 토요일에 우리와 함께 공부했어야 했어!
남: 네 말이 맞아. 하지만 내 친구들과 축구를 하고 싶었어.
여: 축구는 언제든지 할 수 있잖아. 시험은 다시 볼 수 없어.
남: 내가 너무 바보 같아. 엄마가 정말 실망하실 거야.
여: 음, 2주 후에 다른 시험이 있잖아. 그 시험을 잘 봐야겠다.
남: 학교 끝나고 너희들과 함께 공부해도 되겠니?
여: 물론이야. 오후 5시에 도서관에서 만나자.
남: 고마워, 이자벨!

retake a test 재시험을 치다 disappointed 실망한

07 ①

남: 안녕하세요, 힐 씨. 제가 다음 주에 워싱턴 D.C.에 갈 예정인데, 호텔
   예약을 해 주셨으면 해요.
여: 네, 그러죠, 윌리엄스 씨. 어떤 호텔을 찾고 계신가요?
남: 1박에 50달러에서 70달러 정도 되는 중간 가격대의 호텔이요.
여: 알겠습니다. 그리고 시내 지역을 원하시나요?
남: 실은, 조지타운 대학교 근처에 있는 곳이면 좋겠어요.
여: 그럼 Diplomat 호텔이 어떨까요? 평이 아주 좋고, 그 대학에서 걸어
   갈 수 있는 거리에 있답니다.
남: 요금은 얼마인가요?
여: 1인실은 하룻밤에 60달러입니다.
남: 할인 같은 게 있나요?
여: 음… 신용카드로 결제하시면 10퍼센트 할인을 받으실 수 있어요.
남: 좋아요, 그렇게 할게요. 3월 20일에서 25일까지 그곳에 묵고 싶어요.
여: 알겠습니다. 예약해 드리겠습니다.

medium 중간의 range 범위, 한도 location 위치 distance 거리

문제풀이

남자는 5박을 할 예정이므로 숙박료는 300달러이지만, 신용카드로 결제하여 10퍼센트 할인을 받는다고 했으므로 남자가 지불할 숙박료는 270달러($60×5×0.9)이다.

08 ③

남: 안녕하세요. 저 수업에 대해 질문이 좀 있어요. '유럽 아동의 역사'라는 수업이에요.
여: 아. 그 수업은 인기가 매우 많아지고 있어요.
남: 네. 수업이 언제가 될지 알려주시겠어요?
여: 다음 학기에 화요일과 목요일마다 1시 30분부터 3시까지입니다.
남: 그렇군요. 교육관에서 하는 거 맞죠?
여: 네. 역사학과에서는 교육학과 학생들도 듣길 바라고 있습니다.
남: 그렇군요.
여: 그리고 '유럽 문화사'를 들으셨나요? 이 수업을 듣기 위해서는 필수입니다.
남: 아, 네. 지난 학기에 로페즈 교수님께 들었어요.
여: 그럼 어떻게 진행될지 이미 아시겠네요. 로페즈 교수님께서 이 수업도 가르치고 계세요.
남: 좋아요. 이 수업을 신청할게요.
여: 그래요. 이 신청서만 작성하시면 준비가 된 겁니다.

어휘

attract (주의·흥미 등을) 끌다 required 필수의 fill out 기입[작성]하다 form 서식

09 ⑤

여: 하와이섬의 Mauna Kea 산 정상에 있는 Mauna Kea 천문 관측소는 세계에서 가장 큰 천문 관측소입니다. 그곳은 세계에서 가장 큰 적외선 망원경을 포함하여, 13개의 망원경을 갖추고 있습니다. 이 망원경들은 11개 다른 국가 출신의 천문학자들에 의해 작동됩니다. 이 관측소가 Mauna Kea에 있는 두 가지 중요한 이유가 있습니다. 우선, 그곳의 기후는 매우 건조한데, 이는 일 년 내내 구름이 거의 없다는 의미입니다. 또한, 그 지역에는 도시의 불빛이 거의 없습니다. 따라서 하늘이 어둡고 맑아, 망원경으로 아주 멀리 있는 은하수까지도 볼 수 있습니다. 방문객들은 오후 1시부터 5시 사이에 주말 관광을 하실 수 있으며, 매일 밤 6시부터 10시까지 열리는 특별 천문 프로그램이 있습니다.

어휘

astronomical 천문의 observatory 관측소, 천문대 atop …의 꼭대기에 feature 특별히 포함하다 telescope 망원경 infrared 적외선의 operate 운용하다; *작동시키다 astronomer 천문학자 all year round 일 년 내내 distant 먼 galaxy 은하계, 은하수 stargazing 천문학

10 ④

여: 안녕하세요. 내일 시내로 가는 기차표를 구하고 있는데요.
남: 네, 제대로 오셨어요.
여: 잘됐군요. 열차가 얼마나 자주 운행되나요?
남: 30분마다 출발합니다. 여기 시간표가 있습니다.
여: 아, 고맙습니다. [잠시 휴] 그럼 첫 열차가 오전 7시 15분에 출발하네요?
남: 맞습니다.
여: 하지만 너무 이르네요. 저는 7시 30분 전에는 역에 올 수가 없어요.
남: 그렇군요. 시내에 몇 시에 도착하길 원하시죠?
여: 오전 10시 전에 아무 때나 도착하면 돼요.
남: 알겠습니다. 10시 전에 도착하는 열차가 세 대 있네요.
여: 음… [잠시 휴] 완행열차는 조금 더 느린 것 같네요.
남: 네. 그래서 급행열차보다 그게 더 쌉니다.
여: 그럼 저는 급행열차로 할게요.
남: 네. 10시 전에 도착하는 급행열차가 두 대 있습니다.
여: 더 늦게 출발하는 걸로 할게요.

어휘

run 운행하다 local train 완행열차(느린 속도로 각 역마다 서는 열차) [문제] commuter 통근의

11 ④

남: 이 문구점에 왜 들르려고 한 거야?
여: 새로운 취미가 필요해서 그림을 그려보기로 했어.
남: 아, 그렇구나. 넌 용품을 많이 사야 할 것 같은데.
여: 아니. 그냥 이 초보자 세트 중 하나를 살 거야.

어휘

stationery store 문구점 supply *물자, 용품; 공급[제공]하다 [문제] inspire 고무시키다, 격려하다 beginner 초보자

문제풀이

① 내가 가장 좋아하는 화가가 날 고무시켰어.
② 난 전에 그림을 그려본 적이 없어.
③ 하지만 이 상점은 노트를 팔지 않아.
⑤ 그 문구점에서는 많은 용품을 팔지는 않아.

12 ④

여: 얘, 저스틴. 너 바이올린을 연주할 수 있지, 그렇지?
남: 응, 할 수 있지. 왜?
여: 연주하는 법을 배우고 싶어서. 네가 날 가르쳐줄 수 있을까?
남: 그러면 좋겠지만, 난 겨우 초보자야.

문제풀이

① 피아노를 연주하는 것과 아주 비슷해.
② 우린 같이 연습해봐야 해.
③ 난 바이올린 연주하는 법을 배운 적이 없어.
⑤ 넌 먼저 노래를 잘 부를 수 있어야 할 거야.

13 ⑤

여: 좋은 아침이에요, 래리. 당신에게 (줄) 커피를 가져왔어요.
남: 아. 고마워요, 실비아.
여: 자… 오늘 신문에 뭔가 흥미로운 게 있나요?
남: 별로요. 그저 숱한 전쟁과 재난, 그리고 사망(소식)뿐이에요.
여: 정말요? 요즘 세계에서는 정말 많은 문제가 있는 것 같아요.
남: 그건 다른 나라들뿐만이 아니에요. 바로 여기 우리 도시에서도 매일 새로운 끔찍한 범죄가 있잖아요.
여: 그건 사실인 것 같네요. 그런데 꼭 그렇게 나쁜 것 같진 않은데요.

남: 하지만 이 제목들 좀 봐요, 실비아. 전부 나쁜 뉴스들이에요.
여: 그건 신문들이 나쁜 일들에만 초점을 맞추기 때문이에요. 좋은 일들도 있잖아요.
남: 정말 그렇게 생각해요? 어떤 거요?
여: 많은 것들이요. 그런데 누군가 자신의 이웃을 도울 때는 아무도 기사를 쓰지 않아요.
남: 전 잘 모르겠어요. 내겐 모든 일들이 단지 계속 더 나빠지고 있는 것처럼 보여요.
여: 당신은 밝은 면을 볼 필요가 있어요.

어휘
disaster 재해, 재앙 crime 범죄 headline 표제 article 기사 [문제] journalist 언론인 look on the bright side of things 사물의 밝은 면을 보다. 낙관하다

문제풀이
① 아니요, 신문사에 전화해서 불만을 얘기했어요.
② 언론인이 되는 건 분명히 스트레스를 많이 받을 거예요.
③ 열심히 노력해봐요, 그럼 당신은 더 성공할 수 있을 거예요.
④ 모든 종류의 신문을 읽을 필요는 없어요.

14 ⑤

여: 안녕, 네이선. 오늘 우리 세계사 수업 어땠어?
남: 호주에 관한 부분이 정말 흥미롭더라.
여: 나도 그래. 난 특히 호주 원주민에 대한 부분이 좋았어.
남: 맞아. 그것 때문에 난 호주에 대해 좀 더 배우고 싶어졌어.
여: 어쩌면 우리가 여가 시간에 조사를 좀 할 수 있을 거야.
남: 좋은 생각이 났어. 선생님께 우리가 특별 과제를 할 수 있는지 여쭤보자.
여: 추가 점수 때문에? 선생님께서 동의하실까?
남: 아마도. 선생님은 항상 우리 스스로 더 많은 것을 배울 것을 권장하시잖아.
여: 재밌겠다. 그럼 우리 성적에도 도움이 되게 할 수 있고.
남: 그래, 네 생각은 어때?
여: 그렇게 하자. 오늘 방과 후에 바로 시작하는 게 어때?
남: 음, 우선 선생님의 허락을 받는 게 나을 것 같아.

어휘
native 그 지방 고유의, 토착[원주]민의 credit 학점 on one's own 스스로 [문제] permission 허락

문제풀이
① 난 그 과목의 개인지도가 필요해.
② 우리가 제때 과제를 끝마칠 수 있으면 좋겠어.
③ 우리 모임의 다른 회원들에게 그것에 대해 말할게.
④ 호주에서 공부하는 건 정말 재미있을 거야.

15 ③

여: 수학 선생님이 교실에서 시험을 감독하고 있다. 학생들은 시험 문제에 집중하느라 매우 조용하고, 선생님은 교실 앞쪽에서 지켜보고 있다. 선생님은 학생 중 한 명이 머리를 들고는 손을 쳐다보는 것을 알아챈다. 선생님이 주의해서 지켜보고 있는데, 그 학생이 그 행동을 반복한다. 선생님은 그 학생에게 다가가서 그의 손에 뭐가 있는지 보자고 한다. 그 학생은 손을 펼쳐서 시험 답안이 적힌 작은 종잇조각을 보여

준다. 이런 상황에서, 선생님이 학생에게 할 말로 가장 적절한 것은 무엇인가?
선생님: 시험 중 부정행위는 용납되지 않는다.

어휘
concentrate on …에 집중하다 repeat 반복하다 gesture 몸짓 approach 다가가다, 접근하다 reveal 드러내다, 보이다 [문제] preparation 준비 cheat 속이다, 부정행위를 하다 tolerate 허용하다 guarantee 보증[장담]하다

문제풀이
① 시험 준비는 어떻게 되어 가니?
② 시험에 대해서 질문이 있니?
④ 내가 생각했던 것보다 훨씬 잘하고 있구나. 계속 그렇게 하렴.
⑤ 시험에 합격하는 것이 성공을 보장한다고 생각하진 말아라.

16 ③ 17 ⑤

남: 안녕하세요, 여러분. 저는 Redwood 건강 상담소의 루이스 박사입니다. 여러분은 식물들이 여러 가지 방식으로 우리를 도울 수 있다는 사실을 이미 알고 계시죠. 예를 들어, 식물들은 우리에게 음식이나 쉴 곳을 제공해줍니다. 하지만 식물들이 우리의 정신적, 신체적 건강을 개선할 수 있다는 것도 알고 계셨나요? 먼저, 식물들은 회복 시간을 빠르게 해줍니다. 많은 연구들은 식물들이 사람이 더 빨리 질병에서 회복하도록 돕는 데 효과적임을 보여줍니다. 식물들은 또한 답답한 공기를 없애는 것을 도와주기 때문에 두통을 예방할 수 있습니다. 많은 실내 식물이 있는 집은 심지어 고혈압을 낮추는 데도 도움이 됩니다. 또한, 식물들은 호르몬을 조절함으로써 우리가 좀 더 활력과 생기를 느끼게 해줍니다. 우리에게 에너지를 주는 코티솔이 정원을 가꾼 후에 분비되죠. 마지막으로, 식물들은 공기를 깨끗하게 만들도록 도와줍니다. 그것들은 해로운 화학물질들을 우리가 마시는 산소로부터 제거합니다. 이것은 우리가 더 잘 집중하고 주목하도록 돕습니다. 이제, 실내에서 쓰일 수 있는 몇 가지 식물들의 사진을 살펴보겠습니다.

어휘
shelter 주거지; *대피처 recovery 회복 (v. recover) prevent 예방하다 eliminate 제거하다, 없애다 stuffy 답답한 energetic 활동적인 release 풀어주다, 내보내다; *분비하다 chemical 화학 물질 breathe 호흡하다, 숨 쉬다

문제풀이
16 ① 스트레스와 불안의 근원
② 집에서 잘 자라는 식물
③ 식물이 인간에게 미치는 영향
④ 식물을 기르는 최고의 방법
⑤ 사무실에 식물을 둘 만한 최고의 장소

DICTATION Answers
본문 p.74

01 under the age of five / offers free service / take advantage of

02 writing a report / nothing more than / stops them from mating

03 apply to / a letter of recommendation / is due

쓰레기통 cooperation 협조

13 영어듣기 모의고사

본문 ▲ p.78

01 ④	02 ①	03 ④	04 ⑤	05 ④	06 ③
07 ①	08 ③	09 ④	10 ④	11 ③	12 ⑤
13 ①	14 ②	15 ③	16 ④	17 ⑤	

01 ④

여: 학생 여러분, 주목해 주십시오. 봄이 와서 여러분 중 다수가 야외 운동장에서 점심을 먹고 있다는 걸 알고 있습니다. 여러분은 좋은 날씨를 즐기고 신선한 공기를 만끽해도 되지만, 우리는 문제점이 하나 있다는 것을 알게 되었습니다. 일부 학생들은 학교 건물로 돌아가면서 빈 캔과 다른 쓰레기를 버려두고 갑니다. 이것은 운동장을 지저분해 보이게 할 뿐만 아니라, 방과 후 연습에서 운동선수를 다치게 할 가능성도 있습니다. 그러니 쓰레기를 버리고 가지 말고 우리의 운동장을 깨끗하게 유지하길 바랍니다. 교실로 돌아오는 길에 여러분은 쓰레기통에 쓰레기를 버리면 됩니다. 여러분의 협조에 감사합니다.

어휘
now that …이므로, …이기 때문에 take advantage of …을 이용하다 notice 주의하다; *알아채다 leave … behind …을 두고 가다[뒤에 남기다] not only A (but) also B A뿐만 아니라 B도 schoolyard 학교 운동장 potential 가능성, 잠재력 injure 상처를 입히다. 다치게 하다 garbage can

02 ①

여: 엄마가 이런 일을 하셨다니 믿을 수가 없어!
남: 뭘 하셨는데?
여: 하나부터 열까지 모든 게 적힌 공부 계획표를 주셨어.
남: 그게 네가 무엇을 언제 공부해야 하는지 알려준다는 거니?
여: 그뿐만이 아니야. 언제 도서관과 수업에 가야 하는지, 정확히 몇 시에 어떤 과목을 공부해야 하는지도 알려줘.
남: 와. 정말 자세하다.
여: 음, 난 그대로 하지 않을 거야. 나만의 공부 계획표를 만들 거야.
남: 그것도 좋은 생각 같진 않아. 그분은 너의 엄마이고 넌 엄마 말을 들어야 해.
여: 네 말은 내가 이 계획을 그대로 따라야 한다는 거야?
남: 음, 노력은 해봐야 할 것 같아. 대개 부모님 말씀을 따르는 것이 가장 좋거든.

어휘
every single 하나하나 모두 detail 세부 사항 detailed 상세한 obey (명령 등을) 따르다

03 ④

여: 안녕하세요, 스미스 씨. 무엇이 문제인 것 같으세요?
남: 음, 밥이 다리가 부러진 것 같아요.
여: 그렇군요. 어쩌다 이렇게 됐어요?
남: 계단을 너무 빨리 뛰어 내려가다가 넘어졌어요. 다시 일어났을 때 다리를 절뚝거리고 있었고요.
여: 제가 한 번 보겠습니다… 아 네, 아주 고통스럽겠네요. 제가 만지려고 하니까 으르렁거렸어요.
남: 그래서 지금은 어떻습니까?
여: 아마도 다리가 부러진 것 같습니다. 어떤 뼈들이 부러졌는지 알아보기 위해 다리의 엑스레이를 찍는 것부터 시작할게요.
남: 선생님께서 그렇게 하시는 동안, 제가 그를 탁자 위에서 움직이지 못하게 할까요?
여: 네. 그리고 제가 절차를 진행하는 동안 그가 진정할 수 있도록 그를 쓰다듬어 주셨으면 해요.
남: 알겠습니다, 그렇게 할게요. 심각한 부상이 아니었으면 좋겠어요.

어휘
limp 절뚝거리다 growl 으르렁거리다 pet 반려동물; *어루만지다 procedure 순서, 절차 serious 진지한; *심각한

04 ⑤

[전화벨이 울린다.]
남: 여보세요?
여: 안녕하세요, 제프. 저는 웬디인데 제 책에 들어갈 삽화 때문에 전화했어요.
남: 안녕하세요, 웬디. 방금 그것을 끝냈습니다.
여: 잘됐네요. 저는 삽화가 정확한지만 확인하고 싶어요. 삽화에서, 앞에서 말을 타는 남자가 뒤를 보고 있어요, 그렇죠?
남: 맞습니다. 그리고 그는 끝이 뾰족한 부츠를 신고 있어요.

여: 좋아요. 제가 요청한 대로 그 남자가 밧줄로 소를 끌고 있나요?

남: 예. 그리고 그 뒤에서 따라오는 말은 많은 먼지를 일으키고 있어서, 말의 다리가 안 보여요.

여: 멋지네요! 뒤에서 따라오는 남자는요? 총을 들고 있나요?

남: 사실, 제가 그 부분을 바꿨어요. 제 삽화에는 그가 밧줄을 들고 있어요. 괜찮나요?

여: 오, 좋은 생각인 것 같네요.

남: 삽화에 제가 추가했으면 하는 다른 것이 있나요?

여: 아니요, 정말 일을 잘해주신 것 같아요. 언제 저에게 그걸 보내주실 수 있나요?

남: 즉시 이메일로 보내드릴 수 있어요.

어휘

illustration 삽화 pointed 뾰족한 drag 끌다 kick up (땅에서 먼지를) 일으키다

05 ④

남: 여기서 나는 좋은 냄새는 뭐니?

여: 방금 파스타를 다 만들었어. 맛 좀 볼래?

남: 응, 그래. [잠시 후] 와, 이거 맛있다. 네가 요리를 할 줄 아는지 몰랐어.

여: 오, 나 요리하는 거 정말 좋아해. 내 요리법을 올리는 내 블로그도 있어.

남: 정말? 방문자들이 많니?

여: 그럼! 어떤 때는 하루에 천 명이나 오기도 해.

남: 음, 네 블로그가 왜 그렇게 인기가 많은지 알겠어. 네가 만든 파스타가 대부분의 식당에서 파는 것보다 더 나은걸.

여: 그렇게 말해 줘서 고마워!

남: 나도 이걸 만드는 법을 배우고 싶어. 나에게 방법을 알려 줄래?

여: 실은 지난주에 내가 그 요리법을 블로그에 올려놨어. 내 블로그 주소를 알려 줄까?

남: 아, 그게 좋겠다. 내가 받아적을게.

어휘

post (웹사이트에 글을) 올리다[게시하다] recipe 요리법

06 ③

남: 좋은 아침이에요! 당신에게 줄 깜짝 선물이 있어요!

여: 깜짝 선물이요? 뭔데요?

남: 탁자 위를 봐요. 내가 당신을 위해 아침 식사를 준비했어요.

여: 와! 내가 제일 좋아하는 팬케이크를 만들었네요.

남: 맞아요. 진짜 메이플 시럽도 있어요!

여: 웬일이에요? 오늘은 내 생일이 아니에요. 다음 달이잖아요.

남: 아니요, 당신 생일은 아니죠. 하지만 오늘은 당신에게 중요한 날이잖아요.

여: 아, 내 구직 면접을 말하는 거군요!

남: 그래요. 아침을 잘 먹어야죠. 난 당신이 잘 거라고 생각해요.

여: 오, 정말 고마워요! 면접 때문에 너무 초조했었거든요.

남: 걱정하지 마요. 꼭 취직하게 될 거예요.

여: 고마워요! 당신은 참 사려 깊은 사람이에요!

어휘

What's the occasion? 무슨 일이야? big day 중요한 날 thoughtful 사

려 깊은

07 ①

남: 안녕하세요, 손님. 오늘 찾으시는 게 있으세요?

여: 네. 아들 방에 놓을 책상 하나와 침대 하나를 찾고 있어요.

남: 그러시군요. 아드님이 몇 살인가요?

여: 15살입니다. 그 애의 생일을 맞아 방을 새로 꾸며 주고 싶거든요.

남: 참 멋지시네요! 여기 있는 이 제품들은 어떠신가요? 이것들은 25퍼센트 할인 중입니다.

여: 와. 정말 멋지네요! 그것들은 얼마인가요?

남: 할인 전 가격으로는 침대가 600달러이고, 책상이 400달러입니다.

여: 오, 제가 생각한 가격대를 벗어나네요, 할인을 하더라도요.

남: 그럼, 이 모델들도 좋습니다. 침대는 200달러이고, 책상은 150달러입니다.

여: 그게 낫겠네요. 이것들 두 개도 할인 중인가요?

남: 음, 침대는 25퍼센트 할인되지만, 책상은 제값을 다 지불하셔야 합니다.

여: 좋아요, 그것들로 할게요.

어휘

remodel 개조하다. 리모델링하다 off 할인되어 price range 가격대. 가격 폭

문제풀이

여자는 남자가 두 번째로 권한 제품들을 사기로 했다. 침대는 200달러인데 25퍼센트 할인이 되므로 150달러이고, 책상은 할인이 되지 않으므로 150달러이다. 따라서 여자가 지불할 금액은 300달러이다.

08 ③

남: 새 디지털카메라를 하나 살까 해.

여: 넌 이미 하나를 가지고 있지 않니?

남: 응, 하지만 그건 구식이야. 이 새 모델을 봐봐. 1,600만 화소야.

여: 정말 좋다. 줌 렌즈도 있어?

남: 응, 당연하지. 그리고 배터리 수명도 정말 길어. 재충전하기 전까지 500장을 찍을 수 있어.

여: 믿을 수 없을 정도로 좋다. 얼마야?

남: 400달러인데 온라인으로 사면 할인을 받을 수 있어.

여: 나쁘지 않네. 내 카메라는 300달러였는데, 이것보다 훨씬 품질이 떨어져.

남: 응, 괜찮은 조건이야.

여: 액세서리도 있어?

남: 응. 그 가격에는 전용 케이스랑 8기가바이트 메모리 카드 두 개가 포함되어 있어.

여: 그렇다면 넌 그걸 사야 할 것 같아!

어휘

outdated 구식인 megapixel 100만 픽셀[화소] recharge 재충전하다 too good to be true 너무 좋아서 믿기 힘든 not nearly 결코 …이 아니다 come with …이 딸려 있다 accessory 부속품. 액세서리

09 ④

남: 어느덧 10월이 다가왔는데, 이는 Oaktown의 연례 호박 축제의 시기가 다가왔음을 의미합니다. 과거에는, 이 축제가 McKay 농장에서 열

렸지만, 올해는 시내의 중앙 광장에서 개최될 것입니다. 늘 그렇듯이 라이브 밴드와 호박 파이, 호박 아이스크림, 구운 호박 씨와 같은 많은 맛있는 음식이 있을 것입니다. 저녁을 끝맺는 불꽃놀이도 있을 것입니다. 축제는 10월 15일 토요일에 열릴 것이며, 오후 2시부터 10시까지 계속될 것입니다. 12세 미만의 아이들은 축제를 무료로 즐길 수 있고, 그 외의 사람들은 5달러의 저렴한 값에 입장하실 수 있습니다. 입장권은 축제 당일 입구에서 구매 가능하며, 마을 회관에서 미리 구매하실 수도 있습니다.

어휘

(just) around the corner 임박하여 annual 매년, 연례의 take place 개최되다 plaza 광장 firework(s) display 불꽃놀이 (대회) entrance 입구 in advance 미리 town hall 마을 회관

10 ④

여: 너 내일 서울의 맛 축제에 갈 거니, 마틴?
남: 서울의 맛? 그게 뭔데?
여: 바로 여기 우리 도시에서 개최될 한국 음식 축제야.
남: 재미있겠다! 언제 시작하는데?
여: 개막식은 9시야. 안타깝게도 난 10시까지 수업이 있어.
남: 응, 나도 그래. 어떤 종류의 행사들이 있는데?
여: 이 일정표를 한 번 봐. 10시에 한국 음식에 대한 무료 공개 토론이 있어.
남: 음… 나는 관심 없어. 시식용 음식이 없잖아. 요리 대회는 어때?
여: 너도 알다시피 난 경쟁할 만한 실력이 없잖아. 근데 요리 강좌와 시식회도 있네.
남: 그래서 넌 어떤 행사들에 참여할 거니?
여: 글쎄, 나는 오직 한 개의 행사에만 참여할 수 있는 시간이 있어. 그리고 나는 참가 증서를 주는 행사가 더 좋아.
남: 나도 그래! 그럼 우리가 참가할 수 있는 행사가 두 개 있어. 어떤 것이 더 좋겠니?
여: 더 저렴한 것이 좋겠어. 우리 거기에 함께 가자!

어휘

forum 공개 토론(장) contest 대회, 시합 competitive 경쟁을 하는; *경쟁력 있는 certificate 증서, 증명서

11 ③

여: 안녕, 앨런. 너 아직도 그 중요한 시험을 위해서 공부하는 거니?
남: 아니, 드디어 끝났어. 지난 월요일에 시험을 봤어.
여: 그랬어? 와, 너 거의 일 년 동안 공부했잖아. 그래서 시험은 어땠니?
남: 실은 내가 예상했던 것보다 더 어려웠어.

어휘

[문제] come natural (일이) 쉽다

문제풀이

① 잘하는 것이 나에게 매우 중요했어.
② 더 많은 여가 시간이 생겨서 행복해.
④ 그 시험을 준비하는 데 며칠 안 걸렸어.
⑤ 공부하는 것은 나에게 항상 쉬웠어.

12 ⑤

남: 오, 안녕, 크리스티. 여기서 뭘 하고 있어?
여: 안녕, 론. 나 요즘 옷 가게에서 일하고 있거든.
남: 멋지다! 그래서 최신 유행을 알아보려고 여기 온 거야?
여: 응, 이번 겨울에 어떤 스타일이 유행할지 알아보고 싶어.

어휘

clothing shop 옷 가게 latest 최신의 trend 유행 [문제] have an eye for …에 대한 안목이 있다

문제풀이

① 응, 난 패션에 대한 안목이 있거든.
② 아니, 그건 공원 근처에 있어.
③ 응, 난 내 가게를 열었어.
④ 아니, 시내에는 새로운 가게가 없어.

13 ①

여: 안녕하세요. 무엇을 도와 드릴까요?
남: 네. 전 *파리대왕* 한 권을 찾으려고 하는데요, 서가에 한 권도 없네요.
여: 그렇군요. 아마도 그것들은 전부 대출되었나 봐요.
남: 음, 제가 방금 컴퓨터에서 봤는데 한 권이 남아 있다고 되어 있거든요.
여: 잠깐만요, 제가 확인해 볼게요. *[잠시 후]* 맞네요, 서가에 한 권이 있어야 하네요.
남: 네, 하지만 제가 전부 다 찾아봤는데 없더라고요.
여: 그게 다른 서가에 놓여 있는 게 틀림없어요. 제 조수 중 한 명을 보내 찾아보게 할게요.
남: 얼마나 걸릴 것 같으세요?
여: 음, 여긴 규모가 큰 도서관이라서요. 몇 시간이 걸릴 수도 있어요.
남: 그동안에 제가 그걸 예약해 놓는 게 가능할까요?
여: 물론이죠. 여기에 이름과 전화번호를 쓰시고, 도서관 카드를 제게 보여 주세요.
남: 알겠습니다. 여기 있어요. 다 된 건가요?
여: 네, 저희가 그걸 찾는 즉시 전화를 드리겠습니다.

어휘

copy (책·신문 등의) 한 부 most likely 아마도, 필시 check out (책을) 대출하다 (↔ return) assistant 조수, 보조원 in the meantime 그동안에, 그사이에 [문제] locate …의 위치를 알아내다

문제풀이

② 네, 하지만 다음번엔 더 조심해 주세요.
③ 아니요, 제 생각엔 누군가가 이미 그걸 대출한 것 같아요.
④ 아니요, 서가에 또 다른 한 권이 있을 거예요.
⑤ 죄송하지만, 그게 반납될 때까지 기다리셔야 합니다.

14 ②

남: 오, 안녕, 캐시. 어서 들어와.
여: 고마워, 폴. 와, 넌 아름다운 아파트를 가지고 있구나.
남: 네가 전에 여기 와 본 적이 없다는 걸 몰랐어.
여: 응, 이번이 처음으로 너희 집을 방문하는 거야. 초대해 줘서 고마워.
남: 내가 기쁘지. 난 손님들이 오는 걸 정말 좋아하거든.
여: 저 아름다운 그림들 좀 봐. 넌 정말 그림을 좋아하나 봐.

남: 맞아. 난 수년간 그림을 수집해 왔어.

여: 흥미로운 취미야! 마치 화랑에 사는 것 같겠다.

남: 맞아. 저쪽에 있는 저 세 개의 그림은 최근에 내 수집품에 추가된 것들이야.

여: 어디 좀 보자… 그것들은 모두 같은 화가가 그린 거니?

남: 응, 그런데 여러 해에 걸쳐서.

여: 가운데에 있는 건 정말 인상적이다. 난 저게 제일 좋은 것 같아.

남: 그래? 그건 나도 제일 좋아하는 거야.

어휘
collect 모으다, 수집하다 (*n.* collection) addition 추가(물) impressive 인상적인, 감명을 주는

문제풀이
① 확실해? 그건 너무 비싼 것 같아.
③ 완벽해. 다음 주에 내 화랑에 그걸 걸어야겠어.
④ 고마워. 난 그걸 끝내는 데 시간이 오래 걸렸어.
⑤ 정말? 아마도 그걸 내 수집품에 추가해야겠어.

15 ③

남: 에릭은 2주간의 휴가를 위해 한국에 이제 막 도착했다. 그는 전에 그곳에 가본 적이 없다. 비행기에서 내린 후, 그는 짐을 찾고 서울로 갈 준비가 되었다. 그는 시내에 있는 게스트하우스에서 머물 계획이다. 그의 여행 안내 책자에 의하면, 공항에서 시내까지 택시를 타는 것은 너무 비싸다고 한다. 지하철 노선을 확인한 후, 그는 버스를 타는 것이 가장 좋은 선택이라고 결정한다. 그는 공항 주위를 몇 분간 걸어다녀 봤지만, 어디로 가야 할지 모른다. 바로 그때, 그는 영어로 된 표지판이 있는 안내소를 발견한다. 그가 걸어가니 거기 있는 직원이 인사를 한다. 이런 상황에서, 에릭이 안내소 직원에게 할 말로 가장 적절한 것은 무엇인가?

에릭: <u>시내로 가는 버스를 어디에서 탈 수 있나요?</u>

어휘
guesthouse 게스트하우스, 배낭객 숙소 option 선택(권) spot 얼룩; *발견하다 greet …에게 인사하다

문제풀이
① 좋은 게스트하우스를 추천해 주시겠어요?
② 공항까지 가는 가장 빠른 방법이 뭔가요?
④ 제가 빌릴 수 있는 지하철 노선도가 있나요?
⑤ 어디에서 달러를 한국 원화로 바꿀 수 있나요?

16 ④ 17 ⑤

여: Woodville Institute에 관심을 가져 주셔서 감사합니다. 우리는 환경 문제에 초점을 맞추고 있는 연구 기관입니다. 기관에는 대략 50명의 과학자가 고용되어 있는데, 그들은 글을 쓰고 전 세계에서 발표를 하면서 시간을 보냅니다. 매년 여름, 우리는 10명의 대학생들을 하계 인턴으로 받습니다. 인턴직 기간은 6월 17일부터 8월 19일까지 두 달간 지속됩니다. 보수는 없지만, 참가하는 학생들은 귀중한 경험을 쌓을 것입니다. 그들의 업무에는 연구원을 보조하고, 회의 자료를 준비하고, 기관 웹사이트에 글을 게시하는 것이 포함됩니다. 또한, 인턴직이 끝날 무렵에, 각 인턴은 지정된 주제에 대해서 발표를 합니다. 평균 평점이 3.0이거나 그 이상이며 환경을 보호하는 데 관심이 있는 현재 2학년과 3학년인 학생들이 지원할 수 있습니다. 그러나 시카고 지

역에 거주해야 하며 24세 이하여야 합니다. 이미 기관의 하계 인턴으로 일했던 학생들은 재지원할 수 없습니다. 더 많은 정보를 원하시면, Woodville Institute 웹사이트를 방문하시거나 (312) 923-3341로 전화하시기 바랍니다.

어휘
institute 기관, 협회 environmental 환경의 approximately 대략 article 글, 기사 assist 보조하다 assign 지정하다 sophomore 2학년생 junior 3학년생 previously 이전에 [문제] give details 상세히 설명하다 recruit 모집하다

문제풀이
16 ① 젊은 과학자들을 위한 아르바이트를 찾으려고
　 ② 환경 학회에 관해 상세히 설명하려고
　 ③ 연구원들이 한 실험을 소개하려고
　 ④ 환경 기관에서 일할 인턴을 모집하려고
　 ⑤ 인턴으로 근무하는 것의 어려움을 말하려고

DICTATION Answers 본문 p.80

01 eating your lunches outdoors / leaving empty cans / keep our field clean

02 every single detail / which subject to study / obey your parents

03 broke his leg / taking an x-ray / want to pet him

04 I've just finished it / kicking up lots of dust / email it over right away

05 finished making some pasta / post my recipes / know my blog address

06 What's the occasion / big day for you / do well

07 remodel his room / my price range / the bed is 25% off

08 it's outdated / needs to be recharged / come with

09 it will take place / a fireworks display / Tickets are available

10 have a class until 10 / I'm not competitive / gives participation certificates

11 studying for that big test

12 check out the latest trends

13 been checked out / put on the wrong shelf / take a few hours

14 all those lovely paintings / the latest additions / very impressive

15 ready to go to / taking a bus / where he needs to go

16~17 lasts for two months / give a presentation / who have previously worked

01 ④	02 ⑤	03 ①	04 ④	05 ⑤	06 ①
07 ③	08 ①	09 ③	10 ④	11 ⑤	12 ②
13 ②	14 ③	15 ④	16 ④	17 ④	

01 ④

남: 이 안내 방송은 43번 버스의 모든 승객을 위한 것입니다. 새 아파트 단지가 최근 3번 가와 6번 가 사이에 있는 Main 가에 지어졌습니다. 예전에는 이 지역이 대부분 상업지구였습니다. 그런데 이 새로운 건설로 인해 수많은 주민이 이 거리로 유입될 것으로 예상됩니다. 이에 따라, 시에서는 다음 달부터 두 개의 새로운 버스 정류장을 추가할 것입니다. 이 정류장들은 43번 버스에 의해 운행될 것입니다. 그러나, 현재의 노선에 다른 변동사항은 없습니다. 늘 그렇듯이, 저희는 여러분의 인내와 이해에 감사드립니다. 더 많은 정보와 업데이트된 운행 계획을 원하시면, 시내버스 웹사이트를 방문해 주십시오. 경청해 주셔서 감사드리며, 좋은 하루 보내십시오.

어휘
announcement 방송 intended 의도된 rider 탑승자 complex 복합 건물, (건물) 단지 construction 건설, 건축 resident 거주자 in response to …에 응하여[답하여] service (서비스를) 제공하다 current 현재의, 지금의 route 길; *노선 appreciate 감사하다 patience 인내심 updated 최신의

02 ⑤

남: 앨리스, 텔레비전 소리를 좀 줄여줄래? 네 남동생을 깨울 것 같구나.
여: 아직도 자고 있어요? 거의 11시예요.
남: 응, 하지만 일요일이고 그 애는 지금 십 대잖니. 그 애들은 더 많이 자야 해.
여: 글쎄요, 아빠. 전 그냥 그 애가 게으른 것 같은데요.
남: 그렇지 않아. 네 동생은 열심히 공부하잖니. 그리고 만약 잠을 충분히 못 자면 문제가 생길 수 있어.
여: 온종일 기분이 안 좋을 거라는 말씀이세요?
남: 그것보다 더 심하지. 수면 부족은 집중하는 것을 어렵게 해서 학업에 안 좋은 영향을 줄 수 있어.
여: 음… 충분한 수면을 취하는 건 제가 생각했던 것보다 더 중요한 것 같네요.
남: 그래. 그리고 그 애가 잠을 너무 적게 잔다면 아플 확률도 높아질 거야.
여: 알겠어요, 아빠. 동생을 방해하지 않도록 할게요.

어휘
turn down (소리 등을) 낮추다 teenager 십 대 be in a bad mood 기분이 나쁘다 concentrate 집중하다 affect 영향을 미치다 be likely to-v …가 일어날 가능성이 있다 disturb 방해하다

03 ①

[전화벨이 울린다.]

여: 여보세요?
남: 미셸 클락 씨와 통화할 수 있을까요?
여: 제가 미셸인데요.
남: 안녕하세요, 전 당신의 아파트 건물의 산타나라는 사람입니다. 전화해 달라는 당신 메시지를 받았어요.
여: 아, 산타나 씨. 네, 제가 여러 번 전화했었어요. 보일러 때문에요. 보일러가 또 고장 나서, 아파트가 밤새도록 너무 추웠어요.
남: 그게 수리된 이후로 제대로 작동되고 있는 줄 알았는데요.
여: 처음 며칠간은 작동했지만, 다시 고장 나버렸어요. 제 생각에는 새 걸로 교체해 주셔야 할 것 같아요.
남: 죄송합니다. 너무 낡아서 수리가 안 되나 보네요.
여: 저도 그렇게 생각해요. 가능한 한 빨리 새로운 보일러를 설치해 주시면 감사하겠어요. 아파트가 너무 춥거든요.
남: 알겠습니다. 지금 당장 보일러 회사에 전화하겠습니다.

어휘
boiler 보일러 freeze 추워 죽을 지경이다 properly 제대로, 적절히 repair 수리하다 replace 교체하다 install 설치하다

04 ④

여: 오늘 지하철이 좀 붐비네.
남: 음, 보통 이 시간에는 지하철에 사람이 많아.
여: 나 저기 있는 저 사람 알 것 같은데. 전에 만났었어.
남: 정말, 어떤 사람? 모자를 쓴 할아버지 말이야?
여: 아니, 할아버지 말고. 다른 사람 말이야.
남: 뜨개질을 하는 노부인을 말하는 거야?
여: 아니, 서류 가방을 가지고 있는 여자분 말이야. 물방울무늬 풍선을 들고 있는 어린 여자아이 옆에 있는 사람.
남: 아, 보인다. 저 여자분을 어디서 만났는데?
여: 우리 어머니가 저 여자분의 어머니와 같은 학교에 다니셨어. 두 분은 친구야.
남: 오. [잠시 후] 난 스마트폰을 쓰고 있는 저 키 큰 남자를 알 것 같아.
여: 나도 그래! 중학교 때 우리 반 친구였던 것 같은데.

어휘
crowded 붐비는 knit (실로 옷 등을) 뜨다[짜다] recognize 알아보다 classmate 반 친구

05 ⑤

남: 무슨 일이에요? 도움이 필요하세요?
여: 네, 타이어에 구멍이 난 것 같아요.
남: 정말요? 오 그러네요. 뒷바퀴에 구멍이 났군요. 타이어에 못이 있는 것 같아요.
여: 오 이런. 전 한 시간 안에 덴버로 가야 해요.
남: 음, 이걸 교체하는 건 오래 걸리지 않을 거예요. 여분의 타이어를 갖고 계신가요?
여: 네, 있어요. 안타깝게도, 타이어를 교체할 장비가 하나도 없어요.
남: 괜찮아요. 제 차에 필요한 장비가 모두 있거든요.
여: 다행이네요. 하지만 제가 이전에 타이어를 교체해 본 적이 없어요. 절 도와주실 수 있나요?
남: 물론이죠. 전 몇 번 해봤어요. 우리가 같이 하면, 빨리 할 수 있을 거예요.

여: 오, 정말 감사해요. 당신을 만났다니 전 운이 좋군요.

flat 평평한; *(타이어 등이) 바람이 빠진 rear 뒤쪽 tool 도구, 공구

06 ①

여: Hillman 치과입니다, 무엇을 도와 드릴까요?
남: 안녕하세요, 전 토마스 웰쉬입니다. 프리먼 선생님 계신가요?
여: 아니요. 선생님은 일주일 내내 휴가예요.
남: 아, 이런. 이가 너무 아파서요. 어젯밤엔 한숨도 못 잤어요.
여: 응급 상황이라면 영 선생님과 진료 예약을 잡으실 수 있습니다.
남: 영 선생님이요? 병원에 새로 오신 분인가요?
여: 네. 오늘 오후 1시에 (진료) 가능합니다.
남: 프리먼 선생님이 더 좋겠지만, 도저히 일주일을 기다릴 수가 없네요.
여: 영 선생님 진료를 한번 받아보시지 그러세요? 저희 병원에서 4개월 동안 일해오셨습니다. 선생님의 환자분들도 만족해 하시고요.
남: 그 방법밖에는 없겠군요. 통증이 너무 심해서요. 정말 감사합니다.

emergency 응급, 긴급 set up an appointment with …와 약속을 잡다 available 이용할 수 있는; *(사람이) 시간이 있는 possibly 아마; *(can't 또는 couldn't가 쓰인 부정문에서) 도저히 give … a try …을 시도하다[한번 해보다] option 선택(권)

07 ③

여: 차고 세일을 하시는군요.
남: 네, 아들의 어릴 적 장난감들과 책들을 처분하려고요.
여: 잘됐네요! 전 아동용 도서 몇 권을 찾고 있거든요.
남: 책들은 바로 여기에 있어요.
여: *해리 포터* 책은 얼마에 팔고 있나요?
남: 권당 2달러입니다.
여: 좋아요. 세 권 모두 살게요.
남: 이 만화책들은 어떠세요? 정말 재미있어요.
여: 아들이 만화책을 무척 좋아해요. 가격이 어떻게 되나요?
남: 각각 50센트에 드릴게요. 얼마나 원하세요?
여: 다섯 권 살게요. 여기 10달러입니다.
남: 감사합니다. 여기 잔돈입니다.

garage sale (개인 차고에서 판매하는) 중고 판매 get rid of …을 처분하다[없애다] crazy …에 열광하는 throw in 덤으로 주다 change 거스름돈

차고 세일에서 여자는 권당 2달러짜리 책을 세 권 사고, 50센트짜리 만화책을 다섯 권 사고 10달러를 냈으므로, 여자가 받을 거스름돈은 1달러 50센트이다.

08 ①

남: 안녕! 동해 산악회에 온 것을 환영해!
여: 고마워! 너희 동호회에 대해 나에게 좀 더 말해 줄 수 있는지 궁금해하던 참이야.
남: 응. 우리 동호회는 15년 전에 설립되었고, 최근에는 200명이 넘는 회원들이 있어.

여: 우와, 정말 많구나. 어떤 종류의 활동들을 함께 하니?
남: 음, 우리의 주된 활동은 달마다 등산 여행을 가는 거야.
여: 응, 그것에 대해서는 친구에게 들었어. 재미있을 것 같더라.
남: 재미있지. 하지만 우리는 또한 쓰레기를 버리지 말라고 상기시키는 표지판들을 세워서 산들을 보호해.
여: 멋지다. 회원이 되려면 비용이 얼마나 드니?
남: 연회비는 250달러야. 그것은 열두 번의 여행과 무료 운동복 상의를 포함해.
여: 조금 비싸구나. 더 생각해 봐야겠어.
남: 이해해. 더 많은 정보를 원하면 우리 웹사이트를 방문하거나 800-922-011로 전화해.
여: 고마워! 매우 도움이 되었어.

wonder 궁금하다, 궁금해하다 found 설립하다, 세우다 (founded-founded) protect 보호하다 put up a sign 푯말을 세우다 litter 쓰레기; *(쓰레기 등을) 버리다 sweatshirt (두껍고 헐렁한) 스웨터

09 ③

여: 모리스 춤은 적어도 15세기 후반까지 거슬러 올라가는 영국의 전통이다. 그것은 칼과 막대기, 손수건과 같은 물건을 사용하는 민속 무용의 한 형태이다. 그 이름은 'Moorish'라는 단어에서 왔다고 알려져 있다. 그것은 1492년에 무어인들이 스페인에서 쫓겨났을 때 축하하며 췄던 칼춤을 가리킨다. 모리스 춤은 일반적으로 화려한 의상을 입고 다리에 종을 달고 있는 6명 또는 8명의 무용수로 이루어진 무용단에 의해 축제에서 행해진다. 그것은 보통 바이올린이나 아코디언으로 연주하는 전통 음악의 반주에 맞춰 춘다. 오늘날에는 전 세계 사람들이 그 춤을 즐긴다.

Morris dancing 모리스 춤 date back (to) (…로) 거슬러 올라가다 make use of …을 이용하다 perform 공연하다 celebration 기념, 축하 drive out …을 쫓아내다 costume 의상 accompany 동반하다; *반주를 해주다 fiddle 바이올린 accordion 아코디언

10 ④

남: 우린 다음 달 캠핑 여행에 텐트가 필요해.
여: 온라인에서 하나 사는 게 어때?
남: 음, 그게 더 저렴할 거야. [클릭하는 소리] 이 웹사이트는 좋은 가격의 물건을 좀 제공하는 것 같아.
여: 어디 보자. 오, 이 텐트에는 캠핑 의자가 딸려 있어.
남: 우리는 이미 캠핑 의자가 4개나 있어. 또 하나는 필요 없어.
여: 네 말이 맞아. 그러면 이걸 고르자. 침낭이 딸려 오네.
남: 사실, 3인용 텐트는 약간 작을 거야.
여: 네가 그렇게 생각한다면, 더 큰 걸 사자.
남: 우리가 이것들 중 하나를 산다면, 우리는 2개의 침낭을 받을 수 있어.
여: 잘됐다. 흠… 나는 4인용 텐트가 더 좋아.
남: 하지만 20달러를 더 내면, 우리는 더 큰 걸 가질 수 있어.
여: 그건 너무 무거워. 무게가 10킬로그램이 넘게 나가. 나는 우리가 그렇게 큰 텐트가 필요하다고 생각하지 않아.
남: 네 말이 맞아. 더 작은 것을 주문하자.

deal 거래 sleeping bag 침낭 weigh (무게가) …이다

11 ⑤

남: 이것 봐, 제시카! 네가 좋아하는 신발 가게가 할인을 하고 있어!
여: 오, 들어가서 구경하자.
남: 너 운동화를 살까 생각 중이었잖아, 그렇지?
여: 응, 하지만 여름이니까 샌들을 사야겠어.

어휘
sneaker 운동화 [문제] banquet 연회 matching 어울리는

문제풀이
① 아니, 그건 운동하기에 좋지 않아.
② 연회에 입고 갈 새 드레스가 필요해.
③ 응, 우린 어울리는 신발을 사야 해.
④ 하지만 난 편안한 신발을 신는 걸 더 좋아해.

12 ②

여: 우리 부서는 오늘 일이 일찍 끝났어. 우린 퇴근해도 돼.
남: 잘됐다. 나도 오후에 쉬면 좋으련만.
여: 그냥 끝내고 가.
남: 그럴 수가 없어. 나는 일이 많아.

어휘
department 부서 off (근무·일을) 쉬는 finish up 끝내다 [문제] run late 늦다 relax 휴식을 취하다 assignment 과제, 임무

문제풀이
① 난 회사에 늦겠어.
③ 공원에 가서 쉬지 않을래?
④ 난 이미 과제를 끝냈어.
⑤ 빨리 끝내려면 같이 일해야 해.

13 ②

남: 미안해요! 또 늦었네요!
여: 뭐, 겨우 5분인데요. 사무실에서 꽤 먼 곳에 사시나 봐요, 그렇죠?
남: 맞아요. 저는 여기에서 한 시간 거리에 살아요.
여: 여기까지 주로 어떻게 오세요?
남: 음, 대개 지하철을 타지만, 가끔 버스를 타기도 해요.
여: 대중교통을 이용하는 건 어떠세요? 불편하지 않으세요?
남: 네, 불편해요. 항상 사람들로 붐비지요. 자동차를 살 충분한 돈이 있으면 좋겠어요.
여: 저축을 계속 하세요, 그럼 살 수 있을 거예요.
남: 네. 당신은 사무실에서 꽤 가까운 곳에 사시죠, 그렇죠?
여: 네, 여기에 걸어서 올 수 있어요. 10분 정도 밖에 안 걸리거든요.
남: 와, 운이 참 좋으시네요. 부러워요.

어휘
public transportation 대중교통 inconvenient 불편한 [문제] on time 정각에, 시간에 맞게

문제풀이
① 전 조용한 곳으로 이사 가고 싶어요.
③ 우린 제때에 그곳에 도착하지 못할 것 같아요.
④ 버스보다 지하철을 타는 게 더 빠를 거예요.
⑤ 전 여기에 걸어서 올 수 있어요. 15분 정도 걸려요.

14 ③

남: 요즘 건강이 좋지 않은 것 같아. 많이 아프기도 하고.
여: 네가 너 자신에게 신경을 쓰지 않기 때문인 것 같아.
남: 네 말이 맞아. 담배를 끊어야 하는데.
여: 그래. 담배는 너한테 정말 안 좋아.
남: 내가 해야 하는 일이 또 뭐가 있을까?
여: 인스턴트 식품을 덜 먹어야 할 것 같아.
남: 알아. 하지만 난 인스턴트 식품이 너무 좋아. 점심으로 자주 라면이나 햄버거를 먹어.
여: 알아. 넌 잠도 충분히 자지 않는 것 같아.
남: 또 네 말이 맞아. 난 항상 컴퓨터 게임을 하느라 늦게까지 깨어 있거든.
여: 그리고 아마도 넌 비타민을 좀 먹는 게 좋을 것 같아.
남: 그거 좋은 생각이다. 비타민이 건강에 좋다는 걸 인터넷에서 읽었어.
여: 맞아. 그건 네게 더 많은 에너지를 줄 거야.

어휘
instant noodle 라면 stay up late 밤 늦게까지 깨어 있다 [문제] essential 필수적인

문제풀이
① 난 비타민을 먹는 걸 좋아하지 않아.
② 수면은 건강을 위해서는 필수야.
④ 그런데 왜 그렇게 많은 비타민이 필요해?
⑤ 인터넷에서 말하는 걸 믿으면 안 돼.

15 ④

여: 제인과 그녀의 남편은 어젯밤에 저녁 식사를 하러 나갔다. 그들은 동네에 최근에 문을 연 이탈리아 식당에 가기로 결정했다. 안에 들어갔을 때, 그들은 식당의 인테리어가 너무 멋져 보여 감명받았다. 하지만 직원이 주문을 받는 데 30분 넘게 걸렸다. 마침내 음식이 나왔을 때, 제인은 잘못된 요리를 받았다. 웨이터는 그 요리를 다시 가져가서 바꿔주었지만, 그는 사과를 하지 않았다. 음식은 매우 맛있어 보였지만, 맛이 형편없었다. 파스타는 식었고 스테이크는 딱딱했다. 식사가 끝날 무렵, 식당 지배인이 그들의 테이블로 와서 그들이 즐겁게 저녁 식사를 했는지 물었다. 이런 상황에서, 제인이 지배인에게 할 말로 가장 적절한 것은 무엇인가?
제인: 음식과 서비스 모두 실망스러웠어요.

어휘
be impressed with …에 감명 받다 interior 인테리어, 내부 replace 교체하다 awful 끔찍한, 지독한 tough 질긴 come over (말하는 사람 쪽으로) 오다

문제풀이
① 네, 저희는 새로운 이탈리아 식당에 갔어요.
② 저희가 주문한 요리를 언제 받을 수 있나요?
③ 제안은 감사합니다만, 저희는 지금 배가 부르네요.
⑤ 저는 치킨 샐러드를 주문하지 않았어요. 바꿔주시겠어요?

16 ④   17 ④

남: Lakeview 자연 센터에 오신 것을 환영합니다. 저는 오늘 여러분의 투어 가이드를 맡은 아이작 윌리엄스입니다. 여러분은 곤충에 대해

어떻게 생각하시나요? 저는 여러분에게 그것들이 모두 으스스하거나 성가신 것만은 아니라는 것을 말씀드리기 위해 여기에 왔습니다. 사실, 그것들 중 일부는 중요한 의학적인 목적을 수행할 수도 있습니다. 먼저 파리 구더기로 시작해 봅시다. 여러분은 그것들이 상처가 낫도록 돕는다는 것을 알고 계신가요? 그것들은 상처 주위의 죽은 피부를 먹어서, 피부가 깨끗하게 유지되고 빨리 낫게 합니다. 벌은 또 다른 좋은 예시입니다. 그들의 침에 있는 독은 통증과 붓기를 줄여줄 수 있습니다. 일부 개미들의 독도 같은 효과가 있습니다. 그것은 심각한 통증이나 염증이 있는 사람들을 치료하는 데에 쓰일 수 있습니다. 마지막으로, 어떤 딱정벌레들은 특별한 크림을 만드는 데 쓰일 수 있습니다. 그것은 아주 다양한 종류의 피부 질환을 치료하는 데 쓰일 수 있습니다. 이제, 곤충들에게 좀 더 감사하게 되지 않나요? 저를 따라오시면, 이러한 놀라운 생물체들의 일부를 더 가까이 보실 수 있습니다.

어휘
insect 곤충 creepy 오싹한, 으스스한 serve 수행하다, 역할을 하다 maggot 구더기 wound 상처, 부상 heal 치유되다, 낫다 venom 독 sting 침 swelling 붓기 inflammation 염증 beetle 딱정벌레 appreciate 감사하다 creature 생물 [문제] endangered 멸종 위기의 grasshopper 메뚜기

문제풀이
16 ① 곤충들의 영양학적 이점
② 의약품용 곤충을 기르는 법
③ 곤충들로부터 독을 얻는 법
④ 의학에 도움이 되는 곤충들
⑤ 멸종 위기에 처한 종의 곤충들

DICTATION Answers
본문 p.86

01 intended for all riders / adding two new bus stops / an updated schedule

02 turn the TV down / get enough sleep / likely to get sick

03 was freezing / need to replace it / call the boiler company

04 a little crowded / the old man wearing the hat / recognize that tall guy

05 have a flat tire / take long to change it / I've done it

06 He is on vacation / set up an appointment with / my only option

07 having a garage sale / crazy about comic books / throw them in

08 there are currently / remind people not to litter / an annual membership fee

09 dating back to / makes use of / bells on their legs

10 this tent comes with / buy a bigger one / such a big tent

11 having a sale

12 had the afternoon off

13 far from the office / using public transportation / I can walk here

14 don't feel very well / give up smoking / taking some vitamins

15 they were impressed with / took it back / Toward the end of

16~17 help wounds heal / The same is true for / appreciate insects more

15 영어듣기 모의고사
본문 ▲ p.90

01 ①	02 ③	03 ②	04 ⑤	05 ④	06 ②
07 ③	08 ④	09 ⑤	10 ②	11 ②	12 ⑤
13 ②	14 ⑤	15 ⑤	16 ②	17 ⑤	

01 ①

여: 신사 숙녀 여러분, 저는 교장입니다. 학교의 전력이 모두 끊겼습니다. 관리 직원이 전기 회사와 연락을 취해 보았습니다. 우리는 트럭 한 대가 근처의 전신주와 충돌했다는 것을 알게 되었습니다. 전 구역이 정전되었으며, 최소한 몇 시간 동안은 전기가 들어오지 않을 것입니다. 이에 따라, 오늘 밤 학교 연극은 취소되었습니다. 건물에서 나가 주차장에서 학교버스를 기다려 주십시오. 연극을 할 새로운 날짜가 결정되는 대로, 학교 측에서 연락을 드리겠습니다.

어휘
principal 교장 electrical 전기의 (n. electricity) maintenance 보수 관리, 정비 contact 연락을 취하다 electric pole 전신주 parking lot 주차장

02 ③

남: 거의 다 끝났어?
여: 응. 난 이 두 책을 살 거야. 넌 아무것도 안 사니?
남: 응. 난 책을 좋아하지 않아.
여: 그건 좋지 않아. 독서는 새로운 걸 배우기 위한 좋은 방법이야.
남: 난 책을 읽지 않는다고 하지 않았어. 단지 일반적인 책을 사지 않을 뿐이야. 나는 대신 전자책을 사.
여: 그렇구나. 개인적으로 난 실제 책을 손에 들고 보는 걸 더 좋아해.
남: 이해해. 난 단지 나무들이 더 많이 잘리게 되는 걸 걱정할 뿐이야. 숲이 유실되는 건 심각한 문제잖아.
여: 무슨 말인지 알겠어. 나도 전자책을 좀 다운로드할까 봐.
남: 그거 좋지. 작은 힘이 모여 큰 힘이 되니까.

어휘
e-book 전자책 personally 개인적으로 cut down …을 베다 major 중대한, 심각한 Every little bit counts. 티끌 모아 태산이다.

03 ②

남: 오, 린지 씨. 오셨군요. 스튜디오에 오신 것을 환영합니다.
여: 감사합니다. 댈러스 씨. 당신 영화의 주연을 맡게 되어 정말 영광입니다.

남: 저도 당신을 제 영화의 주연으로 두게 되어 영광입니다.
여: 솔직히 처음 대본을 읽었을 때, 울었어요. 무척 슬픈 이야기더군요.
남: 네, 그렇습니다. 전 항상 이런 종류의 이야기를 연출하고 싶었어요.
여: 정말요? 하지만 사람들이 당신을 생각할 때, 액션 영화를 떠올리잖아요.
남: 알고 있습니다. 하지만 때때로 변화는 좋은 거니까요.
여: 그렇죠. 그럼 촬영은 언제 시작하나요?
남: 의상이 준비되는 대로 시작할 거예요. 다른 질문이 있나요?
여: 지금은 없어요. 그냥 분장실에 가볼까 해요.
남: 네. 시작할 준비가 되면 사람을 시켜서 당신을 모셔오게 할게요.

어휘
be honored to-v …해서 영광이다 star in …에서 주연을 맡다 script 대본
direct 감독[연출]하다 film (영화를) 촬영하다 costume 복장, 의상 at the
moment 바로 지금

04 ⑤

여: 정말 기쁘다! 우리의 꽃밭 모형이 거의 완성된 것 같아.
남: 응, 정말 근사해 보인다. 우리 모형이 반에서 가장 멋질 것 같아.
여: 울타리 둘레에 장미를 놓은 건 좋은 생각이었어.
남: 맞아. 내가 제일 좋아하는 부분은 작고 귀여운 연못이야. 손수레보다 더 작아.
여: 내 생각엔 가장 멋진 부분은 정원 중앙에 우리가 만든 오솔길인 것 같아.
남: 오솔길 위를 날아다니는 나비들도 멋진 부분이야.
여: 토끼가 한 마리만 있어도 괜찮은 것 같니? 난 토끼를 더 놓고 싶은데.
남: 난 이대로도 괜찮은 것 같아.
여: 응, 네 말이 맞는 것 같아. 보기 좋네.
남: 난 지금 너무 자랑스러워!

어휘
model 모형 fence 울타리 wheelbarrow (외바퀴의) 손수레 path 작은 길
detail 세부 사항

05 ④

여: 정말 죄송합니다!
남: 아, 괜찮아요. 저도 잘못이 있는 걸요.
여: 제가 일으켜 드릴게요.
남: 아우! 오, 발목이 정말 아프네요!
여: 병원에 가 보시는 게 좋을 것 같은데요.
남: 괜찮아요. 걷기에는 아프지만, 집이 걸어서 겨우 10분 거리인걸요. 어쨌든 신경 써 주셔서 고맙습니다.
여: 최소한 제가 댁으로 가시는 택시비라도 지불해 드릴게요.
남: 괜찮아요. 집에 갈 수 있을 것 같아요.
여: 아, 제발 제 제안을 받아 주세요. 제가 마음이 안 좋아서 그래요.
남: 알겠어요, 그럴게요. 정말 친절하시군요.

어휘
terribly 몹시 fault 잘못, 책임 concern 근심, 걱정 make it 제시간에 도착하다, (장소에) 이르다 awful 끔찍한

06 ②

[휴대전화벨이 울린다.]
여: 네, 아빠!
남: 안녕, 얘야. 지금 어디니?
여: 지금 막 학교에서 나왔어요. 피아노 학원에 가는 길이에요.
남: 실은, 집으로 와야겠구나.
여: 왜요? 아무 일 없죠?
남: 그래. 그런데 네 남동생 생일이라서 우리 저녁 식사 갈 거잖니. 기억하지?
여: 아, 맞아요. 음, 피아노 학원에 들러서 선생님께 말씀드려야겠어요.
남: 아니야, 내가 이미 전화해서 수업 일정을 바꿨어.
여: 잘됐네요. 집에 가는 길에 제가 사갈 것이 있나요?
남: 길모퉁이에 있는 제과점에서 케이크를 주문했단다. 나 대신 그걸 찾아 오겠니?
여: 네, 아빠! 곧 집에 갈 거예요!
남: 그래, 조금 뒤에 보자꾸나. 서두르렴!

어휘
stop by …에 잠시 들르다 reschedule 일정을 변경하다

07 ③

여: 오, 예쁜 머그잔들이네요.
남: 네, 새 제품이에요. 네 가지 색상으로 나왔어요.
여: 전 민무늬 흰색 머그잔이 마음에 들어요. 얼마죠?
남: 네 개가 한 세트인데, 한 세트에 7달러입니다.
여: 음. 저희 부부는 아이들이 넷 있어요. 반 세트도 파나요?
남: 아니요, 죄송합니다만 그렇게는 팔지 않습니다. 하지만 낱개로는 팝니다. 머그잔 하나당 2달러입니다.
여: 음. 그리고 더 사도 깎아 주지는 않나요?
남: 죄송합니다. 이 머그잔 세트는 인기가 아주 많아서 저희는 판촉 행사는 전혀 하지 않고 있습니다.
여: 알겠습니다. 머그잔 한 세트랑 머그잔 낱개로 두 개 더 주세요. 여기 20달러요.
남: 감사합니다. 여기 거스름돈입니다.

어휘
come in (상품 등이) 제공되다 plain 무늬가 없는 individually 낱개로
promotion 판촉 활동 change 거스름돈

문제풀이
여자는 머그잔 한 세트($7)와 낱개로 머그잔 두 개($2×2)를 산다고 했고 20달러를 냈으므로, 9달러의 거스름돈을 받을 것이다.

08 ④

남: 안녕, 홀리. 오늘 역사 수업에 네가 없던데.
여: 응. 몸이 안 좋았어. 숙제가 있니?
남: 응. 800단어 에세이를 써야 해. 월요일까지야.
여: 알았어. 주제가 뭐야?
남: 우리 교과서에서 논의된 고대 아시아 문화 중 하나와 관련된 거라면 뭐든지 괜찮아.
여: 그렇구나. 혼자서 쓰는 거야 아니면 그룹으로 쓰는 거야?
남: 혼자서. 그리고 결론에는 개인적인 의견이 포함되어야 해.

여: 알겠어. 조사를 시작해야겠다.

남: 응. 선생님께서 에세이가 최종 성적에서 10퍼센트를 차지할 거라고 하셨어.

여: 정말? 와, 알려줘서 고마워.

남: 뭘. 아, 그리고 선생님께서 직접 제출하거나 이메일로 보내라고 하셨어.

여: 알았어.

어휘

related to …와 관련이 있는 be supposed to-v …해야 한다 conclusion 결론 do research 조사를 하다 final grade 최종 성적 either A or B A 또는 B hand in (과제를) 제출하다

09 ⑤

남: 다음 주에 마을에서는 27회 연례 성(聖) 패트릭의 날 퍼레이드가 열릴 예정입니다. 동해안에서 행해지는 가장 큰 규모의 퍼레이드 중 하나인 이 행사는 해마다 수천 명의 관광객을 유치합니다. 이 행사는 오전 10시에 시작해서 대략 두 시간 동안 계속됩니다. 퍼레이드는 Elm 거리에 있는 Johnson 초등학교에서 시작해서, 호반 공원에 도착할 때까지 마을을 통과해서 북쪽으로 계속됩니다. 인근 고등학교에서 온 4개의 행진 악대를 포함하여 100개 이상의 단체가 퍼레이드에 참여합니다. 또한 대형 풍선들과 지역의 유명 인사들, 그리고 더 많은 것들이 있을 예정입니다. 퍼레이드가 끝난 후에는 호반 공원에서 공연과 맛있는 음식이 준비되어 있을 것이며, 축하 행사는 해가 질 때까지 계속될 것입니다.

어휘

marching band 행진 악대, 고적대 celebration 기념[축하] 행사

10 ②

여: 우리는 섬에서 머물 곳을 골라야 해요.

남: 여기 여행사에서 나온 안내 책자가 있어요. 우리에겐 다섯 가지 선택 사항이 있어요.

여: 어디 보자… 여행사 직원은 이곳을 추천한다고 했어요.

남: 네. 그녀는 그게 바로 바닷가에 있다고 했어요. 그런데 가격 좀 봐요!

여: 이건 우리 예산을 초과해요. 우린 하룻밤에 200달러 미만인 곳을 찾아야 할 것 같아요.

남: 동의해요. 게다가, 해변은 우리에게 그렇게 중요하지 않잖아요.

여: 맞아요. 수영장만 있으면 난 만족해요.

남: 좋아요. 그게 선택을 좀 좁혀 주네요.

여: 네. 그런데 이곳 좀 봐요. 자체적으로 운영하는 식당이 없어요.

남: 그건 불편하겠는데요. 그럼, 이 두 곳 중에서 선택합시다.

여: 그러죠. 우리가 더 저렴한 곳을 선택하면, 좀 더 많은 돈을 쇼핑에 쓸 수 있을 거예요.

남: 좋은 생각이에요. 그럼 이게 완벽해요. 내가 온라인으로 예약할게요.

어휘

brochure (안내·광고용) 책자 travel agency 여행사 travel agent 여행사 직원 budget 예산 as long as …하는 한, …하기만 하면 narrow ... down …을 좁히다 inconvenient 불편한 option 선택(권) go online 온라인에 접속하다

11 ②

여: 네 컴퓨터에 있는 사진 멋있다. 네가 찍었어?

남: 아니, 여행 사이트에서 내려받았어. 그리스의 섬인 산토리니야.

여: 정말 아름답다. 그걸 보면서 네가 거기 있다고 상상하는 거야?

남: 실은, 다음 달에 거기에 갈 거야.

어휘

Greek 그리스의 [문제] whenever …할 때마다

문제풀이

① 난 전에 그리스에 가본 적이 없어.

③ 난 시간이 있을 때마다 여행하는 걸 좋아해.

④ 난 더 아름다운 곳을 상상할 수 없어.

⑤ 난 몇 년 동안 사진을 찍었어.

12 ⑤

남: 좋은 아침이야, 엠마.

여: 안녕, 앨런. 어젯밤에 7번 채널에서 한 토크쇼 봤어?

남: 아니, 못 봤어. 누가 그 쇼에 나왔니?

여: 한 유명 인사인데, 그의 이름은 기억이 안 나네.

어휘

celebrity (연예계 등의) 유명 인사 [문제] current event 시사 (문제)

문제풀이

① 그건 매일 밤 7시에 해.

② TV에는 유명 인사들이 많이 나와.

③ 그들은 주로 현재의 시사 문제에 대해서 이야기해.

④ 우리 가족 모두가 그 쇼를 보는 걸 좋아해.

13 ②

여: 피터야, 너 좀 산만한 것 같아. 무슨 생각을 하고 있니?

남: 안녕, 캐롤라인. 같은 반 친구가 나한테 했던 말을 생각하는 중이야.

여: 정말? 뭔가 나쁜 거였니?

남: 아니. 그 애는 춤출 수 있는 남자를 좋아한대. 그래서 지금 강습을 받을까 생각 중이야.

여: 아, 그렇구나. 음, 무척 재미있을 것 같은데. 난 춤추는 걸 좋아해.

남: 난 늘 배우고 싶었는데, 너무 부끄러웠어.

여: 오, 나도 춤을 배우는 것에 관심이 있었어. 우리 같이 댄스 스쿨에 등록하는 게 어때?

남: 좋은데! 일주일에 몇 번 정도 강습을 받고 싶어?

여: 내 생각엔 일주일에 두 번이 좋을 것 같아. 넌 어때?

남: 나도 괜찮은 것 같아.

여: 좋아! 내일 등록하러 가자.

어휘

distracted 산만한 enroll 등록하다

문제풀이

① 미안하지만, 난 춤추는 걸 별로 좋아하지 않아.

③ 내가 그녀에게 무슨 일이 생겼는지 정확히 설명할게.

④ 그래, 하지만 네가 먼저 수업을 듣는 경우에만.

⑤ 어쩌면 내가 네 숙제를 도와줄 수 있을 거야.

14 ⑤

여: 주말 어떻게 보냈니?
남: 끔찍했어. 정말 얘기하고 싶지도 않아.
여: 말해 봐. 아마 누군가에게 말하고 나면 기분이 나아질 거야.
남: 좋아, 그런데 아무한테도 말하지 않겠다고 약속할 거야?
여: 영혼에 걸고 맹세해. 무슨 일인데?
남: 부모님과 진짜 크게 싸웠어.
여: 무엇 때문에?
남: 지난달 휴대전화 요금이 10만 원이 나왔거든.
여: 오, 저런. 부모님께서 화가 단단히 나셨겠구나.
남: 맞아. 그래서 내 휴대전화를 압수하셨어.
여: 오, 저런! 나중에 다시 네게 돌려주신대?
남: 응, 하지만 한 달 기다려야 한다고 하셨어.

어휘
swear 맹세하다 I won't tell a soul. 아무한테도 말하지 않을게. get into …에 들어가다[빠지다] bill 고지서, 청구서 come to (금액 등이) …이 되다

문제풀이
① 아니, 내 휴대전화를 못 찾겠어.
② 친구들한테 전화할 수가 없어.
③ 응, 요금이 너무 비싸다고 하셨어.
④ 응, 새 휴대전화를 사러 가야 해.

15 ⑤

여: 지난해 치통이 있었을 때, 당신의 친구인 마이크는 당신에게 치과에 가 보라고 충고했다. 하지만 당신은 예전에 치과에서 겪었던 고통스러운 경험 때문에 가고 싶지 않았다. 그 결과, 이가 훨씬 많이 아파졌다. 그 경험으로부터, 당신은 오늘 할 수 있는 것을 내일로 미루는 것이 좋은 생각이 아니라는 것을 알게 되었다. 문제를 무시할 때 고통은 단지 더 심해질 뿐이다. 지금 당신의 남동생인 존이 같은 상황에 처해 있는데, 존은 당신이 가고 싶어 하지 않았던 것과 같은 이유로 치과에 가고 싶어 하지 않는다. 이런 상황에서, 당신이 존에게 할 말로 가장 적절한 것은 무엇인가?
당신: 문제 해결을 미루는 건 좋은 생각이 아니야.

어휘
toothache 치통 dentist 치과 의사 painful 고통스러운 as a result 그 결과로 put off …을 지연하다[미루다] ignore 무시하다

문제풀이
① 넌 곧 괜찮아질 거야.
② 같이 못 간다니 아쉽다.
③ 네 문제에 대해 잊는 것이 좋아.
④ 다른 약을 써보는 건 어때?

16 ② 17 ⑤

남: 충분한 수면을 취하지 않으면, 여러분의 뇌는 잘 작동할 수 없습니다. 그래서 일과 공부를 위해 수면이 매우 중요합니다. 안타깝게도, 요즘 많은 사람들은 잘 자는 것에 어려움을 겪고 있습니다. 이것에 많은 가능한 이유가 있습니다. 수면 부족은 스트레스나 카페인을 너무 많이 섭취하는 데 기인할 수 있습니다. 이것은 또한 스케줄이 불규칙하거나 자기 전에 술을 마시는 것에서 비롯될 수 있습니다. 그러나 원인이

무엇이든 간에, 그것은 여러분의 몸과 마음에 나쁜 영향을 미칠 수 있습니다. 그래서 여기 수면 습관을 개선하는 법에 관한 조언들이 있습니다. 첫째로, 전자 기기의 소리와 빛이 여러분이 잠드는 것을 방해할 수 있으므로 방에 있는 모든 전자 기기를 꺼 두십시오. 또한, 잠자는 시간을 선택해서 지키도록 노력하십시오. 스케줄이 더 규칙적일수록, 여러분은 더 빨리 잠이 들 수 있을 겁니다. 카페인과 술을 마시지 않는 것 역시 여러분이 잘 자도록 도와줄 겁니다. 마지막으로, 여러분에게 가장 편안한 취침 자세를 찾으십시오. 옆으로 눕거나 등으로 눕는 것이 일반적으로 배를 깔고 눕는 것보다 더 좋습니다. 만약 이 중 어떤 것도 도움이 되지 않는다면, 여러분은 아마 의사에게 가야 할 겁니다.

어휘
function 기능하다; 기능 irregular 불규칙한 electronic device 전자 기기 doze off 잠이 들다 stick with …을 지키다[고수하다] preferable 더 좋은

문제풀이
16 ① 어떻게 전자 기기가 수면에 영향을 미치는가
   ② 숙면을 돕는 몇 가지 방법들
   ③ 수면 장애가 십 대들에게 미치는 영향
   ④ 수면 부족으로 생기는 건강 문제들
   ⑤ 수면과 뇌 기능 사이의 관계

DICTATION Answers

본문 p.92

01	lost electricity / has been canceled / as soon as
02	learn new things / a major problem / Every little bit counts
03	star in your movie / the filming begin / Not at the moment
04	roses around the fence / flying over the path / add more rabbits
05	help you up / pay for a taxi / accept my offer
06	come home / rescheduled your lesson / pick that up for me
07	come in sets of four / sell them individually / running any promotion
08	due Monday / include a personal opinion / count for
09	attracts thousands of tourists / four marching bands / After the parade
10	above our budget / there's a pool / get the cheaper option
11	imagine you are there
12	was on the show
13	seem distracted / who can dance / enroll at the dance school
14	big fight / My cell phone bill / took away
15	had a toothache / put off / ignore the problem
16~17	no matter what / prevent you from dozing off / go to a doctor

01 ④	02 ②	03 ②	04 ⑤	05 ④	06 ①
07 ④	08 ①	09 ③	10 ③	11 ③	12 ①
13 ④	14 ①	15 ②	16 ③	17 ④	

01 ④

남: 여러분이 암스테르담을 방문하실 계획이라면, 차를 이용해서 그 도시를 관광하고 싶지 않을 수도 있습니다. 사실, 많은 거리에서 자동차가 허용되지도 않기 때문에 암스테르담에서 차를 운전하는 것은 불편합니다. 그러나 이 도시는 자전거 도로와 자전거 고정대가 많아서, 자전거로 돌아다니는 것이 쉽고 편리합니다. 하지만 자전거를 안전하게 타기 위해서 기억해야 할 것이 몇 가지 있습니다. 첫째, 자전거를 탈 때 자전거 도로로 타시고 도로 중간에 멈추지 마십시오. 그렇게 하는 것은 여러분과 자전거를 타고 지나가려고 하는 다른 사람 모두에게 위험합니다. 둘째, 여러분은 어두워진 후에는 자전거의 전등을 사용해야 합니다. 이는 여러분의 안전을 위해서뿐만 아니라 법으로도 요구되는 것입니다. 마지막으로, 항상 자전거를 자전거 고정대에 자물쇠로 잠가 두십시오. 자전거를 도난 당하는 것만큼 휴가를 망치는 건 없을 테니까요!

어휘
bike path 자전거 도로 bike rack 자전거 고정대 get around 돌아다니다 lock (자물쇠로) 잠그다 ruin 망치다

02 ②

남: 난 병원에 갈 거야. 조류 독감에 걸린 것 같아!
여: 조류 독감? 왜 그렇게 생각해?
남: 인터넷에서 조류 독감에 대한 기사를 읽었어. 증상은 기침, 두통, 피로와 인후염이래.
여: 그래, 맞아.
남: 난 기침, 두통, 인후염이 있고 정말 피곤해.
여: 늦게까지 안 자고 공부하느라 피곤한 거잖아.
남: 맞아, 하지만 기사에서는 즉시 병원에 가라고 했어.
여: 사실 그 기사가 충분한 정보를 주지는 않은 것 같아.
남: 무슨 말이야?
여: 조류 독감에 걸리면, 열도 나고 위장 장애가 생겨. 넌 아마 감기에 걸렸을 거야. 인터넷이 항상 옳은 건 아니야.

어휘
bird flu 조류 독감 article 기사, 글 symptom 증상 cough 기침 headache 두통 tiredness 피로 sore throat 인후염 stay up 자지 않고 깨어 있다 fever 열, (몸의) 고열

03 ②

여: 절 찾고 계시다고 들었습니다.
남: 아, 네. 들어와서 앉아요, 조애나.
여: 감사합니다, 브라운 씨.

남: 음… 내가 모든 사람의 실적을 살펴보고 있는데 당신이 그중에서 가장 뛰어나더군요.
여: 정말요? 정말 기쁜 소식이네요.
남: 당신은 판매 부분에서 회사 기록을 깼어요. 그리고 당신이 정말 훌륭한 팀원이라고 들었어요.
여: 모두가 도와주신 덕분입니다.
남: 그리고 난 당신의 기술과 성공하려는 투지에 감명 받았어요.
여: 그렇게 말씀해 주셔서 감사합니다. 하지만 전 제 직업적 목표를 달성하려면 더 배워야 한다고 생각합니다.
남: 정말 겸손하시군요. 그래서 난 당신을 다음 직급으로 승진시키기로 결정했어요.
여: 아, 정말 감사합니다. 최선을 다하겠습니다.

어휘
go over …을 검토하다 performance *실적; 연주 stand out 눈에 띄다, 뛰어나다 break the record 기록을 깨뜨리다 determination 결심, 결단력 achieve 달성[성취]하다 modest 겸손한 promote 승진시키다

04 ⑤

여: 여기 정말 멋진 공원이다. 나 전에는 여기 와 본 적이 없어.
남: 정말? 우리 집은 여기서 몇 분 거리에 있어서, 난 여기서 종종 산책을 해.
여: 난 저 분수대가 마음에 들어. 물이 공중에 높이 뿜어져 나오고 있잖아.
남: 맞아. 더운 날에는, 사람들이 종종 그 주변에 둘러 앉아서 열기를 식히지.
여: 오, 지금 두 명의 소녀들이 그러고 있네.
남: 사람들이 이 분수를 정말 좋아하는 것 같아.
여: 그러게. 분수 오른쪽에 있는 벤치에도 한 커플이 앉아 있어.
남: 나도 보인다. 그리고 저 새가 지저귀는 것도 들리지?
여: 응. 저기 있네! 나무 꼭대기에 있는 둥지에 앉아 있어.
남: 우리 나무 아래에 있는 빈 벤치에 앉아서 새 소리를 들을까?
여: 좋아. 오, 벤치 근처에 있는 것 좀 봐!
남: 새끼 토끼 세 마리! 너무 귀여워!
여: 토끼들이 노는 걸 볼 수 있구나. 정말 멋진 공원이야!
남: 진짜 그래. 우리가 오늘 여기 와서 기쁘다.

어휘
fountain 분수대 cool off 서늘하게 하다, 식히다 nest 둥지

05 ④

남: 저기, 우리가 이전에 얘기를 나눈 적은 없지만, 네가 듣는 영문학 수업을 나도 들어.
여: 응. 네 이름은 민희, 맞지? 난 모건이야.
남: 만나서 반가워, 모건. 네가 날 도와줄 수 있을까 해서 말이야.
여: 물론이야. 숙제에 관한 거니?
남: 응. 몇 페이지를 읽어야 하는지 알아듣지 못했어.
여: 20쪽부터 34쪽까지 읽어야 해. 저기, 너 한국 사람 맞지?
남: 응, 맞아. 난 이번 학기 교환 학생 중 한 명이야.
여: 난 다음 학기에 공부하러 서울에 갈 예정이야. 나에게 한국어를 좀 가르쳐 줄 수 있을까?
남: 물론이지. 아마 넌 내 영어를 좀 도와줄 수 있을 것 같은데.
여: 언어 교환 같은 걸 말하는 거니? 그거 좋겠다.

남: 아주 좋은데. 네가 빨리 배우도록 도와줄 정말 괜찮은 한국어 책을 한 권 추천해줄게.
여: 너 정말 친절하구나! 빨리 시작하고 싶어!

06 ①

[휴대전화벨이 울린다.]
남: 여보세요?
여: 안녕, 제임스? 나 캐서린이야.
남: 안녕, 캐서린? 무슨 일이야?
여: 음… 너 어디니? 왜 전화를 안 받았어?
남: 전화벨 소리를 못 들었어. 나 지금 야구 경기를 보고 있거든.
여: 제임스! 우리 함께 미술관에 가기로 했었잖아!
남: 오, 이런! 맞아! 까맣게 잊고 있었어!
여: 미술관 앞에서 널 한 시간 동안 기다리고 있는 중이야!
남: 정말 미안해. 형이 경기에 초대했을 때, 오늘 너를 만나야 한다는 걸 기억하지 못했어.
여: 어떻게 잊어버릴 수 있는지 난 이해가 안 돼. 우리는 몇 주 동안 계속 이야기했잖아.
남: 캐서린, 경기 후에 내게 만회할 기회를 줘. 저녁 식사 어때?
여: 아니. 난 그냥 집에 갈래. 야구 경기 재미있게 봐.

07 ④

[전화벨이 울린다.]
여: Airport Express에 전화 주셔서 감사합니다. 무엇을 도와드릴까요?
남: 저는 Kingston에 있는데요, 4월 6일에 공항으로 가는 차편을 예매하고 싶어요.
여: 그러시군요. Kingston으로부터의 기본요금은 30달러입니다.
남: 알겠어요. 거기에 저의 여행 가방도 포함이 되나요?
여: 손님 한 분당 하나의 가방을 무료로 가지고 타실 수 있어요.
남: 저는 혼자 탈 건데 가방은 세 개예요.
여: 그렇다면, 추가된 가방 한 개당 5달러를 더 내시게 될 거예요.
남: 알겠습니다. 저는 4월 11일에 공항으로부터 돌아오는 차편 또한 필요해요. 같은 가격인가요?
여: 네, 가방에 대한 추가 요금도요. 그러나 왕복 차편을 함께 구매하시면 할인받으실 수 있어요.
남: 정말이요? 얼마나요?
여: 전체 금액의 10퍼센트를 할인 받으실 수 있어요.
남: 그렇군요. 그렇다면 왕복 차편을 지금 바로 예약할게요.

문제풀이

Kingston에서 공항까지의 기본요금은 30달러이고, 남자는 세 개의 가방을 가지고 있는데 한 개는 무료라고 했으므로 초과된 가방 두 개의 수료를 포함한 편도 요금의 총합은 40달러($30+$5×2)이다. 남자는 같은 가격에 회항편도 예약하여 10퍼센트 할인받게 되므로, 남자가 지불할 금액은 72달러($40×2×0.9)이다.

08 ①

여: 티셔츠가 멋진데, 조쉬. 어디서 샀어?
남: 새 SNS에 가입하면서 경품으로 받은 거야.
여: 와, 경품이라고! 회비는 얼만데?
남: 그것도 무료야. 그냥 나에 대한 정보를 공유하면 돼.
여: 그럼 그건 단지 새로운 사람들을 만나는 웹사이트야?
남: 실은 '전문가' 웹사이트야. 회원들이 다른 회원들의 질문에 대답할 수 있게 만들어졌어.
여: 그렇구나. 넌 어떤 분야에 전문가야?
남: 난 컴퓨터에 대해 아는 게 많아서 그걸 선택했어.
여: 회원들은 많니?
남: 지난달에 시작했기 때문에, 아직은 많지 않아. 지금 당장은 이용 중인 회원이 200명도 안 돼.
여: 그래서 무료 티셔츠를 주는 거구나.
남: 맞아. 너도 하나 갖고 싶다면, 가입해. 주소는 www.xperts.net이야.

09 ③

여: 안녕하세요, 여러분. 오늘 밤 여러분이 잠자리에 드시기 전에, 내일 활동 일정에 대해 다시 한 번 알려 드리겠습니다. 우리는 현지식의 특별한 아침 식사로 일정을 시작하게 될 것이며, 호텔 로비에서 전통 음악 공연이 이어질 것입니다. 여러분이 들으신 대로 보트 관광은 날씨로 인해 취소되었지만, 호텔 버스를 이용한 가이드 동반 시내 관광으로 대체되었습니다. 저녁에는 미술 공예품 전시가 있을 것이며, 내일의 마지막 일정은 호텔 레스토랑에서 열리는 댄스 경연대회가 될 것입니다. 그럼 안녕히 주무십시오. 내일 다시 뵙겠습니다.

10 ③

남: 그게 뭐야?
여: 이거? 근처에 새로 생긴 헬스클럽에서 온 안내 책자야.
남: 아. 너 등록할 생각이니?
여: 응, 거기에 걸어갈 수 있어서 정말 편리할 거야. 그런데 이제 플랜을 골라야 해.
남: 네 예산은 얼마나 되니?
여: 한 달에 50달러 넘게 지불할 여유는 없어.
남: 그렇구나. 얼마 동안 등록할 거니?
여: 1년이나 그보다 짧게. 그것보다 더 길게는 등록하고 싶지 않아.
남: 그렇구나. 그럼 여기 이 표준 플랜을 등록하는 건 어때?
여: 안 돼. 그 프로그램으로는 수영장을 이용할 수 없잖아.

남: 아, 그렇구나. 네가 수영을 정말 좋아한다는 걸 깜박했어. 네 조건에 맞는 플랜은 딱 두 개가 있네. 그리고 넌 무료 주차는 당연히 필요 없잖아.
여: 맞아. 그래서 난 그냥 더 저렴한 플랜으로 할래.

brochure 소책자, 안내서 around the corner 아주 가까운 can afford to-v …할 여유가 있다 sign up (for) (…)을 신청하다, (…에) 등록하다 [문제] feature 특징 equipment 장비, 용품

11 ③

남: 실례합니다, 고객님. 세탁기를 수리하러 왔는데요.
여: 아, 기다리고 있었어요. 들어오세요. 여기에 세탁기가 있어요.
남: 세탁기에 어떤 문제가 있나요?
여: 이게 이상한 소리를 내요.

어휘
[문제] weird 이상한 replacement 교체

문제풀이
① 좀 비싼 것 같네요.
② 우린 그걸 일 년 전에 샀어요.
④ 모르겠어요. 그건 그쪽 일이죠.
⑤ 전 수리가 아니라 교체를 원해요.

12 ①

여: 카일, 안녕? 왜 그렇게 행복해 보이는 거야?
남: 아, 안녕, 티파니. 오늘 디자인 대회의 결과가 나왔거든.
여: 오, 정말? 네가 바란 대로 되었니?
남: 응, 나 1등 했어.

어휘
[문제] win first prize 1등 상을 타다 submit 제출하다 entry 입장; *출품작

문제풀이
② 디자인은 날 행복하게 해.
③ 대회가 있는 줄 몰랐어.
④ 난 오랫동안 디자인을 공부했어.
⑤ 난 오늘 오후에 출품작을 제출할 거야.

13 ④

여: 이봐, 제이슨. 너 무슨 생각을 골똘히 하는 것 같은데.
남: 오, 안녕, 니콜. 저기, 오늘이 며칠인지 알아?
여: 모르겠는데. 여기 어딘가에 달력 없어?
남: 아니, 없어. 달력 찾느라 벌써 샅샅이 뒤져 봤어.
여: 음, 어디 보자. 월요일은 우리 부모님 결혼기념일이었으니까 3월 11일이었어. 그리고 오늘은 목요일이고.
남: 그러니까 월요일, 화요일, 수요일, 그리고 목요일… 11일, 12일, 13일, 14일. 오, 이런!
여: 왜? 무슨 일이야?
남: 오늘이 3월 14일이란 말이네. 내 여자친구가 나한테 정말 화를 낼 거야!
여: 왜? 뭐가 문제인데?
남: 그녀의 생일이 어제였는데, 난 까맣게 잊어버렸어.

여: 지금 당장 전화해서 사과하는 게 좋을걸.

어휘
be lost in thought 골똘히 생각에 잠기다 anniversary 기념일 completely 완전히 [문제] have no choice but to-v … …하지 않을 수 없다 apologize 사과하다

문제풀이
① 넌 부모님께 선물을 드렸어야 했어.
② 그녀와 멋진 시간을 보냈겠구나.
③ 넌 그녀를 용서하는 것 외에는 다른 선택의 여지가 없어.
⑤ 그건 몰랐는데. 널 그녀에게 소개해 줄게.

14 ①

남: 안녕하세요. 여기가 밀레니엄 부동산인가요?
여: 네, 무엇을 도와 드릴까요?
남: 이 동네에서 임대할 아파트를 구하려고요.
여: 침실이 몇 개나 필요하시죠?
남: 두 개면 좋겠어요. 남동생이 저랑 같이 살게 될 거예요.
여: 가구가 갖춰진 아파트가 좋으세요, 아니면 가구가 없는 아파트가 좋으세요?
남: 가구가 없는 것으로요. 제 가구가 있어요.
여: 알겠습니다. 아파트를 얼마간 빌리실 거예요?
남: 적어도 1년이요. 1년 계약으로 이 동네에서 새 직장을 다니게 되었거든요.
여: 이 동네에 가능한 아파트 몇 개가 나와 있습니다. 오늘 그것들을 보시겠습니까?
남: 네. 오늘 시간이 있어요.

어휘
real estate agency 부동산 중개소 neighborhood 근처, 인근 furnished 가구가 갖춰진 (↔ unfurnished) available 이용 가능한

문제풀이
② 물론이죠. 이 아파트가 더 좋겠네요.
③ 좋습니다. 지금 바로 계약서에 서명하죠.
④ 괜찮긴 한데 임대료가 너무 비싸네요.
⑤ 좋아요. 이 아파트 임대료는 얼마인가요?

15 ②

여: 제이콥은 오늘 친구들과 인터넷 카페에서 컴퓨터 게임을 할 계획이다. 그들은 컴퓨터 게임하는 것을 무척 좋아해서 자주 게임을 하면서 많은 시간을 보내는데, 특히 주말에 그렇다. 지금은 토요일 저녁 6시이고, 제이콥과 그의 친구들은 가능한 한 오래 게임을 하려고 한다. 인터넷 카페는 밤새 영업을 하지만, 제이콥의 어머니는 그가 걱정된다. 그녀는 제이콥이 밤 10시까지는 집에 오길 바라신다. 제이콥이 막 집을 나서려고 한다. 이런 상황에서, 그의 어머니가 그에게 할 말로 가장 적절한 것은 무엇인가?
제이콥의 어머니: 오늘 밤에 너무 늦게 오지 말거라.

어휘
be about to-v 막 …하려는 참이다 [문제] supper (소규모의) 저녁 식사

문제풀이
① 돈을 너무 많이 쓰지 말아라.
③ 여기, 저녁 식사 값 받으렴.

④ 내게 즉시 이메일 쓰는 걸 잊지 말아라.
⑤ 친구들과 즐거운 시간 보내길 바란다.

16 ③ 17 ④

남: 자연사 박물관에 오신 걸 환영합니다. 3천만 개 이상의 전시품을 보유한 이곳은 세계에서 가장 큰 박물관 중 하나입니다. 탐험을 시작하기 전에, 제가 몇 가지 유용한 조언을 드리겠습니다. 우선, 지도를 보십시오. 보시다시피, 제 바로 뒤에는 우주관이 있습니다. 그곳에서 여러분은 우리 태양계에 대해 많은 것을 배울 수 있고, 태양 주위를 회전하는 행성의 모형을 볼 수 있습니다. 우주에 관한 전시관을 지나면 세계 열대 우림에 관한 전시관이 있는데, 그곳에서 여러분은 지구상 가장 다양한 환경에서 살고 있는 동식물에 대한 모든 것을 배울 수 있습니다. 박물관의 왼쪽 부속 건물에는 놀라운 공룡관이 있습니다. 여러분은 그곳에서 많은 공룡 화석을 볼 수 있고 어떻게 공룡이 살았는지에 대한 단편 영화를 감상할 수 있습니다. 그리고 오른쪽 부속 건물에는 미국의 초기 대통령에 대한 전시관이 있습니다. 여러분은 그곳에서 흥미진진한 역사를 배울 수 있으며 조지 워싱턴과 다른 미국 대통령들의 초상화 몇 점도 볼 수 있습니다. 이곳에는 볼거리가 많으니, 탐험하면서 재미있게 보내세요!

어휘

natural history 자연사 exhibit 전시품, 전시관 outer space 우주 공간 solar system 태양계 circle 회전하다 diverse 다양한 wing 날개; *(건물의) 윙(중심 건물에서 옆으로 늘인 부속 건물) fossil 화석

문제풀이

16 ① 박물관이 설립된 이유를 설명하려고
　　② 도시에 새로 개장한 박물관을 광고하려고
　　③ 박물관에 있는 다양한 전시물을 소개하려고
　　④ 박물관을 탐험하기에 가장 효과적인 방법을 보여주려고
　　⑤ 방문객에게 박물관에서 지켜야 할 규칙에 관해 알려주려고

DICTATION Answers

본문 ▲ p.98

01	is full of / try to ride past / at a bike rack
02	What makes you think that / stayed up late studying / have a cold
03	you stand out / broke the company record / decided to promote you
04	I've never been here before / empty bench under the tree / I'm glad we came here
05	the exchange students / teach me some Korean / a language exchange
06	answer the phone / I totally forgot / talking about it for weeks
07	I'd like to arrange / the only passenger / get 10% off
08	the membership fee / allow members to answer / giving away
09	start out with / has been canceled / get a good night's sleep
10	thinking of joining / can't afford to pay / use the swimming pool
11	repair your washing machine
12	came out
13	be lost in thought / wedding anniversary / be so mad at me
14	looking for an apartment / an unfurnished one / a few apartments available
15	play computer games / as long as they can / is about to leave
16~17	some useful tips / circling around the sun / how the dinosaurs lived / have fun exploring

17 영어듣기 모의고사
본문 ▲ p.102

01 ②	02 ①	03 ①	04 ⑤	05 ①	06 ⑤
07 ①	08 ⑤	09 ④	10 ③	11 ⑤	12 ④
13 ⑤	14 ③	15 ⑤	16 ②	17 ⑤	

01 ②

[자동응답기가 울린다.]

여: 안녕하세요, 저는 홈즈 씨에게 전화했는데요. 이게 맞는 번호면 좋겠네요. 저는 Gold 택시의 티나 베이커입니다. 어젯밤 손님이 우리 회사 택시 중 하나에 두고 내리신 검은색 가죽 지갑을 갖고 있습니다. 손님이 택시에 타거나 내리실 때 주머니에서 떨어진 것 같습니다. 아무튼, 저희가 지갑을 여기 보관하고 있으니 걱정하실 필요가 없다는 것을 손님께 알려 드리고 싶었습니다. 좀 더 일찍 손님과 통화하려고 했지만, 연결이 되지 않았어요. 이 메시지를 들으시면 제게 연락 주세요. 제 번호는 776-1111입니다.

어휘

correct 맞는, 정확한 leather 가죽 wallet 지갑 reach (전화 등으로) 연락하다 get through 목적지에 도달하다; *(…에게) 연락이 되다

02 ①

여: 괜찮아? 좀 아파 보이는데.
남: 오늘 몸이 별로 안 좋아. 요즘 피부 알레르기가 더 악화되고 있어.
여: 정말 안됐다. 병원에 가 봤어?
남: 음, 사실 병원에서 할 수 있는 게 별로 없어. 이건 그냥 이 모든 오염 때문이거든.
여: 아, 그럼 어떻게 할 거야?
남: 음, 더 깨끗한 공기를 마시면서 공원에서 더 많은 시간을 보내려고 하고 있어.
여: 좋은 생각인 것 같아.
남: 응. 이 주변에 더 많은 녹지 공간이 없는 게 안타까워.

여: 공원은 많은 것 같은데.
남: 몇 개 있지만, 이런 도시에 공원이 더 많다면 사람들은 더 건강해질 거야.

어휘

allergy 알레르기 get worse 악화되다 pollution 오염 It's a shame. 유감이다.

03 ①

여: 오, 안녕. 실험실에서 널 만날 줄은 몰랐어.
남: 안녕, 앨리사! 내가 과학 동아리인 걸 몰랐니?
여: 응, 몰랐어. 너희는 여기서 만나는 거니?
남: 응, 일주일에 한 번. 난 오늘 오후 모임을 준비하는 중이야.
여: 아, 그렇구나.
남: 그래, 넌 여기서 뭘 하고 있니?
여: 음, 난 이번 학기에 킹스턴 선생님의 과학 수업을 듣고 있어.
남: 오, 그분의 화학 수업 말이니? 난 작년에 들었어. 정말 좋았어.
여: 응, 정말 재미있어. 아무튼, 선생님께서 나한테 여기 와서 현미경을 가져오라고 하셨거든.
남: 아. 선생님은 그걸 바로 저쪽 선반에 보관하셔.
여: 그래, 이제 보여. 정말 고마워. 나중에 보자.
남: 그래.

어휘

laboratory 실험실 chemistry 화학 microscope 현미경

04 ⑤

남: 제니? 너 거기 있어? 집에 같이 갈 시간이야.
여: 안녕, 리키! 들어와. 나 교실 청소하고 있었어. 오늘 내가 청소할 차례거든.
남: 그렇구나. 와, 난 전에 너희 교실에 와 본 적이 없어. 우리 교실보다 좋다.
여: 고마워. 우리는 학급 토론을 하려고 세 개 모둠으로 책상을 밀어서 모아뒀어.
남: 흥미롭네. 나는 창문 앞에 있는 저 식물들이 정말 마음에 들어.
여: 나도 그래. 저것들이 교실을 더 밝고 생기 있어 보이게 해주거든.
남: 오! 천장에 매달린 TV가 아직도 켜져 있는 거 알았어?
여: 그러니? 말해줘서 고마워! 나가기 전에 저걸 꺼야겠다.
남: 고맙기는. 지금 몇 시야?
여: 시계는 저기 있어, 칠판 위에.
남: 벌써 3시 10분이야! 청소 거의 다 끝났니?
여: 5분 정도만 더 하면 돼. 칠판 옆 게시판에 있는 공지사항들 좀 읽고 있어.
남: 알겠어. 그래도 좀 서둘러 줘.

어휘

turn 차례, 순번 plant 식물 bright 밝은 cheerful 생기 있는 ceiling 천장 blackboard 칠판

05 ①

남: 제인, 보고서에 도표 만드는 걸 끝냈니?
여: 지금 거의 다 끝냈어. 개요는 어떻게 되어 가고 있니?

남: 초안을 썼는데, 네가 날 위해 그걸 검토해 주면 좋겠어.
여: 그래. [잠시 후] 아, 시간 좀 봐. 거의 10시야.
남: 와. 우리가 이걸 너무 열심히 하고 있었나 봐. 집에 가야겠다.
여: 대신 개요는 내일 읽어봐도 괜찮겠니?
남: 물론이지. 그런데, 집에 어떻게 가?
여: 아빠가 내가 전화하면 날 데리러 오신다고 했어. 버스를 타지 않아도 돼.
남: 잘 됐네! 하지만 지금 꽤 늦었어. 너희 아빠가 오실 때까지 내가 기다려줄게.
여: 오, 정말?
남: 물론이지! 지금 아빠에게 전화하는 게 어때?
여: 알았어. 고마워, 댄.

어휘

summary 요약, 개요 draft 초고, 초안 [문제] proofread 교정보다

문제풀이

① 그녀와 같이 기다리기   ② 그녀를 집까지 태워 주기
③ 개요 작성하기   ④ 그녀의 보고서 검토하기
⑤ 그녀를 버스정류장까지 바래다주기

06 ⑤

남: 안녕, 캐롤. 너 시간 있니?
여: 응. 무슨 일이야?
남: 네가 최근에 하와이에 갔던 거로 알아. 어땠어?
여: 아, 굉장히 좋았어! 왜 묻는 거야?
남: 나 다음 달에 휴가를 갈 거라서. 어디로 갈지 결정하려고.
여: 음, 난 작년에 멕시코에 갔었어. 거기도 정말 아름다웠어.
남: 난 이미 멕시코에는 다녀 왔어. 새로운 곳을 가고 싶어.
여: 음, 하와이에 간다면 우리가 아주 좋아하는 리조트에서 지내봐.
남: 이름이 뭔데?
여: Turtle Bay라고 해.
남: 정보 고마워!
여: 고맙긴. 너는 정말 그곳이 마음에 들 거야.

어휘

incredible (너무 좋아서) 믿을 수 없는, 놀라운 resort 리조트, 휴양지

07 ①

남: 도와 드릴까요?
여: 네, 맞아요. 오늘 밤 학교 댄스파티에 신고 갈 만한 신발을 찾고 있어요.
남: 정장을 입는 파티인가요?
여: 네, 맞아요. 옷에 이미 300달러 정도를 썼는데, 아직 구두가 필요해요.
남: 음, 저희는 고르실 수 있는 구두를 많이 가지고 있어요. 어떤 스타일을 좋아하세요?
여: 저는 하이힐 한 켤레를 원하는데, 되도록 분홍색이면 좋겠어요.
남: 그렇군요. 음, 하이힐은 저렴하지 않습니다. 예를 들면, 이건 250달러입니다.
여: 그건 너무 비싸고, 제 스타일도 아니네요.
남: 음, 이게 20퍼센트 할인 중이에요.
여: 그게 좋네요. 음… 구두가 비싸 보여요. 얼마죠?

남: 원래 150달러입니다.
여: 좋아요. 그걸로 할게요.

formal dress 정장 preferably 되도록 originally 원래

문제풀이
여자가 선택한 구두는 원래 가격이 150달러인데 20퍼센트 할인된다고
했으므로 지불할 금액은 120달러이다.

08 ⑤

여: 도와 드릴까요?
남: 네, 한 달 전에 여기에서 이 라디오를 샀는데, 더 이상 작동하지 않아
요.
여: 알겠습니다. 문제가 정확히 무엇인가요?
남: 샀을 때는 작동이 잘 됐는데, 지금은 AM 방송만 나와요.
여: FM 방송은 전혀 안 나오나요?
남: 맞아요.
여: 알겠습니다. 그렇게 된 지 오래됐나요?
남: 글쎄요. 2주 전에 FM 방송이 나오는 게 멈췄던 것 같아요.
여: 제가 보니 이 모델에는 시계와 알람도 있네요. 그것들은 여전히 제대
로 작동하나요?
남: 네. 처음에는 제가 듣는 방송에 문제가 있다고 생각했는데, 다음 날
그게 라디오였다는 걸 알았어요.
여: 알겠습니다. 저희 수리공이 라디오를 살펴보도록 하죠.
남: 감사합니다.

어휘
station 방송(국) properly 제대로, 적절히

09 ④

남: 스키를 타는 것은 정말 재미있을 수 있지만, 여러분이 제대로 훈련 받
지 않으면 위험할 수도 있습니다. 이런 이유로, Three Pines 스키 리
조트에서는 연휴 스키 시즌 전에 두 번의 특별 강습을 할 예정입니다.
첫 번째 강습은 12월 21일 월요일에 있으며, 두 번째 강습은 22일 화
요일에 있습니다. 두 강습 모두 정오에 시작하여 오후 3시에 끝납니
다. 점심시간은 없으니, 강습 전에 식사를 하십시오. 한 회 강습료는
75달러이며, 이것은 대여 장비를 포함합니다. 리조트 회원은 단 25달
러라는 특별 할인된 가격으로 등록하실 수 있습니다. 수강생 수가 제
한되어 있으니, 적어도 강습 시작 24시간 전에 등록하시기 바랍니다.

어휘
rental 임대(의) equipment 장비, 용품 sign up (for) (…을) 신청하다, (…에)
등록하다 discounted 할인된 limit 제한하다

10 ③

남: 우리가 결혼할 장소를 골라야 해. 여기 안내 책자가 있어.
여: 오, 어디 보자. 음, 우리는 하객이 200명이 넘어. 그러니 모두를 수용
할 수 있는 곳이 필요해.
남: 그래, 맞아. 포함된 서비스도 살펴보자. 내 친구 존의 밴드가 공연을
할 거니까, 음악은 필요 없어.
여: 그렇네. 그리고 우리는 예산을 기억해야 해. 장소에는 최대 5,500달
러를 쓰기로 했어.

남: 기억하고 있어. 음, 두 가지 선택이 있네. 넌 어떤 종류의 식사가 좋아?
여: 뷔페가 편할 것 같아 해. 모두 자기가 원하는 걸 먹을 수 있잖아.
남: 난 네가 세 가지 코스 요리를 더 좋아하기를 바랐는데.
여: 아 정말? 근데 그게 더 비싸잖아.
남: 응, 하지만 그럴 만한 가치가 있다고 생각해. 뷔페보다 훨씬 더 근사하
고 낭만적이야.
여: 오, 좋아. 식사에 돈을 좀 더 쓸 수 있을 것 같아.

어휘
venue 장소 brochure (안내ㆍ광고용) 책자 accommodate 공간을 제공하
다; *수용하다 perform 공연하다 budget 예산 worth (…할) 가치가 있는

11 ⑤

여: 무슨 일이야, 해럴드?
남: 내 컴퓨터가 작동을 안 해. 할 일이 너무 많은데!
여: 내가 고칠 수 있을 거야. 뭐가 잘못됐니?
남: 이 프로그램을 열 때마다 컴퓨터가 멈춰.

어휘
[문제] work on 일을 계속하다 shut down (기계가) 멈추다, 정지하다

문제풀이
① 내가 네 일을 도와줄게.
② 난 그걸 다시 껐다 켰다 해봤어.
③ 난 컴퓨터를 어떻게 고치는지 몰라.
④ 우리 도서관에 가서 일을 계속 해볼래?

12 ④

남: 이번 여름에 어느 캠프에 갈지 정했니, 에밀리?
여: 음악 캠프랑 축구 캠프 중에 정하려고 했는데, 이제 둘 다 갈 수 없어.
남: 갈 수 없다고? 왜?
여: 성적이 좋지 않아서 공부해야 해.

어휘
[문제] look forward to …을 고대하다 grade 성적

문제풀이
① 어디로 갈지 정하는 게 쉽지 않아.
② 난 친구들과 축구하는 걸 좋아해.
③ 난 여름 캠프를 고대하고 있어.
⑤ 난 친구들과 음악 캠프에 있을 거야.

13 ⑤

여: 여보, 어서 와요! 오늘 어땠어요?
남: 오늘 아침에 끔찍한 사고가 있었어요.
여: 정말요? 무슨 일이 있었는데요?
남: 작은 스포츠카와 트럭이 길에서 충돌했어요.
여: 오, 저런. 끔찍하네요. 누가 다쳤어요?
남: 그런 것 같지는 않아요. 운전자들과 경찰들이 주위에 서서 이야기하
고 있었거든요.
여: 음, 다행이네요. 그런데 사고는 어떻게 일어난 거예요?
남: 스포츠카 운전자가 잠깐 휴대전화를 봤다고 들었어요. 그러다가 그
의 차가 중앙선을 넘어 마주 오는 차에 뛰어들었대요.
여: 맙소사. 그 사람 죽을 수도 있었겠네요. 사람들은 좀 더 조심해서 차

를 몰아야 해요.

남: 맞아요, 대부분 사고는 부주의로 생기니까요.

어휘
collide 부딪치다, 충돌하다   center line 중앙선   oncoming 다가오는
traffic 교통; *차량 [문제] seat belt 안전띠   offense (법률·규칙 등의) 위반,
반칙   carelessness 부주의, 경솔

문제풀이
① 난 그때 취하지 않았어요.
② 맞아요, 우린 정지 신호에서 항상 멈춰야 해요.
③ 그때 당신은 안전띠를 매고 있었나요?
④ 음주 운전은 매우 심각한 (교통) 위반이에요.

14 ③

여: 안녕, 제프. 주말에 무슨 특별한 계획이라도 있니?
남: 응. 등산을 가려고 해.
여: 이렇게 눈이 많이 오는 상황에서는 어렵고 위험할 것 같아. 얼음이 등
   산을 정말 힘들게 하지 않니?
남: 네가 생각하는 것만큼 위험하지는 않아. 우린 특수 부츠를 신거든.
여: 정말? 넌 등산을 잘 아는 것 같아.
남: 음, 한동안 해 왔어. 관심 있으면 나랑 같이 가자.
여: 정말 가고 싶어! 하지만 난 등산을 해 본 적이 없어서, 내가 할 수 있을
   지 모르겠어.
남: 걱정하지 마. 넌 잘할 거야.
여: 좋아. 한 번 시도해 볼게.
남: 좋았어! 정상에 오르려면 일찍 출발해야 해.
여: 문제없어. 난 일찍 일어나거든.

어휘
give it a try 시도하다 [문제] get together 만나다   early riser 일찍 일어나
는 사람

문제풀이
① 지금 떠나는 게 어때?
② 언제 같이 만나자.
④ 등산을 철저하게 준비하는 게 좋을 거야.
⑤ 난 여름보다 겨울에 하이킹하는 게 더 좋아.

15 ⑤

여: 줄리아와 애슐리는 가장 친한 친구였다. 둘은 항상 서로의 공부를 도
   와주었고, 교과서와 계산기 같은 학교 수업 준비물을 종종 같이 쓰곤
   했다. 어느 날, 애슐리는 숙제를 하려고 줄리아의 노트북을 빌려 달라
   고 했다. 줄리아는 애슐리가 늦어도 세 시간 뒤에는 노트북을 돌려준
   다는 조건으로 동의했다. 그러나 다섯 시간 후, 애슐리는 줄리아의 노
   트북을 아직도 돌려주지 않았다. 이 일로 줄리아는 화가 나서 애슐리
   를 만나러 갔다. 애슐리의 집에 도착했을 때, 그녀는 애슐리가 노트북
   으로 게임을 하고 있었고, 그녀가 말했던 것처럼 숙제를 하고 있지 않
   은 것을 보았다. 이런 상황에서, 줄리아가 애슐리에게 할 말로 가장
   적절한 것은 무엇인가?

줄리아: 넌 약속을 어겼어. 너한테 정말 실망했어.

어휘
equipment 장비, 용품   calculator 계산기   laptop 노트북   condition 상태;
*조건   at the latest 늦어도 [문제] break one's promise 약속을 깨뜨리다

---

disappointed 실망한

문제풀이
① 내 노트북 봤니?
② 같이 게임을 하자.
③ 그 계산기 가져도 돼. 난 필요 없거든.
④ 넌 내 노트북을 망가뜨렸어. 내게 새 걸 사 줘야 해.

16 ② 17 ⑤

남: 저는 오늘의 발표자 매튜스 박사입니다. 몸이 아픈 것은 전혀 유쾌한
   일이 아니죠. 다행스럽게도, 우리가 건강을 유지할 수 있는 여러 가지
   간단한 방법들이 있습니다. 오늘, 저는 우리의 면역 체계를 더 튼튼하
   게 만들 수 있는 몇 가지 흔한 식품들에 대해 여러분과 이야기를 나
   누고자 합니다. 먼저, 요거트가 있습니다. 여러분 중 몇 분이나 매일
   요거트를 드시나요? 그것은 우리의 몸에 세균이 없도록 유지해주는
   건강한 박테리아를 포함하고 있습니다. 또 다른 질병 퇴치 식품은 소
   고기입니다. 그것은 우리의 몸을 감염으로부터 보호해주는 미네랄을
   포함하고 있습니다. 고구마가 세 번째 예시입니다. 그것들은 우리의
   몸이 비타민 A를 생성하도록 돕습니다. 그것은 우리의 피부를 튼튼
   하고 건강하게 유지해줍니다. 마지막으로, 반드시 버섯을 많이 섭취
   하십시오. 그것들은 백혈구 생성을 도와줍니다. 백혈구는 해로운 박
   테리아와 바이러스에 대항해 싸웁니다. 여러분은 건강을 증진시키는
   특별한 식품을 아시나요? 아픈 것을 막기 위해 여러분이 드시는 것을
   우리에게 말씀해 주십시오.

어휘
presenter 발표자   immune system 면역 체계   free from …이 없는
germ 세균   infection 감염   mushroom 버섯   assist 돕다, 보조하다 [문제]
anti-aging 노화방지   boost 증가하다, 돋우다

문제풀이
16 ① 노화 방지를 위한 슈퍼 푸드
    ② 면역력을 높이는 식품
    ③ 건강한 작물을 재배하는 법
    ④ 세균을 퇴치하는 박테리아
    ⑤ 채식주의자가 되는 것의 이점

DICTATION Answers   본문 p.104

01 wallet that you left / reach you earlier / give me a call

02 are getting worse / breathing cleaner air / more green
    spaces

03 didn't expect to see you / once a week / get his microscope

04 It's time to walk home / hanging from the ceiling / ten
    past three

05 head home / By the way / have to take the bus

06 it was incredible / where to go / It's called

07 looking for some shoes / a pair of / They originally cost

08 it's not working anymore / still working properly / take a
    look

09 two special classes / start at noon / includes rental

18 영어듣기 모의고사

본문 ▲ p.108

01 ③	02 ③	03 ②	04 ②	05 ②	06 ②
07 ②	08 ③	09 ④	10 ③	11 ①	12 ④
13 ③	14 ②	15 ③	16 ②	17 ⑤	

01 ③

남: 클래식 음악을 완전히 이해하지 못하는 사람에게는, 연주자들이 관현악단에서 유일하게 중요한 부분으로 보일 수도 있습니다. 어쨌든 그들은 모두 재능이 있습니다. 지휘자는 그저 그들 앞에 서서 자신의 팔을 흔듭니다, 맞죠? 실은, 이는 전혀 사실이 아닙니다. 연주자들을 이끌고 그들이 모두 함께 연주하도록 하는 것이 지휘자의 책임입니다. 지휘자는 또한 선곡을 하고 공연에 알맞게 적절한 조정을 해야 합니다. 그리고 리허설을 계획하고 문제점과 불만들을 처리하는 것과 같이, 신경써야 할 실질적인 문제들도 있습니다. 이런 인물의 중요성을 과소평가하는 것은 실수일 것입니다.

어휘
orchestra 오케스트라, 관현악단 conductor 지휘자 responsibility 책임, 의무 proper 알맞은, 적절한 adjustment 조정, 조절 deal with …을 다루다 underestimate 너무 적게 잡다; *과소평가하다

02 ③

남: 이번 방학에 뭘 할 거니?
여: 실험실에서 자원봉사할 거야.
남: 정말 지루할 것 같은데. 그걸 왜 하는 거야?
여: 난 졸업 후에 과학자로 일하고 싶거든.
남: 그러니까 정말로 실험실에서만 시간을 보내고 싶단 말이야?

여: 음, 그렇진 않아. 물론 나도 친구들과 나가서 재미있게 놀고 싶어.
남: 그럼 그렇게 하지 그래? 친구들과 같이 있지 않을 때 생물학을 공부하면 되잖아.
여: 맞아, 하지만 이 경험은 나중에 내가 취업할 때 도움이 될 거야. 고용주들은 실전 경험이 있는지 확인하고 싶어하잖아.
남: 그 말이 맞는 것 같아. 그래도, 난 방학을 즐길래.

어휘
volunteer 자원봉사를 하다 laboratory 실험실 graduation 졸업 biology 생물학 employer 고용주 make sense 이치에 맞다

03 ②

남: 케이티, 잠깐 얘기 좀 할 수 있을까?
여: 물론이죠. 뭐 잘못된 게 있나요?
남: 그건 내가 너에게 묻고 싶은 거야. 너 오늘 산만해 보여.
여: 무슨 말씀이신지 모르겠어요.
남: 넌 너무 천천히 뛰고 있는 데다가 쉬운 샷을 여러 개 놓쳤어.
여: 음, 제가 다른 생각을 하고 있어서 그런 것 같아요. 오늘 아침에 아빠와 다퉜거든요.
남: 그렇구나. 음, 그 일로 속상할 수 있다고 이해는 해. 하지만 집중해야지.
여: 걱정하지 마세요. 이건 그냥 연습이잖아요. 경기할 땐 준비가 되어 있을 거예요.
남: 케이티, 진정한 챔피언은 단지 경기 중에만 그런 것이 아니라 항상 열심히 노력한단다.
여: 옳은 말씀이에요. 더 잘하겠다고 약속할게요.
남: 좋아. 이제 다시 나가서 최선을 다하렴!

어휘
distracted 마음이 산만한 on one's mind 마음에 걸리는 have an argument 말다툼[논쟁]을 하다 upset 속상하게 만들다

04 ②

남: 뭘 보고 있어요, 여보?
여: 이건 우리 아들이 그린 가족 그림이에요. 우리 가족 모두를 그렸어요. 그리고 우리 둘은 손을 잡고 있군요.
남: 그 애는 우리 개도 그렸어요. 개의 털이 눈을 덮고 있어요.
여: 정말 귀엽네요. 근데 하늘에 있는 저건 뭐죠?
남: 여동생이 날리고 있는 연인 게 틀림 없는 것 같아요.
여: 그리고 하늘 한가운데에 태양을 그렸네요.
남: 네. 방금 정말 재미있는 걸 발견했어요. 아무도 신발을 신고 있지 않네요!
여: 오, 그러네요. 그래도 우리 아들은 훌륭한 화가인 것 같아요.

어휘
fur 털 notice 알아채다 nevertheless 그럼에도 불구하고

05 ②

여: 안녕하세요, 해리. 내일 시내에 있는 본사에 방문할 예정이라고 들었어요.
남: 맞아요. 마케팅 매니저와 회의가 있거든요.
여: 잘됐네요. 본사에 가는 건 이번이 처음인가요?

남: 네, 그래서 좀 긴장돼요. 제가 건물을 쉽게 찾을 수 있을지 모르겠어요. 당신은 전에 본사에 가 본 적이 있죠?

여: 네, 여러 번 가 봤어요. 사실은 저도 내일 거기에 갈 거예요.

남: 오, 정말이요? 어떻게 갈 거예요?

여: 운전해서 갈 거예요. 당신을 태워 주고 싶지만, 저는 4시나 되어야 갈 거예요.

남: 정말 유감이군요. 저는 오전에 그곳에 가 있어야 하거든요. 버스를 타야겠네요.

여: 네. 어떤 버스를 타야 하는지 알고 있나요?

남: 네, 하지만 버스에서 내린 다음에 본사까지 어떻게 가는지 정확히 모르겠어요. 좀 알려줄 수 있나요?

여: 물론이죠. 제가 가는 법을 나중에 적어서 드릴게요.

남: 고마워요, 수잔.

main office 본사 marketing 마케팅 nervous 불안해하는 give ... a ride …을 태워 주다

06 ②

남: 어디 가는 거예요, 여보?

여: 백화점이 문 닫기 전에 급히 가봐야 해서요.

남: 그런데 오늘 밤 8시에 우리 부모님과 저녁 식사하는 거 알고 있는 거 맞죠?

여: 네, 알아요. 오늘 저녁 모임을 위해 뭔가를 사야 하거든요.

남: 새로 산 드레스를 입지 그래요?

여: 그러긴 할 건데, 그것과 어울리는 새 신발이 필요해요.

남: 진심이에요?

여: 네! 저녁 식사 시간에 맞춰 돌아올게요.

남: 알겠어요. 늦지 말아요.

여: 내가 차를 가져서 돌아오는 길에 당신을 태울게요.

남: 날 태우러 올 만큼 시간이 충분할 것 같지 않은데요.

여: 음, 그럼 저녁 8시에 식당에서 만나요.

match 어울리다 seriously 심각하게; *진지하게, 진심으로 on one's way back 돌아오는 길에

07 ②

여: 안녕하세요. 스케이트보드 매장에 오신 것을 환영합니다! 오늘 무엇을 도와 드릴까요?

남: 스케이트보드를 사고 싶은데요. 제가 원하는 건 이미 알고 있어요.

여: 알겠습니다. 모델명이 뭔가요?

남: Jensen 180DX예요.

여: 탁월한 선택이십니다. 그 모델은 보통 200달러인데, 이번 주에는 180달러로 세일 중입니다.

남: 잘됐네요. 전 헬멧도 필요해요.

여: 여기 50달러짜리 괜찮은 게 있습니다. 색상이 보드와 잘 어울려요.

남: 완벽하네요. 그리고 보호대도 좀 필요해요.

여: 알겠습니다. 팔꿈치 보호대는 한 쌍에 35달러이고, 무릎 보호대는 한 쌍에 40달러예요.

남: 음. 두 가지를 모두 사는 건 너무 비싸겠네요. 무릎 보호대만 살게요.

여: 알겠습니다. 2개월이나 3개월 할부도 됩니다. 무이자이고요.

남: 3개월 할부로 할게요.

pad 보호대 as well …도 역시 elbow 팔꿈치 installment plan 할부 판매 interest-free 이자 없는, 무이자의

남자는 스케이트보드($180)와 헬멧($50), 무릎 보호대($40)를 구매하는 데 3개월 할부로 지불한다고 했으므로, 남자가 이번 달에 지불할 금액은 90달러($270÷3)이다.

08 ③

여: 우리 투어의 다음 목적지는 에펠탑입니다.

남: 질문을 해도 될까요? 그것은 왜 지어졌습니까?

여: 1889년 세계 박람회를 위해 건설되었습니다. 박람회의 입구 역할을 했죠.

남: 아, 그렇군요. 그런데 그 이름은 어디에서 왔어요?

여: 그 탑의 설계를 도운 기술자의 이름을 따서 지어졌습니다.

남: 아, 그건 몰랐네요.

여: 탑의 높이는 320미터이고 세 개의 다른 층이 있습니다.

남: 꼭대기까지 쭉 계단을 이용해야 하나요?

여: 아니요. 2층까지는 계단을 이용할 겁니다. 그런 다음 거기에 있는 식당에서 점심을 먹을 거예요.

남: 그런데 3층까지는 어떻게 가나요?

여: 엘리베이터가 있어요. 꼭대기에서, 우리는 멋진 도시 전경을 감상할 거예요.

남: 빨리 보고 싶어요!

fair 박람회 entrance 입구 all the way to …까지 쭉

09 ④

여: Northwood 양로원에서는 어르신들과 함께 시간을 보낼 시간제 자원봉사자를 찾고 있습니다. 저희는 매주 3일, 저녁 6시부터 8시까지 와 주실 분이 필요합니다. 여러분께서는 자신에게 가장 적합한 날을 선택하실 수 있습니다. 저희는 어르신들과 함께해 본 경험이 있는 사람을 선호하지만, 열정을 가진 분이라면 누구나 기꺼이 교육시켜 드릴 것입니다. 하지만 지원자는 적어도 16세여야 합니다. 해야 할 일에는 어르신들이 식당을 드나드는 것을 돕는 것과 저녁 식사 후의 놀이를 계획하는 것이 포함됩니다. 제안하는 활동에는 빙고 게임, 영화 감상의 밤, 그리고 미술 공예 등이 있습니다. 이것은 무보수의 일이지만 매일 밤 무료로 저녁 식사를 하실 수 있을 뿐만 아니라, 다정하신 어르신들과 함께 시간을 보낼 기회를 얻게 될 것입니다.

nursing home 양로원 resident 거주자, 주민 the elderly 나이 드신 분들, 노인들 enthusiasm 열광; *열정, 열의 candidate 후보자; *지원자 arts and crafts 미술 공예 unpaid 무보수의, 무급의

10 ③

남: 안녕하세요. 오늘 무엇을 도와드릴까요?

여: 에어컨을 사고 싶어요. 있는 것을 보여 주시겠어요?

남: 물론입니다. 다섯 개의 다른 모델이 있어요. 어떤 종류가 필요하세요?

여: 잘 모르겠어요. 다 똑같지 않나요?
남: 아닙니다. 어떤 것들은 바닥에 세우고 다른 것들은 벽에 걸기도 합니다.
여: 오, 그렇군요. 두 종류 다 괜찮아요.
남: 알겠습니다. 그럼 예산은 어떻게 되나요?
여: 가능하면 800달러 이상은 쓰고 싶지 않아요.
남: 네, 물론 가능합니다. 이 세 가지 모델이 고객님의 예산 내에 있습니다.
여: 이것은 검은색으로만 나오나요? 다른 색은 다 괜찮지만, 검은색은 아니에요.
남: 죄송합니다만, 각 모델은 한 가지 색상으로만 나옵니다. 검은색이 마음에 들지 않으시다면, 이 두 가지 중에서 선택하시면 됩니다.
여: 알겠어요. 좀 더 (전력이) 강한 것으로 할게요.

어휘
air conditioner 에어컨, 냉방기 budget 예산 powerful (전력이) 강한, 강력한 [문제] watt (전력의 단위) 와트

11 ①

남: 안녕, 미랜다.
여: 안녕, 아빠. 있잖아요! 저 학교 테니스팀에 합격했어요.
남: 정말? 잘됐구나. 선발 시험을 위해 정말 열심히 연습했었잖니.
여: 네, 그리고 성과가 있었어요! 정말 신이 나요.

어휘
make the team 팀에 입단하다 tryout 선발 시험 [문제] pay off 성과를 거두다

문제풀이
② 경기를 하셨어야 해요.
③ 우린 매일 연습하지 않아도 돼요.
④ 아니요, 전 운동에 전혀 소질이 없어요.
⑤ 전 항상 골키퍼가 되고 싶었어요.

12 ④

여: 브라이언, 직장을 그만뒀다고 들었어. 그게 정말이야?
남: 응. 그렇게 됐어.
여: 그렇지만 왜 그만둔 거야? 월급도 많이 받고 있었잖아.
남: 그랬지, 하지만 매일 초과 근무를 해야 했어.

어휘
earn a good salary 급여를 많이 벌다 [문제] work overtime 초과 근무를 하다

문제풀이
① 난 더 열심히 일했어야 했어.
② 아마 난 다음 주 토요일에 시작할 거야.
③ 그래서 난 더 많은 시간을 일하길 원했었지.
⑤ 난 그 회사에서 더 많은 경험이 필요했어.

13 ③

[문 두드리는 소리]
남: 안녕하세요. 도와 드릴까요?
여: 안녕하세요. 제 이름은 줄리아예요. 방금 옆집에 이사 왔어요.
남: 오, 안녕하세요 줄리아. 제 이름은 스탠이에요. 만나서 반가워요.

여: 저도 만나서 반가워요. 그런데, 물어볼 게 하나 있어요.
남: 네. 뭘 도와 드릴까요?
여: 근처에 슈퍼마켓이 있다고 들었는데, 찾아가는 방법을 모르겠어요.
남: 아, 네. 그건 바로 길 아래에 있어요. 큰 교회가 있는 곳을 아세요?
여: 네, 거기에 어떻게 가는지는 알아요.
남: 좋아요. 그 교회로 가서 우회전하세요. 그러고 나서 5분 정도 걸어가세요.
여: 알겠어요. 그러고 나서는요?
남: 경찰서가 보이면 좌회전하세요. 슈퍼마켓은 바로 거기에 있어요.
여: 좋아요. 지금 거기로 가야겠어요.
남: 확실히 찾으실 수 있겠어요?
여: 도와주신 덕분에 쉬울 거예요.

어휘
nearby 인근에, 가까운 곳에 make a right 오른쪽으로 돌다, 우회전하다 head 나아가다, 향하다 [문제] lend … a hand …을 돕다 thanks to …의 덕분에 on time *시간에 맞게, 정각에

문제풀이
① 네, 제가 당신을 도울 수 있다면 기쁠 거예요.
② 아니요, 전 차라리 나중까지 기다려야겠어요.
④ 물론이죠. 며칠 후에 교회에서 뵐게요.
⑤ 우리가 지금 당장 떠나면 그곳에 제시간에 도착할 수 있어요.

14 ②

여: 제이슨, 왜 그렇게 서두르니?
남: 우체국에 가는 길인데 곧 약속이 있거든.
여: 넌 항상 너무 바빠. 좀 천천히 하는 건 어때?
남: 솔직히 말하면, 난 스케줄이 빡빡한 게 좋아.
여: 좀 더 많은 여가 시간이 있었으면 할 때는 없니?
남: 아니. 내가 여가 시간에 뭘 하겠어?
여: 모르지. 앉아서 창밖을 내다볼 수도 있고.
남: 내가 왜 그런 걸 하고 싶어 하겠어? 지루하게 들리는걸.
여: 글쎄, 어떤 사람들은 가끔 아무것도 하지 않고 시간을 보내는 것이 필요해.
남: 그럴 수도 있겠지. 너도 그런 사람 중 하나니?
여: 물론이지. 난 너와 같은 스케줄은 감당할 수 없을 것 같아.
남: 우리 둘은 그냥 너무 다른 사람인 것 같아.

어휘
in a hurry 급히, 조급하게 appointment 약속 once in a while 이따금, 때때로 definitely 확실히, 물론 handle 다루다

문제풀이
① 내 일정을 알려줄게.
③ 다음에 만날 땐 늦지 않겠다고 약속할게.
④ 아마도 넌 약속을 취소해야 할 거야.
⑤ 미안해, 난 네가 그렇게 지루해하는지 몰랐어.

15 ③

여: 크리스틴은 몇 년 동안 같은 사무실에서 일해 왔다. 그녀는 최근 그녀의 동료 중 한 명인 앤드류가 이달 말에 회사를 떠날 거라는 것을 알게 되었다. 크리스틴과 앤드류는 같은 시기에 고용되어 많은 프로젝트에서 함께 일해 왔다. 친한 친구는 아니지만, 그들은 정말 좋은 업무

관계를 유지해 왔다. 크리스틴은 앤드류가 회사에서 가장 열심히 일하는 직원 중 한 명이라고 생각하며, 그의 모든 노력을 고맙게 여긴다. 그녀가 도움이 필요할 때마다, 그는 항상 그녀를 위해 곁에 있었다. 게다가, 그는 추가 업무를 하는 것에 대해 결코 불평하지 않았다. 앤드류가 떠나기 전에, 크리스틴은 그에게 뭔가 말을 하고 싶어 한다. 이런 상황에서, 크리스틴이 앤드류에게 할 말로 가장 적절한 것은 무엇인가?

크리스틴: 당신과 함께 일해서 매우 좋았어요. 행운을 빌어요!

어휘

coworker 직장 동료 hire 고용하다 appreciate 고마워하다 [문제] fire 해고하다 employee 고용인

문제풀이

① 당신이 여기 취직해서 너무 기뻐요!
② 당신이 해고당한 건 당신 잘못이 정말 아니에요.
④ 저희는 너무 바빠요! 직원이 더 필요한 것 같아요.
⑤ 축하해요! 당신이 최고의 직원 상을 탔다고 들었어요!

16 ② 17 ⑤

남: 안녕하세요, 학생 여러분. 저는 대학 진로 센터의 로버트 존스입니다. 여러분들은 이번 여름의 인턴직을 수행하는 것에 관심이 있으신가요? 몇몇 회사들이 우리 대학 학생들에게 여름 인턴직을 제안해왔습니다. 관심이 있으시다면, 신청 절차에 주목해 주세요. 먼저 진로 센터의 웹사이트에서 인턴십 지원 양식을 반드시 작성하십시오. 그러고 나서, 여러분의 이력서를 가장 최근의 것으로 수정하세요. 여러분의 업무 경험이나 학력을 반드시 포함해야 합니다. 여러분은 또한 설득력 있는 자기 소개서를 작성해야 합니다. 그 글에는, 여러분이 왜 그 인턴직에 지원하는지 밝히는 것이 좋습니다. 또한, 여러분이 인턴십 경험에서 무엇을 얻고 싶은지 명확하게 설명하세요. 마지막으로, 여러분의 서류들을 저에게 직접 이메일로 보내주세요. 여러분의 성적 증명서를 첨부하는 것을 잊지 마십시오! 진로 센터 웹사이트에서 제 이메일 주소를 찾을 수 있습니다. 한 가지 더 말씀드릴 것이 있습니다. 여러분의 이름과 지원하는 인턴직의 명칭을 포함하는 것을 잊지 마세요. 이메일의 제목란에 그것들을 써넣으세요. 행운을 빌며, 즐거운 여름 보내세요!

어휘

note 주목하다 application process 신청 절차 make[be] sure to-v 반드시 …하다 educational background 학력 persuasive 설득력 있는 cover letter 커버레터, 자기 소개서 transcript 글로 옮긴 기록; *성적 증명서 subject line 제목란 [문제] reference 추천서

DICTATION Answers

본문 p.110

01 understand classical music / make the proper adjustments / underestimate the importance
02 volunteer at a laboratory / I'd rather go out / that makes sense
03 look distracted / had an argument / tries hard all the time
04 holding hands / in the center of / None of the people
05 visit the main office / give you a ride / get off

06 need to get something / new shoes to match / on my way back
07 which one I want / color matches the board / installment plans
08 was named after / three different levels / I can't wait
09 a part-time volunteer / prefer someone with experience / get a free dinner
10 I'd like to buy / if that's possible / the more powerful one
11 made the school tennis team
12 earning a good salary
13 just moved in / make a right / head over there
14 in such a hurry / a full schedule / spend time doing nothing
15 worked in the same office / good working relationship / complained about doing extra work
16~17 make sure to fill out / a persuasive cover letter / attach your transcript

19 영어듣기 모의고사

본문 ▲ p.114

01 ①	02 ③	03 ②	04 ⑤	05 ⑤	06 ②
07 ②	08 ⑤	09 ②	10 ⑤	11 ②	12 ②
13 ③	14 ①	15 ②	16 ②	17 ④	

01 ①

남: 안녕하세요, 여러분. 제 이름은 톰이고, 저는 밥을 고등학교 때 만났습니다. 그러니까 10년이 넘었군요. 밥은 학교에서 가장 영리하고 인기가 많은 남학생 중 한 명이었습니다. 이제 그는 성공한 국제 사업가입니다. 솔직히, 저는 데이트는 많이 하지 않고 오로지 일에만 집중하는 그를 조금 걱정했습니다. 하지만 지금 그는 제가 이제껏 만나 본 가장 아름답고 지적인 여성 중 한 분과 결혼을 하려고 합니다. 두 사람은 멋진 삶을 함께할 거라고 저는 확신합니다.

어휘

businessman 사업가 focus on …에 집중하다

02 ③

여: 안색이 안 좋아 보이네, 마크. 괜찮니?
남: 아니. 또 감기에 걸리려는 것 같아. 옷을 더 따뜻하게 입어야겠어.
여: 그게 도움이 될 수 있지. 그런데 너 손을 얼마나 자주 씻니?
남: 내 손? 글쎄, 화장실에 갈 때마다 씻어.
여: 좋아. 하지만 매 식사 전에도 손을 씻어야 해.

남: 하지만 난 깨끗한 사무실에서 일하는걸. 내 손은 더러워지지 않아.

여: 그렇지 않아. 심지어 가장 깨끗한 사무실이라도 위험한 세균들이 있어.

남: 그럼 특별 손 전용 비누를 사야 할까?

여: 글쎄, 일반 비누와 물만으로도 충분할 거야. 네가 손을 더 자주 닦으면, 너는 몸이 덜 아플 거라고 생각해.

남: 그러면 좋겠다. 늘 몸이 안 좋은 것도 지긋지긋해.

germ 세균 be tired of …에 넌더리 나다 under the weather 몸이 안 좋은

03 ②

여: 안녕하세요, 포드 선생님. 전 재니스 파커예요.

남: 안녕하세요, 파커 부인. 앉으세요. 잘 지내시죠?

여: 잘 지냅니다, 감사해요. 이번이 두 번째로 뵙는 거네요. 첫 번째는 입학식 때였고요.

남: 아, 네. 이제 기억나네요. 와 주셔서 감사합니다.

여: 마이크에게 문제가 없기를 바랍니다.

남: 걱정하지 마세요. 전 마이크가 전액 장학금을 받게 될 거라는 것을 말씀드리고 싶었어요.

여: 정말이요? 정말 놀랍네요!

남: 저희는 그 애가 재정적인 어려움으로 인해 학업을 그만둬야만 할지도 모른다는 얘기를 들었습니다. 그래서 학교에서 그 애에게 금전적 지원을 하기로 결정했어요.

여: 아, 뭐라고 감사를 드려야 할지 모르겠네요.

남: 별말씀을요. 마이크는 그럴 자격이 있어요.

entrance ceremony 입학식 full scholarship 전액 장학금 financial 재정의 difficulty 어려움 assistance 도움 Don't mention it. 별말씀을요. deserve …할 만하다

04 ⑤

남: 핼러윈 파티 준비 다 되었니?

여: 응, 그런 것 같아. 네가 부탁했던 걸 다 했어.

남: 풍선이랑 장식품들 샀어?

여: 응, 풍선 다섯 개랑 호박처럼 생긴 장식품들을 샀어.

남: 과자를 놓을 탁자도 필요해.

여: 그래. 그것도 준비했어. 직사각형의 탁자와 과자를 샀지.

남: 어떤 종류의 과자를 샀어? 그리고 마실 것은?

여: 쿠키와 사탕을 샀어. 그리고 또 사람들이 마실 수 있도록 컵과 탄산음료를 샀어.

남: 잘했어! 음… 그 외에 뭐가 필요할까?

여: 그리고 '파티!'라고 쓴 큰 표지판도 걸었어.

남: 좋아! 모든 게 준비된 것 같아!

decoration 장식품 hang up 걸다 sign 표지판

05 ⑤

남: Sierra 잡지에 이번 주 토요일에 하는 콘서트에 관한 기사가 났던데.

여: 누가 공연하는데? 콘서트에 가 본 지가 오래됐어.

남: Red Hot Chili Peppers가 잠실 운동장에 온대. 정말 가고 싶어.

여: 나도 가고 싶어! 그들의 새 CD에 정말 좋은 곡들이 있더라.

남: 표가 좀 비싸. 한 장에 10만 원이야.

여: 그래, 하지만 미국 록 그룹이 서울에 자주 오지는 않잖아.

남: 그건 네 말이 맞아. 그리고 그들의 콘서트 표는 항상 매진이야.

여: 좋아, 내가 네 생일을 위해 인터넷으로 표 두 장을 예매할게.

남: 그러면 좋지. 그럼 내가 근사한 저녁을 살게.

여: 좋아.

article 기사 stadium 경기장 be sold out 매진되다

06 ②

여: 마이클, 네가 새 반려동물을 샀다고 들었어.

남: 응, 샀지!

여: 고양이를 샀어? 네가 한 마리 얻으려고 생각하고 있던 거로 아는데.

남: 고양이를 얻지는 않았어. 아주 똑똑하지만 고집이 세잖아.

여: 아! 강아지를 얻었구나! 난 강아지를 정말 좋아해! 같이 놀면 재미있어.

남: 실은 강아지를 얻은 것도 아니야. 강아지들은 지저분하고, 돌보는 데 돈도 너무 많이 들어.

여: 정말? 그럼 그게 뭘지 모르겠는걸.

남: 음, 난 거북이 두 마리를 얻었어.

여: 와! 굉장히 흥미로운데!

남: 조용하기 때문에 거북이를 선택했어.

여: 학교 끝나고 보러 가도 돼?

남: 물론이야! 놀러와서 봐봐.

intelligent 똑똑한 stubborn 고집스러운 turtle 거북

07 ②

[전화벨이 울린다.]

남: Williamstown 민속촌에 전화해 주셔서 감사합니다.

여: 안녕하세요, 저는 박지나라고 합니다. Eastside 초등학교에서 전화드리는 거예요.

남: 오, 안녕하세요. 현장 학습 예약 관련해서 전화하신 건가요?

여: 맞아요. 저희는 모두 40명이고요, 학생은 35명, 선생님은 5명입니다.

남: 알겠습니다. 선생님은 입장료가 없지만, 학생은 인당 10달러입니다.

여: 알겠습니다. 거기에 전체 견학과 공예 실물 교육이 포함되나요?

남: 견학은 포함되지만 실물 교육은 전체 그룹에 50달러가 추가됩니다.

여: 그렇군요. 그리고 공립학교를 위한 10퍼센트 할인이 있나요?

남: 네, 전체 금액에 대해 할인해 드립니다.

여: 저희는 4월 23일에 갈 계획입니다. 그리고 공예 실물 교육에도 등록해 주세요.

남: 알겠습니다. 예약 명단에 적어 놓겠습니다, 박 선생님.

arrange 준비를 하다 field trip 현장 학습 charge 요금 arts and crafts 공예 demonstration 실물 교육, 실연 entire 전체의 sign … up …을 등록시키다 put … down …을 적다[쓰다]

선생님은 입장료가 무료이고 학생은 인당 10달러이므로, 입장료는 총 350달러($10×35)이다. 여기에 공예 실물 교육을 위한 비용 50달러가 추

가되는데, 공립학교는 10퍼센트 할인이 되므로 여자가 지불할 금액은 360달러이다.

08 ⑤

여: 우리 칠레에 가자.
남: 뭐라고? 넌 남미에 가고 싶어하지 않았잖아.
여: 그랬는데, 방금 Magic Mountain 호텔이라는 멋진 호텔에 대해서 읽었어.
남: 왜? 마술이라도 보여준대?
여: 아니, 그 호텔은 단지 아주 멋진 장소에 있는 것 같아. 크고 오래된 숲 한가운데에 있어.
남: 내 생각에는 숲에 있는 호텔은 많을 것 같은데.
여: 아마 그렇겠지만, 이 호텔과 같진 않아. 이 호텔은 화산처럼 생겼어. 그 지역의 바위로 만들어졌고, 꼭대기에서는 물이 나와.
남: 그거 놀라운걸. 그럼 거기에서 우리가 할 수 있는 활동이 있어?
여: 작은 골프 코스가 있고 승마를 할 수 있어.
남: 좋은데! 굉장히 인기가 많을 것 같은데.
여: 응. 하지만 방이 13개 있으니까 예약을 할 수 있을 거야.
남: 그래, 한 번 해보자.

어휘
trick 속임수 magical 마력이 있는; *아주 멋진 in the middle of …의 중앙에
volcano 화산 horseback riding 승마

09 ②

여: Hopper's 체육관에서는 이번 달부터 60세 이상인 노인분들을 위한 특별 프로그램을 제공합니다. 이 프로그램은 그룹 활동에 초점을 맞추고 있으며, 매주 체육관에서의 세 시간과 수영장에서의 두 시간으로 나누어져 있습니다. 체육관 수업은 월요일, 수요일, 그리고 금요일 오전 9시부터 진행되며, 수영 수업은 화요일과 목요일 정오에 열립니다. 체육관 회원은 무료로 이 프로그램에 참여하실 수 있습니다. 비회원이신 분들은 매월 30달러의 저렴한 비용으로 참여하실 수 있습니다. 다만, 이 프로그램의 모든 참여자들은 규칙적인 운동을 하기에 충분히 건강하다는 것을 보여주는 의사의 소견서를 제시하셔야 합니다. 체육관에서 여러분을 뵙기를 기대합니다!

어휘
senior 연장자; *고령자 require 요구하다, 필요로 하다 provide 제공하다
doctor's note 진단서, 소견서 state 말하다; *명시하다 regular 규칙적인; *보통의, 일반적인

10 ⑤

남: 실례합니다. 할인 중인 무선 헤드폰이 있나요?
여: 아뇨. 죄송하지만, 지금은 할인이 없습니다. 하지만 제일 저렴한 제품을 보여 드릴게요.
남: 괜찮습니다. 사실, 저는 100달러가 넘는 게 더 좋습니다. 고급 헤드폰을 원하거든요.
여: 알겠습니다. 마이크가 있는 헤드폰을 찾고 계신가요?
남: 아뇨, 저는 마이크는 필요 없습니다. 그건 부피가 너무 크다고요. 저는 배터리 수명이 좀 더 신경이 쓰여요.
여: 음, 이 헤드폰들의 배터리는 12시간 동안 지속됩니다.

남: 와, 굉장한데요. 그것들은 소음 차단이 되나요?
여: 아뇨. 소음 차단 헤드폰들은 이쪽에 있습니다. 이것들이 소음 차단용인데요, 배터리는 여덟 시간 동안 지속됩니다.
남: 음… 그건 충분하지 않네요. 저는 배터리가 적어도 10시간은 지속되어야 하거든요.
여: 그렇다면, 이게 당신에게 딱 맞는 유일한 제품입니다. 하지만 헤드폰으로 볼륨을 조절할 수가 없어요. 그래도 괜찮으신가요?
남: 괜찮아요. 완벽해 보이네요! 도와주셔서 감사합니다!

어휘
on sale 판매 중인; *할인 중인 microphone 마이크 bulky 부피가 큰 last 지속되다 control 조절하다

11 ②

여: 아빠, 식기 세척기를 사용하시는 건 어때요?
남: 난 내 손으로 설거지하는 게 더 좋아. 기계에 의존할 수는 없단다.
여: 한 번이라도 써본 적은 있으세요?
남: <u>응, 하지만 잘 되는 것 같지는 않구나.</u>

어휘
dishwasher 식기 세척기 rely on 의존[의지]하다 machine 기계

문제풀이
① 네 엄마는 그것을 매일 사용한단다.
③ 아니, 그건 옷을 아주 깨끗하게 하지는 못해.
④ 집안에서는 기계가 너무 위험해.
⑤ 왜냐하면 난 기계를 잘 못 다루기 때문이야.

12 ②

남: 카레와 같이 먹을 밥을 드릴까요?
여: 네. 볶음밥으로 주세요.
남: 오, 죄송하지만 볶음밥은 없습니다.
여: <u>그럼 그냥 보통 밥으로 주세요.</u>

어휘
curry 카레 fried rice 볶음밥 [문제] plain 보통의, 평범한

문제풀이
① 저는 밥을 전혀 좋아하지 않아요.
③ 우리 둘 다 밥을 주문할게요.
④ 저는 볶음밥도 주문할게요.
⑤ 어떤 종류의 볶음밥이 있는지 알려줄래요?

13 ③

남: 우리는 내일 여행을 떠나. 어서 가고 싶어.
여: 나도 그래. 우리가 그랜드 캐니언을 볼 거라는 게 믿기지 않아.
남: 너를 깜짝 놀라게 할 것이 있어.
여: 정말? 그게 뭔데?
남: 내가 협곡 헬리콥터 투어 표 두 장을 예약했어. 이건 우리 여행에서 정말 기억할 만한 부분이 될 거야.
여: 헬리콥터 투어라고? 그거 비싸지 않아?
남: 응, 보통은. 그런데 특가 상품이 있었어. 보통 가격의 절반 가격이었어.
여: 아, 그렇구나. 난 전에 한 번도 헬리콥터를 타 본 적이 없는데.
남: 너는 별로 신이 나 보이지 않네. 그건 틀림없이 굉장할 거야!

여: 솔직히 말하면, 아주 위험하게 들려.

남: 하지만 그렇지 않아. 나는 온라인에서 후기를 많이 읽었는데, 모든 사람들이 매우 만족했어.

여: 정말? 하지만 난 높은 곳에 있으면 너무 무서워져. 다른 걸 대신 할 수 있을까?

남: <u>제발! 이건 특별한 기회라고.</u>

어휘

canyon 협곡 memorable 기억할 만한 special deal 특가 상품 absolutely 틀림없이, 전적으로 [문제] essential 필수적인 safety regulation 안전 규정 extraordinary 특별한, 비범한

문제풀이

① 네가 그 생각을 좋아할 줄 알았어.
② 안전 규정을 따르는 것이 필수적이야.
④ 우리는 헬리콥터에서 협곡의 사진을 찍을 수 있어.
⑤ 미안하지만, 나는 그랜드 캐니언에 관심이 없어.

14 ①

여: 안녕하세요, 여기에 7번 버스가 서는지 아세요?

남: 아니요, 14번 버스만 여기에 서요.

여: 14번이요? 그 버스는 어디로 가죠?

남: Portage 까지 갔다가 이리로 다시 돌아와요.

여: 전 Star 극장에 가려는 중인데, 14번 버스가 그곳을 지나가나요?

남: 그거 시내에 새로 생긴 극장이죠, 그렇죠?

여: 글쎄요, 제가 여긴 처음이어서 확실하지는 않아요.

남: 음… 14번 버스는 그 극장에 갈 것 같지 않아요.

여: 그렇군요. 그냥 저는 걸어갈까 봐요.

남: 실은, 그 극장은 여기에서 걸어가기엔 너무 멀어요..

여: <u>그럼 택시를 타야겠네요.</u>

어휘

up to …까지 avenue 가, 거리 pass by 지나가다 [문제] run 운행하다

문제풀이

② 죄송합니다. 전 여기가 처음이라서요.
③ 버스는 30분마다 한 번씩 운행합니다.
④ 여기 이 길로 내려가셔서 좌회전하세요.
⑤ 사람을 잘못 보신 것 같네요.

15 ②

여: 지나는 과학을 아주 좋아해서 항상 열심히 공부한다. 며칠 전 그녀의 학군에서 과학 경시 대회가 열렸는데, 참가한 모든 학생들 중에서 지나가 우승했다. 우승자로서, 그녀는 콜롬비아 대학교를 견학할 기회를 얻게 되는데, 이곳은 과학 연구로 매우 유명한 곳이다. 지나는 그곳에 가서 과학 실험이 어떻게 행해지는지 보는 것을 항상 꿈꿔 왔다. 그녀의 선생님이 그녀를 교무실로 불러 그녀에게 상을 주신다. 이런 상황에서, 지나가 선생님께 할 말로 가장 적절한 것은 무엇인가?

지나: <u>너무 좋아서 도무지 믿기지가 않아요.</u>

어휘

school district 학군 winner 우승자 experiment 실험 award 상

문제풀이

① 전 과학 경시 대회에 참가하지 않을래요.
③ 이 정보를 주셔서 감사합니다.

④ 전 콜롬비아 대학에 가지 않을 거예요. 너무 멀어요.
⑤ 실망스럽지만, 다음번에는 더 잘할게요.

16 ② 17 ④

남: 안녕하세요, 신사 숙녀 여러분. 전 Global IT Solutions의 라이언 미첼이라고 합니다. 여러분 모두 사물 인터넷에 관해 들어보셨을 것입니다. 그것은 인터넷으로 서로 연결된 사물 네트워크입니다. 그 개념은 단순한데, 어떻게 사물 인터넷이 우리 삶에 정말로 영향을 끼칠 수 있을까요? 우선, 스마트 홈을 생각해 봅시다. 이러한 집에서, 모든 장치와 전자 기기들은 모바일 프로그램에 의해 조작될 수 있습니다. 착용형 장치들은 또 다른 좋은 예입니다. 스마트워치와 건강 추적기 같은 작은 장치들은 인터넷에 연결되어 있습니다. 따라서 사용자들은 원하는 때와 장소에서 개인 데이터에 접근할 수 있습니다. 그리고 스마트 시티가 있습니다. 이 도시에서는 전기와 대중교통을 포함한 모든 것이 서로 연결됩니다. 사람들은 이 스마트 시티에서 교통 정보를 얻음으로써 교통난을 쉽게 피할 수 있습니다. 마지막으로, 연결형 자동차에 대해 들어보셨나요? 이 차량은 스마트폰 앱을 통해 인터넷에 접속하여 정보를 공유할 수 있습니다. 아시다시피, 사물 인터넷은 이미 우리 주변 곳곳에 있습니다. 이것이 당신의 삶에 어떻게 영향을 끼칠 거라고 생각하나요? 여러분의 의견을 듣고 싶습니다.

어휘

Internet of Things 사물 인터넷(통신 기기들이 서로 정보를 주고받아 자동으로 일을 처리하는 것) device 장치 appliance (전자) 기기 gadget (작고 유용한) 도구 traffic jam 교통 체증 vehicle 탈것, 차량 access (컴퓨터에) 접속하다

DICTATION Answers
본문 p.116

01 most popular boys / focusing only on work / getting married to

02 getting another cold / There are dangerous germs / under the weather

03 the entrance ceremony / get a full scholarship / financial assistance

04 look like pumpkins / took care of that / hung up a big sign

05 article about a concert / hoping to go / sold out

06 stubborn / fun to play with / they are quiet

07 arranging a field trip / no charge for the teachers / sign us up for

08 do magic tricks / comes out of the top / make a reservation

09 aged 60 or older / take place / are required to provide

10 makes them too bulky / the battery lasts 8 hours / These seem perfect

11 rely on a machine

12 with your curry

13 have a surprise / half the usual price / To be honest

14 pass by there / new to town / too far to walk to

15 get a chance / dreamed of going there / gives her the award

16~17 a network of things / mobile applications / whenever or wherever / easily avoid traffic jams

01 ②	02 ③	03 ①	04 ③	05 ②	06 ⑤
07 ①	08 ①	09 ②	10 ③	11 ⑤	12 ④
13 ⑤	14 ③	15 ③	16 ③	17 ⑤	

01 ②

남: 존경하는 직원 여러분, 이사회에서 우리 회사의 최고 운영 책임자의 사임을 수락했다는 것을 알려 드립니다. 그는 건강상의 이유로 조기 퇴직을 요청했습니다. 그는 마케팅팀에서 중요한 리더십 역할을 발휘해 왔었고, 연간 매출 증대를 위해 팀의 노력을 이끌어 냈습니다. 건강상의 문제에도 불구하고, 그는 항상 우리 회사에 충실함을 보여 왔습니다. 우리는 그의 공헌과 오랜 노고에 감사를 표하며, 앞으로 그에게 행운이 있기를 바랍니다.

어휘 valued 존중되는, 소중한 the board of directors 이사회 announce 알리다 resignation 사임 chief operating officer 최고 운영 책임자 (= COO) retirement 은퇴, 퇴직 vital 극히 중대한 coordinate 조화시키다, 조정하다 in spite of …에도 불구하고 loyalty 충실, 충성 gratitude 감사 contribution 공헌

02 ③

여: 무슨 일 있니, 토마스?
남: 음, 요즘 내 친구 피터와 사이가 좋지 않아.
여: 왜? 너희 둘은 절친한 친구들이었잖아.
남: 그랬지. 그런데 이제 그 애는 내가 이기적이라고 생각해. 우리의 모든 대화가 나에 대한 것이라고 말하더라.
여: 정말? 음, 그 애 말이 맞니?
남: 그런 것 같아. 피터는 항상 나에게 좋은 조언을 해줘서, 난 내 문제들을 그 애와 나누는 것을 좋아해.
여: 그건 좋은데, 피터도 아마 그 애만의 고민거리가 있을 거야. 그 애도 함께 이야기할 사람이 필요해.
남: 그럴 수 있겠다. 하지만 내가 그 애를 도울 수 있을지 모르겠어.
여: 그건 중요하지 않아. 가끔 좋은 친구는 들어주기만 해도 되거든.
남: 네 말이 맞아. 이제야 피터가 잘 들어주는 사람이라서 내가 그 애를 좋아한다는 걸 깨달았어.
여: 나도 그렇게 생각해.
남: 사과하고 더 좋은 친구가 되도록 해야겠어.

어휘 get along with …와 잘 지내다 lately 최근에 selfish 이기적인 conversation 대화 realize 깨닫다 apologize 사과하다

03 ①

여: 실례합니다? 월리스 씨인가요?
남: 네. 당신은 콜린스 씨겠군요. 들어와서 앉으세요. 자, 무엇을 도와드릴까요?
여: 음, 제가 지난주에 중고차 한 대를 샀어요. 그런데 이게 골칫덩어리예

요.
남: 정확하게 무엇이 문제인지 말씀해 주시겠어요?
여: 네. 처음에는 브레이크가 제대로 작동하지 않았어요. 그리고 지금은 차가 시동조차 걸리지 않아요.
남: 판매자에게 그 사실에 대해 알리셨나요?
여: 네, 그랬죠. 그 일이 있고 나서 바로 그 사람에게 전화했어요.
남: 그 사람이 뭐라고 하던가요?
여: 그는 자기가 팔았을 당시에는 차에 아무 문제가 없었다고 주장하더라고요. 그리고 수리는 제가 책임을 져야 한다고 말했어요.
남: 수리비는 얼마나 들까요?
여: 최소한 600달러는 들 거예요. 어떻게 생각하세요?
남: 제 생각에는 승산이 있을 것 같은데요. 그 중고차 판매자를 고소해야 할 것 같습니다.

어휘 used 중고의 nothing but …에 지나지 않는 (= only) properly 제대로, 적절히 inform 알리다 dealer 판매인 insist 주장하다 repair 수리 responsibility 책임 case 소송, 사건 sue 고소하다

04 ③

여: 뭘 보고 있어요, 여보?
남: 우리의 휴가 동안 내가 머무르고 싶은 산장의 웹사이트에요.
여: 멋져 보이네요. 당신이 지내고 싶은 방의 사진도 있나요?
남: 네, 잠시만요. [잠시 후] 이거예요.
여: 오, 창문 옆에 큰 식물 좀 보세요. 거의 천장에 닿네요.
남: 그 방은 전망 또한 좋네요. 해변을 볼 수 있어요.
여: 그렇네요. 그리고 두 침대 위에 체크무늬의 담요가 마음에 드네요.
남: 그래요. 나는 침대 사이의 램프도 마음에 들어요.
여: 우와, 저것 좀 봐요. 꽃처럼 생긴 타원형의 거울이 있어요. 정말 좋아요!
남: 정말 멋지네요.
여: 우리 지금 당장 저 방을 예약해요.

어휘 lodge 오두막, 산장 plant 식물 ceiling 천장 checkered 체크무늬의 oval 타원형의 gorgeous *아주 멋진; 화려한

05 ②

남: 이것 좀 도와주렴, 에밀리.
여: 하지만 아빠, 전 지금 제가 제일 좋아하는 TV 프로그램을 보고 있단 말이에요.
남: 알고 있어. 하지만 곧 엄마가 집에 오실 거야. 엄마한테 어질러 놓지 않겠다고 약속했단다.
여: 알겠어요. 뭘 하면 좋을까요?
남: 음, 이 접시들은 밤새 부엌에 쌓여 있었거든.
여: 그럼 제가 설거지를 하면 될까요?
남: 그러면 좋겠구나. 그럼 난 밖에 나가서 차고를 청소하고 말이야.
여: 알았어요. 그런데 이 프로그램마저 다 보면 안 돼요? 거의 끝나가요.
남: 그래도 된다만, 그다음에 설거지를 꼭 해주렴.
여: 알았어요, 아빠. 조금 있다가 부엌으로 갈게요.

어휘 mess 혼란, 뒤죽박죽 stack up …을 쌓다 garage 차고

① TV 고치기　　② 설거지하기　　③ 차고 청소하기
④ 엄마 모셔오기　　⑤ TV 프로그램 녹화하기

06 ⑤

남: 실례할게. 널 예전에 본 적이 없는데. 새로 왔니?
여: 응. 내 이름은 소영이야. 난 교환학생이야.
남: 만나서 반가워, 소영아. 난 월터야. 여기에 온 지 얼마나 되었니?
여: 미국에 온 지 일주일 됐어. 해외에 나온 게 처음이야.
남: 여기서 학교생활을 시작하게 돼서 설레니?
여: 그런 것 같아.
남: 무슨 일이야? 너 조금 긴장한 것 같은데.
여: 실은, 여기서 친구를 사귈 수 있을지 걱정이야. 나는 좀 낯을 가리거든.
남: 괜찮을 거야. 너무 긴장하지 마.
여: 그래? 고마워.
남: 나랑 같이 가자, 내 친구들 몇 명을 소개해 줄게.
여: 응, 그거 좋겠다.

어휘
exchange student 교환학생

07 ①

여: 안녕하세요. 도와 드릴까요?
남: 네. 이것들이 얼마인지 알려 주시겠어요?
여: 그러죠. 음, 그 연필들은 하나에 1달러예요.
남: 좋아요. 그것들을 네 자루 살게요.
여: 그리고 자 두 개는 각각 1달러 50센트예요. 그게 다인가요?
남: 아뇨. 그 볼펜들은 얼마인지 말씀해 주시겠어요?
여: 하나에 2달러 50센트예요. 파란색과 검은색 두 가지 색이 있어요.
남: 아. 전 빨간색을 찾고 있었어요.
여: 죄송하지만, 지금은 빨간색 볼펜이 하나도 없어요.
남: 알겠습니다, 그럼 신경 쓰지 마세요. 그냥 이것들만 살게요.
여: 네. 학생증을 갖고 계세요? 학생증을 이용해서 할인을 받으실 수 있어요.
남: 오, 좋아요. 얼마나요?
여: 전체 가격에서 10퍼센트 할인돼요.
남: 잘됐군요. 여기 제 학생증이에요.

어휘
come in (상품 등이) 나오다

문제풀이
남자는 1달러짜리 연필 네 자루와 1달러 50센트짜리 자 두 개를 샀으므로 총 7달러를 지불해야 하는데, 학생증을 제시하여 10퍼센트 할인을 받게 되므로, 남자가 지불할 금액은 6달러 30센트이다.

08 ①

여: 저기 있잖아! 내가 우리 이탈리아 여행을 위한 완벽한 여행 패키지를 찾았어.
남: 정말? 그것에 대해서 말해봐.
여: 음, 8일 동안이고 세 개 도시를 다녀.

남: 베니스도 포함이야? 난 정말 거기에 가고 싶어.
여: 응. 로마에서 시작해. 그러고 나서 피렌체와 베니스에 가. 매일 밤 4성급 호텔에서의 숙박이 포함되어 있어.
남: 그거 좋은데. 식사는?
여: 저녁은 포함이지만, 아침과 점심은 우리가 부담해야 해.
남: 그렇군. 다른 건?
여: 음, 냉방 장치가 있는 버스를 타고 도시를 돌아다닐 거야.
남: 좋아. 여행 가이드는 있니?
여: 응. 여행 기간 내내 가이드가 있어. 그리고 비용은 우리의 예산 범위 안이야.
남: 완벽한데. 그걸로 예약하자.

어휘
tour package 여행 패키지　stop 멈춤; *들름　four-star hotel 4성급 호텔
be responsible for …에 책임이 있다　air-conditioned 냉난방 장치를 한
book 예약하다

09 ②

여: 우리 학교의 일곱 번째 연례 사생 대회를 알리게 되어 기쁩니다. 수상자들은 4월 10일에 결정될 것이므로, 참가자들은 3월 28일까지 그림을 제출해야 합니다. 올해의 주제는 '집에서'입니다. 모든 그림은 여러분이 사는 곳과 어떤 형태로든 관련이 있어야 합니다. 여러분은 본관에서 대회 규칙이 모두 명시된 복사본을 가져갈 수 있습니다. 늘 그렇듯이, 대회의 모든 수상자는 상금을 받게 될 것입니다. 그런데 올해는 처음으로 대상이 있을 것입니다. 최고의 그림은 시내에 있는 화랑에 전시될 것입니다. 만약 대회에 관해 문의가 있다면, 본관을 방문해 주세요.

어휘
participant 참가자　submit 제출하다　be related to …와 관련[관계]가 있다
somehow 어떻게든지 해서　complete 완벽한, 완전한　as usual 늘 그렇듯이,
여느 때와 같이　cash prize 상금　grand prize 대상　display 전시하다

10 ③

여: 안녕하세요. 호주행 항공편을 예약하고 싶은데요.
남: 네, 손님. 현재 이용 가능하신 항공편이 여러 편 있습니다.
여: 15시간 이상 걸리지 않는 항공편이 있나요?
남: 네. 가장 빠른 편은 10시간이 소요되고, 1,500달러입니다.
여: 그건 너무 비싼데요.
남: 예산이 어떻게 되시나요?
여: 1,400달러만 쓸 수 있어요. 하나 더, 한번까지만 경유하는 항공편이었으면 좋겠어요.
남: 그렇다면, 두 가지 선택권이 있습니다. 하나는 환불 가능한데 다른 하나는 환불이 되지 않습니다.
여: 오, 각각 얼마인가요?
남: 환불 가능한 것은 1,200달러이고 불가능한 것은 200달러 더 저렴합니다.
여: 더 저렴한 게 낫겠네요. 그 항공편으로 좌석 하나를 예약해 주세요.

어휘
currently 현재, 지금　available 이용할 수 있는　stopover 경유(지), 잠깐 들르는 곳　refundable 환불이 가능한 (↔ non-refundable)

11 ⑤

남: 어서 와요, 여보! 오늘 하루는 어땠어요?
여: 오늘 아침에 길에서 끔찍한 사고를 봤어요.
남: 정말요? 무슨 일이 일어났어요?
여: 길에서 스포츠카랑 트럭이 충돌했어요.

어휘
[문제] sidewalk 보도 crash into …와 충돌하다

문제풀이
① 다친 사람이 없길 바라요.
② 당신은 우선 손부터 씻어야 해요.
③ 아침에는 항상 교통이 너무 혼잡해요.
④ 보도에 사람들이 너무 많았어요.

12 ④

여: 네가 멕시코에서 자랐다고 들었어. 그게 사실이니?
남: 응, 거기서 15년 동안 살았어.
여: 멕시코에 대해서 얘기해줄래? 휴가 때 거기에 갈 계획이거든.
남: 그래. 뭘 알고 싶어?

어휘
[문제] Spanish 스페인의; *스페인어 pack (짐을) 싸다

문제풀이
① 난 여기에 아직도 친구들이 많아.
② 넌 언젠가 다시 돌아갈 수 있어.
③ 넌 스페인어를 아주 쉽게 배울 수 있어.
⑤ 여행을 위해 짐을 싸는 데 세 시간 정도 걸렸어.

13 ⑤

남: 좋아. 우리 준비가 된 것 같아. 필요한 물건들 모두 싼 거 확실해?
여: 응, 그런 것 같아. 모두 내 배낭에 있어.
남: 좋아, 그럼 가자. 시간이 많지 않아.
여: 아, 잠깐만. 먼저 기차표 좀 찾아볼게.
남: 잃어버리진 않았지? 표가 없으면 우린 기차를 탈 수가 없어.
여: 알아, 알아. 가지고 있어. 단지 어디에 뒀는지 기억이 안나서 그래.
남: 코트 주머니에 있나? 넌 보통 거기에 물건들을 넣지 않니?
여: 아냐, 그것들은 내 배낭 어딘가에 있어. 잠깐만.
남: 서두르는 게 좋겠어. 기차가 20분 뒤에 떠나거든.
여: 안다고!
남: 제시간에 도착하려면 이제 정말 가야 해.
여: 그만 재촉해. 압박을 받으면 제대로 생각을 할 수가 없단 말이야.

어휘
backpack 배낭 make it 시간 맞춰 가다 [문제] be sold out 매진되다
delay 지체시키다, 연기하다 rush 재촉하다 straight 똑바로 pressure 압력;
*압박

문제풀이
① 좋아. 우리 몇 시에 출발할까?
② 너무 늦었어. 기차표가 다 팔렸어.
③ 아, 네가 기차표를 샀어야지.
④ 그건 연착되고 있어. 저쪽에서 기다리는 게 어때?

14 ③

여: 안녕하세요, 드라이클리닝 맡긴 것을 찾으러 왔어요. 전 헬렌 머천트예요.
남: 네, 머천트 씨. 여기 있습니다. 정장 두 벌, 블라우스 세 벌, 그리고 재킷 한 벌이에요.
여: 고마워요. 제가 얼마 드리면 되나요?
남: 40달러입니다.
여: 오, 이번에는 왜 이렇게 비싼가요?
남: 재킷에 심한 얼룩이 있었어요. 그 얼룩을 없애기 위해 특수 비누를 사용해야 했습니다.
여: 얼룩을 없앤다고 해서 더 많은 비용이 들 것 같지는 않은데요.
남: 네, 보통은 손님 말씀이 맞습니다. 그렇지만 정말 심한 얼룩은 주의도 많이 기울여야 하고 더 비싼 비누를 사용해야 합니다.
여: 알겠어요. 그런데, 세탁하기 전에 고객에게 그런 말은 해 줘야 할 것 같네요.
남: 손님 말씀이 맞아요. 더 주의하겠습니다.

어휘
stain 얼룩 remove 제거하다 tough 거친; *곤란한, 심한 [문제] come out
(얼룩 등이) 빠지다 laundry 세탁물

문제풀이
① 20분밖에 안 걸립니다.
② 이 얼룩은 빠질 것 같아요.
④ 전 종종 세탁물을 찾는 것을 잊어버립니다.
⑤ 얼룩을 지우지 않아 죄송합니다.

15 ③

여: 가브리엘과 수민은 친한 친구 사이인데, 어느 날 뭔가 일이 생겼다. 수민은 자신의 일기장이 안 보이자 가브리엘이 그날 오전에 펜을 빌리기 위해 자신의 가방 안을 봤던 것이 생각났다. 수민은 그녀가 일기장도 가져간 게 틀림없다고 생각했다. 수민이 가져갔냐고 물었을 때 가브리엘은 아니라고 말했지만, 수민은 그녀를 믿지 않았다. 그들은 심하게 다투었다. 그날 늦게 수민의 엄마가 그녀의 방을 치우다가 일기장을 발견했다고 말씀하셨다. 수민은 자신이 너무 한심하고 부끄러웠다. 그녀의 친구는 그걸 가져가지 않았던 것이다. 그 다음 날, 수민은 가브리엘과 마주친다. 이런 상황에서, 수민이 가브리엘에게 할 말로 가장 적절한 것은 무엇인가?
수민: 미안해. 너를 탓하다니 내가 잘못했어.

어휘
terrible 끔찍한, 심한 argument 논쟁; *말다툼 ashamed 부끄러운 bump
into …을 우연히 만나다 [문제] accept 받아들이다 blame 비난하다; *…의 탓으로 돌리다

문제풀이
① 좋아, 네 사과를 받아줄게.
② 지금 내 가방을 돌려받을 수 있을까?
④ 내일 내 일기장을 찾을 수 있을 것 같아.
⑤ 다시는 내 일기장을 가져가지 마, 알겠니?

16 ③ 17 ⑤

남: 여러분의 중국 만리장성 여행이 즐거우셨기를 바랍니다. 여기서부터

우리는 테라코타 군대를 보러 갈 것입니다. 테라코타 군대는 진흙으로 만든 약 8천 개의 실물 크기의 군사와 말의 무리입니다. 그것들은 2천여 년도 훨씬 전에 세 개의 구덩이에 매장되었습니다. 그것의 목적은 중국 최초 황제의 무덤을 지키기 위한 것으로 보입니다. 그들은 그 후에 잊혀졌습니다. 1974년, 7명의 농부가 땅을 파고 있었고 진흙의 머리 꼭대기를 쳤습니다. 곧, 그들은 머리 전체를 발견했습니다. 처음에 그들은 그것이 부처라고 생각했고 부처가 그들에게 벌을 내릴까봐 두려워했습니다. 사람들이 그 머리에 대해서 알게 되었을 때, 고고학자들이 와서 발굴하기 시작했습니다. 그들은 그 구덩이에서 6천 명이 넘는 군사들을 발견했습니다. 이후에 그들은 군사와 말이 있는 구덩이를 두 개 더 발견했습니다. 모두 합쳐서 세 개의 구덩이가 축구장 두 개보다 더 큰 지역에 걸쳐 있습니다.

어휘

terracotta 테라코타(틀에 떠 화덕에 구운 단단한 점토) collection 무리, 더미 life-sized 실물 크기의 clay 점토 bury 매장하다 pit 구덩이 tomb 무덤 emperor 황제 dig 파다 punish 벌을 주다 archaeologist 고고학자 [문제] archaeological 고고학적인

문제풀이

16 ① 중국의 대격전에 대한 이야기
   ② 중국 테라코타 군대의 전설
   ③ 중국에서의 고고학적인 발견
   ④ 중국 만리장성의 역사
   ⑤ 중국에서 가장 유명한 고고학 유적지

DICTATION Answers

본문 p.122

01 accepted the resignation / increase annual sales / his contributions

02 getting along with my friend / gives me good advice / a good listener

03 nothing but trouble / won't even start / sue the used car dealer

04 of the lodge / reaches the ceiling / reserve that room

05 leave a mess / stacked up / in the kitchen

06 haven't seen you before / first time traveling abroad / You will be fine

07 how much these cost / get a discount / the total price

08 lasts for eight days / includes a room / within our budget

09 annual drawing contest / receive cash prizes / a grand prize

10 book a flight / no more than one stopover / take the cheaper one

11 a bad accident

12 I'm planning to go there

13 packed everything you need / hurry up / make it on time

14 do I owe you / a bad stain / tell your customers

15 have taken the diary / a terrible argument / silly and ashamed

16~17 They were buried / protect the tomb / found a whole head / started digging

만만한 수능영어

수능
만만

영어듣기

20회

1. 고2, 3 학생들을 위한 수능듣기 실전 난이도를 반영한 훈련서

2. 최신 수능 및 평가원 모의고사를 철저히 분석, 출제 가능성 높은 문항 선별 수록

3. 어려운 연음, 핵심 내용, 관용 표현 등을 중심으로 한 Dictation 수록

4. 수능 듣기 유형 및 유형별 필수 어휘와 표현을 완벽 정리한 부록 MINI BOOK 제공